|| भरत-शत्रुघ्न ||

(राम राज्य)

पं. जनार्दन राय नागर

ISBN 979-8-89556-025-9

भरत-शत्रुघ्न

(राम राज्य)

(द्वितीय संस्करण)

पं. जनार्दन राय नागर

वेब्स्टर के अनुसार उपन्यास एक ऐसा विशाल महाकाय गद्यमय आख्यान है जिसमें एक ही कथानक के अन्तर्गत यथार्थ जीवन का प्रतिनिधित्व करने वाले पात्रों तथा उनके क्रिया कलापों का चरित्र चित्रण रहता है। आदरणीय नागर जी द्वारा सृजित राम-राज्य उपन्यास वेब्स्टर के कथन का प्रमाण है। इस उपन्यास में रावण संस्कृति का प्रतिनिधित्व रावण एवं शूर्पणखा के पात्र करते हैं। राम, लक्ष्मण, भरत, शत्रुघ्न एवं सीता आर्य संस्कृति के प्रतिनिधि हैं और हनुमान, सुग्रीव तथा तारा वानर संस्कृति का प्रतिनिधि पात्र हैं।

इन तीनों ही संस्कृतियों का निरूपण करने हेतु नागर जी ने 'राम-राज्य' उपन्यास को पाँच भागों में विभाजित किया है। हनुमान, सुग्रीव, भरत-शत्रुघ्न, राम-लक्ष्मण एवं सीता-राम।

'भरत-शत्रुघ्न' उपन्यास में राम के वनवास जाने के पश्चात् भरत एवं शत्रुघ्न कैसे राज व्यवस्था करते हैं? महल के अन्दर एवं बाहर भरत-शत्रुघ्न किस प्रकार से समस्त व्यवस्थाओं को सम्भालते हैं- कथानक, प्रसंगानुसार अत्यधिक जीवन्त बन पड़ा है। राम के वन गमन के पश्चात् भ्राता भरत का प्रसंग अत्यन्त महत्वपूर्ण है। भरत राज सत्ता को स्वीकार नहीं करते। तपस्वी बन कर वन में रहते हैं। राम की चरण पादुकाओं की पूजा करते हैं तथा शत्रुघ्न को राज सत्ता की विभिन्न जिम्मेदारियां देते रहते हैं।

भरत का राज्य त्याग करना, राज सत्ता से दूर कुटिया में जाकर रहना एवं शत्रुघ्न से राज्य व्यवस्था करवाना आदि एक विशिष्ट परिस्थिति ही सम्मुख आती है। उनकी पत्नी माण्डवी तथा माता कैकयी भी हैरान-परेशान से रहते हैं। माता के निर्णय को अस्वीकृत करते हुए उन्हें पिता का हत्यारा मानना, भरत के तपस्वी भाव, राज सत्ता से अधिक राम और सीता के प्रति सम्मान एवं स्नेह को दिखाता है। साथ ही प्रजाजन के हित स्वरूप भरत भाई शत्रुघ्न को लगातार निर्देश देते रहते हैं। उधर भाई शत्रुघ्न हैं कि तपस्वी भरत की मानसिक स्थिति को समझते हुए घर में सभी माताओं, भामियों तथा पत्नी श्रुतकीर्ति को सम्भालते हुए भाई श्री भरत के

सम्पूर्ण निर्देशों की तहेदिल से पालना करते चलते हैं। ये दोनों भाई दो भिन्न व्यक्तित्व का आभास देते ही नहीं-एक मेक हैं- दोनों भाईयों में कोई द्वन्द्व नहीं, कोई मत भिन्नता नहीं। वास्तविकता तो यह है कि आर्य संस्कृति का आदर्शवादी यथार्थ आचरण ही प्रदर्शित हुआ है।

लेखक का दार्शनिक चिन्तन प्रस्तुत भाग के प्रत्येक संवाद में दृष्टिगत होता है। आर्य अनित्य की नहीं नित्य की उपासना करता है। वह ज्ञान एवं सत्य के शाश्वत अनुभव के लिए ही जीवन यापन करता है। आर्य दृष्टि में जीव मात्र ईश्वर के ही अंश हैं- इसका आभास इस उपन्यास के कथानक में विभिन्न संवादों से होता ही रहता है। माण्डवी, श्रुतकीर्ति, कौशल्या, उर्मिला तथा कैकयी-नारी पात्रों की भी यथास्थान स्त्री सुलभ व्यवहारोक्ति अभिव्यक्त की गई है।

स्व. पं. जनार्दन राय नागर द्वारा सृजित अप्रकाशित अथवा पूर्व प्रकाशित समस्त साहित्य को मरणोपरान्त पुनः प्रकाशित करने का संकल्प लेकर जनार्दनराय नागर एज्यूकेशनल डवलपमेन्ट चेरीटेबल ट्रस्ट गत 10-12 वर्षों से कार्यरत है तथा धीरे-धीरे प्राप्त होती हुई उपलब्धियों से अतिप्रसन्न है।

पाठकों के समक्ष नागर जी का साहित्य रखते हुए हम सभी गौरवान्वित अनुभव करते हैं। विश्वास है कि पाठकों को यह अत्यधिक रूचिकर लगेगा।

'जय श्री राम'

दिव्य प्रभा नागर

पूर्व उपकुलपति

जनार्दनराय नागर राजस्थान विद्यापीठ

उदयपुर (राज.)

ज्योतिर्मय यह देश हमारा।

धवल हिमालय के ललाट पर अरूण-तिलक अति न्यारा-ज्योतिर्मय...

कोटि-कोटि संवत्सर से यह

चलता पथिक सनातन।

अन्धकारमय पतन-निशा में,

दीप्तिमान सपनों से पावन।।

पुण्य श्लोक यह श्रेय पंथ का कोटि-कोटि जनगण का प्यारा-ज्योतिर्मय...

महिमामय स्मृतियों से जगमग,

अजर-अमर यह चिर-चिर सुन्दर।

जगत वंद्य विश्रुत गरिमामय,

अगणित गुण गाथा से मनहर।।

यह पुराण नित-नूतन गतिमय, जीवन मरण सहारा-ज्योतिर्मय...

घोर मूर्च्छना में स्पन्दनमय,

जागृति में कम्पित पीड़ामय।

प्रतिभामय संघर्ष काल में,

आलोकित निर्माण काल में।।

सिंधु तरंगों सा गुंजनमय भारतवर्ष हमारा-ज्योतिर्मय...

उद्धत एक अखण्ड तेजमय,

अमित ओज में सदा शीलमय।

नित ही मति, धृति, कृति में प्रभुमय

गहन निराशा में आशामय।।

स्वर्ग-भूमि से भी बढ़कर यह नन्दन-विपिन हमारा-ज्योतिर्मय...

रचयिता- पं. जनार्दनराय नागर

आभार (Acknowledgement)

मनीषी पण्डित श्री जनार्दन राय नागर द्वारा

रचित साहित्य के पुनर्प्रकाशन के लिए

श्री प्रशान्त देवव्रत नागर परिवार द्वारा

प्रोत्साहन एवं सहयोग हेतु

जनार्दन राय नागर

एज्युकेशनल डवलमेन्ट चेरिटेबल ट्रस्ट,

उदयपुर (राजस्थान)

की ओर

से हार्दिक आभार!

सम्पादक मण्डलः-

दिव्य प्रभा नागर, पुरूषोत्तम शर्मा, प्रफुल्ल नागर,

आवरण:-

विशाल साहू

दिनांक : 26.08.2024

1

शत्रुघ्न ने तपस्वी भरत को प्रणाम करते हुए विनीत स्वर में कहा– "कौशल राज्य की प्रजा उदासीन है, पूज्य! ऐसा लगता है, श्री राम के साथ–साथ उसकी प्रसन्नता भी वन में सिधार गई। आपश्री का सतत् तप, श्री राम का ध्यान और मेरी श्री राम–पादुका की आराधना–सब जैसे अपूर्ण है; आधा अधूरा है यह हमारा राज-मन्दिर का अनुष्ठान!"

भरत ने पंचकेशी रिमझिमाई; कहा– "और यह नन्दीग्राम का एकान्तवास, तप, यह मेरा वनवास अवश्य ही आधा–अधूरा है। श्री राम के सान्निध्य से ही सब पूर्ण, परिपूर्ण होता है, भाई मेरे! माता कौशल्या जी अब कैसी हैं?"

"तनिक दुर्बल हो गई हैं।"– शत्रुघ्न ने निसास भरते हुए कहा– "व्रत, उपवास, पूजा, श्री राम की प्रतीक्षा की यह उन श्रीमती की उपासना! आश्चर्य है, पूज्य! इस आयु में हमारी श्रद्धेया माँ कौशल्या जी इतना व्रत–उपवास कर लेती हैं। आश्चर्य!"

भरत ने आर्द्र स्मितपूर्वक कहा– "भगवती कौशल्या तो जगदम्बा स्वरुप हैं– हो गई हैं। महात्मा श्री राम के अश्वों की सुश्रुषा स्वयं करती हैं। श्री राम के प्रिय पंछियों की देख–भाल स्वयं करती हैं। प्रतिदिन गुरुदेव वशिष्ठ से श्रीराम, वीर–शिरोमणि लक्ष्मण और त्रिपुर सुन्दरी स्वरुप भाभी सीता के गोचर–ग्रह पूछती रहती हैं– माँ कौशल्या हम सबके प्रति एक मंगलमय ममत्व ही हो गई हैं। श्री राम का वियोग ऐसा ही है, शत्रुघ्न! सबको शिव की भांति कालकूट पीने तथा पचाने की क्षमता देता है, भगवान राम का वियोग! लक्ष्मण सद्-भागी हैं जो नित्य प्रतिपल उनके साथ रहते हैं– भाई–भाभी के पीछे सन्नद्ध तथा जागरूक वीर लक्ष्मण चलते हैं।"

शत्रुघ्न ने उदासीनता पूर्वक कहा– "भाभी का यह हरण! वीर लक्ष्मण भाभी को निरीह छोड़ कर चले ही गये।"

भरत ने निसास रखते हुए कहा– "आश्चर्य है मुझको भी। किन्तु निश्चय ही कोई अनिवार्य परिस्थिति उत्पन्न हुई होगी, अन्यथा श्रीराम की आज्ञा वीर लक्ष्मण कभी नहीं टालते।"

"लक्ष्मण भी तो महात्मा हैं। ऋषि–मुनि उनको शेष नाग का अवतार कहते हैं"- शत्रुघ्न ने कहा।

"हैं भी"– भरत ने मन्द हास्य पूर्वक कहा– "तुम भी तो हो, श्री गणेश का अवतार ही कहना चाहिये। कौशल का यह विस्तृत राज्य तथा असंख्य प्रजा तुम में श्री गणेश की भांति ही विश्वास करती है।"

"मैं तो कौशल राज्य का एक नम्र सेवक हूँ, पूज्य!" शत्रुघ्न ने कहा और श्री राम की खड़ाऊ को प्रणाम किया। भरत ने म्लान हँसी हँसते हुए कहा– "नहीं, यह तो तुम ही श्री राम की पादुका का राज्य–काज सम्भाल रहे हो। मैं? नहीं, मेरा मन उचाट हो गया है, भाई! श्री राम जब तक वन में हैं, भाभी भगवती जब तक वनवास का कष्ट भोग रही हैं–वीर लक्ष्मण सब–कुछ त्याग कर, माँ, स्त्री, भाई–बन्धु सभी को त्याग कर जब तक घोर वनों में भ्रमण कर रहे हैं– जब तक श्री राम अयोध्या वापस नहीं लौटते; मेरा चित्त कहीं भी लगता नहीं। केवल श्री राम की पादुका को देख कर ही मन को थामता हूँ, चित्त को शान्त करने की चेष्टा करता हूँ। हाँ, शत्रुघ्न! हाँ, राम के बिना जैसे मैं राजप्रासाद में जी नहीं सकता।"

शत्रुघ्न ने गम्भीर स्वर में कहा– "श्री राम के समान ही राजधानी के पार्श्व के ग्राम में वनवास का कठोर तापसी जीवन–यापन करना निस्संदेह जगद्विख्यात उदाहरण है, पूज्य! किन्तु भाभीश्री माण्डवी-"

भरत ने तपाक से कहा– "वह माता कौशल्या की दासी ही है– होगी। कैकई की बहु?"

"पूज्य!" शत्रुघ्न ने तनिक उच्च स्वर में कहा– "भाभीश्री श्रद्धेया माण्डवी किसी की भी दासी नहीं हो सकतीं। वह रघुवंश की वधू हैं– महात्मा भरत की धर्मपत्नी। माता कैकई? और क्या पश्चात्ताप करे? अयोध्या से चित्रकूट तक माँ कैकई मूक–मौन धरती की ओर देखती हुई चलीं। श्रीराम ने सर्वप्रथम उनको प्रणाम किया तो वह फूट–फूट कर रो उठीं– हिचकियाँ लेती बोलीं। पूज्य! मैं जैसे माता कैकई की गहन वेदना का अनुभव करता हूँ।"

"पाषाण–पारस पत्थर भी कभी नवनीत नहीं हो सकता।" श्री भरत ने शान्त–गम्भीर स्वर में कहा– "माँ, इतनी क्रूर–निर्दय! अपने पुत्र के राज्य के स्वार्थ को लेकर इतनी निर्मम? मैं स्वप्न में भी यह कल्पना नहीं कर सकता था–आज भी

नहीं। मुझसे पूछा तक नहीं कि क्या मैं राज्य चाहता हूँ? पुत्र के लिये किसी भी माता को इतना घोर अन्याय, यह-ऐसा अत्याचार करने का सत्व नहीं था और न ही होगा। माँ कैकई ने मुझे वनवास दिया है– सदैव के लिये, सुना?"

"सुना पूज्य!" शत्रुघ्न ने कहा– "यह सब उस जन्मजात दुष्ट मन्थरा के कारण ही हुआ। मेरी दृष्टि में मन्थरा वध्य थी और आज भी है।"

"स्त्री अवध्य है, शत्रुघ्न!" भरत ने कहा– "फिर मन्थरा ने अपनी स्वामिनी के हित – साधन के लिये ही यह किया है।"

शत्रुघ्न– "तब मन्थरा का दुष्ट इंगित माता–पिता, भाई, पुत्र–पौत्र, कलत्र सभी से ऊपर– सर्वोपरि हो गया। निस्संदेह मन्थरा विधाता की क्रूर मति है– द्विष है– विष!"

भरत ने सस्मित कहा– "मन्थरा को भूल जाओ, मेरे भाई! माता कौशल्या, माता सुमित्रा, भगवती सीता, भाई लक्ष्मण को अहर्निशि याद रखो। स्वधर्म का पालन करो, भाई मेरे!"

"यही तो कर रहा हूँ, पूज्य! स्वधर्म का पालन" शत्रुघ्न ने उसाँस भरते हुए कहा– "धर्म......... स्वधर्म–कभी–कभी मैं सन्देह में पड़ जाता हूँ। पिता का वचन– पालन करना–धर्म, आपका प्रदत्त राज्य स्वीकार नहीं करना–धर्म, श्री राम की पादुका का राज्य संचालित करना, धर्म–धर्म के यह विलक्षण लक्षण कभी–कभी मुझको समझ में नहीं आते।"

"धर्म आत्मविश्वास को धारण करना है– सत्य!" भरत ने कहा– "सत्य ही न्यायपूर्वक धारण, पोषण तथा बन्धन मुक्त करता है, भाई मेरे! धर्म को बुद्धि से नहीं, हृदय की पवित्रता से ही अंगीकार किया जाता है।"

"तब धर्म में क्या बुद्धिगत विवेक आदि नहीं है?" शत्रुघ्न ने साहसपूर्वक पूछा– आपश्री ने परम्परागत धर्म–पालन की एक भी परम्परा स्वीकार नहीं की। आपने राज्य युद्ध कर, छीनकर प्राप्त नहीं किया था, पिता ने अपने वचन की पूर्ति के वरदान स्वरूप ही राज्य आपको प्रदान किया था; फिर भी आपने उसको स्वीकार नहीं किया। प्रजा, नागरिक, सैनिक, मन्त्रिमण्डल तथा ऋषिगण, गुरुदेव वशिष्ठ तथा माता कौशल्या भी चाहती थीं कि आप प्रजा के शोक का, राज्यसिंहासन पर बैठ कर परिहार करें– किन्तु आपने चुपचाप मना किया। क्या यह परम्परागत राजधर्म का निर्वाह था?"

"नहीं था"- भरत ने निसास भरते हुए कहा- "अवश्य नहीं था, किन्तु क्या राजधर्म परम्परागत मान्यता ही है। सत्य, न्याय, समर्पण, प्रेम, उदार मानवता क्या इन सबका समावेश राजधर्म में नहीं होता? मानव ही राजा होता है- बनता है। मानव ही ब्राह्मण जन्मता है, क्षत्रिय, वैश्य, शूद्र मानव ही। सभी धर्म-रूप मानव की अन्तरात्मा के आध्यात्म के विकास हैं। राजधर्म मानव-धर्म का ही एक राज्य के लिये निरुपित धर्म है। मैंने माँ को वचन का लाभ नहीं लेने दिया-वह मेरे द्वारा अपनी राज्याकांक्षा की पूर्ति जो करना चाहती थी। माँ है, पिता है, भाई / बन्धु हैं- सब हैं, किन्तु रघुकुल की रीति भी है- शाश्वत!"

भरत चुप हो गये और पर्णकुटी की सुघड़-सुन्दर खिड़की से आकाश में देखने लगे। मौन और अपलक भरत स्वयं के गहन में डूब गये। शत्रुघ्न चुपचाप भरत की काषाय वस्त्र में लिपटी भव्य- दिव्य मूर्ति को तनिक स्तब्ध से निहारते रहे। भरत? हाँ, पूज्य भाई भरत, श्रद्धेय भरत, श्रीराम के भक्त- पुजारी भरत, नन्दीग्राम के वासी-त्यागी, तपस्वी भरत! शत्रुघ्न मन ही मन बोल उठे- "दोनों ने राजलक्ष्मी त्यागी! राज्य का त्याग ही इस संसार में त्याग का अद्वितीय उदाहरण है। कामिनी का त्याग, कंचन का? यह तो वैराग्य के लिये राग मात्र का त्याग है- किन्तु राज्यलक्ष्मी का त्याग!" शत्रुघ्न जैसे समझ कर भी अबूझ बने बैठे थे। भरत का सहज ही पद्मासन लगा था और वह सुस्थिर मन ही मन स्वयं को थामे हुए थे। कुछ पल बीते, क्षण भी बीते-क्षण, क्षण, क्षण-भरत जैसे क्षण को देखते हुए भी अनदेखे क्षितिज के पार किसी की पद-ध्वनि सुनना चाहते थे, किसी को झुककर साष्टांग प्रणिपात कर धरती माता की गोद का सम्पूर्ण सुख चाहते थे, "हाँ, राम तुमको! तुमको देखना चाहता हूँ। चित्रकूट से लौट कर मैं तुम्हारे आगमन के दिन गिन रहा हूँ। राम हमें क्षमा कर दो-लौट आओ अयोध्या, राम मेरे!"

शत्रुघ्न ने भरत के अन्तःकरण की यह सीदती हुई पुकार सुनी तो तनिक कम्पित वह बोले- "श्री राम आयेंगे, पूज्य! लौटेंगे, अयोध्या लौटेंगे ही। उनको इस पृथ्वी पर राम-राज्य जो स्थापित करना है। कौशल का यह राज्य आज तो वैदिक वर्णाश्रम धर्म के अर्थ, धर्म, काम और मोक्ष-इन चारों पुरुषार्थों का तंत्र तथा मंत्र है। प्रजा सम्भूत है, स्वावलम्बी है, तुष्ट-संतुष्ट है।"

"किन्तु प्रजा प्रसन्न नहीं है।" सहसा भरत ने कहा- "राजा केवल प्रजा का पालन तथा धर्म-धारण नहीं करता, वह प्रजा को प्रसन्न भी करता है। क्या कौशल

की प्रजा–क्यों? समस्त आर्यावर्त की प्रजा आज प्रसन्न है? नहीं–आर्य प्रजा त्रस्त है; भयभीत है; दुःखी है। राक्षस प्रजा का रक्त चूस रहे हैं। तभी तो श्रद्धेय श्री राम ने दण्डकारण्य में धरती को राक्षसों से विहीन कर देने की प्रतिज्ञा की है। महापुरुष हैं राम, शत्रुघ्न! राक्षसों के विरुद्ध धैर्य, अभय तथा साहसपूर्वक उठ खड़ा होने के लिये भी राम ने चित्रकूट से दण्डकारण्य तक की प्रजाओं को मानो मोह लिया है। पंचवटी में भगवती भाभी महिलाओं तथा बालकों के कल्याण के लिये काम करती हैं। श्रीराम, लक्ष्मण, जानकी मानो कल्याण कार्य के शूरवीर हैं। त्रस्त, कुण्ठित, भयभीत तथा दीन–आर्तजन भगवती भाभी की शरण साधते रहते हैं– चरों ने मुझे यही बताया है।"

"चरों ने?" भरत ने पूछा– "तुमने चर भेज रखे हैं?"

शत्रुघ्न ने नयन नमित करते हुए कहा– "क्या श्री राम, लक्ष्मण और जानकी का मार्ग निष्कंटक करने के लिये हमारा कुछ भी दायित्व नहीं है? है– अयोध्या का राज्य अपने महापुरुष राजपुत्र की सुरक्षा के लिये चौकस नहीं रहेगा तो और कौन रहेगा, पूज्य!"

"श्री राम स्वयं ही समर्थ हैं– वह कालजयी महापुरुष हैं।" भरत ने कहा– "मुझे महर्षि वाल्मीकि ने यह कहा है; ब्रह्मर्षि भारद्वाज, अत्री, अगस्त्य–प्रवर ऋषियों ने श्री राम को श्री नारायण हरि का मनुजावतार कहा है– माना है।"

"तो?" शत्रुघ्न ने सहज ही पूछा– "ईश्वरावतार होने पर भी श्री राम मानव हैं; हमारे ज्येष्ठ भ्राता तथा रघुवंश–मणि तथा कौशल राज्य के सत्वाधिकारी हैं। हम परोक्षतः उनका मार्ग निष्कंटक करने की मूक चेष्टा करेंगें।"

"नहीं, शत्रुघ्न! नहीं। राम को पता चल गया तो वह बुरा मानेंगे– क्रुद्ध होंगे। पिता ने श्री राम को एक तपस्वी की भांति वनवास दिया है। माँ ने राम को राजपुत्रत्व के वस्त्रों से नंगा कर घोर वन में भेजा है। बड़ा वह राम को मानती थीं– कहती थीं– राम तुम मुझे भरत से भी अधिक प्रिय हो। राज्य के लिये माता का ममत्व पलक में तीव्र विष में बदल गया। मुझे– मुझे आश्चर्य होता है-"

"क्या, पूज्य?"- शत्रुघ्न

भरत ने कहा– "यही कि मैं ऐसी स्त्री के उदर से जन्मा।"

"भैया?" शत्रुघ्न ने तनिक चीत्कार कर कहा– "ऐसा, ऐसा मत कहो, पूज्य! यह आकाश आपके यह शब्द सुन नहीं सकेगा।"

* * * * *

श्रुतकीर्ति ने मन्द किन्तु शान्त स्वर में कहा– "यह मौन! श्री राम जी वन में क्या गये, अयोध्या की श्री और आह्लाद सभी उनके साथ चले गये। आप तो अयोध्या और नन्दीग्राम के बीच ही रहते हैं।"

शत्रुघ्न ने अपनी धर्मपत्नी को निहारा; कहा– "राज कठिन परिश्रम तथा अपूर्व पुरुषार्थ से चलता है, श्रीमती! फिर यह राज तो श्री राम की चरण–पादुका का राज है। तुम्हारी चित्रकला देखता रहूँ तो मैं एक चित्र बन जाऊँगा।"

"अनुपम चित्र"– श्रुतकीर्ति ने कहा– "तुम, जी, मेरे मानस-पटल पर खिंचे हुए हो। पलक मूंदते ही मैं आपके शत-सहस्त्र चित्र मन में खींच लेती हूँ। मन में जब तक आपको नहीं देखूं, तब तक जी रही हूँ– होता ही नहीं, लगता ही नहीं।"

"भाग्यशाली हूँ मैं!"– शत्रुघ्न ने कहा– "चलो अपन दोनों एक साथ हँसते-खेलते, बोलते, उठते-बैठते जी तो रहे हैं।"

"हाँ" श्रुतकीर्ति ने कहा- "नाच! मुझसे उर्मिला दीदी देखी नहीं जातीं।"

"क्यों, क्या हुआ उनको?" शत्रुघ्न ने पूछा– "स्वास्थ्य ठीक नहीं है क्या?"

"उदासीनता की छबि हो गयी है– बेचारी उर्मिला! पति जैसा पति होते हुए भी पति-सुख रत्ती भर नहीं लिखा भाग्य में। कोई करे तब भी क्या करे! वीर-शिरोमणि लक्ष्मण को रामजी के साथ क्यों जाना था?"

"तुम नहीं समझोगी, ललने!" शत्रुघ्न ने कहा– "वीर लक्ष्मण यदि रामजी के साथ न जाते तो और कौन जाता? कोई भी नहीं जाता, ललने! भरतश्री? मैं? नहीं-नहीं। शान्तम्-पापम्! तब राम–जानकी अकेले घोर वन में सहमे-सहमे भटकते रहते? क्यों? तुम और मैं क्या इस प्रकार अकेले दुरूह अरण्य में भटक सकेंगे? बोलो?"

श्रुतकीर्ति ने मुँह बिचकाते हुए कहा– "मैं तो जनकपुरी के त्रैलोक्य-विश्रुत उद्यान में ही सखियों के साथ जाया करती थी। मेरे नूपुर खनकते थे और मयूर नाचते थे-"

शत्रुघ्न सहसा ठठाकर हँस पड़े– "तो क्या मैं भी नाचूँ?"

"हाँ जी! मयूर मेरे, नाचो!"– श्रुतकीर्ति ने हँसते हुए कहा।

शत्रुघ्न खिलखिला कर हँस पड़े– "तुम श्रुति मेरी!"

श्रुतकीर्ति ने सस्मित बिब्बोक पूर्वक कहा– "बहिन माण्डवी तो जन्म से ही गम्भीर तथा निष्काम, बैरागिनी सी रही हैं। प्रारब्ध से भरत जी जैसा पति दिया– सर्वथा उपयुक्त है। किन्तु मुझे भगिनी उर्मिला को देख कर ऐसा लगता है..........."

शत्रुघ्न ने बीच में ही पूछा– "क्या?"

"सजीव संगमरमर की प्रतिमा"– श्रुतकीर्ति ने कहा– "वस्त्राभूषण छोड़ दिये, राग–रंग छोड़ दिये–बस अपने प्रासाद में रहती भर हैं। मन से खो गई हैं, चित्त से उजड़ सी की गई हैं। वीर लक्ष्मण ने तनिक भी नहीं सोचा? भाई का प्रेम तो है, किन्तु पत्नी के प्रति भी क्या तनिक भी प्रेम का दान नहीं है?"

"है तो!" शत्रुघ्न बोले– "वीर–शिरोमणि लक्ष्मण और श्रीमती उर्मिला देवी एक मन– प्राण हैं– यह मैं जानता हूँ।"

मुँह बिचका कर श्रुतकीर्ति ने कहा– "जानता हूँ........ क्या जानते हो? अच्छा बताओ मुझ से प्रीति कितनी है तुम्हारी?"

"धरती के तोल और मोल-सी।" शत्रुघ्न ने कहा– "हम रघुवंशी पत्नियों से केवल प्रेम करने के लिये ही जन्मे हैं क्या? हम तो प्रजा–कल्याण और जगत–मंगल के लिये जन्मे हैं। वीर–शिरोमणि लक्ष्मण की निष्ठा श्री राम के प्रति ही नहीं, राजा राम के प्रति भी है। श्री राम के चरणों में समर्पण केवल व्यक्ति का ही नहीं, उसके सर्वस्व का है। राजा प्रजा को सर्वस्व अर्पण करता है। प्रजा राजा को अपनी श्रद्धा द्वारा समर्पित होती है। श्री राम का धरा–धाम पर अवतरण का महान् उद्देश्य है, श्रुति! इसको तुम सब समझो–गुनो।"

"तुम सब?" श्रुतकीर्ति ने पूछा।

"माताएं, वधुएं, सगे-सम्बन्धी, परिजन, पुरजन।" शत्रुघ्न ने कहा– "राम– राज्य, श्रुति! प्रजा–कल्याण का राज तो रघुवंशी चलाते ही आ रहे हैं। वैदिक वर्णाश्रम धर्म का पालन करते तथा करवाते आ रहे हैं– किन्तु राजा और प्रजा का आत्मसात्

करवाने की क्षमता इसमें रही नहीं। श्री राम– श्री राम में ही यह क्षमता है कि प्रजा के अनुरंजन के लिये राज चलाएं।"

"प्रजा का अनुरंजन? क्या, स्वामी!" श्रुतकीर्ति ने पूछा।

"प्रजा की निर्भय प्रसन्नता।" शत्रुघ्न ने कहा- "कौशल के विस्तृत राज्य का संयोजन राम–राज्य के लिये भूमिका बनाने के लिये महात्मा भरत तथा उनके निर्देशन में कर रहे हैं। जिस दिन श्री राम ने चित्रकूट में अपने श्री चरणों की पादुकाएं प्रदान कीं, उसी दिन–उसी घड़ी राम–राज्य के आदर्श का आविर्भाव हो चुका था। उस दिन से ही नन्दीग्राम की आत्मिक अयोध्या में श्री राम–राज्य का पुनीत मंगलमय संस्थापन मानो हो चुका था। राम–राज्य इक्ष्वाकु–कुल के रघुवंश का राज्यदण्ड प्रजा की तृप्ति के लिये ही नहीं, तुष्टि के लिये भी है–होगा।"

श्रुतकीर्ति– "तो क्या इस राम–राज्य में भगिनी उर्मिला पति-सुख से वंचित ही रहेंगी?"

"पति-सुख? क्या री?" शत्रुघ्न ने हँसते हुए पूछा।

"पति-सुख, यही!" श्रुतकीर्ति ने लजाते हुए कहा– "पति-सेवा तथा पत्नी के गृहस्थ धर्म का पालन, पोषण-यही।"

शत्रुघ्न ने श्रुतकीर्ति को अपने पार्श्व में भरते हुए कहा– "कुछ और भी शेष है पति-सुख! कहती क्यों नहीं?"

"क्या, जी?" श्रुतकीर्ति ने शत्रुघ्न के विशाल वक्षस्थल में अपना चन्द्रानन छिपाते हुए पूछा।

"तुम–मैं" शत्रुघ्न ने श्रुतकीर्ति का प्रगाढ़ आलिंगन करते हुए कहा– "प्रिय मेरी! निश्चिंत हो जाओ, शान्त! वीर शिरोमणि लक्ष्मण अपनी कुलदेवी–समान पत्नी को अनन्य प्रेम करते हैं– किन्तु वह ब्राह्मण का, वैश्य का, शूद्र का प्रेम नहीं है– वीर शिरोमणि क्षत्रिय राजकुमार का प्रेम है। शौर्य्य, त्याग तथा राजा के प्रति अनन्य समर्पण की अमोघ भावना से भरा हुआ वह जीवन–तादात्म्य है, श्रुति!"

श्रुति– "हूँ! है।"

मौन घनी-भूत होता हुआ प्रसरता रहा। सुगन्धित मणिदीप की स्वर्ण कान्ति सी जगमगाती हुई दीप–शिखा जलती रही। श्रुतकीर्ति ने गहरा संतुष्ट निश्वास रखा और

पति की सोड़ में दुबक गयी। शत्रुघ्न ने श्रुतकीर्ति को अपने हृदय से चाँपते हुए स्वयं से ही कहा– "श्रुति! प्रिय मेरी!"

श्रुतकीर्ति अपने चित्त के शान्त गहन में मानो डूबी–डूबती गयी। अपने प्राण–प्रिय पति की बाहुओं में जकड़ी वह मानो अपने अपने चित्त के अतल समुद्र में ही डूबती गयी। उस घनी–भूत नील–श्याम दिव्य आभा के अपरम्पार में श्रुतकीर्ति को सहसा दिव्य मोतियों का हार ही मिला–कभी नहीं देखे हुए वस्त्राभूषणों की आभामयी चमक मिली। श्रुतकीर्ति अपने ही चित्ताकाश में सुर–सुन्दरी सी लहर उठी। सन्तोष की एक सहज उसाँस श्रुतकीर्ति ने भरी और शत्रुघ्न के श्याम बालों की वीथियों से ठठे वक्ष– स्थल पर अपना कोमल, मृदु, गदकारा बाहु रखा। शत्रुघ्न ने पार्श्व में भरते हुए श्रुतकीर्ति को पुनः अपनी सोड़ में भरा, बुलाया– "सुना?"

श्रुतकीर्ति जागी, शान्त मूक सी जागी– "हाँ?"

"क्या सोच रही थी?" शत्रुघ्न ने पूछा– "श्री राम अवश्य ही सकुशल यशस्वी होकर, वनवास की अवधि समाप्त होते ही अयोध्या लौटेंगे। अपनी पुण्यश्लोक माताएं उनका सिर सूंघेंगी और तुम सब सहस्त्र शिखाओं की आरती में राम, लखन, जानकी के मुखारविन्दों के दर्शन करोगी–मैं करूँगा, सब करेंगे। अब सो जाओ! रात्रि का प्रथम प्रहर बीत रहा है।"

"भगिनी उर्मिला को मैं देख नहीं सकती।" श्रुतकीर्ति ने पूर्णतः जाग्रत होते हुए कहा– "निर्दय है लक्ष्मण और क्या?"

शत्रुघ्न ने श्रुतकीर्ति की चिबुक उठाते हुए कहा– "लक्ष्मण–सा सहृदय स्नेहशील अन्य कोई भी नहीं है, श्रीमती!"

"श्री राम भी नहीं?" श्रुतकीर्ति ने पूछा।

"श्री राम?" शत्रुघ्न ने नयन मूँदते हुए कहा– "श्री राम राम हैं– उनको लेकर क्या कहा जाय? श्री राम करुणायतन हैं; दया–सिन्धु। जीवन की मर्य्यादा का पालन कोई श्री राम से सीखे।"

"तो क्या श्री राम?" श्रुतकीर्ति बोली और हठात् चुप हो गई।

"सो जाओ प्रिय! वादिनी!" शत्रुघ्न ने कहा– "श्री राम, लक्ष्मण सब असाधारण व्यक्ति हैं– महामानव हैं। जीवन की शक्ति और सौन्दर्य की मूर्ति हैं।"

"भरत?"– श्रुतकीर्ति।

"महात्मा भरत कहो, प्रिये!" शत्रुघ्न ने कहा– "जो अतुल्य राज्य-लक्ष्मी को त्याग सकता है, जो वनवास का कठोर जीवन राज्य, प्रासाद तथा स्त्री भाई, बान्धव सब मन से छोड़ कर श्री राम-पादुका की साक्षी से श्री राम के आने की प्रतीक्षा कर सकता है– 'श्री राम? कहाँ हो? लौट आओ वन से, राम!' जो अहर्निशि मन ही मन पुकार सकता है, वह साक्षात् महात्मा है, आत्मा का शौर्य्य, सौन्दर्य है। मैं तो क्षत्रिय राजपुत्र हूँ। अवश्य रघु – नन्दन तो हूँ।"

"मेरे लिये तो तुम ही महात्मा हो।" श्रुतकीर्ति ने कहा– "श्रीमती भगिनी माण्डवी कभी– कभी अपने पति के दर्शन करना चाहती है, सेवा भी करना चाहती है– पत्नी जो ठहरीं।"

"मै निवेदन करूँगा।" शत्रुघ्न ने श्रुतकीर्ति को अपने अंक में भर लिया– फिर थपथपाते हुए बोले– "सो जाओ तुम! मुझे जागता रहने दो!"

"क्यों?"– श्रुतकीर्ति।

"इसलिये कि राज–काज, रात–दिन की सावधानी तथा जागरूकता से ही ठीक चलता है।" शत्रुघ्न ने कहा– "चित्रकूट से लौटने के तुरन्त बाद आर्यावर्त की प्रजा का मनोबल बनाना; अन्यथा अत्याचार तथा अधर्म के विरुद्ध उसको संगठित कर स्वाश्रयी करना अनिवार्य था– वही मैंने महात्मा पूज्य भरत के मार्गदर्शन और निर्देश में आरम्भ किया है– राम अयोध्या लौटें, तब हम उनको शक्तिशाली, जाग्रत तथा श्री-सुकृति से पूर्ण राष्ट्र की भेंट देना चाहते हैं। श्री रामजी को हम सिंहासन तथा राष्ट्र, भारतवर्ष अर्पित करना चाहते हैं। महात्मा पुण्यभृत भरत का यह संकल्प है, प्रियवादिनी!"

"अच्छा है; परन्तु उन महात्मा जी से यह तो कहो कि वह व्यर्थ ही अपनी पत्नी को दूर न रखें। भाई के प्रति धर्म है तो पत्नी के प्रति भी धर्म है। मेरे मत से तो पति-पत्नी का धर्म ही धर्म का मूलाधार है– पूज्य-पाद विदेह जनक ने तो हमें यही कहा है।"

"विदेह?" शत्रुघ्न सस्मित बोले– "हम सदेह हैं; विदेह नहीं; प्रिये!"

* * * * *

कौशल्या माँ ने शत्रुघ्न से बरबस ही पूछ लिया– "राम चित्रकूट से चले गये? कहाँ? क्यों? श्री राम के समाचार इन दिनों मुझे मिले ही नहीं हैं।"

शत्रुघ्न ने प्रणामपूर्वक कहा– "चित्रकूट के मुनि-गण ही चाहते थे, श्री राम चित्रकूट छोड़ दें।"

"परन्तु क्यों?" कौशल्या माता ने तनिक तीव्र स्वर में पूछा।

"राक्षसों के संहार के पश्चात् मुनियों को भय हो गया कहीं राक्षस शत् सहस्त्र संख्या में आश्रमों पर आक्रमण ही नहीं कर दें। राक्षस कहीं रात्रि के अँधेरे में उनका घात न कर दें।"

"किन्तु श्री राम ने तो जनस्थान को अकेले ही राक्षस–विहीन कर दिया था, फिर यह भय– त्रस्त आशंका क्यों हुई? मुझे कुछ भी समझ में नहीं आ रहा। लक्ष्मण के सिवाय आज राम की खोज-खबर कौन करता है? भरत? तुम? कौन?"

शत्रुघ्न ने प्रणामपूर्वक कहा– "राजमाता! समस्त अयोध्या का राजतंत्र श्री राम की खोज रखता है माँ, शान्त! श्री राम ने राक्षसों के संहार द्वारा प्रजा के उत्सर्ग की क्रान्ति ही आरम्भ की है। श्री राम चित्रकूट छोड़ कर दण्डकारण्य के बीहड़ सघन की ओर चल पड़े हैं। चरों ने मुझे बताया है कि श्री राम प्रजा सहित आश्रम– वासियों का संगठन कर उनको अभय सिखा रहे हैं! हाँ, राजमाते!"

"राजमाता? मैं? नहीं रे शत्रुघ्न! राजमाता तो भगिनी कैकई हैं– श्रीमती कैकई ही हैं।" कौशल्या ने सहमते हुए, संकोच-सहित कहा–नन्दीग्राम में राम–पादुका की साक्षी से भरत ही तो राज्य चला रहे हैं। तो............ तो राजमाता कैकई ही हुई न? यह इतिहास का अमिट सत्य है– होगा कि रघुकुल की वधू कैकई ने अपने पति के प्रेम का दारुण लाभ लिया तथा मेरे राम जैसे राम को वनवास दिया। उसका राज्य का परम्परागत-वंशानुगत सत्व छीना। अतः मैं तो, तो उन श्रीमती जी को ही राजमाता मानती हूँ– मानूँगी।"

"नहीं, पूज्ये!" शत्रुघ्न ने कहा– "राज्य श्री राम की पादुका ही कर रही हैं। श्री राम के चरण ही कौशल के विस्तृत राज्य के राजा हैं।"

"राम नहीं राम की पादुकाएं राजा हैं– विधि की विडम्बना, शत्रुघ्न!" माता कौशल्या ने आर्त्त स्वर में कहा– "राम अकेला। मेरा वीर लक्ष्मण ही उसके साथ

है। वह फूल सी कोमल मेरी सीता– मेरी पुत्री, शत्रुघ्न! क्या करूँ? चौदह वर्षों की यह वेदना मुझसे नहीं सही जाती। इससे तो अच्छा था, सती होकर उनके चरणों में लीन हो जाती।"

शत्रुघ्न ने शान्त-गम्भीर स्वर में कहा– "श्री राम अकेले नहीं हैं, मातुश्री! राम के साथ प्रजा है, ऋषि-मुनि हैं। आर्यावर्त का सूर्य-श्री राम के नयनों में चमक रहा है। लक्ष्मण जैसा आतपपूर्ण वीर उनके साथ छाया की भांति है। चर कहते हैं– श्री राम, लक्ष्मण तथा जानकी की पद यात्रा समस्त भारतवर्ष ही नहीं, पृथ्वी के मानवों की तीर्थ-यात्रा ही होती जा रही है। लोग श्री राम को असंदिग्ध श्री चतुर्भुज विष्णु का मनुजावतार ही मानने लगे हैं।"

कौशल्या हँसी, बोली– "तुम्हारी माँ क्या कहती है?"

शत्रुघ्न– "मैंने पूछा नहीं है, माँ! न पूछूंगा। मैं तो महात्मा भरत के मार्गदर्शन तथा नियमन में अयोध्या का राज्य श्री राम की अगवानी के लिये चला रहा हूँ। श्री राम के वनवास की समाप्ति पर स्वागत महात्मा भरत राजसिंहासन प्रस्तुत कर करना चाहते हैं। राम-राज्य माते! राम-राज्य! रघुवंशियों का राज्य बहुत हो चुका है, पूज्य श्रीमती!"

"क्या बहुत हो चुका है?" कौशल्या ने कहा– "यह तुम क्या कह रहे हो? इक्ष्वाकु वंश के रघुकुल का राज्य तो सनातन है– शाश्वत राज्य है।"

"जी, है, किन्तु यह इक्ष्वाकु वंश का रघुकुल-राज्य प्राचीन हो चुका है।" श्री शत्रुघ्न ने कहा– "हम एक सनातन केन्द्र पर ही चल रहे हैं। वर्णाश्रम धर्म के समाज का ही राज्य संचालित कर रहे हैं। समय आ गया है, हम राज्य को प्रजा के कल्याण, सम्भूति और सम्पन्नता के लिये ही नहीं, प्रजा के रंजन, जन-मन-रंजन तथा प्राणी-कल्याण और जगत-मंगल के लिये भी चलाएं, राम-राज्य, मातुश्री!"

कौशल्या ने शत्रुघ्न को घूरते हुए कहा– "तो क्या इसी के लिये राम को उसके पिता ने वनवास दिया है? निस्संदेह यह सब श्री राम को अयोध्या से निष्कासित करने के लिये ही किया गया है।"

"पिताजी ने नहीं, पूज्ये! माता कैकेई ने ही यह किया है।" शत्रुघ्न ने कहा– "विधि वशात यह किया है। विधाता चाहता है, माँ! कि भू-मण्डल पर राम-राज्य स्थापित हो। यह विविध-राजतंत्र, यह राजा-महाराजा, नृपति, नरेश, अधिपति,

महीपति, चक्रवर्ती सत्य दिखा नहीं सके, अभय नहीं दे सके, शान्ति प्रदान नहीं कर सके। यह सब भय की प्रीति करवाने वाले अधीश तथा अधिकरण मात्र रहे हैं। करुणा और प्रजा के अटल प्रसन्न, संतुष्ट तथा तुष्ट रहने के अमोघ सत्व का राज्य माँ! विधाता यह चाहती है। तभी तो ऋषि-मुनि सब श्री राम को अवतार मान रहे हैं।"

कौशल्या ने सहसा चीत्कारपूर्वक कहा– "राम मेरा बेटा है; राजा नहीं– नहीं। मैं राम की प्रजा नहीं हूँ, राम की जननी हूँ– माँ हूँ, सुना? कह दे अपनी विधाता से, जा।"

शत्रुघ्न ने प्रणाम किया; कहा– "जैसी भगवती माँ की आज्ञा! राम न तो किसी के पुत्र हैं, पिता हैं; स्वामी, पति हैं। श्री राम मर्य्यादा पुरूषोत्तम राजा ही हैं– राजा राम! पृथ्वी की प्रजा सनातन से पीड़ित रही है, शोषित और अभावग्रसित रही है– इन तात्कालिक राजतन्त्रों के कारण ही प्रजा दबी– दुबकी तथा ग्रसित बनी रही है। इन राजतन्त्रों से शासित प्रजा का ही जन्म होता रहा है। पृथ्वी पर उत्फुल्ल, उन्मुक्त, धर्म-भीरु तथा श्री सुकृति तथा परस्पर स्नेह के शील का समाज तो राम ही धारण कर सकेंगे, माँ!"

कौशल्या– "यह बात कैकई के गले उतार, शत्रुघ्न! मुझे क्यों कहता है? मैं तो तेरी बात मान लूँगी, किन्तु तेरी माँ माने तब ना? राम का पुनः अयोध्या लौटना, मेरी प्रतीक्षा और भरत के विलाप तथा मेरी जागरूकता पर नहीं तेरी माँ की मान्यता पर ही निर्भर करता है। राम संघर्ष में नहीं, स्वागत में ही लौटेगा।"

"राम से यम भी संघर्ष नहीं कर सकता, माँ!" शत्रुघ्न ने कहा– "रही महिषी कैकई की मान्यता? तो क्या? उनकी इच्छा की निर्दय पूर्ति हो चुकी है। अयोध्या के राजप्रासाद में उनका सत्व रह ही क्या गया है? मातुश्री कैकई, महात्मा भरत तथा मेरी जननी भर है। राज्य से उनका कोई लेना-देना शेष नहीं है।"

"शत्रुघ्न?" कौशल्या बोली।

शत्रुघ्न ने कौशल्या के चरण थामते हुए कहा– "हाँ, राजमाते! हाँ!"

कौशल्या ने सहसा शान्त गम्भीर स्वर में कहा– "शत्रुघ्न! मैंने तुमसे-भरत से, सबसे कई बार कहा है– मैं राजमाता नहीं हूँ। श्री राम की पादुकाएं मेरे लिये राम की पादुकाएं ही हैं। राम को भरत के स्वनाम धन्य पिता राजा दशरथ ने अपनी

प्रिय पत्नी का मन रखने के लिये चौदह वर्षाँ का घोर वनवास दिया है और भरत को राज दिया है। महाराज राजराजेश्वर का यह निर्णय कल्पों तक सृष्टि के इतिहास में अक्षर अथवा निरक्षर अंकित रहेगा। भरत श्री राम की पादुका की साक्षी में कौशल का राज चला ही रहा है– अच्छा है, शुभ है और फिर तुम जो भरत के सहायक हो, सचिव हो, आमात्य हो। उधर लक्ष्मण राम का सहायक है, सेवक है, उसी भांति इधर तुम भरत के।"

शत्रुघ्न ने कहा– "सत्युत् है, माँ! किन्तु यह भी सत्य है कि महामना भरत ने सिंहासन श्री राम के चरणों में ही रखा है तथा उदारचेता महामानव श्री राम ने अपनी पादुकाएं उस पर उपदिष्ट की हैं, अतः आधारभूत तो राज श्री राम के लिये ही है।"

"नहीं, भरत–भरत ही राजा है।" कौशल्या तनिक आर्त स्वर में बोलीं– "महाराज दशरथ और अपने पिता के वचन की पूर्ति को सर्वोपरि धर्म मान कर मेरे इकलौते पूत राम ने पत्नी सहित वन– वन घूमना स्वीकार किया है। राम गाँव, पुर, नगर, महानगर में प्रवेश करता नहीं। वनवास में भी सभी सुख तुम्हारी माँ ने उसके लिए वर्जित कर रखे हैं। नंगे पाँव सीता–राम घूमते हैं, शत्रुघ्न!" शत्रुघ्न चुप। कौशल्या सहसा हठात् मौन शत्रुघ्न को घूरती रहीं, निहारती रहीं, देखती रहीं। शत्रुघ्न मौन ही निसास भरते कौशल्या के चरणों की ओर देखते खड़े रहे। कौशल्या ने देखा; शत्रुघ्न का ताम्र–स्वर्ण कान्ति से दमकता हुआ मुख–मण्डल म्लान हो गया है। शत्रुघ्न विवर्ण हो रहे हैं; बोली– "वत्स मेरे! यह मेरा एक माँ का पश्चाताप है। तेरे पिताजी ने राम के साथ निस्संदेह न्याय नहीं किया है; किन्तु जो होना था, सो हो गया। विधाता! चलो तेरी माँ की इच्छा पूरी हुई।"

शत्रुघ्न की बड़ी–बड़ी आँखों से मोती जैसे अश्रुबिन्द झरने लगे। आर्तकण्ठ से बोले– "यह सब, यह अयोध्या आर्यावर्त की भूमि, यह राज्य–सब श्री राम का ही है माँ मेरी! महात्मा भरत ने हमें बताया कि श्री राम स्वयं भरत जी को राज्य देना चाहते थे।"

"राज्य भरत को दान में दिया नहीं जा सकता था और राज्य न ही किसी आशुतोष का वरदान ही हो सकता है। राज्य सनातन से राष्ट्र का संयोजक– संचालक, रक्षक तथा पोषक तंत्र और मंत्र है। उसका उत्तराधिकारी राज्यवंश की सिद्ध अटल परम्परा के अनुरूप ही स्थापित किया जा सकता है। कौशल का

राज्य रघुवंशियों की बपौती-सम्पत्ति तो नहीं है– राज्य प्रजा तथा राजवंश का।......... तेरी मातुश्री कैसी हैं?"

शत्रुघ्न ने निसास रखते हुए कहा– "चित्रकूट से लौटने के बाद माँ मूक हो गई हैं– मौन। स्वयं से विरक्त सी दिखती हैं। कदाचित् उन्हें भान हो गया है, श्री राम को वनवास देना अत्यन्त क्रूर कार्य वह कर गयी हैं, किन्तु पश्चाताप से इस क्रूर अत्याचार की आग बुझती नहीं, पूज्ये! महात्मा भरत, मैं, श्रुतकीर्ति तथा माँ कैकई– सब इसी घनीभूत वेदना की आग में जल रहे हैं, राजमातुश्री! हाँ मैं सच कहता हूँ।"

"फिर वही राजमाता?" कौशल्या सस्मित बोलीं।

"हाँ, फिर वही; बार–बार वही।" शत्रुघ्न ने कहा– "तुम्हारे श्री चरणों के शीतल स्पर्श से ही तो हम अन्तरात्मा की इस आग को सह सकते हैं।"

* * * * *

मन्थरा ने स्वयं को द्वार में खड़कते हुए पुकारा – "स्वामिनी!"

कैकई अपनी पीठिका पर ज्यों की त्यों खोई हुई बैठी रहीं। मन्थरा की कर्कश ध्वनि कक्ष के कोनों में टकरा कर वापस जैसे मन्थरा के निस्तेज कपोलों से टकरा गयी।

मन्थरा अन्दर आई; बोली– "यह तुमको क्या हो गया है? यह क्या वेश बना रखा है? चित्रकूट से लौट कर तुम मुनि हो गई हो क्या? तब चित्रकूट गई ही क्यों थी? भरत सुनाता गया, अपशब्द कहता गया और तुम सुनती रहीं?"

कैकई के मूक अधरों से ध्वनि फूटी– "हाँ, सुनती रही; सुनूंगी– सुनती रहूँगी।"

"क्यों?......... किन्तु क्यों?" मन्थरा ने पास खिसक कर पूछा।

"स्वामी के पीछे सती न हो सकी, इसलिए।" कैकई ने कहा– "जिसके लिये मैंने राज माँगा, उसने तो राज्य और मुझे–दोनों को धुक्कार दिया है–त्याग दिया है। माँ को उसके पूत ने त्याग दिया और–और तपस्वी बनकर श्री राम की प्रतीक्षा में आकुल रहता है। मैं माण्डवी को क्या कहूँ?"

मन्थरा ने कहा– "मैं कहूँगी बहु को। तुम कुछ न कहो। भरत का यह खेल मैं समझती हूँ।"

"क्या खेल भरत का?" कैकई ने पूछा– "क्या?"

"काष्ठ की पादुका की राज्य सिंहासन पर स्थापना कर राज्य चलाना– यह क्या राज्य को परोक्षतः स्वीकार नहीं करना है? है। भरत शत्रुघ्न द्वारा राज चला रहा है और तुम–तुम राजमाता हो। कौशल्या देवी नहीं; तुम।"

"मैं?" कैकई उठी, बोली– "नहीं–नहीं। मैं एक सनातन अपराधी हूँ। दुष्ट हूँ, पापिन हूँ। भरत यही तो कहता है– यही तो।" और कैकई सहसा धाड़े मार कर रो उठी– "मैं पापिन, पतित, मैं कैकई। एक दीन, निरीह राजविधवा, राजमाता नहीं–नहीं।"

मन्थरा ने तेवर चढ़ाते हुए कहा– "यह तुम्हें क्या हो गया है? क्या तुम्हारा गौरव मारा गया है? ऐसा ही था तो क्यों वर माँगे? अपने तथा अपने पुत्र-कलत्र के सत्व के लिये साहस चाहिये। तुम क्षत्राणी हो और अपने पुत्र के सत्व के लिये तुमने यह सब सहन किया है। यह तो भरत-अब क्या कहूँ भरत के लिये?"

"जो तेरी इच्छा हो, वह कह।" कैकई ने कहा– "मैं, मैं तेरे कहने में आ गई। तू–तू पूर्व जन्म की मेरी शत्रु है-हाँ और क्या?"

"शत्रु? मैं-तुम्हारी? राजराणी!" मन्थरा ने तीव्र स्वर में कहा– "मैं तुम्हारी शत्रु नहीं हूँ। तुम्हारे पिता ने मुझे तुम्हारी रक्षा के लिये भेजा है। महाराजा दशरथ ने तुमसे विवाह करते समय यह नहीं कहा था कि तुम्हारा ज्येष्ठ पुत्र ही कौशल के राजसिंहासन पर बैठेगा? तुम्हारे विवाह की यह अटल शर्त थी– नहीं?"

"थी; तो" कैकई ने आर्त स्वर में कहा– "किन्तु मेरे ज्येष्ठ पुत्र ने राज्य स्वीकार नहीं किया। राम का वियोग स्वीकार कर वह तपस्वी बन बैठा है। अपनी स्त्री को भी अपने पास नहीं आने देता। मेरा भाग्य! भरत ने मुझे क्या नहीं कहा! किन्तु........ किन्तु भरत की यह कटु तीव्र भर्त्सना जैसे मैं सह लेती हूँ। मुझको लगता है, यह भर्त्सना मेरा प्रायश्चित है।"

मन्थरा ने मुँह बिचका कर कहा– "राज्य-सत्ता न दान है; न ही पुण्य। प्रायश्चित तो वह है ही नहीं और न ही पाप है; रानी!"

"चुप कर"– कैकई ने कहा।

"नहीं" मन्थरा ने कहा– "बोलूँगी। धैर्यपूर्वक सहन कर। दिन आयगा, बावरे भरत को राज्यश्री दिखेगी, समझ में आयगी। राम को अयोध्या लौटने में अभी तो

बहुत देर है। राम सकुशल लौट आयेंगे, यह कौन कह सकता है! सुनती हूँ पद–पद पर राक्षसों का घोर विरोध है। राम को पद–पद पर लड़ना पड़ता है। राक्षसों ने आर्यावर्त के अरण्यों में अपने अड्डे जमा लिये हैं। तुम क्षत्रियों में साहस है ही नहीं कि इनका सामना करो। अकेला राम, लक्ष्मण क्या कर लेगा।"

"राक्षसों को समूल नष्ट कर देगा, दुष्ट कहीं की।" कैकई ने चिल्लाकर कहा– "राम की वह तापसी सूरत भूलती नहीं। राम ने चित्रकूट में सर्वप्रथम मुझे प्रणाम किया– वनवास की सफलता के लिये मेरा आशीर्वाद माँगा। ऐसे सज्जन–सुशील राम को मैंने स्त्री–हठ कर के वन भेजा–चौदह वर्षों के लिए नंगे पाँव वह घूम रहा है। गाँव में जाता नहीं, पुर में प्रविष्ट होता नहीं, नगरों की ओर देखता नहीं। कन्द–मूल, फल खाता है। हाँ, विधाते! यह मैंने क्या किया?"

"राज्य के लिये यह सब करना ही पड़ता है, राज्ञी जी!" मन्थरा ने कहा– "शान्त हो जा, धीरे–धीरे समझ लेगी कि तूने जो किया, वह ठीक था, उचित था। एक वृद्ध राजा से विवाह करने का मूल्य यही था– अपने पुत्र को राज्य–सिंहासन।"

"कलमुँही कहीं की!" कैकई ने तीव्र स्वर में कहा।

2

कौशल्या ने श्री भरत से शान्त-गम्भीर स्वर में कहा– "श्री राम, लखन, जानकी का कोई समाचार? इस बार तो बड़ी देर लगी। क्या तुम्हारे चर सुस्त हैं? श्री राम के सतत् समाचार चाहती हूँ। मैं ही नहीं, तुम्हारी माँ कैकई भी यही चाहती है। सुमित्रा का अपने इकलौते बेटे लक्ष्मण के योग-क्षेम के समाचार पूजा के नैवेद्य की भांति मिलते रहने चाहिये–नहीं?" भरत ने माला अनायास फेरते हुए कहा– "अवश्य, माँ! अवश्य। राम, लक्ष्मण, जानकी के समाचार सतत् सबको मिलते रहें– ऐसी व्यवस्था करने को मैं शत्रुघ्न से कह दूँगा।"

"कह देगा तू भरत?" कौशल्या बोली– "निर्देश दे, व्यवस्था कर। राजा तू है, शत्रुघ्न नहीं।"

भरत झटका खाकर बोले– "राजा? मैं? नहीं। श्रद्धेया माँ! मैं नहीं। मैं तो श्री राम की चरण पादुका का आमात्य हूँ– सेवक हूँ, अनुचर हूँ। श्री राम-पादुका के राज्य का प्रधानामात्य शत्रुघ्न हैं, मैं नहीं। राज-राज सिंहासन मैंने चित्रकूट में मनसा-वाचा-कर्मणा श्री राम के चरणों में त्याग दिया है और– और आपके कर-कमलों में अर्पित कर दिया है।"

कौशल्या देवी मुलकी; हँसी, बोली– "परन्तु क्यों? प्रजा, सैनिकगण, राज्यसभा, मन्त्रिमण्डल, ऋषिमण्डल तथा अन्त में मैंने तुम से आग्रह किया था कि प्रजा और राज के हित में तुम सिंहासन पर बैठो। राज्य जिस पल तुम्हारे पिताश्री ने तुम्हारी माँ को दिये गये वचन की पूर्ति में, राम से वापस लेकर तुमको दिया, उसी पल से राज तुम्हारा ही हो गया। किन्तु तुम हम सब के आग्रह को ठुकरा कर सिंहासन पर नहीं बैठे। भरत! राम भी चाहते थे– तुम राजा बनो, कौशलाधीश बनो। राज राम के चरणों में अर्पित कर दिया तुमने। हाँ, किया तो है।"

भरत ने चीत्कार की– "मैंने तो राज मनसा-वाचा-कर्मणा स्वीकार ही नहीं किया था। राम का राज्य राम को ही सौंपा है। मुझ पर दया करो, माँ! मैंने स्वप्न और स्मृति में भी राम का राज्य लेने की चेष्टा नहीं की।" कौशल्या बोली– "तुमने

नहीं की, किन्तु तुम्हारी माँ ने की। तुम्हारे पिता ने राम के राज्याभिषेक के विधिवत् संकल्प को तुम्हारी माँ के चरणों में छोड़ दिया।"

"सच है, इसीलिए तो मैं स्वयं को संसार का आदि पापी मानता हूँ।" भरत ने चीत्कार की– "कैकई, मेरी माँ। विधाता ने उसको मेरी माँ बनाया है। मेरे प्रारब्ध! जो मैं उसके राज्य-लिप्सा के भभकते हुए जहर में सोया। यह मेरा दुर्भाग्य है कि मैं उसके उदर से जन्मा। कितना चाहता हूँ, मैं तुम्हारे उदर से जन्मता और वनवास जाता–श्री राम की भांति। हाँ, माँ! मेरे सभी पिछले और आगम अब धूल में मिल गये हैं। इसीलिए यह पश्चाताप स्वरूप तप कर रहा हूँ। हाँ तुम शत्रुघ्न को राज्य-निर्देश दो। मैं यह भी नहीं चाहता। राज्य, धरा और धाम को मैंने तुम्हारे श्री चरणों में त्याग दिया है–राम की पादुका की साक्षी से। हाँ, अब मुझे क्षमा कर दो– क्षमा, माँ!"

कौशल्या ने चरणों में गिरते हुए भरत को उठा लिया तथा सिर सूँघते हुए कहा– "मेरे राम! शान्त भरत! राम भरत है, भरत राम है।"

"नहीं, मातुश्री माँ! नहीं।" भरत चिल्लाये– "मैं राम का दासानुदास हूँ। राम के अयोध्या वापस होते ही मैं साधु होकर राजमंदिर त्याग दूँगा। सबको–हाँ, सबको त्याग दूँगा। श्री राम की आहट सुन रहा हूँ– वनवास की अवधि के अन्तिम दिवस के दूसरे दिन राम नहीं आए, लक्ष्मण नहीं आया, भगवती सीता जानकी नहीं लौटीं, तो मैं अग्नि-स्नान कर देह त्याग दूँगा। यह मेरी प्रतिज्ञा है, माँ!"

कौशल्या ने, मन ही मन थर्रातें हुए कहा– "नहीं भरत! नहीं। तूने ही हमें सती होने से रोका है तो हम तुझे जल–मरने से रोकेंगी।"

"तो क्या राम वापस न होंगे?" भरत ने चीत्कार पूर्वक पूछा– "राम आयेंगे, वापस अयोध्या लौटेंगे। राक्षसों से धरती तल को मुक्त कर, पृथ्वी को अभय देकर तथा मानव–जाति का श्रेय पूर्ण कर राम अयोध्या लौटेंगे और तब मैं श्री देवी का नवरात्रा करूँगा। तुम माताओं को पूजूंगा।"

"अपनी माँ को?" कौशल्या ने पूछ लिया।

"नहीं, उसको नहीं।" भरत ने गुर्राकर कहा– "वह इस देह की जननी है। मेरे आत्मा की माँ नहीं है।"

"वह कौन है भला?" कौशल्या ने फिर पूछ लिया।

"तुम–तू" भरत ने सहसा कौशल्या को बाहुओं में जकड़ लिया– "राम की माँ, मेरी माँ है, हम सबकी। सृष्टि की जगदम्बा है। तू–तू मेरे पिछले और अगले भवों के अन्तरात्मा की माँ है, थी और रहेगी। राम की सच्चिंदानन्द ज्योति में लीन होकर मैं तेरे उदर में चिर नींद में सो जाऊँगा।"

कौशल्या ने भरत को छाती से लगाते हुए कहा– "राम, मेरे राम!"

भरत ने अपने घने बादलों में उलझे हुए मुख को कौशल्या के पयोधरों में भरते हुए कहा– "मेरे अन्तःकरण के आसन पर श्री राम के चरण अंकित हैं– स्थापित। अब........ अब भव लेना नहीं चाहता, मातेश्वरी! नहीं। क्या करूँगा अब भव लेकर–जन्म कर। इस जन्म में महाराज राजराजेश्वर सम्राट दशरथ जैसा कीर्तिकाय पिता मिला, आप–सुमित्रा जैसी माँ मिली, लक्ष्मण तथा शत्रुघ्न जैसे भाई मिले–सब मिला–पुण्य, सुकृति, श्री, यश, वैभव सब मिला; किन्तु विधाता ने कैकई का पुत्र होने के पाप को लेकर भस्मीभूत कर दिया। माँ का उदर–यही......... यही पुण्य का वास-स्थान है। कैकई जैसी माँ निस्संदेह मुझे मेरे सभी संचित का अन्तिम परिणाम स्वरुप ही मिली है।"

"शान्त!" कौशल्या ने भरत की पीठ सुल्हाते हुए कहा– "शान्त, वत्स! माँ कैसी ही हो, माँ है। माँ का स्थान परमात्मा भी नहीं ले सकता। नहीं; माँ को कोसना सभी पापों का घोर पाप करना है, समस्त जीवन के प्रति अपराध, प्रज्ञापराध करना है।"

"कैकई ने मुझे अपनी घोर राज्य-लिप्सा का साधन बनाया है। वह राजमाता बन कर आप सब, हम सब पर राज करना चाहती थीं–चाहती हैं।"

"तो?" कौशल्या बोली– "करने दे– मुझे क्या आपत्ति है?– हो सकती है?"

"नहीं" भरत कौशल्या के वक्षस्थल से झटका खाते हुए विलग हो गये, बोले–"राज्य राम का है, राम का राज्य–मेरे पास अमानत है। चौदह वर्षों की यह घोर रात कट जाय। राम! मेरे राम अयोध्या लौट आएं, सफल धन्य लौट आएं और अपने राजसिंहासन को सुशोभित करें–राम पंचायतन माँ! राम पंचायतन।"

"हाँ, भरत! हाँ।" कौशल्या ने सजल नयनों से भरत को निहारते हुए कहा–"तब मैं ही गलत थी। मैंने तुझ पर व्यर्थ में शक किया था। तू–तू नहीं है, नहीं था, नहीं होगा।"

"माँ ....!" भरत ने आर्त स्वर में कौशल्या को पुकारा।

"राम का ऐसा वियोगी भाई राम के विरुद्ध षड्यंत्र कर ही नहीं सकता।" कौशल्या ने कहा– "निश्चित् ही उस कलमुँही मन्थरा ने ही यह चक्कर चलाया था। होगा–जो हुआ...... सो हो गया, भरत! इसमें ही मंगल छिपा है– राज्य का, प्रजा और पृथ्वी का, आकाश का मंगल, भरत!"

और कौशल्या रो पड़ीं– "भरत! मुझे–मुझे सती होने दे। होने दे पूत मेरे! राम की अगवानी तो तू है– कर लेना। उसके बिना और राम के वियोग में जीना दूभर हो गया है, भरत! हाँ।"

भरत ने सिर धुनाते हुए कहा– "नहीं; माँ मेरी! नहीं। आप सती होंगी तो श्री राम के वनवास की अवधि समाप्त होने पर कौन स्वागत करेगा। पिता ने वनवास दिया, माता वनवास की समाप्ति पर श्री राम, लक्ष्मण तथा जानकी का स्वागत करेंगी। यह आपका धर्म है, परम् कर्तव्य है।"

"तू जो है........ शत्रुघ्न है, गुरुदेव वशिष्ठ हैं– प्रजाजन हैं।" कौशल्या ने पुनः आर्त स्वर में कहा– "किस मुँह से हम श्री राम, लक्ष्मण और कमलदल सी दिव्य जानकी का स्वागत करेंगी। हम–मैं राम को वनवास लेते हुए रोक नहीं सकी। माँ की नहीं सुनी राम ने।"

भरत ने गम्भीर स्वर में कहा– "मर्यादा पुरुषोत्तम श्री राम अन्तरात्मा तथा धर्म की ही सुनते हैं। पिता का वचन उन्होंने सर्वोपरि माना–राज–मर्यादा नहीं। श्री राम सर्वगुण–निधान गहन परम् तेजस्वी हैं। उन्हें केवल धर्म ही जानता है– राज नहीं।"

"तू भी वैसा ही है, भरत!" कौशल्या ने कहा– "तू भी वैसा ही! प्रजा के कहने पर भी राज्य नहीं लिया। तूने भी भ्रातृ–धर्म को ही सर्वोपरि माना।"

"नहीं–नहीं, माँ!" भरत बोले– "मैंने सत्य को ही स्वीकार किया है। प्रजा, परिजन, पुरजन, बन्धु–बान्धव–सब केवल व्यवहार को जानते हैं– राज्य तथा प्रजा की आवश्यकता को जानते हैं। राजधर्म के अविचल सत्व को नहीं। सत्व को ही मैं धर्म कहता हूँ, पूज्ये!"

"धर्म!" कौशल्या ने निसास रखते हुए कहा।

"हाँ, धर्म" भरत बोले– "यह सृष्टि धर्म से ही धारित है, पोषित है– पल्लवित है, माँ!"

"माँ की ममता से, भरत!" कौशल्या तनिक झुंझलाकर बोली– "माँ की ममता प्रभु की करुणा है।"

"है तो, पूज्ये!" भरत ने कहा– "किन्तु सत्य और न्याय पर स्थित अनादि धर्म नहीं है।"

* * * * *

चर ने प्रणामपूर्वक विनीत स्वर में कहा– "चित्रकूट के जनस्थानों से राक्षसों का उत्पात बढ़ गया है, प्रभो! पर्ण कुटिया ही नहीं, चित्रकूट का सुन्दर कान्तार राक्षसों के भय से घिरता जा रहा था। श्री राम सदैव की भांति शान्त तो थे, किन्तु अत्यन्त सावधान भी थे। श्रीमान लक्ष्मण का धनुष चढ़ा ही रहता था।"

शत्रुघ्न ने अधीर होते हुए पूछा– "हुआ क्या?"

"श्री राम ने अकेले ही जनस्थान से सहस्त्रों राक्षसों को आधी रात के अँधेरे में धराशायी कर दिया। उनके नायक घोर खर–दूषण मारे गये। भागे, राक्षस–मानो अँधेरे में विलीन हो गये।"– चर ने प्रणामपूर्वक कहा।

शत्रुघ्न हँसे– "विलीन हो गये या मारे गये?"

"मृत्यु के रहस्यमय गह्वर में विलीन हो गये, प्रभो!" चर ने कहा– "यह घटना धीरे–धीरे ही प्रकाश में आई और इसने राक्षसों के सभी जनस्थानों में खलबली मचा दी है। श्री राम इसके तत्काल पश्चात् दण्डकारण्य की ओर निकल गये थे।"

"दण्डकारण्य?" शत्रुघ्न ने पूछा– "घोर, अगम, सघन अरण्य!"

"जी, प्रभो! राक्षसों के जनस्थानों का अधिष्ठाता गोदावरी के रमणीय तटों से कुछ दूर ही था। शूर्पणखा– लंकेश की भगिनी– अधिष्ठात्री।"

"हाँ, वही" शत्रुघ्न बोले– "पता है–हमें पता है, किन्तु श्री राम इस समय कहाँ हैं?"

"श्री राम दण्डकारण्य की ओर धीर–गम्भीर चाल से चलते हुए जा रहे हैं।" चर ने कहा– "उनके दर्शनों के लिये लोगों और मुनियों की भीड़ लगी रहती है। श्री राम ने राक्षसों के विरुद्ध जनक्रान्ति ही आरम्भ कर दी है।"

"शुभ!" शत्रुघ्न बोले– "हम इस क्रान्ति को पुष्ट करेंगे। आर्यावर्त की राक्षसों से मुक्त भूमियों में क्षत्रिय जा बसेंगे, हाँ। महर्षि वशिष्ठ को हमारा प्रणाम कहो। हम शीघ्र ही उनके दर्शनार्थ जाएंगे।"

"जी, प्रभो!" चर ने कहा।

शत्रुघ्न स्वयं में मगन से बैठे रहे तब श्री राम प्रजाओं को राक्षसों के भीषण भयंकर भय के प्रति सावधान और प्रतिरोध के लिये सशक्त होने का आह्वान ही कर रहे हैं। आर्य्य–जनक्रान्ति की यह प्रगति श्री राम के चरणों के सतत् गतिशील चरण–चिन्ह ही होते जा रहे हैं। शत्रुघ्न ने निसास रखते हुए स्वयं से कहा– "लक्ष्मण, तुम–आप धन्य हैं, जो इस अन्यतम इतिहास में अपूर्व आर्य्य–प्रजा की जाग्रति के महान आह्वान में श्री राम के पीछे–पीछे लगे हुए हो। निस्संदेह आपका अमित तेज, अभेद्य बाहुबल– आपका निरालस पुरुषार्थ और श्री राम–जानकी के चरणारविन्दों में अविचल श्रद्धा, हाँ, यही श्री राम के साथ लगने वालों का यही अपूर्व सद्-भाग्य है। यहाँ मेरा सद्-भाग्य? शत्रुघ्न ने पुनः स्वयं को सम्बोधित किया; यहाँ तो राज-मन्दिर के सुरक्षित वायु-मण्डल में स्वांस लेते रहो। विशाल कौशल राज्य की सीमाओं तथा उनके परे और पार भी देखते रहो। राज्य–लक्ष्मी की सतत् पूजा करते रहो और ऋषि– मण्डल के आशीर्वाद प्राप्त कर प्रति दिवस का राज–काज निपटाते रहो और....... और मन्थरा के गुह्य हास्य के साथ हँसते हुए देखा करो। यह–यह मन्थरा! माँ कैकेई और भरत तथा मुझे–हमें लेकर ही सोचती रहती है। माँ की रक्षक बनकर वह कौशल के राज-मन्दिर में घुसी है, इसी ने अन्तिम क्षण में बना-बनाया खेल बिखेर दिया। माँ का मन फिरा दिया, चित्त म्लान कर दिया, बुद्धि फेर दी। यह–यह मन्थरा मानो दुर्दैव की ही अँधेरी शक्ति है, मैली देवता है। देवता? मन्थरा? नहीं, मन्थरा एक दासी–शूद्री दासी। देखता हूँ, अब वह शान्त और तटस्थ रहती है, या नहीं? अन्यथा...........।

सहसा मन्थरा द्वार पर दिखी, व्यक्त हुई तथा बोली– "राजकुमार-आप हमसे अप्रसन्न हैं, मैं जानती हूँ, किन्तु आपकी प्रसन्नता-अप्रसन्नता मुझे छूती नहीं है। अपनी स्वामिनी का हित, उनका आरोग्य, उनका योगक्षेम ही मेरी चिन्ता तथा चिन्तना है! श्रीमन्!"

शत्रुघ्न ने मन्थरा को घूरा; कहा– "सुन लिया। माँ का हित साधन करने के लिये उसके चार राजपुत्र हैं– राम, लक्ष्मण, भरत............. महात्मा भरत और मैं। तुम उनकी दासी हो, तो दासी की भांति ही बरतो।"

"मैं दासी? केवल दासी? नहीं, महाराज शत्रुघ्न!" मन्थरा बोली– "हम श्रीमती राज्ञी कैकई की भगिनी से भी बढ़कर हैं। हम उनकी शिक्षिका हैं।"

"शिक्षिका?" शत्रुघ्न ने पूछा, चिहुँक कर पूछा।

"राज-रंग में मेरी स्वामिनी पटु नहीं है। वह रण-रंग और रति-रंग में ही दक्ष है। अयोध्या की राजनैतिक प्रतारणा तो मैं जानती हूँ। श्री राम प्रभु के अवतार हैं– मैं मानती हूँ। राम के चरण सिर-माथे पर, किन्तु महाराजाधिराज, महान दशरथ के पश्चात् कौशल का यह ख्यात सिंहासन तो भरत का ही था। आपके पिताश्री ने स्वामिनी के पीहर को वचन दिया था – भरत – भरत ही सिंहासन पर बैठेगा, राम नहीं-भरत! श्री राम भी तो यह रहस्य जैसे जान गये थे।"

"सुन लिया! अब जाओ!" शत्रुघ्न ने कहा।

"क्या सुन लिया?" मन्थरा बोली– "स्वामिनी ने अन्न जैसे त्याग ही दिया है। आप– आप उनको समझाएं। मैं तो हार गई हूँ।"

"परन्तु क्यों?" शत्रुघ्न ने चिन्ताजन्य स्वर में पूछा।

"पता नहीं क्यों? कहती हैं– राम क्षमा करेंगे, तभी जीवन का कुछ अर्थ होगा।" मन्थरा ने कहा– "व्यंजनों से भरे थाल से तनिक-तनिक प्रसाद रूप में लेती हैं– अशक्त हो गई हैं मेरी स्वामिनी, शत्रुघ्न! कृपा करो, जाओ-समझाओ, अन्यथा..........अन्यथा मैं....... मैं क्या करूँगी।"

शत्रुघ्न सहसा बमके– "रौरव नरक है।"

"रौरव नर्क? मेरे लिये?" मन्थरा चिल्लाई।

शत्रुघ्न ने मन्थरा को क्रुद्ध दृष्टि से पैरते हुए कहा– "और किसके लिये, दासी! माँ के लिये तुम सखि, रक्षिका आदि हो सकती हो– मेरे लिये नहीं। मेरे लिये तुम दासी हो। अपनी मर्यादा में रहो, समझीं? माँ को भड़काने, बरगलाने तथा भ्रमित करने की कुचेष्टाएं त्याग दो, अन्यथा............"

"अन्यथा?" मन्थरा चिहुँकी– "क्या राज्य मैंने अपने पुत्र के लिये माँगा था? तेरे सहोदर भाई के लिये, उस मूढ़ महात्मा के लिए। राम वनवास में न जाकर अयोध्या में रहते तो क्या भरत को प्रजा एक दिवस भी राज्य करने देती? क्या सैनिक उखड़ नहीं आते? यह ऋषि-मुनि राम के संरक्षण में हैं। देखा नहीं, वन

जाते हुए अपनी निजी बहुमूल्य-अमूल्य सम्पदा श्री राम ने महर्षि वशिष्ठ के कुटुम्ब को दी। स्वर्ण ब्राह्मणों को लुटा दिया। शूद्रों तक को रजत के सुघड़ पटल बाँटे गये। क्या यह सब-यह श्री- सम्पदा श्री राम की निजी, अपनी थी?"

"तब" शत्रुघ्न ने भौंचक्क होते हुए पूछा– "किसकी?"

"कौशल राज्य की" मन्थरा बमकी– "राजा तथा राजा के कुटुम्बियों को निजी सम्पदा बनाने और रखने की आज्ञा वेदों में नहीं दी है। स्मृतियों ने राजा को प्रजा की राज्य-लक्ष्मी तथा सम्पदा, भूति और विभूति का रक्षक और पालक कहा है। मैं संस्कृत पढ़ी हूँ– सो जानती हूँ। राजा और उनके कुटुम्बीजनों को राज-सम्पत्ति और सम्पदा आवश्यकतानुसार केवल उपयोग के लिये ही है। श्री राम के श्वसुर महाराजा जनक विदेह इसके उदाहरण हैं। भरत का राज्य-कोष ही श्री राम के वन जाते समय खाली कर दिया।"

शत्रुघ्न ने क्रोध से काँपते हुए कहा– "सर्पिणी! तुम-तू यों नहीं मानेगी। जघन्ये! राम ने राज्य भरत को दे दिया। अपने बाप के सत्व-संघ राज तथा अपार राज्य-लक्ष्मी को क्षण में त्याग दिया– यह, यह तूने नहीं देखा। चली जा हमारे सानिध्य से, अन्यथा मेरे सहन की भी सीमा है, दुष्टे!"

मन्थरा हँसी–तनिक बौराई हँसी हँसी - "जो भी हूँ–तेरी माँ, भरत तथा तेरी हितैषी हूँ। प्राण दे दूँगी, पर तुम्हारा हित नहीं इधर – उधर होने दूँगी।"

"मन्थरा.........." शत्रुघ्न चिल्लाये।

मन्थरा ने शत्रुघ्न को घूरा, कहा– "मौसी कहो, शत्रुघ्न!"

"चुप कर–चली जा।" शत्रुघ्न अधीर चिल्लाये।

"जाती हूँ। चिल्लाओ मत, महाराज कुमार!" मन्थरा ने कहा– "भरत के नाम से इतना बड़ा कौशल राज्य चला रहे हो। श्री राम-पादुका मिस कर राज्य-कोष लुटा रहे हो। यह जो रात-दिवस यज्ञ उजव रहे हो तथा श्रुतकीर्ति के साथ सानन्द सुख-पूर्वक रह रहे हो– यह दिवस तो मेरे कारण ही तुमको देखने को मिल रहा है- तब मैं दुष्ट हो गई। नहीं–राज्य भरत को मिला, उसके कर्त्ताधर्ता तो तुम हो; नहीं?"

"नहीं" शत्रुघ्न ने कहा– "मैं महात्मा भरत की इच्छानुसार, उनके मार्गदर्शन और महर्षि वशिष्ठ के नियमन में राज-काज करता हूँ। मैं राज्य का एक वरिष्ठतम

सेवक हूँ। यदि सिंहासन-सभागार की ओर आँखों से भी देखा, तो तेरी आँखें निकलवा लूँगा।"

"देखूँगी" मन्थरा गर्जी– "यह राजमाता कैकई का राज-मन्दिर है।"

"राजमाता गंगा स्वरुप मातुश्री कौशल्या हैं।" शत्रुघ्न गर्जे– "जा, चली जा। कोई है?"

चरों ने मुँह दिखाए– "श्रीमान! आज्ञा!"

"इस दासी मन्थरा को यहाँ से ले जाओ और......... और इसको भूगर्भ के एक कक्ष में रख दो। इस दासी को कोई कष्ट होने नहीं पाए। देखते रहो–मेरी अनुमति के बिना यह किसी से मिलने नहीं पाए।"

"मदिरा? दी जाए या नहीं?" चर ने पूछा– "प्रभो! आज्ञा।"

"यह मदिरा पीती है? क्यों?" शत्रुघ्न ने मन्थरा से पूछा।

"पीती हूँ। तुमने राजसत्ता की मदिरा जो पी रखी है।" मन्थरा ने थूकते हुए कहा– "भूगर्भ में भेज रहा है! तेरी माँ का क्या होगा? मेरे सिवाय उसका कौन रह गया है? मैं ही उसको विश्वास देती हूँ........"

"तब इसको माता कैकई के प्रासाद के एक अन्तरंग कक्ष में रख दिया जाये।"– शत्रुघ्न ने कहा।

"जी, प्रभो!" चर ने कहा और मन्थरा की ओर देख कर पुनः कहा– "इधर–इधर मौसी माँ! इधर।"

* * * * *

भरत ने माण्डवी के शान्त आलोकपूर्ण मुख-मण्डल को निहारा, कहा– "श्री राम के वनवास से लौटने तक मैं संन्यासी ही हूँ-गृहस्थ-संन्यासी। हाँ, संन्यासी ही तो- घर–बाहर, स्त्री धन, ऐश्वर्य, सम्पदा, श्री, सुकृति सब मेरे लिये स्वयं ही वर्जित है– हो गये हैं। मातुश्री कैकई के अनुग्रह का यह फल है। अपने पुत्र के लिये राज्य चाहिये था, राम नहीं। धिक्कार है!"

माण्डवी ने शान्त स्वर में कहा– "माँ को अब अधिक कोसना क्या उचित है? स्वयं महर्षियों ने इस सारे दुखद कांड को विधाता का चक्र ही कहा है। क्या यह

सत्य नहीं है कि राम जी स्वयं तुमको राजा देखना चाहते थे? महाराज श्वसुर जी ने माँ कैकेई को विवाह के समय वचन–आश्वासन जो दिया था कि मैं श्रीमती कैकेई के ज्येष्ठ पुत्र को कौशल की राजगद्दी का उत्तराधिकार दूँगा और वास्तविक सत्वाधिकारी वन को जायेगा, नंगे पाँव वन–वन भ्रमण करता रहेगा। यही था आश्वासन–महाराज राजराजेश्वर इक्ष्वाकु वंश के मणि राजा दशरथ का आश्वासन।"

"तो क्या उस आश्वासन को कृतार्थ करना मेरा भी धर्म हो गया था?"

"क्यों नहीं, स्वामिन्!" माण्डवी ने सहज ही पूछ लिया।

"इसलिए कि रघुवंश की राज्य–मर्य्यादा, मैं राजकुमार भरत भंग नहीं कर सकता– भंग होने नहीं दे सकता। श्री राम जी के पिता का वचन उजागर करना अपना धर्म माना, तो मैंने रघुवंश की रीति को पालना ही अपना धर्म माना है। श्री राम जी मेरे कारण वन भेजे गये– तो मैं अयोध्या को ही वन मानकर श्री राम की प्रतीक्षा में पल–पल गिनता रहूँगा। देह टिकाने के लिये खाऊँगा–पीऊँगा। राम जी के पुनः अयोध्या वापस आने तक, माण्डवी! सभी राग त्यागे–सभी भोग त्यागे।"

"मुझे भी?" माण्डवी ने लजाते हुए पूछा।

"देह–सुख चाहती हो क्या?" भरत ने पूछा।

"देह–सुख? नहीं तो।" माण्डवी ने भरिये स्वर में कहा– "तुम्हारा प्रेम, तुम्हारा विश्वास चाहती हूँ।"

भरत ने नयन मूँदते हुए कहा– "यह चित्त राम–चरणों में लौट गया है, माण्डवी! राम– राम के श्री चरणों में स्वयं को अर्पित कर दो। मुझ पापी के पैर थामने से नरक ही मिलेगा, समझी?"

"आप–आप पापी?" माण्डवी ने तनिक तीव्र स्वर में पूछा– "तब पुण्यात्मा और कौन है? श्री राम ने क्या आपको तापस होने के लिये कहा है?"

"नहीं माण्डवी! मुझे मेरे अन्तःकरण ने कहा है।"– भरत ने कहा– "राम जी मेरे अन्तःकरण में बैठे हुए हैं– अनादि से बिराजे हुए हैं। राम, सच्चिदानन्द धाम, ललाम, प्रिय राम, ललने!"

"ललने? मैं?" माण्डवी हँसी।

"तुम भगवती शिवा की छवि-स्वरूप हो। ललिता हो, मीनाक्षी हो, तुम–तुम मुझ जैसी कुकर्मी पापी का परित्राण करवाने वाली शक्ति हो–तुम भद्रकालिका के समान हो, माण्डवी! तुम मुझे आशीर्वाद दो कि मैं श्री राम जी की प्रतीक्षा सांगोपांग प्रतिनिमिष निभा सकूँ।"

माण्डवी उठी, बोली– "मैं आड़े नहीं आऊँगी, भर्ता मेरे! भगवती दुर्गा मेरा यह सौभाग्य अक्षुण्ण रखे, बस।"

"सौभाग्य? तुम्हारा, मैं?" भरत ने सस्मित कहा– "हाँ तो, मैं तुम्हारा दुर्भाग्य ही हूँ। जिसके कारण राम जानकी को वन जाना पड़े वह सौभाग्य हो ही कैसे सकता है? माता कैकई–पाप की प्रतिमूर्ति तथा मैं? दुर्भाग्य का घोर अंधकार। हाँ, माण्डवी! मुझे क्षमा कर दो।"

माण्डवी के सरोजनयन डबडबा गये– "नहीं, नाथ! नहीं। मुझे आप क्षमा कर दें– मुझे–मुझे आपसे क्या कोई आग्रह करना भी चाहिये था। सच तो यह है राम जी को तो आर्यावर्त का विशाल अरण्य-महाराज्य ही मिला है। राजमन्दिर की जगह पर्णकुटी है तथा यज्ञमंडप ही उनकी दिव्य राजसभा है, अरण्यवासी उनकी मुग्ध प्रजा है; साधु-सन्त, ऋषि-मुनि श्री राम जी के सलाहकार हैं। हाँ, नाथ! वनवास तो सचमुच आप ही भोग रहे हैं।"

भरत हँसे– "मैं अन्तःकरण का घाव ही भर रहा हूँ। मैं आकाश का अपराधी हूँ, मैं पृथ्वी के सौभाग्य को लीलने वाला एक शाश्वत प्रज्ञापराधी हूँ। मुझे ननिहाल जाना ही नहीं था– मैं यहाँ होता तो यह कुचक्र चलने ही नहीं देता।"

माण्डवी ने पूछा– "तो क्या वास्तव में महाराज आपको ही राज्य देना चाहते थे? राम जी को नहीं?"

भरत हँसे– "महाराज दशरथ क्या अपने स्वेच्छा से ही राज्य देना चाहते थे? रघुकुल की अकाट्य रीति यही है- ज्येष्ठ राजकुमार को ही राज्य का उत्तराधिकार सौंपना। महाराज दशरथ, पिताश्री हमारी इस रघुकुल-रीति को टाल सकते थे? शताब्दियों से; मानो अनादिकाल से इक्ष्वाकु वंश में ज्येष्ठ ही राजगद्दी पर बैठता आया है। यह पिता राजा की इच्छा या वचन कथन का प्रश्न ही नहीं है। रघुकुल की रीति, समझो!"

माण्डवी ने संकोचपूर्वक कहा– "रघुकुल रीति सदैव यही रही है, प्राण भले ही जाएं, वचन नहीं।"

"वचन? किसको?" भरत ने पूछा– "राज्य के लिये सभी प्रतिज्ञाएं प्रजाकल्याण और जनमनरंजन के लिये की जाती हैं, की जानी चाहिये। राज्य के लिये वचन प्रजा को ही दिया जाना चाहिये। अपनी माता, स्त्री, भगिनी– किसी को भी नहीं। हमारे माननीय राजेश्वर पिता ने सनातन रघुवंश के राज्य के अकाट्य सत्व का वचन अपनी पत्नी को ही तो दिया, जिसमें वे अत्यन्त आसक्त थे। काम, क्रोध, लोभ और मद में कही गयी बात व्यर्थ है, निरर्थक है, अबंधनीय है।"

माण्डवी– "किन्तु नाथ!............"

"वचन शास्त्र है; कथन निर्णय है; आदेश!" भरत बोले– "सभी राज्य प्रजा के प्रति वचन हैं; तथा राज्य-मर्य्यादा एवं धर्म-धारण के लिए कथन हैं। रात बीती जा रही है, अब जाओ-"

माण्डवी ने सहमते हुए कहा– "मैं, मैं भी तपस्विनी बनकर यहीं, यहीं आपकी सेवा करती रहूँगी– यहीं।"

"नहीं, माण्डवी!" भरत आर्त स्वर में बोले– "यह कुटिया नहीं है, श्री रामजी की प्रतीक्षा की वेदना में का घर है, निवास। तुम नहीं–मुझे ही–मुझे ही इस अपार– अगाध वेदना में जल जाने दे, माण्डवी! प्रिये! मुझे ही। मैं पृथ्वी का पाप और आकाश का अपराधी हूँ। मैं ही, मैं ही श्री राम की प्रतीक्षा की आग में झुलस– झुलस कर मिटूँगा। मैं ही और कोई भी नहीं। माँ, माँ कैकई भी नहीं। मैं ही यावत् जीवन का अभागा, मैं एक दीन–हीन पतित जीव।"

"नहीं नाथ! नहीं" माण्डवी ने हृदय थामते हुए कहा– "आप–आप पुनीत हो, पुण्य की मंगलमूर्ति हो। रामजी ने आपको धर्म स्वरुप ठीक ही कहा है। चित्रकूट की वह विशाल गुणीजन, सुधीजन, प्रजाजन की सभा मुझे नहीं भूलती। हाँ, मैं आपके और रामजी के संवाद अन्तःकरण के एकांत में सुनती हूँ। राज्य–लक्ष्मी देखती खड़ी रही और राज्य–सत्ता रामजी की पादुका में विरम गयी। राज – धर्म ही मानो रामजी की पादुका बन गया।"

"राम रखे उसे कौन चखे, प्रिये।" भरत ने शान्त होते हुए कहा– "यह सब रामजी की इच्छा–आज्ञा से ही हुआ है। मैं हाथ उठा कर त्रिकाल से कहता हूँ– राजा राम हैं, मैं नहीं, हम नहीं, नहीं।"

"राज्य?" माण्डवी चिहुँकी।

"रामराज्य" भरत चिहुँके– "पृथ्वी के लिए केवल राम–राज्य! माण्डवी! मैं रामजी के चरणों से चले आते हुए राम–राज्य की आहट सुनता हूँ। अयोध्या के राज्य ने वनवास लिया है, राम– राज्य के रूप में पुनः–अयोध्या पधारने के लिए।"

"क्या? राम–राज्य स्वामिन्!" माण्डवी ने पूछा– "और राज्य तथा राम जी के राज में अन्तर?"

"चरणपादुका का राज्य" भरत ने कहा– "देखा नहीं–पिताश्री का राज्य कौशल की सीमाओं में जकड़ा पड़ा था, किन्तु रामजी की पादुकाओं का यह राज्य प्रजाओं के जागरण, श्री, सुकृति तथा शक्ति का राज्य होता चला जा रहा है। आर्यावर्त की समस्त प्रजाएं उठ रहीं हैं– जाग रही हैं। अत्याचारियों, आतताइयों, अधर्मियों तथा अन्यायियों का संहार, नाश श्री रामजी ने आरम्भ कर दिया है। श्री राम! मेरे राम, प्रजाओं के राजा राम।"

"राम क्या हैं?"– माण्डवी।

"राम अन्तरात्मा का नित्य दिव्य आनन्द धाम रहस्य हैं।" भरत ने कहा– "भजने से ही इस अविनाशी सच्चिदानन्द राम का अनुभव प्रत्यक्ष होता है।"

"सीताजी को?"– माण्डवी।

"भगवती भाभी के लिए श्री राम स्वामी हैं।" भरत ने कहा।

"क्यों, पति नहीं हैं? पति ही तो स्वामी है।" माण्डवी ने पूछा।

"पति पत्नी का स्वामी नहीं, उसका रक्षक तथा उसकी सन्तति का पालक– पोषक पिता है।" भरत बोले– "स्वामी तो स्त्री के जन्म–जन्मान्तर का प्रभुत्व– सम्पन्न परमेश्वर स्वरुप होता है।"

"तब तो आप भी मेरे स्वामी हैं। माण्डवी ने अर्धोन्मीलित नयनों से शान्त–शून्य से बैठे हुए अपने पति को निहारते हुए कहा– "मेरे जन्म–जन्मान्तर के आप ही,

निश्चय ही स्वामी हो। आने वाले सभी जन्मों में मैं आपके श्रीचरणों की दासी ही होना चाहती हूँ।"

"क्यों, माण्डवी!" भरत ने शान्त-गम्भीर स्वर में पूछा– "यह सब प्रारब्ध की लीला है, क्रीड़ा। आत्मा-परमात्मा का ही भव-भवों का सम्बन्ध प्रतीत होता है। एक जीव और दूसरे जीव का सम्बन्ध निस्संदेह प्रारब्ध का ही है– प्रारब्ध। सब कुछ समझ में आता है, आ सकता है। जगत विद्याओं द्वारा जाना जाता है– समझा जाता है तो शास्त्रों द्वारा व्यवहार में ग्रहण किया जाता है। एक जीव का दूसरे जीव से सम्बन्ध जगत का सम्बन्ध है। जगत और ब्रह्म, जीव और ब्रह्म यही, यही है द्वैत। द्वैत ही माया है– अज्ञान, माण्डवी।"

माण्डवी सहमी, बोली– "आपको वैराग्य हो गया है, यति हो गये हैं, आप।"

भरत सहसा तनिक मुलके– "नहीं तो। मैं तो श्री रामजी के चरण कमलों का तन्मय भ्रमर हूँ। ऐसा लगता है जगत के राग श्री रामजी के राग हैं। जीवन के वैराग्य भी रामजी के वैराग्य हैं। श्री रामजी के दिव्य चरणारविन्दों का पराग है राग, प्रिये! मैं–मैं तुम्हारा पति और श्री राम का दास हूँ– दासानुदास।"

"तभी आपने राज्य नहीं लिया, है ना?"– माण्डवी।

"हाँ, तभी। राम का दास विरागी है; जगत में यति है। प्रिये!"– भरत ने कहा– "तुम मुझे समझ गयी हो। यह मेरा परम् सौभाग्य है।"

* * * * *

महर्षि वशिष्ठ ने शान्त और प्रसन्न मुख-मुद्रा में लीन अपने सुन्दर नयनों को तनिक मूँदते हुए कहा– "श्री रामजी ने आर्यावर्त के अरण्यों को राक्षसों से मुक्त कर दिया है। यह अत्यन्त शुभ समाचार है। महात्मा भरत से आज्ञा लेकर आप सब अपने अरण्यों की तथा अरण्यवासियों के योगक्षेम के लिए क्षत्रिय संगठन आरम्भ करें।"

"क्षत्रिय संगठन? गुरुदेव!" शत्रुघ्न ने कहा– "वह तो बंटे हुए हैं; परस्पर बंद आँखों से एक दूसरे को देख भर लेते हैं। अपने छोटे-मोटे राज्यों की सीमाओं में बंद यह क्षत्रिय-समूह स्वयं ही परास्त से प्रतीत होते है। भगवान परशुराम ने हम क्षत्रियों को कटि से तोड़ कर रख दिया है। जनकपुरी से लौटते समय हमने अपने

वीरशिरोमणि पिता महाराज राजेश्वर की भयभीत मुद्रा देखी है। परशुराम की छाया से भी डरे हुए हैं हम। यह तो सुभट लक्ष्मण ही थे कि जिन्होंने उन क्रोधी भगवान को ललकारा। स्वयंवर में स्त्री की वर माला जीतने के आकांक्षी सब नरेश भगवान परशुराम की छाया देखकर अर्धमूर्च्छित से हो गये थे– हाँ गुरुदेव!"

"मैं यह जानता हूँ" महर्षि वशिष्ठ बोले– "तभी श्री राम का अवतार हुआ है। वैदिक वर्णाश्रम धर्म के क्षात्र तेज को पुनः प्रज्जवलित करने, समस्त क्षत्रियों को जगाने तथा भू-मण्डल की प्रजाओं-मानव जाति मात्र-को एक और अविभाज्य सूत्र में पिरोने के लिए ही रघुवंश-मणि राम और तुम भाइयों का आविर्भाव हुआ है। भारत को जगाना-प्रभु की प्रार्थना करना ही है।"

"प्रभु की प्रार्थना?" शत्रुघ्न ने कहा– "पृथ्वी के सौभाग्य, प्राणियों के योग-क्षेम तथा मानव जाति के मंगल के लिए ही क्षत्रिय वर्ण है। शास्त्र हमारी बुद्धि है, शस्त्र हमारा बल है, अस्त्र हमारी शक्ति है। नहीं? गुरुदेव!"

"यही-हाँ, है तो" महर्षि वशिष्ठ बोले– "किन्तु सत्ता कभी-कभी क्षत्रियों को खजा भी देती है। धर्म-धीर जो सत्ता नहीं होती, वह अधीर अविवेकी हो जाती है। भगवान परशुराम इसके उदाहरण हैं। क्षत्रियों के अनर्गल संहार की उनकी प्रतिज्ञा मानव-जाति को दीन तथा दयनीय, अरक्षित तथा भीत कर देने की ही प्रतिज्ञा थी। क्षत्रियों के टूटने से ब्राह्मण हतप्रभ हो गये, भय-त्रस्त। ब्राह्मण ज्ञान-विज्ञान की शान्ति पूर्वक आराधना कैसे करेगा! वैश्य कुंठित हो गया और शूद्र उच्छृंखल।"

"महात्मा भरत यह जानते हैं।" शत्रुघ्न ने कहा– "किन्तु उनके स्पष्ट निर्देश के बिना मैं कर ही क्या सकता हूँ?"

"भरत जी को स्थिति से अवगत करो, शत्रुघ्न!" वशिष्ठ ने कहा– "यह विशाल राज्य, इसकी शत-सहस्त्र कौटिक प्रजा, यह वर्णाश्रम धर्म का धारण व पालन-पोषण राम के पुनः अयोध्या लौटने तक तुमको ही करना है– हाँ! हम ऋषिगण सदैव की भांति राजा और प्रजा के मंगल के लिए परामर्श देने का अपना सनातन कर्त्तव्य करेंगे ही। महात्मा भरत से निर्देश तो लेने ही होंगे। राजा तो भरत ही है। अवश्य ही भरत जी ने सिंहासन त्यागा है किन्तु श्री रामजी की अनुपस्थिति में, श्री राम– पादुका को शिरोधार्य्य कर राज्य-संचालन करने का अटल दायित्व भी लिया है।" शत्रुघ्न बोले- "इस अटल दायित्व को भरत जी ने मेरे कन्धों पर रख दिया है।"

"श्री राम ने समूचा वनवास ही वीर शिरोमणि लक्ष्मण के कन्धों पर रख दिया है।"

वशिष्ठ बोले– "चित्रकूट में मैंने यह स्पष्ट देख लिया था। लक्ष्मण साथ नहीं देते तो क्या राम, सीता वनवास का यह घोर कष्ट काट सकते थे? श्री राम–जानकी के सच्चे और समर्थ अंग–रक्षक वीरवर्य्य श्री लक्ष्मण ही हैं।"

"समझा! तब दोनों ने वीर लक्ष्मण को वनवास और मुझे राजकाज संभला दिया है।" शत्रुघ्न ने कहा– "अच्छा, गुरुदेव! मैं अपना उत्तरदायित्व आपके मार्गदर्शन और महात्मा भरत के निर्देशन में निभाऊँगा।"

भरत सहसा द्वार पर दिखे– "निर्देश श्री राम–पादुका से मांगो, शत्रुघ्न! अनुज मेरे!"

"आप.............?" भरत को सहसा आया देख कर शत्रुघ्न चौंके–चमके।

"आओ...............आओ, भरत?" वशिष्ठ ने सस्मित कहा– "इस पर्णकुटिया में स्वागत है।"

"आज गुरु की कुटिया कैसे याद आ गयी? अयोध्या का राजमन्दिर–त्याग और नन्दीग्राम में पर्णकुटिया-वास करने के पश्चात् यह प्रथम बार अयोध्या आए हो–नहीं?"

भरत ने सस्मित कहा– "अयोध्या न आने का संकल्प तो मैंने नहीं लिया था गुरुदेव! श्री राम–पादुका का राज देखने भालने को कभी–कभी अयोध्या के राज-मन्दिर में आना ही पड़ेगा–पड़ता है। यह क्या सुन रहा हूँ? अभी–अभी चित्रकूट में मुनिगण का एक शिष्टमण्डल मुझसे मिला था।" शत्रुघ्न ने भरत के पाँव छुए; पूछा– "अच्छा?"

भरत ने महर्षि वशिष्ठ को प्रणाम करते हुए कहा– "वह चाहते हैं; हम चित्रकूट जाएं तथा लोगों को आश्वस्त करें। श्री राम ने चित्रकूट छोड़ा, तब से मुनिगण कुछ त्रस्त रहने लगे हैं। विडम्बना शत्रुघ्न! श्री रामजी चित्रकूट रहते तो राक्षसों के उत्पात का भय–त्रास और श्री रामजी ने चित्रकूट त्यागा तो तब भी भय–राक्षसों का भय। मुनिगण तथा चित्रकूट के वनवासी कौशल राज्य का समर्थ हाथ सिर पर चाहते हैं।"

"अवश्य" महर्षि वशिष्ठ ने कहा– "मैं यह शत्रुघ्न से कहने ही वाला था। श्री रामजी के राज को हमें आर्यावर्त में पूरा समर्थन देना ही होगा। श्री राम–वनवास से

राक्षसों के भय के वातावरण से ही धर्म के अभय के वातावरण में ही लौटेंगे, हाँ, यही। ऋषि-मण्डल आहूत हो, शत्रुघ्न! नन्दीग्राम में ही भरत! तुम्हारे सानिध्य में श्री राम-काज के पृष्ठ पोषण का सुनियोजित अभियान आरम्भ हो–ऐसा महत्वपूर्ण निर्णय हमें करना होगा।"

शत्रुघ्न ने सोत्साह कहा– "कौशल की वाहिनियों को अब बाहर अरण्यों में जाना होगा, श्री राम ने राक्षस-संहार के उनके संकल्प की पूर्ति के लिए, संकल्पबद्ध होकर कार्य करना ही हमारा, श्री राम का पादुका-राज्य चलाना होगा। हम श्री राम की जनक्रान्ति को पुष्ट, अटल, अमोघ करेंगे। अवश्य प्रभु!"

"श्री राम!" भरत ने कहा– "यह सब श्री राम-पादुका के स्पर्श का ही प्रताप है। राज्य, राज-काज, मानव जाति के भाग्य और भविष्य के लिए मंगल संकल्प श्रेय तथा प्रेय जैसे स्वयं ही अन्तरात्मा के पटल पर जाग्रत हो जाते हैं। निस्संदेह गुरुदेव! यह समाज, राष्ट्र, जाति, धर्म, घर-बाहर सभी श्रीराम की अखण्ड आराधना ही है– अवश्य गुरुदेव! मेरे अनुज श्री लक्ष्मण की भांति श्री राम, वैसे ही तुम रामजी के राज्य को चलाने तथा भारत वर्ष की आर्य्य-जनक्रान्ति को पुष्ट, अमोघ तथा अच्युत करने के लिये मेरी सहायता करो।"

"हाँ, शत्रुघ्न!" वशिष्ठ ने कहा– "तुम ही आज से हमारे महामात्य तथा महासेनापति हो। क्यों, भरत?"

"ऐसा ही हो।" भरत ने कहा– "तथास्तु! श्री राम!"

3

चित्रकूट की सीमा में पहुँचते ही महाशय शत्रुघ्न विकल हो गये। चित्रकूट की श्रृंगमाला को देखते हुए उनको श्री राम की दिव्य छबि क्षितिज पर उभरती लगी– 'श्री राम'! शत्रुघ्न रथ से नीचे कूदे और श्री राम की सूनी पर्णकुटी की ओर दौड़े– "रामजी! भाभी श्री! लक्ष्मण भैया!"

शत्रुघ्न को अपनी ही चीत्कार की प्रतिध्वनि सुनाई पड़ी। श्री चित्रकूट की राम–पर्णकुटी आकाश का एकान्त लिये ज्यों की त्यों थी–खड़ी थी। शत्रुघ्न ने कुटिया के द्वार पर चीत्कार की– "राम! रामजी?"

वरिष्ठ मुनियों के यज्ञ–मण्डप में एकत्र समूह हिला; काँपा। वरिष्ठ मुनियों की मण्डली शत्रुघ्न की आगवानी के लिए धँसी। शत्रुघ्न ने उन्हें घूरते हुए पूछा– "श्री राम?"

"कभी के चले गये–दण्डकारण्य की ओर।" वरिष्ठ मुनि ने कहा– "राक्षसों के जनस्थान उजड़ जाने के पश्चात् भय नहीं रहा था और हम सब चाहते थे श्री रामजी दण्डकारण्य सिधारें तथा राक्षसों के प्रमुख अधिष्ठान को ही समाप्त कर दें।"

शत्रुघ्न ने तीव्र स्वर में पूछा– "राम–लक्ष्मण यह करें, क्यों?"

वरिष्ठ मुनिवर्य्य ने कहा– "और कौन करे? श्री राम ने अवतार ही इसके लिए लिया है– गौ, सन्त, भक्त और मुनियों की आर्त चीत्कार इस सच्चिदानन्द परमात्मा ने सुनी जो है। पधारिये! हम आपकी प्रतीक्षा ही कर रहे थे!"

महर्षि वशिष्ठ ने आगे आते हुए कहा– "श्री राम अवश्य ही राक्षसों का मूलोच्छेद कर देंगे; किन्तु राक्षस भविष्य में न आएं– इसीलिए आप हम सब को मिलकर उपक्रम करना होगा।"

वरिष्ठ मुनि– "आर्य क्षत्रिय का ही धर्म है कि वह समाज, राज्य तथा राष्ट्र की रक्षा करें।"

महर्षि वशिष्ठ– "राज्य का सहकार प्रजा और प्रजा के प्रबुद्धों को करना ही होगा। राजाओं तथा महाराजाओं का राज्य जैसे स्वयं ही अदृश्य हो रहा है भगवान परशुराम ने मूदान्ध क्षत्रियों का विपुल संहार कर सत्ता लोलुप और रागरंगी नरेशों से पृथ्वी को मुक्त करवाया। राक्षसों ने अन्याय, अत्याचार तथा यज्ञों को ध्वंस कर पुनः वैदिक वर्णाश्रम धर्म की संस्थापन के लिए भगवान को ही कष्ट दिया है। किन्तु भगवान ने ही जनक्रान्ति आरम्भ की है। श्री राम का राज्य अरण्यों के अभय तथा लोक मंगल से ही आरम्भ होगा।"

शत्रुघ्न– "अवश्य!"

सभी यज्ञ–मण्डप में यथास्थान बैठे। वरिष्ठ मुनिवर्य ने सबको आशीर्वाद दिया तथा भूमि और आकाश का स्वस्तिवाचन कर शान्तिपाठ किया और कहा– "महाराज कौशल के राजकुमार रघुवंशमणि शत्रुघ्न महामात्र का ऋषियों, मुनियों तथा समस्त अरण्यवासियों की ओर से स्वागत है। हम चाहते हैं श्री रामजी के दण्डकारण्य की ओर चले जाने के बाद चित्रकूट की शान्ति, अभय और मंगल को अमोघ किया जाए, दृढ किया जाए और इसीलिए हमने महर्षि वशिष्ठ तथा महाराज शत्रुघ्न को कष्ट दिया है। जनस्थान की जगह क्षत्रिय स्थल स्थापित कर हम सभी की यथोचित रक्षा का प्रबन्ध किया जाए। हम इस पृथ्वी का मंगल और जन का कल्याण ही चाहते हैं। हमारे यज्ञ अखण्ड प्रज्ज्वलित होते रहें तथा वैदिक वर्णाश्रम धर्म फलता फूलता रहे।"

एक अरण्यवासी ने सहसा कहा– "और राम अपना राज्य ही स्थापित कर सकें–राम– राज्य।"

"अवश्यमेव श्री राम–राज्य" महर्षि वशिष्ठ ने कहा– "विधाता ने ही श्री रामजी को वन भेजा है। अयोध्या के राज्य के स्थान पर अरण्यों का राज्य दिया है। गौ ने पुकारा है राम को। ऋषि ने, मुनि ने आह्वान किया है प्रभु का। दुखियारों ने गुहार की है, श्री राम से। राक्षसों और अधर्मियों, दुष्टों, दस्युओं और आततायियों का नाश करने के लिए ही धनुष–बाण लिए चतुर्भुज नारायण हरि का श्री राम– रूप अवतार धराधाम पर हुआ है। लोगों, मुनियों–महर्षियों! मैं वशिष्ठ हाथ उठाकर कहता हूँ, पृथ्वी और गगन की साक्षी से, कि श्री राम चतुर्भुज विष्णु–विष्णु, महाविष्णु के अवतार हैं। भूमि का भार मिटाने तथा यज्ञों के पुनर्प्रज्ज्वलन के लिए, वेद–वेदान्त

तथा वैदिक वर्णाश्रम धर्म के अभ्युदय के लिए श्री राम पृथ्वी पर अयोध्या में अवतरे हैं। राम के साथ लक्ष्मण, भरत, शत्रुघ्न भी पधारे हैं।"

"श्री राम!" ध्वनि उठी– "जय राम!"

"श्री राम!" शत्रुघ्न का गगन-भेदी स्वर गूंजा– "श्री राम-पादुका की साक्षी से कौशल का राज्य चल रहा है। श्री रामजी के वनवास की अवधि की समाप्ति होने तक श्री राम-पादुका का यह राज्य महात्मा श्री भरत के मार्गदर्शन में तथा गुरु वशिष्ठ के निर्देशन में चलेगा। श्री राम-पादुका का यह राज्य भारत वर्ष की प्रजाओं को संगठित करेगा, क्षत्रियों को पुनः आश्वस्त कर जाग्रत करेगा तथा दुष्टों, अधर्मियों, अत्याचारियों आदि को समाप्त करने के श्री राम के काज में सहायता करेगा। चित्रकूट से लगाकर दण्डकारण्य तक की भारत-भूमि को अभय मिले तथा राक्षसों, दस्युओं, अराजकों एवं अत्याचारियों से पिण्ड छूटे– इसके लिए कौशल की वाहिनियाँ अरण्य के प्रान्तरों तथा कान्तारों में फैल जायेगी। अन्य राज्यों के स्वनामधन्य नरेशों और उनकी वाहिनियों का भी सहयोग प्राप्त किया जायेगा। आर्यों की प्रकाशकामी और अमृताकांक्षी संस्कृति के आत्मचैतन्य को अहर्निशि जगाया जायेगा। हम भारत-प्रजाओं के मंगल, शान्ति, अभय तथा ज्ञान के लिए श्री राम-पादुका की साक्षी से अपना यह विराट् लोक यज्ञ आरम्भ करते हैं।"

"तथास्तु!" महर्षि वशिष्ठ ने कहा– "सरस्वती देवयन्तो हवन्ते!" मुनियों ने स्वस्तिवाचन ही किया– "अवश्यमेव महर्षि जी! मानो देव बनने के लिए ही जन्मता है। शरीर नहीं, योनि की जीव-चेतना! पशु चेतना, मानव चेतना प्राप्त करें तथा मानव-चैतन्य देव चेतना, दिव्यता प्राप्त करें! यह तभी हो सकता है, जब यज्ञ की वह्नि-ज्वालाओं में तप कर हम शुद्ध हों, बुद्ध हों, अभय तथा शान्त हों।"

शत्रुघ्न ने कहा– "जनस्थान की जगह अब आर्य-मण्डल होगा। चित्रकूट के विस्तृत सघन अरण्य में शत-सहस्त्र आर्य-मण्डल स्थापित कर दिये जायें। आर्य-मण्डल में समस्त सदस्य प्रजा के विशिष्ट व्यक्ति होंगे तथा गण भी होंगे, ऋषि और मुनि भी होंगे। क्षेत्र के क्षत्रिय सब आर्य-मण्डल के रक्षक होंगे– श्री राम जी, लक्ष्मण जी की भांति।"

"ताड़का-वध!" किसी ने कहा।

"महर्षि विश्वामित्र के आश्रम का उद्धार। ताड़का क्या? एक भीषण भयंकर राक्षस नायिका भर थी वह।" शत्रुघ्न ने कहा– "यह हो गये थे– हम–आप! एक राक्षस को आता देख कर छिप जाते थे हम। भयभीत होकर मन ही मन काँपते रहते थे। क्षत्रियों के अराजक संहार का यह अवश्यंभावी परिणाम है। राक्षस आते चले गये, प्रसरते चले गये और उनको रोकने वाला कोई नहीं। क्षत्रिय अपने– अपने निवासों में माध्वी पीते रहे, मदिरा चस्काते रहे, रागरंग नृत्य देखते रहे। गन्धर्वों की रक्षा तथा सहायता के लिए क्षत्रिय जा सकते हैं, स्वयंवर में अपनी भुजाएं थपथपाने के लिए नरेश जा सकते हैं, किन्तु एक धनुष डिगाने की उनमें शक्ति नहीं रही। तब आर्य्य जाति की रक्षा कौन करे? आज भी श्री राम अकेले........."

महर्षि वशिष्ठ ने बीच में ही कहा– "श्री राम प्रभु हैं। अकेले ही वह निस्संदेह राक्षसों से निपट लेंगे। श्री राम लंका की ओर ही चल रहे हैं। हम–आप श्री राम की प्रजा अपना संगठन करें तथा बचे–खुचे राक्षसों को आर्य्य भूमि से अलग करते चलें। श्री राम-राज्य के लिए वातावरण तो हम ही उत्पन्न करेंगे।"

शत्रुघ्न– "जी, महर्षे! सच है। आज्ञा!"

महर्षि वशिष्ठ ने शान्त, किन्तु गम्भीर स्वर में कहा– "कौशल राज्य के मन्त्रिमण्डल को ऋषि-मण्डल का अचूक परामर्श है कि आर्य्यावर्त के छितरे तथा बिखरे हुए क्षत्रियों तथा नरेशों को वृहद् आर्य्य-राज्य संघ में संगठित करें तथा भारतीय आर्य्य सभ्यता के पुनरुत्थान के लिए शस्त्र एवं शास्त्र द्वारा योजनापूर्वक अभियान आरम्भ करें। धर्म स्थापन, लोगों! महात्मा भरत के नेतृत्व वीर शत्रुघ्न के सेनापतित्व में वैदिक वर्णाश्रम धर्म के पुनरुत्थान तथा अभ्युदय का लोक–यज्ञ आज और अभी, यहीं से प्रारम्भ किया जाए। चित्रकूट के यज्ञ-मण्डपों! पुनः वेदों की ज्योति से जगमगा उठो, वेदमंत्रों की सधी हुई धुनों से नाच उठो और वेदान्त के प्रकाश से आलोकित हो उठो। हम मुनि मौन होकर भी भारतीय अन्तरात्मा के साथ हैं– सहित हैं। हम आर्य्य सभ्यता को मानव तथा मानवता की अनादि सनातन सभ्यता मानते हैं और उसकी संस्कृतियों के शील को अमृतशील कहते हैं– कहेंगे।"

* * * * *

भरत ने शत्रुघ्न का सिर सूंघ कर कहा– "सत्युत, अभिनन्दनीय कार्य किया है तुमने। चित्रकूट तो अब राम का धाम है। इसी स्वरुप में वह जगत में ख्यात रहेगा। चित्रकूट-तीर्थ, हाँ तीर्थ। यहीं से कालजयी रामजी ने मानव-जाति के परित्राण का मंगलारंभ किया था। सहस्र-सहस्र राक्षस रामजी के हाथों खेत रहे थे– तर गए थे।"

"तर गये थे?" शत्रुघ्न ने पूछा।

"भवसागर तर गए थे– वह राक्षसगण" भरत ने गम्भीर और शान्त स्वर में कहा– "रामबाण! रामबाण शरीर लेता है, परन्तु जीव को सीधा राम के परमधाम में ले जाता है। रामजी अजातशत्रु हैं, इसलिए हम-तुम अजातशत्रु नहीं हैं। असद् के प्रति अमर्ष और खिन्नता, दुष्टत्व के प्रति क्रोध आदि षड्विकारों में डूबा जीव क्या अजातशत्रु हो सकता है! राम सबके, सब राम के।"

शत्रुघ्न ने कहा– "राजाज्ञा प्रसृत होगी। महर्षि वशिष्ठ ने भारतवर्ष के क्षत्रियों तथा क्षत्रिय नरेशों-नृपतियों आदि के लिए विशाल-वृहद् भारतवर्ष का सन्देश तैयार किया है।"

"तो?" भरत बोले– "श्री पादुका को समक्ष रख दो।"

"जी! किन्तु ...." शत्रुघ्न अचकचाये।

"विश्वास, शत्रुघ्न राम में विश्वास अविचल करो– अमोघ करो।" भरत ने तीव्र अमर्ष के साथ कहा – "राम ही राम हैं सर्वत्र-सबमें, घट-घट में राम ही राम हैं। राम चाहेंगे–वह होगा। यह राम का राज्य है; मेरा नहीं, तुम्हारा-हमारा नहीं। राज्य पिताओं और माताओं का भी नहीं। यह प्रजा और राजा राम का है, था और चिरकाल तक रहेगा। हम-तुम श्री राम-पादुका के सेवक हैं– अनुचर, समझे?"

"जी, समझा।" शत्रुघ्न ने कहा– "इन राजाज्ञाओं पर हस्ताक्षर?"

"श्री राम के लिए तुम कर दो, शत्रुघ्न!" भरत ने कहा– "श्री राम-पादुका की साक्षी से तुमको यह अधिकार है।"

"नहीं"– एक शान्त-गम्भीर सी ध्वनि सुनायी दी– "नहीं।"

भरत और शत्रुघ्न ने देखा; द्वार पर मन्थरा पीछे और आगे कैकई खड़ी थी। उदासीनता की प्रतिमूर्ति, किन्तु धीर-गम्भीर कैकई अन्दर खिसक आई– "राजा

तुम हो भरत! हस्ताक्षर तुमको ही करने हैं- करने होंगे। तुम्हारे कातर पिता का वचन मैंने स्वीकारा है और मैं इस कौशल राज्य की राजमाता हूँ। मैं अपना यह सत्व त्याग नहीं सकती और न ही तुमको राजापन त्यागने दूँगी।"

भरत अवाक् से कैकई को देखते खड़े रहे।

"आप?" शत्रुघ्न चिहुँके- "माताजी? आप?"

"हाँ, मैं। तुम्हारी माँ और इस राज्य की मनोनीत राजमाता।" कैकई ने तीव्र आमर्षपूर्वक कहा- "राम के वापस होने तक इस राज के योगक्षेम को देखती रहूँगी। तुम मन्थरा के पीछे क्यों पड़े हो, शत्रुघ्न! तुमको पता होना चाहिए, वह तुम्हारी माँ की बड़ी है। मन्थरा मेरे लिये कभी दासी नहीं रही- बड़ी बहिन ही रही। उसका अपमान, अवज्ञा-मेरा अपमान, मेरी अवज्ञा है। सुना तुमने? भरत! बोलते क्यों नहीं? यह शत्रुघ्न मन्थरा को भूगर्भ में भेजना चाहता है।"

भरत अब बोले- "क्या? क्या बात है, शत्रुघ्न!"

शत्रुघ्न ने कहा- "माँ के कान भरती रहती है यह मन्थरा। अब इसने राजमातापन की पट्टी पढ़ाना आरम्भ किया है। आप तो श्री राम-पादुका का ही राज मानना चाहते हैं। इस मन्थरा ने माँ को-आप ही सत्वाधिकारी अयोध्या-नरेश हैं- यह सिखाना-समझाना आरम्भ किया है। श्री राम के वापस लौटने की चिर प्रतीक्षा करते हुए इस उदासीन राजमन्दिर के शान्त वातावरण में विष घोलना इस मन्थरा ने आरम्भ किया है। सच तो यह है, यह सब सम्बन्धितों को श्री राम-पादुका की साक्षी से प्रसूत राजाज्ञा नहीं मानने को कहती है। यह राजसी ठाठ से अयोध्या में अपनी शोभायात्राएं करती रहती है तथा भरत ही राजा हैं, सबको सुनाती रहती है।"

"नादान है, और क्या!" भरत ने कहा- "माता जी अपनी बड़ी बहिन को समझा दें। राजा तो श्री राम जी ही हैं। मैं.......... हम तो उनके अनुचर हैं- उनके बाद में, पहले उनके पादुका के सेवक हैं। शत्रुघ्न तो महर्षि वशिष्ठ के परामर्श से कौशल राज्य का सेनापति और महामात्य भी श्री राम-पादुका में नियुक्त किया है, हमारी अनुमति है।"

"और तुम?" कैकई ने पूछा।

"मैं" भरत बोले– "श्री राम के वियोग की आग में भस्म हो जाने वाला एक मानव मात्र।"

"क्या हो गया है तुमको भरत?" कैकई गम्भीर, किन्तु तीव्र स्वर में बोली– "अपने बड़े भाई के प्रति स्नेह होना–प्रेम होना तो ठीक है, उचित है; किन्तु उनका भक्त होकर जीवन से सन्यास ले लेना क्या उचित है? राम है तो तुम भी हो, भरत! राम के वियोग में जल जाओगे– तो क्या हम सब तुम्हारे कुछ भी नहीं हैं?"

"हो............ संसार के सम्बन्ध से हो।" भरत ने कहा– "किन्तु अब मुझे संसार से क्या लेना और क्या देना है? मैं सबको जान गया हूँ। आप स्वयं राजमाता बनना चाहती थीं, राज्य पर अपना वर्चस्व चाहती थीं। पिताजी के समय में भी राज्य तो आप ही चलाती थीं। तो, तो आपने मुझे; क्योंकि मैं आपका पुत्र था– आपने राज्य– गद्दी पर बिठा दिया। यह राम के राज्य को चुरा लेना था, मातुश्री!"

"तुम्हारे पिता को युद्धभूमि में सुरक्षित मैंने ही रखा था।"– कैकई ने कहा– "अपने हाथों से उनका लड़खड़ाता हुआ रथ थाम कर, मैं स्वयं लड़ती हुई उनको अपने शिविर में ले आई थी। शत्रुओं को अन्तिम बार पराजित मैंने किया था और तभी मैंने अपने पति का राज्य भी जीत लिया था– सुन लो, भरत महाशय!"

"राज्य न पिता का है, न पति का या पत्नी का, मातुश्री!" भरत ने कहा– "राज्य प्रजा का है, राज्य धर्म का ह; समाज का, राष्ट्र का है। वेद यही कहते हैं; ऋषि मुनियों ने भी यही कहा है। सुधिजनों तथा सज्जनों का भी यही कहना है। राज्य किसी एक कुल या वंश की सम्पत्ति, सम्पदा नहीं है। राज्य धरती और आकाश का है।"

"कौशल राज्य इक्ष्वाकुवंश के रघुकुल का था, है और रहेगा। फिर तुम कौन होते हो राम को राज्य लौटाने वाले? राम को राज्य लौटाऊंगी तो मैं। मैंने वचनपूर्ति से राज्य माँगा और तुमको सौंपा। अब तुम राज्य नहीं चाहते तो मैं ही राज्य राम को लौटाऊंगी; तुम नहीं; शत्रुघ्न नहीं।"

"माँ!" शत्रुघ्न बोले।

"चुप करो! तुम मेरे पुत्र हो, पुत्र ही रहोगे।" कैकई ने सिर धुनाते हुए कहा– "तुम समझते हो राम के वनवास का दुःख तुमको ही है, मुझको नहीं। हाँ, मुझे राम के वनवास के लिए दुःख नहीं, पश्चाताप है, सुना?"

"पश्चाताप?" शत्रुघ्न ने पूछा।

"हाँ, राम का शील, सौजन्य और मेरे प्रति प्रेम भाव देखकर मैं पश्चाताप से भर उठी हूँ। मुझको भी अब कुछ भी अच्छा नहीं लगता; किन्तु मैं सन्यासिनी नहीं हूँ, राज्ञी हूँ, राजमाता हूँ। तुम्हारे पिता के वचन द्वारा प्राप्त किया हुआ राज्य मैं त्याग नहीं सकती और ना तुम ही त्याग सकते हो, जब तक मैं तुमको न कहूँ।"

भरत ने ऊर्ध्व स्वांस भरते हुए कहा– "ईश्वर के लिए मुझको–मुझको, इस निरीह घोर पापी को क्षमा कर दो। राज्य आपका है। आप लेना चाहती हैं तो ले सकती हैं।"

"नहीं................" कैकई ने कहा– "राज्य अब भी राम–पादुका की अमानत है। कौशल का राज्य अब मेरे अन्तिम निर्णय से ही होगा। मुझे बता– राज्य तू चाहता है, या नहीं?"

"नहीं............" भरत ने कहा– "मैं राम चाहता हूँ। राम के चरणारविन्दों की धूलि चाहता हूँ। मैंने मन–वचन–कर्म से माता–पिता, कुटुम्बी, सगे–सम्बन्धी, इष्ट मित्र, जगत–संसार–मैंने संसार .... त्याग दिया है।"

कैकई सहसा अट्टहास्य हँसी– "आत्मवंचक! तूने कुछ भी नहीं त्यागा। तू रघुकुल की रीति और नीति को ही पाल रहा है। मैं मानती हूँ भरत! राज्य तो रघुकुल के ज्येष्ठ पुत्र का ही होता है– होता आया है, किन्तु मेरा विवाह महाराज दशरथ से इसी आधार पर हुआ था। मैं युद्ध की दासी नहीं थी, समझा! शर्त थी; मेरे उदर से जन्मा ज्येष्ठ पुत्र ही महाराज दशरथ के बाद कौशलाधीश होगा। महाराज दशरथ उस शर्त को पालना नहीं चाहते थे। क्यों? कौन रघुकुल की रीति को तोड़ रहा था? रघुकुल की रीति है-वचन–वचन भंग नहीं किया गया– रघुवंश में। और यही मैंने किया– रघुकुल का वचन भंग नहीं होने दिया।"

"मातुश्री! यह आपका तर्क मात्र है।" भरत ने कहा– "मुझको तो मिस बनाया गया। वास्तव में राज्य तो आप चाहती थीं।"

"हाँ........... जा, चाहती थी" कैकई सहसा गर्जी– "राजमाता की भांति मैं मन्थरा को अभय देती हूँ। सुना?"

"सुन लिया.........." भरत ने कहा।

"क्या सुन लिया?" सहसा मन्थरा ने तनिक धँस आते हुए कहा– "यह तुम्हारी माँ और राजमाता है। इसका कथन अपरिहार्य आज्ञा है। तुम्हारे रामजी ने पिता का वचन शिरोधार्य किया। तुम अपनी जननी जगदम्बा की आज्ञा मानो।"

भरत ने कहा- "मेरी ओर से प्राणीमात्र को अभय है। मैं भीति–भय को हिंसा ही मानता आया हूँ। आपको अभय चाहिये तो वह शत्रुघ्न ही दे सकता है। रामजी का राज्य वही चला रहा है। मैं तो राम–नाम के आशीर्वाद से उनका मार्गदर्शन भर करता हूँ। रामजी के राज्य में किसी भी भांति और प्रकार का भय न हो, भीति नहीं फैले, द्विष न रहे, शत्रुता आदि षड्विकारों का उचित दमन और शमन हो – होता रहे– यह सब देखने का कार्य शत्रुघ्न का है।"

"क्यों?" मन्थरा ने तीव्र अमर्षपूर्वक पूछा।

"इसीलिए कि मैं रामजी का दास हूँ, लक्ष्मण जी सेवक हैं और शत्रुघ्न उनका कारभारी है। श्री राम–पादुका का राज्य भी श्री राम का ही राज्य है। शत्रुघ्न उसे वैदिक वर्णाश्रम धर्मपूर्वक सम्भाल रहे हैं।"

"समझी।" मन्थरा ने कहा– "लो सुन लो, राजमाता जी! मैंने कहा था ना शेष सभी माताओं, पुत्रों, पुरजनों–परिजनों– सभी ने तुम्हारे विरुद्ध मौन प्रतारणा कर रखी है। तुम मानती न थी। शत्रुघ्न मुझे कभी अभय नहीं दे सकता– कभी नहीं।"

"दे सकता हूँ।" सहसा शत्रुघ्न बोले– "एक प्रतिज्ञा श्री राम–पादुका को स्पर्श कर करनी होगी।"

"जी, सुनूँ तो.......... वह क्या है?" मन्थरा ने मुँह बिचकाते हुए कहा।

"तुम हमारे ननिहाल लौट जाओ।" शत्रुघ्न ने कहा।

कैकई ने सहसा तीव्र स्वर में कहा– "नहीं, यह लौट जायेगी तब मैं किससे मन की बात कह सकूँगी। कोई मुझसे मिलता नहीं, बोलता नहीं। यही मन्थरा है तो अहर्निशि मेरे आस–पास बनी रहती है। ऐसा लगता है, सभी ने मुझे ठुकरा दिया है, त्याग दिया है, भरत!"

भरत ने शान्त–गम्भीर स्वर में कहा– "यह आपके कर्मों का फल है। आपने पति का मरण स्वीकार किया, पुत्रों की भर्त्सना स्वीकार की, समाज व राष्ट्र का

अपमान सह लिया, अमिट लांच्छन को भी, माताजी! आपने माना, किन्तु राज्य का लोभ आपसे छूट न सका।"

"नहीं.......... नहीं" कैकई ने सिर धुनाते हुए कहा– "नहीं, भरत! नहीं। सब छूट गया है, सच! मुझे पता न था, यह संसार है। यहाँ कौन किसका है? फिर, तुमने तो प्राप्त राज्य स्वीकार नहीं किया और राम ने मुझको ही माना। राम के शील की शीतल अग्नि में सब कुछ स्वाहा हो गया है, वत्स मेरे! अब मुझे क्षमा कर भरत! क्षमा!"

"क्षमा आपको आपकी अन्तरात्मा ही कर सकती है।" भरत ने कहा– "क्षमा राम कर सकते हैं– मैं नहीं। मैं तो आपके रक्त का एक बबूला हूँ, आपके माँस मज्जा का एक आकार हूँ। आपके उदर से जन्मा, मैं चिरकाल तक भटकने वाला एक प्रेत हूँ– पातकी। हाँ........ हूँ। न जाने फूलों से बनी जगदम्बा स्वरुप सीताजी पर क्या बीत रही होगी। राक्षसों के घोर भय से घिरी, राजमन्दिर के सुखों से वंचित, पतिपरायणा मेरी भगवती भाभी सीता! अब देखो, माताजी! आपने क्या किया है? क्या नहीं किया आपने।"

कैकई ने सिर धुनाया; कहा– "मैंने नहीं, नहीं............. विधाता ने ही यह किया है। हाँ, भरत! मैं सच्चाईपूर्वक तुम्हारे लिए राज्य चाहती थी। मैंने तुम्हारे पिता से विवाह ही इसी आधार पर स्वीकार किया था, किन्तु महाराज ने तुम दोनों को ननिहाल भेज दिया तथा पीछे से राम का राज्याभिषेक निश्चित कर दिया। क्या यह वचन–भंग नहीं था? प्रतारणा नहीं थी? मैं जान गयी, राज्य के लिए कौन प्रतारणा नहीं करता! मैंने तो अपने कृतघ्न पुत्र के लिए वचन का राज्य माँगा था– सुना?"

"और राम को वनवास?" भरत ने पूछा।

"तुम्हारे राज्य की सुरक्षा के लिए।" कैकई ने कहा।

* * * * *

भरत ने विवर्ण मुख मुद्रा में पास बैठे हुए शत्रुघ्न से विषादयुक्त स्वर में कहा– "माँ का क्या करूँ? राजमाता मैं इनको कह नहीं सकता– राजमाता वह नहीं हैं।"

"यह सब उस दुष्ट मन्थरा की सिखावट है। इस क्लेश की जड़ वही है, श्रीमन्! अनुमति हो तो उसको उसके घर वापस कर दूँ।" शत्रुघ्न ने कहा।

भरत ने सिर धुनाया, कहा– "मातुश्री को अब अधिक कष्ट पहुँचाना नहीं चाहता। पश्चाताप से वह भर गयी प्रतीत होती है। कुछ भी हो, शत्रुघ्न भाई मेरे! माँ तो माँ है। उनके ममत्व से नहीं, उनके मोह से नहीं; उनके पश्चात्ताप से जैसे मुझे अपनी माँ का प्रथम साक्षात्कार हुआ।"

"अवश्य श्रीमद्!" शत्रुघ्न ने कहा– "किन्तु राजकरण में किसी भी भांति की भावुकता बाधक ही होती है। राज्य सत्य और न्याय के अचूक विवेक से ही चलता है। यही आपका अटल मंतव्य है। राज्य श्री राम–पादुका का है, तो राजमाता भी माता कौशल्या है, हमारी माँ नहीं। आपने कौशल का राज्य स्वीकार नहीं किया, राम को अर्पित कर दिया। श्री रामजी ने इस विशाल कौशल महाराज्य को अपने चरणों में स्वीकार कर लिया। अब राज्य तथा राजकरण का कोई स्वतन्त्र, स्वाधीन सत्य शेष नहीं है। फिर श्री राम–चरणों के राज्य में न कोई राजा है, न कोई रानी राजमाता ही है।"

"मेरी सुरक्षा के लिए राम को वनवास भेजा, माँ ने। यह मैं स्वप्न में भी, स्मृति से भी सह नहीं सकता, भाई मेरे! माँ ने यह मेरे हृदय पर वज्राघात किया है– यह कह कर! ऐसा लगता है, वह रामजी को जानती नहीं हैं। मान लो, राज्य मेरे पास होता तो क्या श्री राम अयोध्या में रह कर बाधा पहुँचाते? नहीं.......... नहीं, यह असम्भव था; असम्भव है।"

"पुत्र का मोह, श्रीमद्!" शत्रुघ्न ने कहा– "षड्विकारों से ऊपर उठकर ही राज्य का संचालन किया जायेगा। आप श्रीमद् तथा मैं आपका अनुचर रामजी के राज्य के रखवाले हैं" "चरण– किंकर।" भरत ने कहा।

"चरण–किंकर?" शत्रुघ्न हुमुसे– "नहीं, हम सब आपश्री के चरण–किंकर हैं। श्री राम और आप–रामजी और भरत जी–सत्व और धर्म। लक्ष्मण जी शौर्य–शक्ति शील के और मैं आपका चरण– किंकर।"

"तुम शत्रुघ्न! कौशल राज्य के हाथ–पाँव हो। तुम अर्थ हो–राज्य तथा राष्ट्र के समाज के अर्थ हो। सिद्धान्त–निरूपण करना एक बात है। उसको विवेकपूर्ण भांति व्यवहार में लाना ही अर्थ है। अर्थ अर्थात मुद्रा नहीं। अर्थ सत्य तथा न्याय, धर्म का उपयोगी, सन्तोषप्रद एवं नान्य प्रयोग है। तुम यहीं हो। राज्य–संचालन, धारण तथा पोषण समाज का अर्थ ही है।"

"तब काम, प्रभो?" शत्रुघ्न ने सहसा जिज्ञासापूर्वक पूछ लिया।

"अर्थ, धर्म, काम–मोक्ष।" भरत चिहुँके– "धर्म? सत्य और न्यायपूर्वक जो धारण करे– वही धर्म है– हो सकता है और काम? यावज्जीवन की चेतना–सुखमय–आनन्दमय चैतन्य ही काम है, शत्रुघ्न!"

"मोक्ष?"– शत्रुघ्न।

"देह–त्याग नहीं–काल से जीवन–चेतना से छूट जाना।" भरत ने उत्साहपूर्वक कहा– "कर्म से मुक्ति तो काल–मुक्ति है– भवेच्छा से मुक्ति मोक्ष है। मैं–मैं भवेच्छा से ही मुक्त होना चाहता हूँ। जीवन के स्वार्थ पार्थ आदि से मैं आत्मग्लानी से भर गया हूँ। अब नहीं........ नहीं–भव लेना ही नहीं चाहता। रामजी के चरणों में इसीलिए पड़ गया हूँ। मुझे तो जगत से छुटकारा, काल से मुक्ति तथा जीवन या भवबन्धन से बन्धनहीनता ही चाहिये। रामजी ही हैं, तब मैं भव क्यों लूँ? और फिर क्या मैं जीव! हूँ भी?"

"फिर वही वेदान्त।" शत्रुघ्न ने कहा।

"वेद, वेदान्त, वैदिक वर्णाश्रम धर्म! सनातन से मानो आदि से हम पालन करते आ रहे हैं। यह हमारी चेतना हो गया है, किन्तु फिर भी पूर्ण शान्ति, अभय और सुख मानव को मिल गया क्या?"– शत्रुघ्न ने निसास रखते हुए कहा– "वेद सुने हैं, कुछ पढ़े हैं, किन्तु मैं ज्यों का त्यों ही हूँ। जन्म से ही जो चेतना मुझमें है, इन्द्रियों द्वारा जो मैं अनुभव करता रहता हूँ– वही है, प्रतिपल स्पष्ट घनीभूत होती हुई यह जीवन–चेतना ही जैसे है- मैं! रही वेदान्त की बात, "सर्वम् खलु इदम् ब्रह्म" सो मेरे पल्ले नहीं पड़ती। सब ब्रह्म ही हैं– ब्रह्ममय ही हैं। मैं अन्ततोगत्वा ब्रह्म ही हूँ– अहम् ब्रह्मास्मि! तब फिर जीव, उसका कर्त्तापन और भोक्तापन रहा ही कहाँ? मूल में ब्रह्म चैतन्य में न सुख है- दुःख है, उचित है- अनुचित है, सत्य है- असत्य है, न्याय है और अन्याय ही है। केवल सत्य–रहस्यमय अगाध सत्य, आश्चर्य्य, प्रभो! न यहाँ अर्थ, धर्म, काम, मोक्ष के विवेक की आवश्यकता ही है। वेदान्त दर्शन क्या व्यष्टि और समष्टि के लिए लोकधर्म का दर्शन हो सकता है?"

"दर्शन लोकधर्म का बीज है, आधार है।" भरत ने कहा– "तुम शत्रुघ्न व्यष्टि तथा समष्टि, राज्य तथा राष्ट्र धर्म और अधर्म आदि के प्रति जागरूक हो- यह

देखकर मुझे सन्तोष है। श्री राम-पादुका के राज्य के लिए हमें सन्यासी नहीं, केवल वैश्य ही नहीं-नितान्त शूद्र ही नहीं और निगड़ ब्राह्मण ही नहीं- हमें एक सावधान, जागरूक, व्यावहारिक, राम में विश्वास करने वाला शासक चाहिये। वह तुम हो।"

"मैं तो आपका आज्ञाकारी अनुज भर हूँ।" शत्रुघ्न ने कहा- "आपका यह उदासीन जीवन मुझसे देखा नहीं जाता। अपने निवास में मैं सोचता रहता हूँ। हम स्त्री-पुरुष दोनों ही प्रतिदिन के राज्य- वैभव से दूर ही रहना चाहते हैं। अवश्य, रह सकते नहीं। भाभीश्री माण्डवी देवी को जब मैं निहारता हूँ- लगता है कि एक अभिसिप्त देवता ही सामने हैं। खग्रास चन्द्र ग्रहण में शान्त बहती हुई गंगा की भांति भाभी माण्डवी है। वह जैसे हमारी द्वितीय मातुश्री हैं। इनको देखकर ही मुझे आपके मानस को समझने का अवसर जैसे मिलता है।"

"मेरे मानस?" भरत ने पूछा।

"पश्चाताप!" शत्रुघ्न ने कहा- "आपका यह अहर्निषी पश्चाताप, यह श्री रामजी के वियोग का दुःख, यह सब का तितिक्षापूर्ण त्याग, यह जल-कमलवत् सन्यास का सा व्रत, यह आपकी शान्त- गम्भीर, मूक मुख मुद्रा। पुज्यपाद्! हम सांसारिक देख तो सकते हैं, किन्तु सिहर जाते हैं- एक आघात लगता है और तब जी करता है मन्थरा के टुकड़े-टुकड़े कर दूँ। माँ कैकई! ओह! माँ के लिए क्या कहूँ? वह मैं नहीं, आप ही कह सकते हैं।"

"माँ को लेकर क्या कहा जा सकता है?" भरत ने कहा- "माँ जन्म देती है तो मृत्यु भी दे सकती है। माँ ने मुझे जीवित ही मृत्यु दी है, भाई मेरे!"

* * * * *

मन्थरा भागी हुई आई- "सुना? मुझे-मुझको वापस भेजा जा रहा है। अयोध्या के राजमन्दिर में रहने के लिए मैं अब पात्र नहीं रही। सुना?"

कैकई के हाथ की आरती ठक् रह गयी- "क्या? तुझे वापस भेजा जा रहा है? मेरे पीहर वापस?"

"हाँ"- मन्थरा चिल्लाई- मुझे बचा! .... मेरी रक्षा कर, कैकई! तू राजमाता है- "तू शत्रुघ्न की यह आज्ञा फेर दे।"

कैकई ने मन्थरा को घूरा और कहा– "मैं कौनसी राजमाता हूँ? राजमाता तो कौशल्यादेवी– श्री राम जननी हैं। तू निर्विघ्न यहाँ मेरे आवास में बनी रह। देखती हूँ– शत्रुघ्न क्या करता है। कोई है?"

अनुचरी ने प्रवेश करते हुए नमनपूर्वक पूछा– "जी......... आज्ञा श्रीमती!"

कैकई ने कहा– "शत्रुघ्न को सन्देश दो.......... वह हमसे मिले–अभी इसी समय! जाओ!"

द्वार पर मानो व्यक्त होते हुए शत्रुघ्न ने कहा– "मैं स्वयं ही उपस्थित हो गया हूँ। मुझे ज्ञात था कि वह कुलटा आपसे शिकायत करेगी– आपके चरणों में घुसेगी।"

कैकई ने शत्रुघ्न को सिर से पैर तक और पैर से सिर तक घूरा; कहा– "मन्थरा कहीं नहीं जाएगी। यहीं मेरे पास अभयपूर्वक रहेगी। मरेगी तब तक रहेगी; सुन लिया शत्रुघ्न महाराजकुमार!"

शत्रुघ्न ने शान्त-गम्भीर स्वर में कहा– "यह आपको आगे कर सभी का अपमान करती फिरती है। मातुश्री कौशल्या माँ का तो यह पद-पद पर अपमान करती है। हाव-भाव इंगित तथा अनुभवपूर्वक यह सुमित्रा माँ को हतप्रभ किया करती है। माण्डवी तक को विभ्रमित करने की चेष्टा करती है। शान्त तलैया सी दिव्य देवी उर्मिला जी को यह क्षुब्ध करने की हेय चेष्टा करती है। अहर्निशि श्री रामजी की निन्दा करती रहती है।"

"रामजी की निन्दा?" कैकई ने मन्थरा को घूरते हुए पूछा।

मन्थरा ने सिर धुनाया– "आँख मिचमिचाते हुए कहा– "तो यह राज कौन चला रहा है? वनवास में हैं तो क्या हुआ? यह राज्य राम के गुह्य संकेतों से ही चल रहा है। यह महाराजकुमार स्वयं वाहिनियाँ लेकर चित्रकूट से दण्डकारण्य तक चक्कर काटता रहता है– तुमने पूछा है? तुमको कहता है? नहीं। प्रत्येक बात उन कौशल्या देवी से कहता है, हाँ–पूछो इससे.............।"

कैकई ने पूछा– "बता, तुझे क्या कहना है शत्रुघ्न?"

शत्रुघ्न ने कहा– "कुछ नहीं कहना है, मुझे। मैं जो कुछ कर रहा हूँ महात्मा भरत की आज्ञा से ही, अनुमति से ही, इच्छा से ही कर रहा हूँ। श्री रामजी और

माताएं बीच में नहीं हैं और न ही आती हैं। राजकरण राजमाता की उत्तर स्वीकृतियों से चलते हैं क्या? चित्रकूट से दण्डकारण्य तक चक्कर अवश्य काटता हूँ। किन्तु यह राज्य की नीति-विषयक प्रश्न है। श्री रामजी व्यर्थ ही वनवास का घोर कष्ट नहीं भोग रहे हैं।"

"तब वह क्या कर रहे हैं?" कैकई ने मुँह बिचकाते हुए कहा– "तब रामजी कर क्या रहे हैं वन में?"

"राक्षसों का संहार, ऋषि-मुनियों का, यज्ञों का, अरण्यों की संस्कृति का परित्राण। अधर्मियों का नाश, दस्युओं तथा आतताइयों का सर्वनाश। गौ, ब्राह्मण, सन्त तथा साधुजन को अभय प्रदान कर रहे हैं।"

"ओह!" मन्थरा बड़बड़ाई– "रामजी तो जैसे ईश्वर का अवतार हैं– नहीं?"

कैकई– "रघुवंश का प्रत्येक राजा-राजकुमार ईश्वर का अंशावतार ही तो हुए हैं– होता आया है– होता जायेगा। देख री! यह ईश्वर का अंशावतार तेरे-मेरे सामने खड़ा है– शत्रुघ्न!"

शत्रुघ्न ने सहसा तीव्र स्वर में कहा– "माँ!"

कैकई ने क्रुद्ध अमर्षपूर्वक कहा– "चुप कर! तू भरत का दास है, अनुचर है, किन्तु मेरा तो पुत्र ही है। सुना?"

"जी!" शत्रुघ्न ने कहा।

"तो मेरी आज्ञा मानना होगा। मन्थरा को मैं अभय देती हूँ। सुना?"

"सुन लिया," शत्रुघ्न ने कहा– "स्वामिनी ने दासी को अभय प्रदान किया। राज्य इसका जितना शक्य होगा, उतना सम्मान करेगा, मातुश्री!"

"हमने मन्थरा को पूर्ण अभय और सुरक्षा का वचन दिया, शत्रुघ्न!" कैकई ने गम्भीर स्वर में कहा– "इसको उलटाया या कम नहीं किया जा सकता– समझे?"

"जी समझा।" शत्रुघ्न बोले– "मैं आपके वचन की कथा श्रीमद् भरत जी के सम्मुख रखूँगा।"

"भरत अभय दे चुका है मन्थरा को" कैकई ने ताड़ुकते हुए कहा– "तुम थे उपस्थित उस दिन।"

शत्रुघ्न ने कहा– "वह केवल वार्ता मात्र थी। राजाज्ञा वह नहीं थी।"

"तो क्या भरत ने यह आज्ञा दी है?" कैकई ने पूछा।

"नहीं।" शत्रुघ्न बोले– "मंत्री परिषद ने! मुझको आपकी वांछा मन्तिमण्डल द्वारा राज्य के सर्वोच्च सलाहकार के सम्मुख रखनी होगी। तब तक दासी मन्थरा आपके आवास में ही रहेगी। श्री रामजी के वियोग की वेदना से राजमन्दिर भरा हुआ है। माताएं व्याकुल हैं, तब यह क्षल्लुक दासी सबका अपमान करती फिरे, आपकी ओर से धौंस पिलाती रहे– यह सहनीय नहीं था और नहीं होगा।"

कैकई ने कहा– "तो मुझको भी मन्थरा के साथ वापस अपने मेरे पीहर भेज दो तुम सब!"

"यह असम्भव है, माँ!"– शत्रुघ्न।

"माँ, मैं तेरी माँ हूँ भी?"– कैकई

"माँ तो हो और रहोगी।" शत्रुघ्न ने आर्द्र स्वर में कहा– "तुम माँ! आह! मैं क्या कहूँ? तुमने श्री रामजी को वन क्यों भेजा? ऐसा जघन्य कर्म क्यों किया? परिणाम देखा? कौशल राज्य निष्प्रभ, अरक्षित तथा उदासीन विषण्ण हो गया है।"

"केवल तुम लोग"– कैकई ने कहा।

"माँ, सरयू की सनातन अजस्र धारा की सौगंध।" शत्रुघ्न ने कहा– "हम सबके हृदय– कमल मुरझा गये हैं।"

"मेरा भी" कैकई ने कहा– "सारे संसार में मैं धिक्कार की पात्र एक नारी हो गयी हूँ।"

शत्रुघ्न ने सिर धुनाया; कहा– "तुम? तुम नहीं, तुम्हारी यह लाड़ली दासी, यह कृत्या। नहीं माँ, तुम नहीं।"

"और कोई नहीं। मैं ही, शत्रुघ्न!" कैकई ने सहसा सिसकते हुए कहा– "क्या राम मेरा वैरी था? शत्रु था? नहीं, राम तुमसे अधिक मुझे प्रिय था, है। आज तो वह सर्वाधिक प्रिय हो गया है। यह भरत..........भरत, जिसके लिये मैं निर्मम हो गयी, दुष्टा हो गई, कुल–कलंकिनी तथा कृत्या हो गयी, उसने, मुझे अपनी जननी को जगत के मार्गों पर सबके समक्ष ठुकराया–ऋषियों के समक्ष मुझे भाँडा। हाँ, मैं

उसके लिए सभी पापों की अवतार बन गयी। मेरे उदर से जन्म लेना इस भरत को जघन्य लगा। क्यों? क्या अपने पुत्र के लिए माताओं ने राज्य नहीं माँगा? माँगा है। राज्य और प्रेम–ममत्व क्या एक तुला में तुलते हैं? कभी तुले भी हैं?"

शत्रुघ्न ने सिर हिलाया– "नहीं।"

"किन्तु भरत ने माँ के ममत्व को भाई के स्नेह से भी कम, तुच्छ माना।" कैकई ने सिसकते हुए कहा– "मेरे मन की आँखें भरत ने नहीं खोलीं– राम ने खोलीं। राम ने ममत्व को राज से भी कहीं अधिक माना–अतुलनीय माना और अब, जब मैं संसार से त्यक्त, ठुकराई और अपशब्दवती हूँ, तब मेरे एक मात्र सहारे को भी मुझसे छीन लेना। मन्थरा मेरे जीवन का सहारा है, सुना?"

"जी, सुना।" शत्रुघ्न ने कहा।

"तब?" कैकई ने पूछा।

"अभय, माँ!" शत्रुघ्न ने कहा।

4

शत्रुघ्न ने एकत्र अरण्य–वासियों को उच्च स्वर में सम्बोधित करते हुए कहा– "हमें श्री रामजी को पुनः अयोध्या लाना है। उन्हें उनके राजसिंहासन पर सुशोभित करना है। श्री रामजी हम सबके लिए, समस्त प्रजाजनों के लिए वनवास की तपस्या कर रहे हैं। हमें उनको सनिष्ठा तथा अगाध आदरपूर्वक उनका वंश–परम्परा का राज्य सौंपना है। महारानी श्रीमती कैकई ने महात्मा भरत जी के लिए, राज्य वचन–पूर्ति के निमित्त, माँगा, किन्तु श्रीमद् भरत जी ने उसको स्वीकार नहीं किया। सबने कहा, जगत ने कहा, किन्तु भरत जी ने 'हाँ' नहीं किया। श्री रामजी के प्रति उनकी गहन तथा अविचल भक्ति ही इसका कारण नहीं थी– महात्मा भरत मानते हैं, राज्य इक्ष्वाकुवंश में सनातन से ज्येष्ठ राजपुत्र को ही प्राप्त हो रहा है, फिर यह राजराजेश्वर महाराज दशरथ का सर्वसम्मत निर्णय था। पत्नी को दिया गया वचन इस सिद्ध मर्य्यादा का उल्लंघन नहीं कर सकता। राज राजा या व्यष्टि की इच्छापूर्ति का कन्दक नहीं है। राज्य यावत् जीवन के संग्रहकर्त्ता, संचालक तथा नियामक राजधर्म का अट्टूट, अमोघ सत्व है– सत्य–सम्मत सत्व है। इस सत्व को महात्मा भरत जी ने गुरु, माता–पिता, ऋषि–मण्डल, मंत्री–परिषद्, जनसभा तथा सभी पुरजनों, परिजनों एवं इष्ट, मित्र के आग्रह को नहीं मानकर राज्यसिंहासन चित्रकूट में रामजी के श्री चरणों में रख दिया। ऐसा धर्म धारण आज तक किसी राजपुत्र ने भला किया है? रामजी ने पिता के वचन को शिरोधार्य किया। भरत जी ने पिता द्वारा प्रदत्त सर्वसम्मत राज्य को सविनय स्वीकार नहीं किया– यह धर्म पालन है। यही धर्म–पालन रामजी को वापस अयोध्या आने के लिए विवश करेगा। अन्यथा श्री राम क्या वापस अयोध्या लौटेंगे? श्री राम ने ऋषि–मुनियों के हड्डियों के असंख्य ढेरों की साक्षी में प्रतिज्ञा की है; वह इस मही को राक्षस– विहीन करेंगे। राक्षसों के असीम अत्याचारों के विरुद्ध श्री राम की जनक्रान्ति आरम्भ हो चुकी है। श्री राम दण्डकारण्य में हैं। पंचवटी में अपनी विशाल कुटी में श्री राम ने अपने कालजयी धनुष पर अपना नाराच चढ़ा लिया है। श्रीमान् वीर–शिरोमणि लक्ष्मण के धनुष की प्रत्यंचा बज रही है। आइये! हम साहसपूर्वक संगठित हो, राक्षसों, दुष्टों, आतताइयों तथा अधर्मियों का सामना करें।

निस्संदेह हमें संगठित होना ही होगा; अन्यथा श्री राम आगे बढ़ते जायेंगे और पीछे विजन होता जायेगा। श्री राम को हम जन प्रजा के मंगलमय मार्ग पर अयोध्या लायेंगे अवश्य।"

"अवश्य।" जयघोष उठा– "श्री राम! जय राम!!"

शत्रुघ्न ने पुनः कहा– "राक्षसों से विमुक्त प्रान्तरों की रक्षा हम सब करेंगे। क्षत्रियों के गुल्मों के साथ अरण्यवासियों के गुल्म भी तैनात होंगे। रात्रि के घने छद्म अंधकार में राक्षसों के इक्के– दुक्के समूह हमारे पवित्र आश्रमों पर कहीं अचानक आक्रमण न कर दें, वन–कन्याओं का अपहरण न कर लें तथा पशुओं को चुरा कर न ले जाएं। यह राक्षस लोग पहिले बर्बाद करते हैं, विध्वंस करते हैं और केवल मारे जाने पर ही चुप होते हैं। सच तो यह है, श्रीलंका का यह राक्षस वंश, उनका राज्य अब समूची पृथ्वी के लिए प्राणियों के योगक्षेम, कल्याण तथा मानवों के मंगलमय भविष्य के लिए भयंकर भय बन गया है। श्री रामजी ने इसी भय से भूमि को मुक्त कराना आरम्भ किया है।"

"अवश्यमेव–राम प्रभु हैं– विभु हैं," एक सन्यासी ने कहा– "न जाने कब से पृथ्वी के आर्तजन प्रभु की प्रतीक्षा कर रहे थे– न जाने कब से? यह मही अत्याचारियों से रसातल में धँसती गयी है। प्रभु को आना ही था– सो यह दशरथनंदन रामजी का अवतार हो गया। अन्यथा कोई क्या राज्य– लक्ष्मी को, क्षण में सादर लौटा सकता था? वन जाते समय वह शोक–सिन्धु में डूबा हुआ दृश्य आज भी मेरे मन के नयनों के सामने उद्दीप्त हो जाता है। श्री राम शान्त, गम्भीर, अचल, उदासीन और तितिक्षित! सब कुछ लुटा दिया राम ने प्रजा को वन में जाते समय! यह तो भगवती सीताजी नहीं मानीं– वन ले जाना पड़ा। विधि! विधि का कोई इंगित है अवश्यमेव।"

शत्रुघ्न ने पुनः कहा– "कौशल राज्य श्री राम–पादुका के राज्य के पवित्र तथा निष्काम स्नेह–बन्धन में अड़ोस–पड़ोस के सभी राज्य आते जा रहे हैं। कौशल महाराज्य के ऋषि–मण्डल ने अनुरोध किया है– अधर्मियों, दुष्टों, आततायियों, राक्षसों के विरुद्ध इस क्रान्ति में जुड़ जाओ। यह आर्य्य सभ्यता तथा उसकी पुनीत विविधा संस्कृति की रक्षा की काल घड़ी है। राक्षस पृथ्वी को चौपट, आकाश को दूषित तथा प्राणियों को अपना भोज्य बना देना चाहता है। अमृत से इस राक्षस को जन्मजात वैर है, अंधकार–मानव है यह राक्षस! अंधकार मिटाना ही होगा! राम–

राज्य के लिए अब सृष्टि में ब्राह्म मुहूर्त होने वाला है। मुझे श्री राम राज्य की आहट दिग्-दिशाओं में सुनाई पड़ रही है। राम! श्री राम! आपकी जय हो! हम आर्य्य आप की शरण में हैं। रक्षा करो, प्रभो!"

"रक्षा करो, राम!" एक वृद्धा भीलनी चिल्लाई।

"राम! राम! श्री राम!"– उपस्थित लोकमेदिनी स्वतः ही श्री राम को सहसा और सहज ही पुकारने लगी। शत-सहस्त्र आँखें अनन्त आकाश की ओर स्वयः ही मंड गयीं- उठीं, तनिक अज्ञात ही सिहरीं तथा श्री राम की छबि को टटोलने के लिए लीन-सी होने लगीं। श्री राम का श्याम रंग जैसे आकाश की अगाध नीलिमा में, अनन्त नीलाभ में जैसे उद्दा कर उभरने लगा तथा उनकी घनी घनश्याम जटा किसी शून्य के श्याम गुंबद सी निखरने लगी। श्री राम के शान्त, प्रसन्न कंजारुण नयन–विशाल हँसौंहै नयन, उनकी दीर्घ किन्तु सुघड़ नासिका, दिव्य पक्ष की भांति उत्फुल्ल महाप्राण नासापुट और वह कंजारुण आरक्त अधर अनन्तों को समेट लेने वाली कीलित चिबुक–श्री राम की झबकती, दमकती, जलहलित तथा प्रगटित मुख-मुद्रा क्षीर सागर के दिव्य अरविन्द सी उनके व्याकुल नयनों के शून्य गहन में मानो तैर उठी। राम! श्री राम! की पुकार और गहरी हुई और गमकी और तनिक विस्फोट के साथ उछली–राम! दशरथ-नंदन राम, परमपिता परमात्मा, श्री हरि नारायण, विष्णु–विष्णु महाविष्णु के समस्त तेज के मनुज–राम! श्री राम, जय राम, जय-जय राम! लोगों के मस्तक तनिक हिलने लगे– उझकने लगे–कन्धे आल्होड़ित होने लगे–हाथ तालियों में स्वयं ही उलझ-उलझ कर जमने लगे–राम धुन! महर्षि वशिष्ठ ने प्रसन्न आश्चर्य्य से हर्षित होकर राम–नाम में झूमती हुई प्रजा को देखा और स्वतः ही मन ही मन बोल उठे– "राम! निस्संदेह तुम राम हो– राम!" शत्रुघ्न ने तटस्थ दृष्टा भाव से रामनाम– गान में झूमती हुई मानवमेदिनी को देखा; निहारा; घूरा। शत्रुघ्न को लगा–सभी की अर्धमुँदी आँखों की झीमती हुई पलकों में श्री राम की अदृश्य, किन्तु मनोहारी छबि ही अटकी हुई है। राम ही उन कातर– आतुर नयनों की मूँद में भरे हुए हैं। राम–ध्वनि उठी–गहगही।

किसी ने तभी पुकारा– "सीता! सीताराम!"

"सीता?"– ध्वनि के उभरे मेघ थमे। सीता? एक प्रश्न मानो उठा– राज महिषी सीता, जनकदुलारी, मिथिलेशनन्दिनी सीता! राम की प्राण-प्यारी पत्नी, राज्ञी सीता।

हाँ, राम की एकान्त वल्लभा सीता! "सीता–सीता–सीता!" आग्रह से भरी हुई पुकार उठी और ध्वनि का थमा मेघ सहसा घहर उठा– "सीता! सीता राम!"

"सीता–राम!" एक योगी साधक–शिरोमणि ने कहा– "अवश्य सीता जी हमारी भारतीय नारियों की शान्त सौम्य सती महिला है। वैदेही सीता जी ने राजभवन के ऐश्वर्य त्यागे और पति परायणा महिला का अन्यतम आदर्श उपस्थित किया। श्री रामजी के मना करने पर अपने स्वधर्म को सीताजी ने नहीं त्यागा। धन्य!!"

शत्रुघ्न ने ऊर्ध्व स्वांस भरते हुए कहा– "भगवती भाभी सीता जी निस्संदेह हम सब के लिए आर्य्य नारी का अमिट उदाहरण हो गई हैं। नंगे पाँव वह श्री रामजी के साथ–साथ घोर वनों के बीहड़ मार्गों पर चलती हैं। श्री रामजी की वह प्रेरणा बन गई हैं। दण्डकारण्य में भगवती भाभी अपनी वनवासी तापसी गृहस्थी निभा रही हैं।"

"लक्ष्मण भैया!" कुछ लोग एक स्वर में पुकार उठे। "सेवा तो लक्ष्मण भैया की। राम–लक्ष्मण!" "राम–लक्ष्मण जानकी" महर्षि वशिष्ठ ने कहा– "अधर्मियों– अत्याचारियों के विरुद्ध छिड़ी इस जनक्रान्ति के अक्षय नेतृत्व हैं। आर्यावर्त के नर–नारियों के लिए सीता–राम–लक्ष्मण प्रेरणा के अगाध स्रोत हो गये हैं; प्रकाश– स्तंभ हो गये हैं। मैं तो रघुकुल का पुरोहित गुरु हूँ। मैं कहता हूँ श्री राम–लक्ष्मण– जानकी भू-भार उतारने के लिए ही जन्मे हैं। वेद वैदिक धर्म तथा वेदान्त–ये ही हमारी आर्य्य–सभ्यता के महान पंथ हैं। हमें मृत्यु कभी स्वीकार नहीं थी। शव की पूजा हमें नहीं भाई। हमने शिव के अनन्त अगाध शक्ति का आविर्भाव देखा। हमने शिव का, शक्ति का साक्षात्कार कर अमृत और ज्ञान की जिजीविषा के लिए साधना आरम्भ की। मनुष्य को मृत्यु लोक में मोक्ष का मार्ग बताया। राक्षसों के विरुद्ध हमारा यह अभियान प्रकाश, अमृत तथा शक्ति के प्रसार के लिए है। आर्य्य! अमृतपुत्र आर्य्य ही पृथ्वी के राष्ट्रों का नेता है, रहा है, रहेगा। राम!"

* * * * *

भरत ने शत्रुघ्न को घूरा, कहा– "जनपदों में मुझको बुलाया है? मुझको? क्यों?"

"इसलिए कि जनपदवासी आपश्री को ही कौशल महाराज्य का शासक, अधिपति सब– कुछ मानते हैं।" शत्रुघ्न ने कहा– "हमने......... महर्षि जी तक ने समझाया, किन्तु प्रजा ने एक स्वर से कहा– हमें महात्मा भरत चाहिये।"

"महात्मा? मैं?" भरत ने तीव्र अमर्षपूर्वक कहा– "मैं एक पतित क्षत्रिय हूँ। क्षात्रधर्म– भ्रष्ट एक राजपुत्र हूँ। कौन इस मही का अधिपति–महीपति हो सकता है? धीर–गम्भीर, शान्त, अचल यह पृथ्वी! हाँ, इस पृथ्वी से पूछो कि तुमको कैसा राजा चाहिये? पूछा क्या?"

"जी, नहीं। फिर पृथ्वी तो ऋषियों को ही उत्तर दे सकती है।" शत्रुघ्न बोले– "पंचभूत योगियों के चिदाकाश में सत्य का रहस्य बताते हैं। पृथ्वी की प्रजा अवश्य उत्तर दे सकती है, प्रभो!"

"हमारा तात्पर्य भी यही था।" भरत बोले– "क्या मैं नहीं जानता– आकाश गाजता है, बोलता नहीं है। पृथ्वी कहती नहीं, मूक ही बनी रहती है। अग्नि तड़पती है, जल अधीर सा प्रतिपल खोता चलता है। स्पर्श बिलमाता रहता है और यह गंध? दुर्गंध में परिवर्तित होती रहती है| संजीवन कितना सा है– इस रहस्यमय जगत में, शत्रुघ्न! मैं क्या कहूँ, गुरुदेव ही कुछ कह सकते हैं।"

महर्षि वशिष्ठ– "महर्षि वाल्मीकि ही इसके लिए गुरु हो सकते हैं। सुना है, वह भी श्री रामजी की गाथा लिख रहे हैं।"

"क्यों?" शत्रुघ्न ने पूछा।

"इसीलिए कि महर्षि वाल्मीकि जीवन–वियोग की अमोघ पीड़ा से भर गये। क्रौंच पक्षियों के रति–लीन जोड़े को किसी ने तीर से भंग किया– बधिर ने। ऋषि स्नान करना भूल गये, अपलक क्रौंची का रुदन सुनते रहे, देखते रहे–मानो महर्षि एक उन्मन उदासीन किन्तु गहन अगाध वेदना से भर उठे, उनका हृदय कातर हो उठा बुद्धि मूर्च्छित सी हो गई, चित्त क्षुब्ध हो उठा और मन विफल होकर बौराया– सा सृष्टि के आकाशों में घूमने लगा। मौन विषाद का अंधकार छा कर वाल्मीकि के हृदय में जलने लगा। तब एक ध्वनि उठी! ध्वनि–दिव्य, शान्त, गहन–गम्भीर गिरा जागी; राम! राम कथा–राम–गान!"

"राम!" भरत उठ खड़े हुए– "राम! हाँ, महर्षि राम! मैं–मैं श्री राम के पास जाऊँगा। दण्डकारण्य में है न? तो वहाँ जाऊँगा। उनको, उनके चरण–चिन्हों को टटोलता हुआ चला जाऊँगा– अकेला!"

महर्षि वशिष्ठ– "नहीं भरत–नहीं। तुम्हारा व्रत भंग होगा। तुमने नन्दीग्राम में ही रह कर राम की प्रतीक्षा करने का अटल व्रत लिया है! संकल्प! नहीं?"

"हाँ" भरत चिल्लाए– "प्रजाजनों से कह दो– हम राजा नहीं हैं। राजा राम हैं।"

"तुम नन्दीग्राम में ही श्री रामजी के पुनः अयोध्या लौटने तक श्री राम की सतत् प्रतीक्षा की मौन साधना करते रहोगे। सच तो यह है"– महर्षि वशिष्ठ ने कहा– "हम सबको श्री राम की प्रतीक्षा का यह ऐसा व्रत लेना चाहिये था। हम भी श्री राम को रोक नहीं सके– यह हमारी अकर्मण्यता है, भरत! देव! सोचो तो तुमने हमें अपनी इस साधना से सभी नरकों से उबार लिया है।"

"महर्षे! इस संसार में मेरे समान पातकी कोई और–कोई नहीं है।" भरत ने सिर धुनाकर कहा– "मेरे रोम–रोम से यही ध्वनि निकल रही है– श्री राम से मेरा रोम–रोम क्षमा–याचना कर रहा है। मैं-मैं जीना नहीं चाहता, महर्षे!"

वशिष्ठ महर्षि ने कहा– "श्री राम–राज्य के उदय के लिए हम सबको जीना ही होगा। इस कातर दुखी और म्लान पृथ्वी पर श्री राम–राज्य को अमोघ मंगलमय करने के लिए हमें श्री राम को अयोध्या वापस लाना ही होगा और यह तुम ही कर सकते हो।"

"क्यों? मैं ही क्यों? महर्षे!" भरत ने पूछा।

"इसलिए कि सिवाय तुम्हारे हम सब स्वार्थी हैं।" महर्षि वशिष्ठ ने कहा– "श्री राम– राज्य हम सबका, प्राणीमात्र का स्वार्थ और परमार्थ है किन्तु तुम्हारा परमार्थ है, भरत!"

"मेरा परमार्थ, महर्षे?" भरत ने चकित दृष्टि से देखते हुए पूछा।

"तुमने माता–पिता द्वारा वरदान में प्राप्त राज्य को स्वीकार नहीं किया। सर्वसम्मत राज्य–लक्ष्मी को स्वीकार करना ही सच्चा त्याग है। श्री राम ने वंशानुगत राज्य के अपने ज्येष्ठतम राजपुत्र के सत्व को ही पिता का वचन सार्थक करने के लिए छोड़ा है, किन्तु तुमने? राज्य और राज्य लक्ष्मी दोनों को सादर त्यागा है। तुम राजसिंहासन शिरोधार्य कर श्री राम के चरणों में समर्पित हुए हो और श्री राम के राज्य को मन–वचन–कर्म से अपना नहीं मान कर तुमने जगत को धन्य तथा संसार को शुद्ध–बुद्ध किया है। यही सृष्टि का धर्म है, संसार का न्याय तथा जगत का विमोह है; भरत! यही, यही परमार्थ है!"

भरत ने सिर धुनाया– "प्रायश्चित्! पश्चात्ताप महर्षे! श्री राम, राम जी मेरे हृदय की चेतना हैं, श्रद्धा हैं, मेरे प्राणों के महाप्राण हैं। मेरी इन्द्रियों के पालक हैं–

गोपाल हैं, महर्षे! उनको मेरे कारण अपना राज्य त्यागना पड़ा और घोर वनवास का यह सतत् क्लेश भोगना पड़ रहा है– मेरे कारण।"

"नहीं; भरत! नहीं" महर्षि वशिष्ठ बोले– "तुम्हारी परम् आदरणीय जननी का तुम में मोह होने के कारण! किन्तु श्रीमती राझी कैकई का क्या दोष? यह विधाता की इच्छा थी– यह मैं जानता हूँ; महर्षि अत्रिय जानते हैं, महर्षि वाल्मीकि और महिमामय विश्वामित्र भी जानते हैं- भारद्वाज जानते हैं। वनवास तो एक घटना मात्र है। राम तो राजमन्दिर त्याग कर समूची आर्य जाति के जागरण के लिए, दुष्टों और आतताइयों तथा अधर्मियों के नाश के लिए तपस्वी बनना ही था। अयोध्या का राज्य तो उनकी दिव्य पादुका ही चलाती है किन्तु पृथ्वी का परित्राण तो महामानव की तपस्या द्वारा ही हो सकता है। अतः शान्त हो जाओ, भरत!"

"शान्त!" भरत ने चीत्कार सा किया– "मेरे जीवन में अब शान्ति नहीं हो सकती। शान्ति? क्या इस जगत में शान्ति है? है भी तो वह मेरे प्रारब्ध में नहीं लिखी। यह सृष्टि विलक्षण द्वन्द्वों की दिव्य रणस्थली दिखती है, महर्षे! शान्ति! है, मिलती है और वह श्री रामजी के चरणारविन्द में ही है। नन्दीग्राम के इस तापस वेश में जगत को तनिक अपना मुख दिखा सकता हूँ कदाचित्! किन्तु क्या परमात्मा को मुँह दिखा सकता हूँ? प्रभु मुझे क्षमा नहीं कर सकेगा, महर्षे!"

"क्षमा नहीं, कृपा।" महर्षि वशिष्ठ ने कहा– "तुम भरत! ईश्वर की प्रसन्न, उदार प्रेम से परिपूर्ण कृपा के सहज ही पात्र हो–अधिकारी हो। श्री राम के चरणों की तुम्हारी भक्ति ही शत्रुघ्न का मार्गदर्शन करेगी, हम साधुओं को प्रोत्साहन देगी। तुम भरत राम–राज्य के उदय के ब्राह्म मुहूर्त हो–हो गये हो। राम तुम्हारे लिए खिंचे आएंगे। हाँ, मैं कहता हूँ, वशिष्ठ! राम को पुनः अयोध्या लिवालाने की अमोघ शक्ति तुम हो। तुम्हारी निर्मल, शुद्ध–बुद्ध सम्पूर्ण तितिक्षा तथा त्याग से भरी जीवन–वेदना राम को सदैव के लिए अयोध्या बसा देगी।"

"श्री राम!" भरत ने अपने सरोज–नयन उन्मीलित करते हुए कहा– "राम, मेरे राम! महर्षे! राम की मुझे प्रतिनिमिष लगन लगी रहती है। मुझे राम के चरण ही दीखते हैं–जगत नहीं, संसार नहीं।"

महर्षि वशिष्ठ ने मुस्कुराकर कहा– "श्री राम के चरणों में ही जगत है; श्री राम की दिव्य दृष्टि में ही संसार है, भरत! श्री राम–चरणों में तुम्हारी भक्ति ही मृत्युंजय

जीवन का अमृतमय विश्वास है। तुम शान्त प्रसन्न और राम–चरणों में मगन श्री राम–पादुका का राज्य निर्देशित करो। शत्रुघ्न है – वे तुम्हारी सभी संभव सहायता कर रहे हैं– करेंगे।"

"महर्षे!" भरत ने दीर्घ निःश्वास भरते हुए कहा– "राम के बिना यह निविड़ अयोध्या और यह उदासीन नन्दीग्राम देखे नहीं जाते– सहे नहीं जाते। ये बोझ उठाये नहीं जाते, महर्षे! मैं......... मैं जैसे चिर नींद में सो जाना चाहता हूँ। चिर निंद्रा...........।"

"जीवात्मा का देह ही सोता है, आत्मा नहीं। उस सर्वव्यापी ब्रह्म चैतन्य में न निंद्रा है, न स्वप्न है, न ही स्मृति है। जाग्रति? वह भी नहीं है– सर्वम् खलु इदम् ब्रह्म!"

"ब्रह्म? श्री राम; महर्षे!" भरत ने कहा।

* * * * *

माण्डवी ने अपने बड़रे नयन मानो तनिक उनींदे किये और निसास रखते हुए स्वयं से ही कहा– "भाग्य और क्या?"

उर्मिला ने उदासीन स्मित से अपने चन्द्रानन को दीप्त करते हुए कहा– "बुरा क्या है? अच्छा भाग्य है।"

माण्डवी ने सिर हिलाया– "हाँ, अच्छा ही तो है। किन्तु मैं अपने इस अच्छे भाग्य को अपनी पलकों से तोल नहीं सकती। उनको राज्य नहीं लेना था तो नहीं लिया, किन्तु यह तापस वेश, स्त्री से अलग, उपरत तथा राज प्रासाद से मुँह मोड़ना, यह रात–दिन का रामजी के लिए विलाप, बहिन! मुझे समझ में नहीं आता। उर्मिला खिन्न हँसी हँसी– "समझ में तो आता है– भाता नहीं। भाग्य! दीदी, भाग्य! राजपुत्र पति, प्राणों से भी प्रिय पति, वैभव–ऐश्वर्य सब है, किन्तु जैसे अभिशिप्त है, कीलित है।"

माण्डवी ने तनिक अमर्षपूर्वक कहा– "हमारे पतियों का ही तब धर्म है, अपने माता–पिता, बन्धु–बान्धव के प्रति! हमारे प्रति उनका क्या कोई स्वधर्म नहीं है? है–मैं कहती हूँ– है। अपनी प्रिय पत्नी को तुष्ट, प्रसन्न और संतुष्ट रखना क्या पति का एकान्त धर्म नहीं है?"

"साधारण नागरिक के लिए है– पति–धर्म नहीं, पत्नी–धर्म नहीं, गृहस्थ धर्म? यह गृहस्थाश्रम है, दीदी! फिर राजा और राजपुत्रों के लिए तो गृहस्थाश्रम है ही नहीं, रहा ही नहीं। रामजी ने राज्य छोड़ा, भरत जी ने त्यागा साथ ही हमें भी तिलांजलि दे दी उन्होंने।"

"लक्ष्मण जी को यह क्या सूझी" माण्डवी ने कहा– "हमारे पतिदेव तो केवल सीता–रामजी के लिए ही जन्मे हैं तब?"

"राज्य और राज्य की प्रजा के लिए, सखी!" उर्मिला ने कहा– "अच्छा है। हम भी अपनी अन्तरात्मा का ध्यान करें। जब पति ही उदासीन है, उपरत, तब गृहस्थ में मन भटकाने से क्या लाभ है? कुछ भी नहीं।"

"क्यों, हम साध्वी नहीं, न ही हो सकती हैं।" माण्डवी ने कहा– "मैं उनसे भी कहती रहती हूँ– श्री राम–पादुका के व्रत में मैं आड़ी नहीं हूँ– सीधी हूँ।"

"भरत जी ने तो गृहस्थ–सन्यास ही ले लिया है।" उर्मिला ने कहा– "कहते नहीं हैं, किन्तु सत्य तो यही लगता है। अहर्निशि राम–रटण किया करते हैं और क्षितिज के पार श्री राम को देखा करते हैं।"

"सीता–राम को!" माण्डवी ने कहा।

उर्मिला ने निसास भरते हुए उदास दृष्टि से मन ही मन घुटती हुई माण्डवी के म्लान चन्द्रानन को देखा और कहा– "सीता–राम ही तो उनके सच्चे माता–पिता/ श्वसुर जी ने जो कहा है कि सीता–राम उनके माता–पिता स्वरुप हैं– तो वह हैं, बहिन! श्री राम भरत जी, शत्रुघ्न जी उनके तथा हम सबके पिता स्वरूप ही तो हैं और सीता जी? माता जी!"

"यह सब मन से कह रही हो, तुम उर्मिला?" माण्डवी ने पूछा।

"हृदय से" उर्मिला ने कहा– "और कहूँ भी क्या? उनको छोड़कर मेरा परमेश्वर भी नहीं है। वह नहीं हैं, वन में हैं, तो उनका धनुष ही लिए रहती हूँ। उसी को देखती रहती हूँ। मैं......... मैं उनको ध्याये बिना जीऊँ कैसे? देह–सुख न सही, किन्तु चित्त के शून्य में उनकी आतप और अमर्ष से भरी बालारुण की प्रखर छवि! मैं सब भूल जाती हूँ– उसे देखकर। मैं....... मैं जैसे क्षितिज पर उनको रामजी, सीताजी के पीछे नतमस्तक, किन्तु सन्नद्ध जाग्रत जाते हुए देखती हूँ। उनके बिना भला रामजी यह घोर वनवास का तप काटते भी कैसे?"

"हाँ, कैसे काटते!" माण्डवी ने कहा– "किन्तु रामजी ने वनवास स्वीकारा ही क्यों? पिता का वचन पिता का वचन है। वरदान–दो वरदान दिये थे। राजा को यों व्यक्तिगत वरदान देना चाहिये क्या?"

उर्मिला ने तनिक सिर धुनाया– "इक्ष्वाकु वंश के इस प्रतापी रघुकुल की यह रीति रही है, दीदी! अच्छा, चलूँ!"

"क्या करती हो दिवस भर, बहिन!" माण्डवी ने पूछा, सस्मित।

"पढ़ती हूँ। सासूजी की सेवा करती हूँ और उनके पक्षियों की देख–भाल करती हूँ।" उर्मिला ने कहा– "रामजी के तथा उनके अश्वों की सुश्रुषा भी देखती हूँ। सर्वोपरि माता कौशल्या जी को पढ़ कर सुनाती हूँ।"

"क्या?"– माण्डवी।

"उपनिषद्" उर्मिला ने कहा– "तुम पीहर से गृहस्थ जीवन की शान्त अमोघ सहज– शक्ति लेकर आई हो, बहिन! और मैं, मैं शून्य ही ससुराल में आई हूँ। यह शून्य अनन्त है तथा उसमें कभी–कभी अदृश्य ऋषियों के मुख से वेद–मंत्र सुनाई पड़ते हैं– उपनिषद् के गीत सुनाई पड़ते हैं।"

"उपनिषद् के गीत?" माण्डवी ने पूछा।

"उनकी दिव्य छवि की रूप–राशि का उद्गार।" उर्मिला ने कहा– "वह, वह कोरे देह ही नहीं हैं। मैं कहती हूँ वे देह के उपरान्त भी कुछ हैं। सभी शेषों के अशेष हैं और सभी अशेषों के शेष, शेषनाग–दीदी!"

"तुम को याद भी करते हैं?" माण्डवी ने पूछा– सस्मित।

"न करें; मैं जो करती हूँ।" उर्मिला ने कहा– "यह घोर वियोग तो तर जाऊँगी! दीदी!"

माण्डवी ने सहज आश्चर्यपूर्वक उर्मिला को निहारा। अस्त होते हुए पूर्णेंदु के समान उस सौम्य, शान्त, निष्कलंक मुख–मण्डल पर एक उदासीन उपरत ज्योति छा रही है। उर्मिला का वह मनोहर, पूर्णिमा की दिव्य आभा से भरा हुआ मुख– मण्डल मानो आकाश के निर्मल सरोवर का स्वयं खोया, स्वयं लीन मुख था। माण्डवी इस अपूर्व विषाद से भरे अपूर्व मुख को देखती रही। उर्मिला ने अपने सज्जनों को वश में कर लेने वाले बड़रे नयन मूँदे और सिर तनिक धुनाकर बोली–

"वह–न करे याद मुझे, मैं जो करती हूँ। हाँ, सखी तुम भरत जी को देखे बिना नहीं रह सकती। मैं प्रतिलव, काष्ठा प्रतिपल–पलक, क्षण उनको याद करती रहती हूँ। मन से उनके साथ वन में बसी रहती हूँ। श्री रामजी, जानकी जी पीछे वह और उनकी छाया के पास मैं। इस देह से अलग मानो मैं उनके पीछे लगी रहती हूँ।"

"तब प्रसन्न क्यों नहीं हो?" माण्डवी ने पूछा।

"वह ब्राह्म मुहूर्त से लगाकर आधी रात तक काम में लगे ही रहते हैं।" उर्मिला ने कहा– "मुझे याद नहीं करते। मैं उनको भजती रहती हूँ।"

"भजती हो?"– माण्डवी।

"हाँ–याद कर मैं इस देह में कब तक रह सकती हूँ?" उर्मिला ने कहा– "इसलिए कि उनके वापस लौटने तक, इस देह में जीती रह सकूँ, मैं उनको भजती हूँ। वह मेरे पति ही नहीं, परमेश्वर हैं। परमेश्वर भला जीव को याद करता है क्या? नहीं!"

"परमेश्वर को जीव की क्या पड़ी है?" माण्डवी ने तपाक् से कहा– "जगत रच दिया, सृष्टि उत्पन्न कर दी– जीव का उद्-भव कर दिया और संचित क्रियमाण और प्रारब्ध बना दिया। ईश्वर, विधि तथा यम स्थापित कर दिया और स्वयं योगियों के मन में रम गया– घट–घट में व्याप गया। उस परमात्मा को निस्संदेह एक बार देखना चाहती हूँ।"

"भरत जी जो हैं" उर्मिला ने सस्मित कहा– "सीताजी के लिए रामजी, तुम्हारे लिए भरत जी-"

"और तुम्हारे लिए वीरवर लक्ष्मण, क्यों? हैं न?" माण्डवी ने कहा।

"वही–वही और कौन?" उर्मिला ने निसास रखते हुए कहा – "कल्प-कल्पों से ही मेरे नर हैं – एक मात्र केवल नर हैं, दीदी! यह मैं रोम – रोम में अनुभव करती हूँ – मेरा रक्त मानों अनुभव करता है। मैं तो उनके प्रलम्ब आजानुभुज की ज्वाला हूँ। न जाने मैं क्या हूँ? हाँ–क्या हूँ? मैं नहीं जानती। इतना जानती हूँ कि मैं विधि की विडम्बना भर हूँ।"

"विधि की विडम्बना, तुम?" माण्डवी ने ऊर्ध्व स्वांस भरते हुए कहा– "तुम तो शेष– शैया पर लेटे विष्णु के श्रीचरणों की अनुग्रहिका हो। शेषनाग के सहस्र-

सहस्र फन तुम पर छाये हुए हैं। वीर लक्ष्मण तुमको अपनी नमित पलकों पर उठाए हुए हैं। जब वह वन में जाने लगे, एक ही दीर्घ गहन स्नेह दृष्टि से उन्होंने तुम को अपने मन में सींच लिया। हाँ, मेरा अन्तःकरण यह कहता है।"

उर्मिला हँसी– "उनके स्थिर शान्त नयनों में तो जानकी जी के पादारविन्दों की छवि है।"

"और कोई नहीं है?" माण्डवी ने पूछा।

"माताजी हैं, रामजी हैं! मैं जानती हूँ– मैं नहीं हूँ।" उर्मिला ने कहा– "उन्होंने यह जन्म केवल राम-जानकी की सेवार्थ ही लिया है। मेरे साथ गृहस्थाश्रम बिताने के लिए क्या किया है? पूछती हूँ– तुम ही बताओ।"

"हमारा शास्त्रविधि से सप्तपदी विवाह हुआ है" माण्डवी ने सहसा कहना आरम्भ किया– "महाराज दशरथ जी के चार पुत्रों के लिए हम चारों को माँगा गया है। अवश्य रामजी ने वरमाला जीती है। परन्तु हम तीनों तो गृहस्थ धर्म के पालनार्थ ही रघुकुल की समावृत वधुएं हैं। हमारा ही इक्ष्वाकुवंश के रघुकुल के सनातन गृहस्थ पर पूर्ण सत्व है। हमारे पति हमसे उदासीन रह नहीं सकते, नहीं।"

उर्मिला– "हमारे पतिदेव हमें त्याग देते तो ठीक ही होता। यह न त्याग और न ही स्वीकार! चौदह वर्ष! प्रतिदिन एक वर्ष, प्रति रात एक वर्ष! संवत्सर! प्रति अहर्निशि का एक संवत्सर। यह पलकें थम कर चूर हो गयी हैं– उनको टोहते हुए, सखी! दीदी! मन करता है– कहीं किसी निविड़ विजन में समा जाऊँ।"

"उर्मिला! मेरी वीर सखी! धैर्य!" माण्डवी ने कहा– "हमें न्याय मिलकर रहेगा। धर्मपत्नी का अकाट्य सत्व हमें प्राप्त होकर रहेगा। मैं कहती हूँ; हम सब रघुवंश दिव्य-भव्य की वृद्धि के गृहस्थ यज्ञ में सफल होंगी। चौदह वर्ष चौदह प्रहरों की भांति बीत जायेंगे। कुछ वर्ष तो बीत ही गये।"

"किन्तु मन में निविड़ शून्य की यह वेदना।" उर्मिला ने कहा– "सहन नहीं होता उनका वियोग, दीदी!"

माण्डवी ने उर्मिला को झपट कर सहसा हृदय से लगाया, कहा– "मेरी भोली, सरल, सुहृदय सखी! चिर जीओ, बहन!"

* * * * *

कौशल्या चौंक जागी– "राम!"

औचक कौशल्या उठ बैठी और अचकाए हुए नयनों से चारों ओर देखा: शून्य-विजन शून्य। राम! राम! राम! कौशल्या का हृदय धड़क उठा– "कहाँ हो? क्या हुआ? कौशल्या ने तनिक विस्फारित नयनों से शान्त, सुनसान अपने चिरपरिचित शयन-कक्ष को घूरा, पुनः स्वतः स्वगत बोली– "दण्डकारण्य में ही हो ना! हाँ, वहीं। कुछ नहीं–कुछ नहीं हुआ। कौशल्या स्वतः ही हँसी तथा निश्चिंत होने का भरकस प्रयास करते हुए पुकार उठीं– चित्रवती!"

बाहर किन्तु पास ही अर्धजाग्रत चित्रवती हड़बड़ा कर उठी– "आई, श्रीमती राजमातुश्री! आई!"

और वह द्वार पर से बोली– "पुनः अनिंद्रा?"

कौशल्या ने द्वार में कठिनाई से सटती हुई चित्रवती को घूरते हुए पूछा– "राम ठीक तो हैं न?"

"बिलकुल ठीक-सहज ठीक" चित्रवती ने कहा– "गोचर में तनिक कठिनाई हो सकती है, किन्तु रामजी महाराज की जन्म-कुण्डली! योगियों, आचार्यों तथा भक्तराजों की सभी श्रेष्ठतम कुण्डलियाँ उसमें लीन हो जायं– ऐसी अपराजेय कुण्डली है, मातुश्री राजेश्वरी!"

"हूँ............" कौशल्या मन ही मन सहज होते हुए हुमसी....... "हूँ..... राम क्या पुरुषोत्तम भगवान चतुर्भुज का मनुजावतार हैं? सभी योगी, यती, ऋषि-मुनि सब यही कहते हैं?"

चित्रवती ने सिर हिलाकर कहा– "रामजी! उनका इस भूतल पर कोई सानी नहीं है और न ही होगा। लोग उनका नाम जाप कर मोक्ष पायेंगे, श्रीमती जी!"

कौशल्या ने चित्रवती को प्रसन्न आश्चर्य पूर्वक देखा और कुछ मगन मन से बोली– "जन्मा तब से यह मेरा राम अद्वितीय, अनन्य सुन्दर है, श्याम और अरुण-सा कज्जल घन केश राशि से मुखरित यह सलोना राम पलकों को अपलक ही कर देता था और आज भी वह अनुपम श्याम-सलोना है। उसमें गुण ही गुण हैं। देखा, कितना वितरागी है राम एक क्षण में! राजपुत्र के वस्त्र त्याग कर वल्कल वसन पहन लिए। नंगे पाँव, छत्र-चम्मर का भी परित्याग। धूप में मेरा राम अयोध्या की

सडकों पर हो लिया और आज नंगे पाँव, त्रिकूट से दण्डकारण्य, सहस्त्रशत योजन भी नंगे पाँव गया है। आश्चर्य तो यह है; सीता भी उसके साथ छाया की भांति लगी रहती है। कोमलांगिनी, कुमुदनी–सी मेरी सीता– जनकनन्दिनी!"

चित्रवती ने सहास्य कहा– "विष्णु के कमला, वैसी ही राम के सीता!"

कौशल्या ने प्रसन्न चित्त कहा– "वाह रे! तूने तो महर्षि वाल्मीकि के जैसी बात कही है। अलंकार शास्त्र तू जानती है क्या?"

"जी, तनिक।" चित्रवती ने कहा– "हम ब्राह्मण वर्ण के हैं। कर्म से राज्य के सेवक वर्ग में हैं। शास्त्रों का अध्ययन नहीं तो श्रवण और बड़ों का कथन, परम्परा से चला आता है। हमारे कुल की पुत्रियों को चौसठ कलाओं तथा काव्य एवं नाट्य का शिक्षण दिया ही जाता है।"

"तब तू नृत्य जानती है?" कौशल्या ने पूछा।

"जी नृत्य तो प्रत्येक स्त्री के पादों में वसन्त के मलायानिल सा बसा रहता है। स्त्री क्या चलती है? जी नहीं। वह तो नृत्य–गति में अंग–भंगिमा सहित और द्वारा ही चलती है। स्त्री का कटि प्रदेश बसन्त की क्षितिज की भांति है, श्रीमती मातुश्री!"

"यह प्रवचन शत्रुघ्न के समक्ष मत करना; राजमातुश्री कैकई के समक्ष भी नहीं। शत्रुघ्न तो कठोर, नीरज राजकर्त्ता पुरुष है और वह महिमामयी कैकई? कभी उससे सामना अब न हो। मेरे इकलौते बेटे को अत्याचार–पूर्वक चौदह वर्ष का कठोर वनवास देने वाली स्त्री का मैं अनन्त प्रलयों तक मुँह भी नहीं देखना चाहती। परन्तु क्या करूँ? वह कैसी भी क्रूर हो, है तो मेरी सह। अब वे भी नहीं रहे। मुझे राम के वियोग में मूक कर स्वयं तो स्वर्ग सिधार गये और मुझको राजमाता कैकई की अन्तरात्मा मन्थरा के भ्रूभंग पर त्याग दिया। बार–बार भरत से क्या कहूँ? शत्रुघ्न से क्या कहूँ? सुमित्रा और मैं इस मन्थरा को देखना भी पसन्द नहीं करतीं। कहाँ तो मैं राजमाता होने जा रही थी, कहाँ सलोना राम राजतिलक करवाने जा रहा था, यह विधि है, उसकी असाधारण विडम्बना है।"

चित्रवती ने सोत्साह कहा– "ऐसी विधि–विडम्बनाओं में त्रैलोक्य का योगक्षेम तथा मंगल निहित होता है– ऐसा महर्षि विशिष्ठ ने कहा।"

"किससे?"– कौशल्या।

"महात्मा भरत से"– चित्रवती बोली।

"महर्षि वशिष्ठ जी ने ऐसा कहा है?" कौशल्या स्वगत ही बोली– "हाँ, ऋषि भारद्वाज ने भी भरत को ऐसी ही बात कही थी। कैकई का दोष नहीं है। दोष विधाता का ही है। ऊँह...........।"

चित्रवती ने मानो साहस बटोरते हुए कहा– "रामजी वन में नहीं जाते तो राक्षसों को कौन मारता? गौ, ऋषि–मुनि, सन्त तथा भक्त का परित्राण कौन करता? रामजी की कुण्डली इस दासी ने देखी है। बड़ी देर से राजयोग है।"

"है तो सही?" कौशल्या सहसा बेबाक बोल उठी।

"क्यों नहीं, मातुश्री राजमाते! क्यों नहीं?" चित्रवती हुमुस कर बोली– "रामजी तो अपना राम–राज्य स्थापित करेंगे। हाँ, लिख लें श्रीमती श्री! प्रारम्भ में कष्ट था। एक–एक कर कट रहा है, किन्तु मध्य में फिर यश है, सुख है और अन्त में तनिक वियोग है। विलक्षण विचित्र कुण्डली है, राजमाते! ऐसी कुण्डली महापुरुषों और महामानवों की होती है। राम मनुजावतार हैं और मर्य्यादा की स्थापनार्थ, राम–राज्य के उदय के लिए ही भूतल पर अवतेर हैं। मैं भी यही मानने लगी हूँ।"

"तू ऋषि है क्या? महात्मा?" कौशल्या ने प्रसन्नवदन पूछा।

"जी? मैं ऋषि? नहीं तो।" चित्रवती ने कहा– "मैं तो आपकी बिगड़ैल दासी हूँ। इस मन्थरा को मैं सम्भाल लूँगी। जब से रामजी वन सिधारे हैं और भरत जी राजा हुए हैं– तब से यह सीधे पाँव नहीं चलती। स्वयं राजमाता की महामात्य बनी हुई है। काटती है..........।"

"किसे री!"– कौशल्या।

"जो रामजी, सीताजी को मानता है।" चित्रवती ने कहा– "इस कलमुँही को विदा क्यों नहीं कर देते शत्रुघ्न जी?"

"कैकई ने अभय दिया है। भरत और शत्रुघ्न से अभय माँग लिया है।" कौशल्या ने कहा– "सोचती हूँ राम की सूनी चित्रकूट की पर्णकुटी में चली जाऊँ।"

"श्रीमती श्री!" चित्रवती सहसा उबली– "कुछ भी हो, राजमातुश्री तो आप कल्याण शोभना ही हैं। राज्ञी श्रीमती कैकई स्वयं ही हार रही हैं। भरत जी ने

राज्य ठुकरा कर उनको ब्रह्म ज्ञान ही करवाया है। वरदान! वरदान तो पतिदेव ने ही दिये थे।"

"वह राजा-महाराजाधिराज भी थे।" कौशल्या ने गम्भीरतापूर्वक कहा- "राजपुत्री का पति राजा ही होता है। होता आया है। अतः पति-प्रदत्त वचन, राजा को ही पालने थे। मुझको तो राम समझ में नहीं आता। न कभी प्रसन्न और न कभी दुखी। सदैव चिर प्रसन्न मेरा राम कितना-कैसा अद्भुत शीलवान है- यह मेरा राम और वह लक्ष्मण! धन्य सुमित्रा! जो तूने ऐसा दिव्य और वीर, प्रखर पुत्र उत्पन्न किया।"

चित्रवती- "राम, लक्ष्मण, भरत और शत्रुघ्न- यह चारों राजकुमार यज्ञपुरुष का वरदान हैं। जिस दिवस पुत्रेष्टि यज्ञ महाराज ने रचाया था, उसी दिवस मैंने प्रश्न कुण्डली देखी थी। दिव्य, भव्य अद्भुत योग था। तभी, राजमाते! राम, लक्ष्मण, भरत और शत्रुघ्न आविर्भूत हुए हैं। मानो श्री विष्णु पुरुषोत्तम के चार हाथ हों।"

"वाह री!" कौशल्या ने रीझते हुए कहा- "तूने ठीक ही कहा है। वह-वह राम चतुर्भुज ही है- विष्णु! हाँ उदर के ठीक पास जब वह जन्मा, चतुर्भुज श्री हरि के रूप में ही जन्मा था। वह मुकुट, गदा, पद्मचक्र! चक्र......... हाँ, मैं सिहर उठी थी। वह-वह विराट् पुरुष था। तब मैंने मन ही मन प्रार्थना की थी, प्रभो! बालरूप में दर्शन दो- बालरूप! और तभी वह मन्द-मन्द मुस्कुराता और तनिक रीझता हुआ श्याम-सुन्दर बालक राम-राम।" कौशल्या ने बार-बार स्वगत ही कहा- "राम! राम! राम! हे राम!" कौशल्या के खंजन-नयन स्वयं ही मुंदने लगे और उसके निर्मल चित्ताकाश में उसे दिखने लगे-चतुर्भुज श्री हरि विष्णु हँसते हुए, सिर हिलाते हुए, बालरूप धारण किए हुए और एक घनश्याम मनोहर, चित्तहर शिशु उसके पुष्ट फिरोजी-गुलाबी श्रीफल के समान, दुध से भरे स्तन को अपने दोनों नन्हे हाथों से पकड़कर मुँह में भरने की सद्यः चेष्टा कर रहा है। कौशल्या लेट सी गयी और अपने शिशु को तनिक दबाती हुई-सुलाती हुई बोली- "मेरे लाल! राम मेरे!" चित्रवती आत्मविस्मृत गंगा स्वरूप राजमाता की इस पुनीत छवि को देखती रही और मन ही मन बोली- "राजा के सुख भी राज-सुख और राजा के दुःख भी राज-दुःख। रामजी को नंगे पाँव वन में घूमना पड़ रहा है। अयोध्या क्या, वन का अरण्यवासी भी अपने पाँव पर कोई न कोई आवरण लगाता ही है। विधि-विधाता!" चित्रवती ने उस विशाल शयनकक्ष की चारों दिशाओं में देखा। विधाता

कहीं दिखे भी तो– कहीं मिले भी तो चित्रवती ने सिर आत्मसमर्पण में नमाया–
"विधि! नमस्कार है तुझे। तुझे तो योगी, यती, ऋषि भी जान नहीं सकते। महर्षि
वशिष्ठ ने रामजी की कुण्डली देखी थी 'राम' नाम उन्हीं का रखा था। भगवान स्वयं
पधारे हैं अवनीतल पर, परन्तु कैसी विचित्र विडम्बना! वन जाना पड़ा, नंगे पाँव वन
जाना पड़ा।" चित्रवती भी स्वयं अपने गहन में खोती चली गयी– "यह विलक्षण-
विचित्र सृष्टि बनी ही क्यों? मैं क्यों? क्या? परन्तु........ परन्तु मैं क्या? यह दुखी
महाराज्ञी राजमाता क्या? यह सब प्राणी क्या हैं?– कौन?" चित्रवती को लगा– वह
गहरी निंद्रा में डूबती चली जा रही है। गहन निंद्रा।

* * * * *

शत्रुघ्न ने महात्मा भरत से कहा– "क्या करूँ? आपश्री और माताश्री ने उस मन्थरा
को अभय प्रदान किया है। अब वह संकोचहीन और निर्लज्ज होती जा रही है।
सुमित्रा जी को देखकर सव्यंग हँसती तथा मुँह बनाती रहती है। कौशल्या माँ को
तो वह देखती रहती तथा दूर रहकर सुनाती रहती है। सभी को जा-जाकर मनाती
रहती है कि राजमाता कैकेई माँ है। मुझसे यह निस्संकोच अवज्ञा, अवहेलना तथा
अपमान देखा और सुना नहीं जाता। क्या करूँ?"

भरत ने शान्त स्वर में कहा– "सहन करो! अति मत होने दो!"

"अति?" शत्रुघ्न ने कहा– "जैसी आज्ञा।"

"आज्ञा नहीं, परामर्श, इच्छा" भरत ने कहा– "माँ को मैंने बहुत कोसा है। अभी
भी उनके प्रति अमर्ष बना हुआ है। किन्तु अब नहीं, अब नहीं शत्रुघ्न!"

"अब क्या नहीं, प्रभो!" शत्रुघ्न ने पूछा।

"रामजी के पुनः अयोध्या लौटने तक मैं उपरत, तटस्थ, शान्त ही रहूँगा। किसी
की भी निन्दा-स्तुति नहीं करूँगा। श्री राम-पादुका का यह विलक्षण राज्य तुम्हारे
हवाले। मैं तो तुम्हें सलाह- परामर्श-वह भी तुम्हारे माँगने पर दूँगा।"

"मन्थरा"– शत्रुघ्न।

"उनकी अनसुनी करते रहो, शत्रुघ्न!" महात्मा भरत ने कहा– "वह क्षुद्र है, नीच
वृत्ति की राग-द्वेषी जीवात्मा है। अपनी स्वामिनी के हित के लिए ही यह सब कर
रही है। उसका अपना स्वार्थ क्या है? वह जो कुछ कर चुकी, वह हमारे लिए ही

था। वह राज्य मुझे दिलाना चाहती थी। यह तो अपनी जननी का ही, विवेक था कि वह दो शेष वरदान क्या माँगती?"

"मन्थरा ने ही सुझाया था, भवान्!" शत्रुघ्न ने कहा।

"मन्थरा जगत का व्यवहार है।" भरत ने कहा– "इस जगत में राम और राज्य, यह दो प्रमुख ऐश्वर्य हैं। लोग किसी न किसी रूप में राज्य ही चाहते हैं। घर का राज्य गृहस्थ है, पड़ोस का वर्चस्व समाज है तथा राष्ट्र का राज्य राज्य-सत्ता है। सभी माताएं अपने पुत्रों के लिए गृहस्थ समाज और राज्य चाहती हैं। हमारी माँ ने भी अपने पुत्र के लिए राज्य माँगा।"

"किन्तु रामजी को वनवास?"– शत्रुघ्न।

"अपने राज्य के हित के लिए" भरत ने कहा और मौन हो गये।

5

उर्मिला ने निश्वास भरते हुए मन ही मन मानो झाँका, देखा–एक शून्य–निस्सीम शून्य ही उसके चित्ताकाश में व्याप्त हो रहा था। निस्सीम शून्य, शून्य–शून्य। अतल रिक्तता। वह जैसे दिव्य कोमल कुमुदिनी हो और उस अनन्त, अतल शून्य में जड़हीन तैर रही हो– लहर रही हो–उभर–उबक रही हो। शून्य–नीरवता–रिक्तता! उर्मिला मन ही मन जैसे एक निस्पन्द चेतना बन गई। उस असीम–सी चेतना में उसे दूरारूढ़ कभी–कभी किसी तापस की घोर छवि तैरती दिखती। वह आर्य्य? लक्ष्मण–मेरे प्राणपति! हाँ! उर्मिला के गहन अतल से एक चीत्कार सी उठी: हाँ! वही–यही तो है मेरे सर्वस्व! मेरे मन, बुद्धि, चित्त, मेरा अपनत्व! यही–वह! उर्मिला अहर्निशि मन के विजन में, गहन एकान्त में, इसी ध्यान में डूबी रहती! वह जैसे अपने आदि नर को खोज रही थी। लक्ष्मण ने श्री राम–सीता के साथ वन में जाते समय माता सुमित्रा से ही आज्ञा प्राप्त की थी। उससे कुछ भी तो नहीं कहा था। उससे कुछ भी तो पूछा नहीं गया था। श्री लक्ष्मण और श्रीमती सुमित्रा ने अपनी सौभाग्यवती बहु से इस विषय में सम्पर्क ही नहीं किया था। केवल वीरवर लक्ष्मण ने रथ में बैठते समय एक दीर्घ दृष्टि से अपनी सास सुमित्रा जी के सौड़ में खड़ी लाजभरी, मूक–मौन उर्मिला को देखा भर था। उस दृष्टि में केवल उर्मिला को देखना भर था। कोई सूचना नहीं थी, कुछ भी कहना नहीं था। उर्मिला ने नमित, सघन पलकों की अर्धोन्मीलित छाया में अपने प्राणपति को, अपने सर्वस्व को, परमेश्वर स्वरूप अपने नर को देखा था। देखा भर था और तब से श्री लक्ष्मण की एक अमोघ अटल छवि उसके भूताकाश में तैर उठी थी, चित्ताकाश में उबक उठी थी, चिदाकाश में शामिल होकर हृदय–दहर में जाग्रत आलोकित हो उठी थी। "लक्ष्मण! मेरे, मेरे वीर– शिरोमणि, व्रत के धनी, श्री राम–जानकी की निस्वार्थ सेवा के संकल्पी, जीवन–तापसी लक्ष्मण।"

"लक्ष्मण"– एक ध्वनि थी, प्रतिध्वनि थी– फिर तनिक सार्थक, मुह्यमान-स्वयं में डुबोने वाला एक शब्द था– लक्ष्मण! मानो समुद्रों से घिरी पृथ्वी, व्योमों से घिरी हुई मेदिनी का एक जप–नाम था। यह पृथ्वी लक्ष्मण को पुकारा करती है। यह मेदिनी

लक्ष्मण को रटा करती है और वह स्वयं यह मेदिनी है। उर्मिला को लगता वह नारी–देह के दिव्य वर्तुल से, कुण्डल से मुक्त होकर व्योमों की निरीहता है। वह स्वयं शेष स्वरूप अपने अनादि नर की खोज में बावरी, मूक–मौन एक आत्मवन्हि है। वह सृष्टि की मूलाधार चेतना है, उसका पुनीत सौन्दर्य से परिपूर्ण विषाद है। उर्मिला अपनी सासु सुमित्रा की सेवा करते हुए भी अनायास ही अपने सादे, किन्तु भव्य कक्ष में अपनी ही पीठ पर बैठकर क्षितिज के पार देखती रहती है। "हाँ–हूँ, ठीक है"– ये ही बोल जैसे उसके पास बचे हों। उर्मिला को यदि दुःख था तो यह कि लक्ष्मण ने वन जाते समय उसकी ओर निमेष मात्र भी नहीं देखा। यह नहीं कि लक्ष्मण ने उसको अनदेखा कर दिया हो– देखा ही नहीं। यह नहीं कि लक्ष्मण ने उसका तिरस्कार किया हो–मात्र उसको अवलोका ही नहीं। लक्ष्मण के लिए मानो उर्मिला की पुनीत श्री छवि जैसे उनके अन्तःकरण में लीन हो गयी थी– अन्तर्ध्यान। उर्मिला जैसे एक अविचल ध्यानस्थता हो गयी थी, एक सर्वव्यापी प्रेरणापत्र चेतना हो गयी थी, चिति! उर्मिला जैसे स्वयं ही लक्ष्मण की मुह्यमान छवि की आराधक हो गयी थी। अपने भूताकाश में वह अपने प्रियतम पति–परमेश्वर की अमर्षभरी, किन्तु शान्त संयत मुख–मुद्रा की धारणा ही किया करती थी। अपने चित्ताकाश में उर्मिला श्री लक्ष्मण के रगमग पादारविन्दों में अमरबेलि सी पड़ी रहती थी–अपने चिदाकाश में वह लक्ष्मण को स्वयं में लीन कर अपनी ही हृदय–दहर में एक अच्युत, शान्त, आनन्दमयी मूर्च्छना सी हो जाती थी। उर्मिला मानो गृहस्थ–सन्यासिनी हो गई थी। एक साध्वी जो वधू का श्रृंगार तो करती थी, किन्तु जीवन के समस्त रागों में यावत् जीवन के वैराग्य का चिन्तन ही करती थी।

"तुम"– उर्मिला ने स्वतः ही स्वयं को सम्बोधित करते हुए– अपने आप से कहा– "तुम! मेरे प्रभो! मेरे देवता! मुझे-मुझे क्षमा कर दो। मैं साथ नहीं आ सकी–नहीं आ सकी। यह सौभाग्य सीता जी के भाग्य में ही लिखा था। मैं, मैं आना चाहती थी, आना चाहती हूँ।" उर्मिला स्वयं सम्बोधन के अन्तरंग निनाद में ही मानो डूब गयी। उसके अपने शब्दों की उत्ताल ध्वनि मानो बहु–उर्मिल तरंग सी उठकर, उभर कर अनन्त के शान्त गह्वर में लीन हो गयी। सघन निद्रा का अभय पूर्ण आभार घनघोर घटा सा उमड़ा और उर्मिला लेट गई। उस घनश्याम कारण शरीर में उर्मिला का अनादि शाश्वत चैतन्य बिजलियों सा कौंधकर स्वयं में ही ध्यानस्थ–अन्तर्ध्यान हो गया। उर्मिला मानो असीम में अपने देह को निद्राधीन छोड़कर बाहर निकल पड़ी और कोई दिव्यातिदिव्य शक्ति उसे चित्रकूट के

पर्वतीय श्रृंगों से अटमटे गगन में झूमा गई। उर्मिला ने देखा–सामने पर्णकुटी है, सघन तारों भरी आभा में एक मूर्ति धनुष संधाने प्रहरी बन कर खड़ी है। लक्ष्मण, हाँ, वही तो–मेरे आराध्य देव, मेरे जीवन के प्रभु! मेरे प्रभु–मेरे परमेश्वर! तुम? उर्मिला ने देखा, लक्ष्मण चित्रकूट से कुछ दूर किसी स्थान की ओर देख रहे हैं तथा श्री राम अपनी पर्णकुटी में स्वस्थ ध्यानस्थ हैं। श्रीमती सीता? सीता–सीताजी, जानकी जी अपनी साथरी पर सोई हुई हैं। उर्मिला को लगा, चित्रकूट के मुनियों की स्वस्ति उसे घेर कर सुस्थित कर रही है। चित्रकूट के अनाम योगियों का स्थिति-प्रज्ञ ध्यान कवच बनकर उनको अनन्त में थामे हुए है। उस नीरव, किन्तु अनहद से भरे आकाश में उर्मिला व्योमों में मानो लक्ष्मण के धनुष की प्रत्यंचा को गहगहाते सुन रही थी।"

"कौन?" लक्ष्मण ने चारों ओर तथा गगन में देखते हुए पूछा– "कौन?"

नीरव अनहद से मानो कहा– "अनन्त, अनादि जीव, मैं प्रभो! मैं!"

"तुम? तुम........ तुम उर्मिला क्या?" लक्ष्मण के चित्ताकाश में एक छवि भभकी, उठी, लहरी विहरी और अन्तर्ध्यान हो गयी। "तुम उर्मिला!"

लक्ष्मण जैसे स्वयं से ही बोल उठे– "तुम मुझ में हो और मैं? मैं सीता-राम के श्री चरणों में हूँ। हाँ, शुभ!"

"किन्तु प्रभो! परमेश्वर मेरे!" उर्मिला का अनादि सनातन अन्तरात्मा मानो बोल उठा– "मैं......... मैं तो तुम्हारे चरणों में कटी हुई बेलि सी पड़ी हूँ।"

"नहीं" लक्ष्मण स्वयं से ही गर्जे– "तुम मेरी स्वामिनी हो हाँ।" हाँ, "स्वामिनी लक्ष्मण का यह उच्छ्वास उनके गहन में प्रेरणापत्र आत्मविश्वास बनकर छा गया। उर्मिला की याद–सूक्ष्म– तन्मय निर्विकार याद लक्ष्मण के अंग–अंग का शील थी– सौजन्य थी– शक्ति थी। उर्मिला की चेतना उनके हृदय-दहर के चिदाकाश में पूर्णिमा सी छिटक कर खिल उठती थी। अपने अन्तरात्मा की इस कामगन्धहीन पूर्णिमा में लक्ष्मण का हृदय कुमुदिनी सा खिल उठता था और वह स्वयं ही उसमें एक मुह्यमान भृंग के समान बन्धी हो जाते थे– लक्ष्मण उर्मिला को अपने रोम–रोम में सिहरन की भांति अनुभव करते थे और उर्मिला? अपने इस अद्वितीय भव के समग्र सगुण में लक्ष्मण के चरणों में समर्पित वह स्वयं को अच्युत जीवन–चेतना ही

पाती थी। उर्मिला को लगता, वह है ही नहीं, केवल एक शाश्वत अनादि ऊर्जस्वित नर-चैतन्य है। वह नर है, जो नारी भी है और नारायण भी है।"

रात्रि के प्रथम प्रहर के व्यतीत होते ही उर्मिला के पद्म-नयन अर्धोन्मीलित होने लगते हैं। एक तितिक्षित संभार उसकी ज्ञानेन्द्रियों को घेरने लगता है। दिखते हुए जगत के रूप तथा उसके अड़ौस-पड़ौस, उसके अपने स्थल और दिशाएँ- सब जैसे लक्ष्मण के गहन और अमर्ष से पूर्ण विशाल नयनों में समा जाते और साथ में वह स्वयं भी जैसे लक्ष्मण की मूक ऊर्जस्वित गहन मौन दृष्टि में पिरो जाती। उर्मिला स्वयं ही लक्ष्मण की याद में, सतत् स्मरण में, चिन्तन में, लक्ष्मण के शेष-अशेष नर- स्वरुप की ओर कर्षित होती जाती। लक्ष्मण जैसे उसको ही स्वयं में लीन करना चाहते थे- स्वयं उसके आर्द्र शीलवान, शान्त, किन्तु निर्विकार स्नेह से परिपूर्ण चित्त में उतरना नहीं चाहते थे। लक्ष्मण उसके अनादि जीवात्म भाव के सनातन चैतन्य समुद्र के तट पर खड़े उसकी चेतनाओं को स्वयं के अग्नि-पुंज चैतन्य में स्वाहा कर देना चाहते थे। लक्ष्मण उर्मिला, अनादि आत्म शान्ति को, जीवन के उदासीन उन्मुक्त अभय को, आत्मा की परमात्मा के प्रति कर्षणता को- यावत् जीवन के अखिल-निखिल श्री शक्ति को ही जैसे स्वयं को उर्मिला द्वारा और सहित समर्पित कर देना चाहते थे। सुमित्रा माँ ने जो कहा था- सीता-राम, माता-पिता हैं, वही जगत हैं, भव-संसार हैं, सृष्टि हैं- वही हैं और कोई कुछ भी नहीं है। तो तब श्री लक्ष्मण क्या सोचते? क्या अनुभव करते? क्या करते? हाँ, उर्मिला है- उर्मिला, उसकी धर्मपत्नी उर्मिला है। गुरुजनों की आज्ञा तथा महर्षि वशिष्ठ की इच्छानुसार विवाह-मण्डप में वह उर्मिला के साथ भव-बन्धनों की गाँठ से बन्धे हैं। अब वही नर हैं, अब एक मात्र उर्मिला ही नारी है। किन्तु क्या उर्मिला भोग्या है? मृत्युलोक में, इस लोकालय में, परमात्मा के अत्यन्त प्रिय, शाश्वत, अनादि, सनातन सृष्टि- उत्पत्ति, वंशवृद्धि तथा सुखी-सम्पन्न गृहस्थाश्रम की पूर्ण-परिपूर्ण पूर्ति के लिए ही उन्होंने श्रीमती शान्ता उर्मिला से विवाह किया है? क्या लक्ष्मण ने-श्री लक्ष्मण ने मन से कभी स्त्री को चाहा है, मन की आँखों से नारी को देखा है? चित्त से कभी भजा है? क्या श्री लक्ष्मण युवा होने पर सामान्य नर मानव की भांति नारी-देह के रूप में आकर्षित रागमय होकर कामिनी में उन्मद मोह में एक क्षण के लिए भी डूबे हैं? क्या लक्ष्मण अयोध्या के विशाल राज-मन्दिरों के कनक कलशों को कभी देखते भी थे? महाराज्य कौशल की वाहिनियों के फरफराते हुए केतुओं

को उन्होंने कभी विस्फारित नयनों से कभी देखा भी था? श्री लक्ष्मण जम्बूद्वीप की महिमा जानते थे, परन्तु क्या कभी आर्यावर्त के गौरव होने की अभिलाषा से वह एक पल के लिए भी उमंग थे? नहीं....... नहीं......... नहीं! उर्मिला के चिदाकाश में मानो परावाक् ने कहा– "नहीं, वह तो सीता–राम को ही जानते हैं– मानते हैं।"

* * * * *

सुमित्रा ने पाँव छूती हुई उर्मिला को आशीर्वाद देते हुए कहा– "जीती रहो देवि!" उर्मिला ने सुमित्रा के चरणों में आँचल बिछाते हुए कहा– "अनुग्रहीत हूँ, पूज्ये! सुहृदया माण्डवी ने आमंत्रित किया है। आज्ञा चाहती हूँ।"

सुमित्रा ने उर्मिला का उदास, शान्त मुख–मण्डल देखा, कहा– "भले जाओ, किन्तु भरत, शत्रुघ्न–मन्थरा, कैकेई! सावधान रहना! यों माण्डवी सुलक्षण-सुशील है, किन्तु पति का हित पत्नी को पहले छूता है।"

"मेरे तो उनके श्री चरणारविन्द हैं......... आपके श्री चरण हैं। यही मेरा सब सर्वस्व है, पूर्ण–परिपूर्ण हित है। मुझे किसी और से अब वास्ता ही क्या है? मैं स्वयं क्या आपके लिए हूँ– नहीं तो।"

सुमित्रा ने सहसा उर्मिला को हृदय से सटाते हुए पूछा– "उर्मिला, मेरी धन्य पुत्री! यह.......... यह क्या है?"

उर्मिला के बड़रे नयनों में सहसा आँसू छलक आए– "वह अकेले हैं– सीताजी, रामजी की अहर्निशि सेवा कर रहे हैं और एक मैं हूँ जो मूक–मूढ़ राजप्रासादों में रह रही हूँ। ऐसा लगता है, मैं एक स्वार्थी नारी हूँ, माँ! मुझे–मुझे............"

"क्या? पुत्री?" सुमित्रा ने पूछा।

"उनके पास जाने दो।" उर्मिला ने उच्छ्वास भरते हुए कहा– "मैं तीनों की सेवा करूँगी। हाँ, पर्णकुटिया का विस्तृत प्रांगण बुहार दूँगी, यज्ञस्थली को साफ–सुन्दर करूँगी, पानी भरूँगी, चक्की पिसूंगी। पूजा के लिए पुष्प तथा फल–फूल एकत्र करूँगी। मैं एक तापसी की भांति सीता–राम के पीछे चलते हुए उनके चरणों की धूलि सिर पर लगाऊँगी। हाँ...... माँ!"

सुमित्रा ने अपनी अनूठी पुत्रवधू के उदास चन्द्रानन को निहारा और कहा– "तब मेरे पास कौन रहेगा, री! वह तो अपने सीता–राम की सेवा में तल्लीन है। उसने जैसे

संसार छोडकर सीता-राम की एकनिष्ठ सेवा का व्रत ही ले लिया है। अब तुम ही तो पुत्री मेरे कातर हृदय का आश्वासन हो, भरोसा हो। तुम्हें देखती हूँ तो लक्ष्मण मन के गहन में दिखता है। नहीं उर्मिले! नहीं, तू मेरे पास यहीं रहेगी। वनवास की अवधि है ही कितनी? यह चौदह वर्ष बीत रहे हैं– काल सनातन होते हुए भी स्थिर नहीं है। अपने पतिव्रत में अच्युत विश्वास कर। लक्ष्मण सदैव तुम्हारे पास है– साथ है।"

"सीता-राम!" उर्मिला ने कहा– "मैं–मैं भी उनके साथ सीता-राम की सेवा करना चाहती थी, माँ! पति के संसर्ग का सुख नहीं। आत्मसुख ही चाहती थी। वे यदि आपको, मुझे और अयोध्या के सुख को त्याग कर सीता-राम के श्री चरणों में सनिष्ठ हुए हैं, तो मैं अर्धांगिनी अलग कैसे रहूँ?"

"मेरे लिए, श्रीमती कौशल्या जी के लिए-महाशय भरत तथा शत्रुघ्न के लिए! राम लौटेंगे– इस आश्वासन की सार्थकता के लिए। वनवास को तो हम ही सह रहे हैं। राम तो राम हैं। ऋषि, मुनि, सन्त, साधु तथा वनवासी प्रजाजनों का अमोघ प्रेम पाकर अरण्य का साम्राज्य ही भोग रहे हैं। राम अयोध्या के राजसिंहासन के लिए ही नहीं, प्राणी-कल्याण, जगत मंगल तथा दुखियों के अमोघ परित्राण के लिए ही जन्मे हैं। लक्ष्मण उनका सेवक ही जन्मा है। मेरा वह पुत्र तो है, तुम्हारा पति परमेश्वर भी है किन्तु वह राम का ही है– सर्वान्त में। राम के बिना लक्ष्मण हो ही नहीं सकता और लक्ष्मण की सेवा के बिना राम रह ही नहीं सकते।"

"माँ!" उर्मिला ने सुमित्रा के चरण चाँपे।

"मेरी पुत्री!" सुमित्रा ने उर्मिला को हृदय से लगा लिया– "मेरी तपस्विनी, शील मूर्ति, शिवे! तू मेरी उर्मिले!"

सुमित्रा के कंज-नयनों से अश्रुओं की धार बह निकली। उर्मिला के कपोलों पर निथरकर वह मुक्ताओं की एक धार लड़ियाँ बनती चली गईं। "उर्मिला! उर्मिला!" सुमित्रा का अन्तःकरण बिलख कर एक बार ही मानो पुकार उठा। "पुत्री! तेरी तपस्या से ही राम-लक्ष्मण-जानकी वनवास के समय को कुशलतापूर्वक काट रहे हैं। तुम रघुकुल की देवता हो-सरस्वती हो, लक्ष्मी हो! चिरजीवो! मेरी कल्याणशोभने!"

उर्मिला ने सुमित्रा के पुष्ट वक्षस्थल में अपना संध्या के चन्द्रमा सा आनन छिपाते हुए कहा– "माँ........ माँ! तुम्हारे सिवाय मेरा अब कौन है? कोई नहीं है।

उर्मिला धाड़ें मारकर रो उठी, मानो शिव–जटा से बिछलकर त्रिपथ गामिनी की एक दिव्य धारा, श्रावण के अल्हड़ प्रभात सी ललक उठी। सुमित्रा ने उर्मिला का मस्तक चूमते हुए कहा– "हम सब तेरे हैं, बेटी! कौशल्या जी, मैं, राम–लक्ष्मण, जानकी, माण्डवी, श्रुतकीर्ति–हम सब तेरे हैं। तू धैर्य की मूर्ति है। धीरज की धरती है। लक्ष्मण.........।"

उर्मिला ने बीच ही में कहा– "मेरे प्राण हैं। मैं उनके बिना जैसे जी ही नहीं सकती। हाँ ....माँ! धृष्टता के लिए क्षमा प्रार्थी हूँ।"

"मुझे ज्ञात है– तुम दोनों दो तन, एक प्राण हो।" सुमित्रा ने कहा– "किन्तु यह संसार– यात्रा तपस्याओं, व्रतों तथा शुभ संकल्पों से ही सफल, धन्य होती है। श्री राम का वनवास करने का पुण्यभृत संकल्प संसार के प्राणियों के योग–क्षेम तथा मंगल के लिए महाविष्णु की तपस्या की भांति है। तुम देखोगी कि वनवास की घोर अवधि की समाप्ति के ब्राह्म मुहूर्त में जगत–मंगल से भरपूर हो जायेगा। पृथ्वी अभय से आवृत हो जायेगी तथा प्राणीमात्र धर्मभृत होकर अपने परम् की साधना के लिए सदैव की भांति उन्मुक्त हो जायेंगे। राम–राज्य का आविर्भाव होगा, पुत्री!"

उर्मिला चिहुँकी– "राम–राज्य?"

"लक्ष्मण की तपस्या, सेवा के फलस्वरूप जगद्कल्याण के राज्य का मंगलमय उदय! धैर्य रख बेटी! जब वियोग हो, तब विरह की अन्तरात्मा की शान्त, मूक, धैर्य–शक्ति है– यही यावत् जीवन का प्रेम है, पुत्री!"

उर्मिला ने सुमित्रा के वक्षस्थल से अपना आनन उठाया और सुमित्रा की आँखों में निहारते हुए कहा– "तुम......... तुम मेरी माँ हो–हाँ, हो।"

"पृथ्वी ही सबकी माँ है– वसुधा।" सुमित्रा ने सिर धुनाते हुए कहा– "क्या लक्ष्मण मुझे याद नहीं आता? लक्ष्मण अहर्निशि मेरे नयनों में खुभा रहता है, किन्तु मैं? जैसे जानती हूँ, वह सर्वान्त में राम–जानकी का है। अपना भी बाद में है। संसार में योग और वियोग है–मिलना और बिछुड़ना। किन्तु अन्त तो बिछुड़ना ही है। सच तो यह है कि वियोग में ही मिलने की तीव्र अभिलाषा जागती है। आत्मा का मिलन वियोग से ही होता है। वह गये, महाराज गये और मैं उनके वियोग में सीदती रहती हूँ; किन्तु मुझे लगता है कि जैसे वे मेरे पास हैं, साथ हैं, सच कहती हूँ।"

प्रतिहारिणी ने तभी आकर नमस्कार करते हुए कहा– "कौशल्या देवी राज्ञी पधारी हैं।"

"माँ कौशल्या?" सुमित्रा ने हड़बड़ा कर उठते हुए कहा– "उनको आँचल बिछा कर लिवा ला! धन्यभाग, बेटी! आज श्री रामजी की माँ–जननी अपने आवास पधारी हैं। माँ?" सुमित्रा प्रसन्नतापूर्वक कौशल्या की अगवानी के लिए दौड़ी।

कौशल्या ने सुमित्रा का स्नेहालिंगन करते हुए कहा– "मन नहीं लगा। मिलने चली आई। सम दुखी जो ठहरे। उर्मिला, बेटी मेरी।" उर्मिला ने आँचल बिछाकर कौशल्या को प्रणाम किया और चुपचाप नमित आँखों से कौशल्या के सुघड़ चरणों को देखती खड़ी रही।

सुमित्रा ने कहा– "इनकी उदासी देखी नहीं जाती, श्रद्धेया! क्या करूँ? अब यह लक्ष्मण के पास जाकर सीता–राम की सेवा करना चाहती है।"

कौशल्या ने आर्द्र स्वर में कहा– "राम गया वन, साथ में सीता गयी और वीर लक्ष्मण भी गया। अब तो तुम्हीं हमारे पास शेष हो। तुम यह क्यों नहीं सोचती हो कि तुम ही अब राम हो, सीता जैसी हो–लक्ष्मण हो! माण्डवी और श्रुतकीर्ति–वह यहाँ अयोध्या में अपने भर्तारों के पास हैं, किन्तु तुम हम दोनों के नयनों की तारिका बन गयी हो। महर्षि वशिष्ठ के दर्शन प्रतिदिन किया करो। वे तुम्हें दिव्य शान्ति और अटूट धैर्य की वार्ता सुनायेंगे। तुमको ज्ञात नहीं, मैं राम के बिना पृथ्वी पर तड़पती हुई मछली हूँ। पति का स्वर्ग सिधारना तथा पुत्र का वियोग–हम दोनों के प्रारब्ध का शिलालेख है, पुत्री!" सुमित्रा ने बीच में कहा।

उर्मिला ने शान्त स्वर में कहा– "समझती हूँ, परन्तु क्लान्त हूँ, अधीर हूँ! मुझे–मुझे क्षमा कीजिये। आप दोनों के सिवाय अब मेरा इस संसार में कौन शेष है? उन्होंने सीता–राम के साथ वन में जाते समय मेरी ओर तनिक भी देखा ही नहीं।"

सुमित्रा ने झट से कहा– "तुम लक्ष्मण के हृदय–कमल पर स्थित देवता हो, उर्मिले! यह मैं जानती हूँ। मैं अपने सब पुण्यों की साक्षी से कहती हूँ– लक्ष्मण और तुम दोनों ही दो तन–एक प्राण हो।"

"मैं–मैं उनके श्री चरणों की रज हूँ"– उर्मिला ने कहा– "अनादि से मैं जैसे उनकी दासी हूँ, हाँ! उनका बड़ा भाग्य है जो रामजी–सीताजी की निष्काम सेवा में लगे हैं– मेरा वैसा भाग्य कहाँ?"

सुमित्रा ने कहा– "तुम रामजी की पुण्यकीर्ति जननी माता कौशल्या की सेवा करो। माता कौशल्या की सेवा से सप्तलोक और त्रिभुवन के देवताओं की सेवा हो जायेगी। लक्ष्मण मेरे और तुम्हारे, अयोध्या के राज्य के लिए नहीं, वह श्री राम–जानकी की आराधना के लिए ही जन्मा है। लक्ष्मण के साथ हमारा प्रारब्ध– योग मात्र है।"

कौशल्या जी बोलीं– "मेरा भी राम के साथ यही योग है। जन्मा, तब कुक्षी के बाहर मैंने मानो राम के चतुर्भुज श्री हरि के रूप में दर्शन किये थे– हाँ, सच कहती हूँ। मैं....... मैं! विह्वल हो गयी थी। भय से कातर मैंने उस ज्योतिर्मय श्री हरि को मन ही मन प्रणाम किया था। हाँ! अभी भी वही दर्शन जैसे हो रहे हों– सुद्दूर अनन्त क्षितिज पर वह–वह श्री हरि हैं.. अनन्त में पद्मासन पर स्थित, शंख, चक्र, गदा, पद्म! हाँ............ हाँ!" कौशल्या! मन के गहनातिगहन में डूबने लगी, पुनः स्वांस भरकर बोली– "ये राम, लक्ष्मण, भरत, शत्रुघ्न ये चारों किसके हैं? क्या यह हमारे हैं? यज्ञ–पुरुष के ये वरदान हैं! हाँ... और ये बहुएं भी। यह सीता? जानकी क्या मेरी है? नहीं। अपने भर्ता के साथ अन्ततोगत्वा चल दी! पतिव्रत, पत्नी–धर्म, धर्मपालना और वह माण्डवी, श्रुतकीर्ति, यह उर्मिला क्या हमारी हैं? नहीं रे! ये तो अपने पतिदेवों की हैं, उनकी।"

उर्मिला ने शान्त स्वर में कहा– "मैं आज उभय मातेश्वरियों की भी हूँ। माता कैकई की नहीं कहती, किन्तु आप उभय तो मेरी माँ हैं। जन्म देने वाली माँ को भूल गई हूँ, अयोध्या को इन राज मन्दिरों में। महाराज चक्रवर्ती श्वसुर जी को देख कर मैं अपने पिता तथा जनक महाराज को भूल गयी हूँ। मैं एक दासी हूँ– उनकी, आपकी!"

कौशल्या ने उर्मिला को खींचकर हृदय से लगाया, कहा– "नहीं रे! तू हमारी कुल–देवता है, हमारा सौभाग्य, हमारा विश्वास! रघुकुल की तू योगमाया–सी है रे!"

सुमित्रा ने उर्मिला के सिर पर हाथ फेरा– "कैसे पधारना हुआ, जीजी?"

कौशल्या ने कहा– "राम–जानकी–लक्ष्मण का बहुत दिनों से कोई समाचार नहीं है। चित्रकूट में कहते हैं राम अकेला ही सहस्त्रों राक्षसों से लड़ा। उनका संहार कर चित्रकूट प्रान्त को अभय दिया। अकेला? इतने राक्षसों का संहार– अकेले? चिन्ता में पड़ गयी हूँ। क्या उसको कोई घात हुआ? भरत को कई बार

कहलवाया कि राम–लक्ष्मण–जानकी के समाचार मुझे नियमित रूप से प्रेषित करते रहो, किन्तु ......"

सुमित्रा ने कहा– "मैं स्वयं नन्दीग्राम जाकर भरत का ध्यानाकर्षण करूँगी । हाँ, दीदी!"

* * * * *

राजप्रासाद का विशाल प्रांगण खचाखच भरा था और लोक गायकों की एक मण्डली नाचती–कूदती हुई सीता–राम, लक्ष्मण का यशोगान कर रही थी। भरत, शत्रुघ्न, माताएं तथा राजमन्दिर के लोग उपस्थित थे। भरत पहली बार नन्दीग्राम से चल कर राम का यशोगान सुनने आए थे। लोक–गायक चित्रकूट प्रान्त के निवासी थे तथा लोकजीवन के सन्देश गाने वाले परिव्राजक थे। भारी समुदाय एकत्र था। भरत विवश ही सही, माता कौशल्या के आग्रह पर राजमन्दिर आये थे, किन्तु कुश- आसन पर ही बैठे थे। महर्षि वशिष्ठ एवं ऋषि-मण्डल के सदस्यगण भी उपस्थित थे। वरिष्ठ एवं गणमान्य नागरिक तथा सेना के आत्मविश्वास से पूर्ण लोग भी थे।

लोकगायक शंकर ने अपना प्रलम्ब बाहु गगन में उठाया और ठुमकते हुए गाया– "चित्रकूट को अभय–प्रदान कर तथा जनस्थान के भयंकर खर-दूषण का वध कर महात्मा श्री राम, वीर लक्ष्मण की ओर देख कर मुस्कुराये थे। सीताजी निश्चिंत तथा निर्भय होकर अपने पति परमेश्वर का तप्त किन्तु शीतल, उग्र किन्तु शान्त मुख–मण्डल देखने लगी थी। ऋषियों ने श्री राम के विलक्षण पुरुषार्थ को लक्ष्य कर उनकी वन्दना की थी। मुनियों ने श्री राम को अपने रक्षक राम के रूप में अनायास ही स्वीकार कर लिया था।"

भरत सहसा बोल उठे– "धन्य राम, मेरे राम धन्य!"

शत्रुघ्न ने कहा– "रघुनन्दन, रघुवंशमणि राम!"

"सीता-राम!" सहसा गगन भेदी ध्वनि उठी।

सुदूर मानो छिप कर बैठी हुई कैकई के अन्तरात्मा से अनायास ही अनहद ध्वनि उठी– "राम!" लोकनायक ने पुनः गाया– "जनस्थान को उजाड़ कर, महात्मा राम चित्रकूट त्याग कर ऋषि- मुनियों की हड्डियों के पहाड़ों से खचे दण्डकारण्य

की ओर सर्पाकार मार्ग पर चल पड़े। चित्रकूट के प्रान्तर में श्री राम ने मानो अपनी मुस्कुराहट ही भर दी थी। चैतन्य हो गया चित्रकूट का गगन-मण्डल और मन्दाकिनी सीताजी के नूपुरों की रिमझिमों से नाच उठी थी। श्री राम ने दण्डकारण्य की ओर प्रस्थान करते हुए कहा था; अभय! मुनियों! ज्योति ऋषियों! मैं अहर्निशि आप सब के श्री चरणों की सेवार्थ सन्नद्ध हूँ-रहूँगा। वेद-मंत्रों की दिव्य छन्द ध्वनियों से यज्ञ ज्वालाओं को रूपवती करते रहो। निरर्थक ध्वनियों में सार्थक स्वर-व्यंजन भरते रहो। प्राणियों के कल्याण के लिए निश्चिन्त-निर्विघ्न अरण्य महोत्सव स्वरुप तप करते रहो। मैं लक्ष्मण सहित आपके आश्रम के द्वार पर प्रहरी-स्वरूप स्थित रहूँगा। प्रणाम, नमस्कार! "लोकगायक मण्डली तनिक थमी, उद्घोष किया– "जय राम!" जय श्री राम! की गूँज से अयोध्या का महाप्रासाद गूँज उठा।"

शत्रुघ्न ने पूछा– "फिर? श्री राम-सीता जी-लक्ष्मण देव दण्डकारण्य की ओर प्रस्थान कर गये, किन्तु दण्डकारण्य? सुना है, वह तो राक्षसों का जनस्थान से भी बढ़कर केन्द्र है। तो क्या.....?"

लोकगायक शंकर का प्रांजल, गहन-गम्भीर स्वर गूँजा– "रामजी जब दण्डकारण्य की ओर चले तो उनके सुघड़ चरण तनिक ठहरते-रुकते और पुनः वेग से अग्रसर होते। श्री राम चित्रकूट को निर्भय और निस्संकोच कर अब समस्त आर्य्य भूमि को निष्कलंक करना चाहते थे। उनके अरुण कंज-नयनों में एक गहन अमर्ष की दिव्य आरक्त कान्ति छा जाती थी। वह खौल उठते थे। शुद्ध-बुद्ध शास्त्र धर्म की वह प्रतिमूर्ति होकर–क्षितिज की ओर देखते जाते थे। सीताजी पीछे किन्तु कन्धे से लगी उनकी कज्जल घन पंचकेशी को, झुंझलाए हुए सर्पों के ढेर के समान हिल-हिल कर फुत्कार सी करते अनुभव करती थी। उन पुष्ट दृढ़ विशाल स्कंध पर लटका दिव्य-भव्य धनुष और नाराच से भरा वह तूणीर। श्री राम के सहज अधर सम्पुट में मानो मंत्र-सिद्ध दिव्य अस्त्र सहज बसे रहते थे। श्री राम धरती के मार्गों को मानो अपने प्रत्येक चरण से नाप लेना चाहते थे। आर्य्य-सभ्यता के पुराण चैतन्य पंथों का श्री राम अपने धीर-गम्भीर चरणों से स्पर्श करना चाहते थे। अपने आजानुबाहुओं में वह पृथ्वी का सौभाग्य, गगन की पवित्रता, व्योम का मंगल तथा आकाश का कल्याण थाम कर दण्डकारण्य की ओर चले। श्री राम के गहन मन का गहन संकल्प शिव-संकल्प ही था। श्री राम का जन्म ही धरती और आकाश के अभय, मंगल तथा धर्मोत्थान के लिए शिव-संकल्प ही था।"

भरत ने महर्षि वशिष्ठ से कहा– "बस, अब मुझसे सुना नहीं जाता। श्री राम! मैं भी....... मैं भी तुम्हारे साथ चलूँगा। धर्म की रक्षा तथा यावत् जीवन के अभय के लिए मैं भी......"

महर्षि वशिष्ठ ने कहा– "भरत! राज्य तुमने त्यागा है, किन्तु राजधर्म ने तुमको त्यागा नहीं है।"

भरत– "श्री राम! पूज्य–श्रद्धेय! सीता–राम!"

महर्षि वशिष्ठ ने कहा– "श्री राम की प्रतीक्षा राजधर्म को निभा कर ही की जा सकती है, भरत! यह विलाप, तुम्हारी उद्भ्रान्त चित्त स्थिति–अब नहीं। श्री राम–पादुका श्री राम के अनादि–शाश्वत चरण ही हैं। कौशल के महाराज्य की प्रजा को धैर्य तुमको देना है। माताओं के पुत्र–वियोग में शान्त बने रहने का साहस तुम्हीं बंधाओगे। माता कौशल्या के अभाव को तुम्हीं तो मिटाओगे। तुम्हीं श्री राम के प्रतिनिधि हो, दूत हो, गण हो–तुम्हीं श्री राम-राज्य की अगवानी के लिए धर्म–मूर्ति देवदूत हो।"

"मैं एक दीन–हीन पतित मनुष्य हूँ, गुरुदेव!" भरत ने पुकार कर कहा– "जब तक जीऊँगा, इस भव का यह घोर पाप–बन्धन सहूँगा। किन्तु....... किन्तु प्रभो! श्री राम ही मेरी दृष्टि है, प्राण है मेरा जीवन है। माता, स्त्री, भाई–सब हैं, किन्तु सब राम से ही हैं– श्री राम-सीता के लिए ही हैं।"

कौशल्या बोली– "सब वही है ईश्वर, परन्तु फिर भी जगत का व्यवहार है, समाज की मर्यादा है, राष्ट्र की गरिमा है और सभ्यता की महिमा है, भरत! सब धर्म यथा तथ्य और यथा समय मन– वचन कर्म से धारण करने ही होते हैं– पालने पड़ते ही हैं। राजधर्म तुमको निभाना ही होगा।"

सुमित्रा ने शान्त–गम्भीर स्वर में कहा– "सिंहासन पर श्री राम–पादुका को सुशोभित कर देने पर भी, प्रजा तुमको ही राजा मानती है। अवश्य वह यह कहती है– भरत राम–राज्य की अगवानी का राजधर्म पाल रहे हैं।"

भरत ने कहा – "मैं जनसमुदाय की साक्षी से कहता हूँ– राजा केवल राम हैं। इस पृथ्वी का चक्रवर्ती रघुनन्दन श्री राम हैं– मैं नहीं। मैं श्री राम का एक तपस्वी अनुचर हूँ, माँ!"

"तुम सन्यासी नहीं हो, क्षत्रिय गृहस्थ हो। गृहस्थाश्रम ही नहीं, समूचा राज्य तुमको ही श्री राम के लिए सम्भालना होगा। शत्रुघ्न को तुम्हारे नियमन, गुरुदेव

वशिष्ठ के मार्गदर्शन एवं माता कौशल्या की इच्छानुसार ही चलना चाहिये।"– अन्ततोगत्वा मानो सुमित्रा ने कहा।

"ठीक है कल्याणी माँ!" भरत ने कहा– "लोकगायकों! अब श्री राम की गाथा सुनाओ! मेरे कानों को पवित्र, मन को शान्त करो, चित्त को धैर्य प्रदान करो!"

सुमित्रा ने भरत को हृदय से लगाया, सिर सूँघ कर कहा– "चिरंजीवी हो, मेरे लाल!"

भरत ने सिर धुनाया, कहा– "तेरा लाल तो माँ! लक्ष्मण है- निर्विकार निरामय महात्मा लक्ष्मण। लक्ष्मण ने घर–बाहर सब त्याग कर जो सीता-राम की सेवार्थ एक क्षण में प्रस्थान किया, वह रघुकुल के इतिहास में अमर घटना है। श्री राम का वनवास तो काल की घटना है, किन्तु लक्ष्मण की यह राम–सेवा का व्रत धर्म की अमोघ शक्ति है। भाई–भाई की ही नहीं, आर्य्य सभ्यता की सारभूत वार्ता है। धन्य लक्ष्मण!"

कौशल्या ने भरत को हृदय से लगा कर कहा– "अब शोक त्याग अपनी जननी की भर्त्सना बन्द कर; भरत! जननी पुण्यवती है, वह मंगलमयी है, जननी है। माँ प्रथम आती है, गुरु बाद में और परमात्मा सबके पश्चात् ही आता है। तूने पिता द्वारा प्रदत्त राज्य त्याग कर श्री राम–पादुका का राज्य स्थापित किया। तूने धरती और धर्म को रसातल में जाते हुए बचा लिया, हम माताओं का उद्धार किया। निस्संदेह तू राम से भी बढ़कर रघुवंश का गौरव है।"

"रघुवंश–मणि तो श्री राम हैं" भरत बोले– "मैं नहीं, मैं एक जीव हूँ, मानव हूँ। इस धरती पर अकेला एक, निरीह, दीन, अनाथ मनुष्य हूँ। राम के सिवाय मेरा और कोई नहीं है। राम! बस रामजी अयोध्या लौट आएं और अपना राज्य, अपना जगत सम्भाल लें– यही एक मात्र कामना शेष है। माँ कैकई ने मुझे अन्तरात्मा से घायल किया है और मेरे भव–बन्धन घिस–घिस कर काट दिये हैं– हाँ, महारानी कैकई ने, मेरी जननी ने। आज मैं उनको भी तुम्हारी साक्षी में प्रणाम करता हूँ।"

6

कैकई ने मन्थरा से गम्भीर, उदास स्वर में कहा– "सीधी चल! मैं हार गई हूँ!"

मन्थरा ने कैकई को घूरा तथा मुँह बिचकाकर कहा– "मन से हारी है और क्या?"

कैकई सहसा तमकी– "मन से हारी हूँ मैं? नहीं..... नहीं मन्थरा! भरत ने मुझे अन्दर से तोड़ दिया है। मुझे क्या पता था, वह राज्य स्वीकार नहीं करेगा– वह सिंहासन पर नहीं बैठेगा। ओह! मैं अपने पुत्र को ही पहचान नहीं सकी।"

मन्थरा बोली– "पहचान लेती तो ....?"

"तो.............?" कैकई ने सिर धुनाते हुए कहा– "न भरत के लिए राज्य माँगती और न राम के लिए वनवास।"

कैकई को घूर कर मन्थरा बोली– "आजीवन कौशल्या और सुमित्रा की दया पर जीती। राजा होने पर कौन नहीं बदलता? राज्य है ही ऐसा। तुम यह क्यों भूल जाती हो कि तुम्हारे विवाह की आधारभूत प्रतिज्ञा थी– तुम्हारा बेटा कौशलाधीश बनेगा। तभी भरत और शत्रुघ्न को ननिहाल भेज दिया गया और उस जोगी वशिष्ठ तथा महाराज दशरथ ने मिलकर चुपचाप रात में राम का राज्याभिषेक निश्चित् कर दिया। यह राजनैतिक चाल नहीं थी तो और क्या था? मैं! राजनीति के मर्म को जानती हूँ– समझती हूँ। तू नादान है, भावुक है?"

"नहीं–नहीं।" कैकई ने सिर धुनाया। "कुछ समझ में नहीं आता। मन मूर्च्छित हो गया है, चित्त बुझी हुई आग से भर गया है। हाँ, मन्थरा! क्या सोचा था और क्या हो गया?"

"क्या हो गया......... कुछ भी तो नहीं"– मन्थरा ने पैशाचिक हँसी हँसते हुए कहा– "तुम प्रत्यक्ष-अप्रत्यक्ष राजमाता हो। भरत ने स्वांग रचा है– और क्या? स्वांग रचता नहीं तो समाज क्या कहता! कहता राज के लिए बड़े भाई को वन भेज दिया। तूने भरत के लिए राज माँगा था ना! भरत ने तो पाया था।"

"नहीं......." कैकई धुनकी "भरत–शत्रुघ्न इस राज्य–याचना में मन–वचन–कर्म से नहीं हैं। लिप्त नहीं है भरत। सुना? मैं चिल्ला कर कहती हूँ– यह मेरी ही कामना थी, मनोरथ था, महदाकांक्षा थी कि मेरे ज्येष्ठ पुत्र को जगद्विख्यात कौशल की राजगद्दी मिले; अन्यथा एक वृद्ध से मैं विवाह ही क्यों करती? राजा दशरथ मुझ में, मेरे तन के गहन रूप में, उन्मद् यौवन में डूब जो गये थे। अवश्य मेरे पीहर ने राजा दशरथ से एक राजनीतिक लाभ का सौदा किया था। हमारा विवाह राजनैतिक प्रगाढ़ सम्बन्ध की ग्रन्थि स्वरुप था। बोल, था या नहीं?"

"था, है और रहेगा।" मन्थरा ने सिर हिला–हिलाकर कहा– "राम–पादुका की पूजा करने तथा तापसी भेस में रहने तथा दिन–रात राम को रोने से यह सत्य बदलेगा नहीं कि आज कौशलाधीश भरत है। महात्मा भरत नहीं, महाराज भरत। शत्रुघ्न? वह महामात्य, महासेनापति है- तो रहने दो। लाभ ही है तुमको। एक से दो भले।"

कैकई ने मन्थरा को घूरा– "तू सत्य है तो यह मेरा मन जल क्यों रहा है? मैं जैसे विषाद की घनघोर घटा सी हो गयी हूँ। भरत के अपशब्दों और तिरस्कार ने मेरा जीवन ही व्यर्थ कर दिया है। राम को वन में भेजने का यह दुष्परिणाम होगा– मैं जानती नहीं थी।"

"सब जानती थी"– मन्थरा बोली– "तुम नहीं तो मैं जानती थी। दृढ़ बन, धैर्य रख और इस विषाद को त्याग दे। राज्य का शत्रुघ्न द्वारा शासन–अनुशासन कर! राजमाता पदवी भर नहीं है, सत्ता का निहित केन्द्र–बिन्द भी है, समझी?"

कैकई ने तनिक विस्फारित आँखों से क्षितिज को देखा तथा कहा– "समझी! क्या यह मेरा सौभाग्य है? नहीं री! मन्थरा!"

मन्थरा अट्टहास्य हँसी, बोली– "अपने सौभाग्य को दुर्भाग्य मत मानो, रानी! चौदह वर्ष तक तो तुम चाहो तो कौशल का राज्य चला सकती हो। हाँ, मेरी मान लो!"

कैकई ने पुनः ऊर्ध्व स्वांस भरा, बोली– "राज्य? भरत ने जैसे मुझे बता दिया है, राज्य व्यर्थ है। भरत जैसा पूत जब मुझे कलंकिनी, पापिन, दुष्ट कहता है, तो मैं संसार में मुँह दिखाने योग्य कहाँ रही? क्या मुझे ज्ञात नहीं कि कौशल्या और सुमित्रा मन ही मन सन्तोष मना रही हैं– शत्रुघ्न कौशल्या के चरण स्पर्श करता है। राज्य संचालन के लिए उनसे वार्ता करता है, सुमित्रा से राय लेता है।"

"कौशल्या चुप रहती है, लाड़ली!"– मन्थरा ने कहा– "और वह सुमित्रा? उसको उर्मिला की उदासीनता की पड़ी है। शत्रुघ्न तो भरत की अन्तरात्मा है जैसे। अब सुना है– चित्रकूट से दण्डकारण्य तक कौशल राज के आधिपत्य की योजना बन रही है। ये लोग राम को शीघ्र ही अयोध्या लौटाना ही चाह रहे हैं और तुम ? हताश, निष्प्रभ और निष्क्रिय बैठी अपने सौभाग्य को रो रही हो!"

"तब क्या करूँ......... कलमुँही!"– कैकई बोली।

"शत्रुघ्न का अनुशासन कर!" कैकई के सिर पर हाथ रख कर मन्थरा ने कहा– "भरत को मार्गदर्शन दे! तेरे पीहर से महामात्य बुलाकर रख, विलाप करने और रोते रहने से कुछ भी नहीं होगा।"

"किन्तु लोग राम को ही चाहते हैं।" कैकई ने सिर धुनाकर कहा– "चित्रकूट की वह विशाल मानव–मेदिनी मुझे भूलती नहीं। ऐसा लगता है वनवास लेकर राम ने समस्त भारतवर्ष की जनता का मान पा लिया है।"

"राज्य मान–सम्मान से नहीं, शक्ति से चलते हैं– कैकई!" मन्थरा ने कहा– "चित्रकूट से दण्डकारण्य तक आर्य्य–रक्षा का यह अभियान समाप्त किया। राम वन में हैं। अकेला लक्ष्मण क्या कर लेगा? राम ने राक्षसों का क्रोध ही एकत्र किया है। स्थिति अन्दर ही अन्दर गम्भीर है। मुझे तो भय है, कहीं राक्षस सीता का...........?"

"चुप रह, दुष्टे!" कैकई ने गर्जकर कहा– "अब मैं राम के विरुद्ध तेरा एक शब्द भी सुनना नहीं चाहती। तूने मेरी बुद्धि भ्रष्ट कर दी है। विधाता तेरे साथ था, किन्तु अब नहीं। विधाता अब मेरे साथ है। कौशल का राज्य मैंने भरत के लिए माँगा था, भरत नहीं चाहता, तो राज्य जिसका है; उसे ही सौंप दूँगी–तब तक जीऊँगी–सुना?"

"सुन लिया!" मन्थरा ने कहा– "अपमान और भर्त्सना से तुम मन से टूट चुकी हो। किन्तु मैं तुम्हें थामूँगी।"

कैकई उदास चुप रही, क्षितिज के पार ही देखती रही। फिर उच्छ्वास भरकर बोली– "राम!"

"राम!" मन्थरा बड़बड़ाई– "रो अपने राम को, समझी?"

कैकई ने तीव्र आर्द्र स्वर में कहा– "अँधेरा है, मन्थरा! मुझे...... मुझे प्रकाश चाहिये।"

* * * * *

मन्थरा ने भरत की पर्णकुटी के द्वार पर ठिठकते हुए कहा– "महाराज! भरत, प्रभो!" भरत का ध्यान टूटा। चमक कर चिहुँकते हुए बोले– "हाँ......... कौन?"

"यह तो मैं.......... मन्थरा।" मन्थरा ने कहा– "सन्देश लायी हूँ।"

भरत जगे। बोले– "किसका?"

"और किसका? आप महाराज की मातुश्री राजमाता कैकई का। और किसका?"

भरत ने पद्माआसन सम्भालते हुए कहा– "महारानी कैकई का कोई भी सन्देश मुझे नहीं चाहिये। उनसे कह देना– वे कौशल राज्य की राजमाता नहीं हैं। राजमाता तो श्रद्धेया महारानी कौशल्या है– मेरी मातुश्री।"

मन्थरा ने सिर धुनाते हुए कहा– "अभय, महाराज भरत!"

"अभय" भरत ने कहा– "मैं स्त्रियों से अप्रसन्न, क्रुद्ध और उनको भय देने वाला कठोर व्यक्ति नहीं हूँ। मैं सीता–राम का दीन–हीन सेवक हूँ, दासी!"

"मैं महारानी राजमाता कैकई की सखी हूँ, अभिभावक हूँ" मन्थरा ने कहा– "कैकई देश की मैं एक सम्भ्रान्त महिला हूँ। महाराणी कैकई के हितों की रक्षार्थ ही मैं यहाँ भेजी गई थी और यही मेरा एकान्त कर्त्तव्य है। आपश्री को राजमाता कैकई का सन्देश ग्रहण करना ही होगा– महाराणी कौशल्या वनवासी श्री राम की माँ हैं, कौशल राज्य की नहीं।"

"दासी........" भरत गुर्राए– "अपनी मर्य्यादा में रह! तब शत्रुघ्न ठीक ही कहता था। तुम क्या अभय की पात्र हो? हो क्या?"

"क्यों नहीं?" मन्थरा ने द्वार में तनिक अन्दर प्रवेश करते हुए कहा– "स्वर्गीय रघुकुलमणि वचन–कथन के वीरवर्य्य महाराज दशरथ का मेरी स्वामिनी कैकई से विवाह कैकय और कौशल राज्यों के शाश्वत गठबंधन के लिए ही था। यदि ऐसा नहीं होता तो वीर योद्धा कैकय–कौशल की सीमाएं कभी से रौंद चुके होते। तभी

महाराज चक्रवर्ती राजा दशरथ ने महारानी कैकई के ज्येष्ठ पुत्र को कौशल की राजगद्दी पर बिठाने का वचन दिया था........"

"महाराज ने? पिताश्री ने?" भरत ने तमक कर पूछा।

"तो क्या मैंने?" मन्थरा ने मुँह बिचकाते हुए कहा– "आपश्री के कौशल महाराज्य के अधिपति रघुवंश–भास्कर महाराज दशरथ ने। किन्तु राजनैतिक प्रतारणा रचकर, वह वचन यथार्थ न हो– इसका उपक्रम भी किया गया। मैं इस रहस्य को भाँप गई थी, महात्मा भरत!"

"तभी तुमने यह घोर जघन्य दुष्कर्म करने के लिए जननी कैकई को प्रेरित किया, नहीं?" भरत बोले– "किन्तु मैं किसी भी वचन–पालन के लिए बंधा हुआ नहीं हूँ। मैं निर्द्वन्द्व हूँ। मैं न पक्ष में हूँ और न ही विपक्ष में हूँ। इस समय मैं किसी को जैसे जानता नहीं हूँ और मानता भी नहीं हूँ। श्री राम और श्री राम–पादुका– यही मेरा जगत है, मेरा भव–संसार है। अब तुम जा सकती हो। तुमको हमने अभय प्रपंच के लिए तो नहीं दिया। स्वयं राम मुझे राज्य स्वीकार नहीं करा सके तो तुम्हारा यह हठाग्रह क्या होगा? तुम महारानी कैकई की हितैषी हो सकती हो, लेकिन रघुवंश के लिए तो तुम कृत्या हो–सदैव रहोगी।"

मन्थरा ने ऊर्ध्व साँस लेकर कहा– "महारानी कैकई तुमसे मिलना चाहती हैं, बात करना चाहती हैं।"

"मुझे किसी से भी कोई बात नहीं करनी। यदि महारानी कैकई बात करना ही चाहती हैं तो शत्रुघ्न से कर लें।" भरत ने कहा– "मैं गृहस्थ–सन्यासी हूँ, दासी!"

"कब तक?" मन्थरा व्यंग से हँस कर बोली– "कब तक यह सन्यास? यह श्मशान– वैराग्य तो कहीं नहीं है?"

भरत सहसा खिलखिलाकर हँसे, बोले– "नहीं, नहीं। अब जन्म लेना नहीं चाहता। श्री राम–वनवास के संकट ने मेरे सभी मनोरथ रोक दिये हैं। श्री राम के प्रति तो जघन्य दुष्कर्म हमने किया है– उससे मेरे सभी पुण्य रीत गये हैं। इसीलिए यह सन्यास–भाव है। अब जाओ! जब तक तुम सीधी रहोगी, तब तक अभय ही रहेगा।"

"अन्यथा" मन्थरा ने पूछा।

"शत्रुघ्न जाने।" भरत ने कहा– "अब जाओ।"

"अच्छा?" मन्थरा बोली– "मेरी स्वामिनी कैकई! आपश्री सीता-राम को ही जानते हो, मानते हो तो सुन लो, महात्मा भरत! मैं अपनी स्वामिनी कैकई को ही जानती हूँ–मानती हूँ–मानती रहूँगी।"

"अच्छा-अच्छा।" भरत ने कहा– "अब जाओ अपनी स्वामिनी के पास और सुनो– प्रपंच और प्रतारणा से दूर रहो, अन्यथा राज-दण्ड तुमको छोड़ेगा नहीं। शत्रुघ्न राज-दण्ड का सर्वोच्च अधिष्ठाता है– न्यायमूर्ति है, दासी!"

मन्थरा हँसी– "शत्रुघ्न....... अरे वह तो मेरे दौहित्र के समान है। महात्मा भरत तुम्हारी जय हो!"

"जय श्री राम!" भरत उठ खड़े हुए - "जय श्री राम की। सुना? मेरी जय नहीं! मैं तो भव- भवों की अटूट पराजय हूँ। मैं........ मैं न जाने क्या हूँ। अंधकार हूँ, चीत्कार हूँ– न जाने क्या हूँ।"

"अपने अन्तःकरण से पूछो!" मन्थरा ने कहा– "मैं क्या कहूँ? मेरे लिए तो तुम भरत हो! कौशलाधीश महाराज दशरथ के विधिवत् उत्तराधिकारी चक्रवर्ती महाराज भरत हो।"

भरत ने सिर धुनाया, तीव्र अमर्षपूर्वक कहा– "मैं महाराज भरत नहीं, केवल भरत हूँ, दासी! मुझ पर दया कर और ये राजउपाधियों की विडम्बना से मुझे आघात न दे। मैंने महारानी कैकई की प्रार्थना पर अभय दिया है, किन्तु तू उसका दुरुपयोग कर रही है। कैकई को राजमाता कह–कह कर तू समस्त राज-प्रासाद में विक्षोभ उत्पन्न कर रही है। शत्रुघ्न तेरे इस आराजक व्यवहार से अब झुंझला उठा है। मैं तुझे सावधान करता हूँ– अपनी स्वामिनी के प्रासाद के एक एकान्त कक्ष में बैठी रह! समझी?"

"अन्यथा........?" मन्थरा ने सव्यंग्य पूछा– "भूगर्भ? मृत्यु?......... क्या?" मन्थरा गर्ज कर बोली– "किन्तु राजा भरत! अपनी स्वामिनी सखी व पुत्रवत् महारानी कैकई के अटल हितों की रक्षा के लिए मैं अपने प्राणों का मूल्य भी कम समझती हूँ।"

"मन्थरा!" भरत ने आर्द्र स्वर में तीव्र अमर्ष पूर्वक कहा– "अभी श्री राम के वनवास को तनिक समय ही हुआ है। वे चित्रकूट को अभय प्रदान कर

दण्डकारण्य की ओर चले हैं। आर्यावर्त के अरण्य कान्तारों के अभय को पुष्ट करने की समस्या शत्रुघ्न के सामने है। मैं स्वयं चाहता हूँ कि कौशल राज्य का अटल अमोघ संरक्षण आर्य भूमि के अरण्य अंचलों को सदैव के लिए दिया जाये। इसके लिए सभी आर्य नृपतियों को चित्रकूट में आमंत्रित करना चाहता है– शत्रुघ्न! ऐसी कोमल स्थिति में तुम राजमाता का यह झगड़ा क्यों फैला रही हो?"

"मेरी स्वामिनी तुम्हारी दृष्टि से कलंकिनी है, पापिन और दुष्टा है। मेरी दृष्टि में वह रानी है, महारानी है, पुत्री है, सखी है, भरत महात्मा! महारानी कैकेई–तुम्हारी माँ–मेरी दृष्टि में एक उल्लेखनीय राज्ञी है। राम के लिए वनवास नहीं माँगती तो क्या तुम्हारा राम अयोध्या का वैभवशाली राजमन्दिर त्याग कर वन की ओर जाता? कौशल के भीत और त्रस्त महाराज्य का यह आर्य जागरण होता? भविष्य की सूक्ष्म दृष्टि से देखो–सोचो; मेरी स्वामिनी ने आर्यावर्त का उपकार किया है, अथवा नहीं?"

भरत ने कहा– "उपकार? अपकार, दासी!"

"अपकार।" मन्थरा भिनभिनाई– "तो क्या जगद्कल्याण केवल श्री राम ही कर सकते हैं? स्तुतियों और स्वस्ति वाचनों से कभी क्या कल्याण हुआ है? परित्राण हुआ है? नहीं। श्री राम अयोध्या के राज्य के राजभवन में बंधे क्या कर लेते? अपने अश्वों की परिचर्या करते, अयोध्या के ब्राह्मणों को राज्य–कोष लुटाते, दान देते, पुण्य करते और आखेट खेला करते। यह सीधा सरल राजधर्म तुम पाल ही सकते थे-"

"मन्थरा! अब बस" भरत ने कहा– "अन्यथा मेरा शान्त धैर्य भी अब धीरज त्याग रहा है।"

तभी शत्रुघ्न ने पीछे से पुकारा– "कौन? मन्थरा!"

मन्थरा भयभीत–त्रस्त काँपी, घूमी और हड़बड़ा कर बोली– "हाँ मैं! महारानी कैकेई का सन्देश लेकर आई थी।"

"महारानी कैकेई की प्रत्येक इच्छा, कथन तथा सन्देश सर्वप्रथम मुझे बताए जाएंगे। श्रद्धेय महात्मा भरत की शान्ति को भंग कोई नहीं कर सकता– ब्रह्मा, विष्णु और महेश भी नहीं। श्री राम–पादुका के अनन्य चंचरीक महात्मा भरत, धर्म–मूर्ति भरत को मन–वचन–कर्म से क्षुभित करना अक्षम्य अपराध है, सुना?"

"जी, सुना! जाती हूँ!" मन्थरा ने कहा।

तभी शत्रुघ्न ने ताली बजाई। प्रतिहारी मानो दिशाओं से प्रकट हुए। शत्रुघ्न ने कहा– "इसे ले जाओ और इस राजप्रासाद के एकान्त, बीहड़ कक्ष में बन्द कर दो। ढेर सी मालाएं इसे दो और दोनों समय भोजन भी परोसो; परन्तु किसी को भी इससे मिलने मत दो। जाओ, ले जाओ इसे–इस कलमुँही, दुष्टा को ले जाओ!"

* * * * *

कैकई के प्रासाद के प्रांगण में आते ही मन्थरा ने झटका देकर स्वयं को छुड़ा लिया था और कैकई के अन्तरंग निवास की ओर भाग गई। गिरती–पड़ती पुनः उठती हुई वह कैकई को पुकारती जाती थी। चौंक कर कैकई जाग उठी और मन्थरा की चीत्कारों की दिशा में दौड़ कर गई थी। तभी प्रतिहारिओं ने मन्थरा को पुनः थाम लिया था। कैकई ने तब पूछा था– "क्या बात है? इसको क्यों सता रहे हो?" प्रतिहारियों के नायक ने कहा– "राजाज्ञा श्रीमती! आपकी यह दासी महात्मा भरत की शान्ति भंग कर रही थी। जी नहीं, धर्मात्मा भरत को यम भी अशान्त नहीं कर सकते। महाराज शत्रुघ्न ने इसे समझाया, परन्तु यह न जाने कौन सा राजनीति शास्त्र छानने लगी– तो यह दण्ड!"

"दण्ड? क्या?" कैकई के विस्फारित नेत्रों ने पूछा था।

प्रतिहारियों के नायक ने कहा था– "सुदूर एकान्त कक्ष में निगड़ एकान्तवास माला जपेगी और दो बार भोजन पाएगी। यह तो श्रीमती आपकी दासी जो ठहरी; अन्यथा अन्य होता तो भूगर्भ में ढकेल दी जाती।"

कैकई ने तीव्र अमर्षपूर्वक पूछा– "पाप मैंने किया है– इसने नहीं! छोड़ दो इसको! शत्रुघ्न को दण्ड ही देना है तो वह मुझको दे सकता है! मैं मूक हूँ– निरीह हूँ, नायक! जा अपने स्वामी से मेरी यह बात कह दे!"

"मुझे बचाओ, रानी!" मन्थरा ने रोते हुए चिल्लाकर कहा। "यह शत्रुघ्न, भरत क्या हृदयहीन हो गए हैं? श्री राम के प्रति प्रेम ने उनको तुम्हारे प्रति इतना निर्मम बना दिया है। कैकई! अब क्या होगा? दुहाई है....... मुझे बचाओ। उस एकान्त कक्ष में मैं कैसे रहूँगी? राजप्रासाद के प्रकोष्ठों में जब तक तुम्हारी जय नहीं बोलूँ तब तक मुझे चैन नहीं मिलता। शत्रुघ्न मुझे भूगर्भ में भले ही ढकेल दे– वहाँ भी मैं उस निविड़ अंधकार से कहूँगी– राज भरत का; राजमाता मेरी कैकई।"

कैकई ने सहसा तनकर कहा था– "छोड़ दो इसको! यह मेरी आज्ञा है– राजमाता की आज्ञा है! अनवरत मौन धारण कर, मूक तथा दीन–हीन भाव से रहकर मैं प्रायश्चित्त करना चाहती थी, किन्तु यह भी कदाचित् यह भरत नहीं चाहता।"

तभी शत्रुघ्न ने प्रगट होते हुए कहा– "महात्मा भरत आपका कल्याण चाहते हैं। मन की शान्ति तो आपको ही खोजनी होगी। आपके लिए या अपने आत्मीय के लिए राज्यलिप्सा से बढ़कर कोई भी अग्नि नहीं है।"

"मन्थरा एकान्त कक्ष में नहीं जायेगी।" कैकई ने जैसे अन्त में कहा था– "मेरे साथ रहेगी, मेरे कक्ष में।"

शत्रुघ्न ने कैकई को घूरते हुए कहा था– "क्या यही सच्चा पश्चाताप है? होगा?"

कैकई ने तब तीव्रतापूर्वक कहा– "तू छोकरे! संसार और संसार की रीति! को क्या जाने? तेरे महात्मा भरत भी नहीं? राजनीति तो वह तुम सबका आराध्य राम ही जानता है। देखा नहीं; पादुका ले आकर और यों श्री राम–राज्य की अगवानी का आरम्भ करवाकर भरत ने श्री राम का अनुचरत्व ही स्वीकार किया है।"

शत्रुघ्न ने कहा– "यह सत्य है, श्रीमती! मैं, महात्मा भरत, कौशल का रघुवंश सब प्रजा सेना, गणमान्य, ऋषि–मुनि–सब श्री राम के अनुचर हैं, दास हैं। श्री राम ही हमारे गुरु हैं, स्वामी हैं, राजा–महाराज हैं।"

कैकई ने तब जैसे अन्तिम बार कहा– "तुमने मुझे जननी रूप में त्यागा है तो क्या मैं तुम्हें पुत्र रूप में त्याग नहीं सकती हूँ? त्याग सकती हूँ; किन्तु मैं आत्महत्या नहीं कर सकती। शत्रुघ्न भरत से कह दें, मैं भी श्रीमती कौशल्या के चरण पखारूँगी। अब बस?"

"जी, बस!" शत्रुघ्न ने कहा था।

कौशल्या ने जब यह सुना तो कैकई के राजमन्दिर में दौड़ी आई– "कैकई! बहन?"

"कौन?" चमक कर कैकई ने कहा– "कौन मुझे पुकार रहा है?"

"यह तो मैं कौशल्या" कौशल्या ने कहा– "तुम............ तुम बहिन! मेरे चरण पखारोगी? नहीं.......... नहीं, तुम मेरी बहिन हो। उनकी प्रिय पत्नी होने के नाते तुम

हम सबकी प्रीति- भाजन हो।" मैंने शत्रुघ्न को डांट कर कहा कि "मन्थरा को बकने दो, किन्तु वह तुम्हें आर्त न करेकि"

कैकई हड़बड़ा कर उठी- "क्या कहा है? तुमने उस राज्यमद-मदान्ध शत्रुघ्न को बरजा? मन्थरा के बिना अकेली मैं कैसे जीऊँ- तुम्हीं कहो कौशल्या! मैं पुत्रों द्वारा त्यक्त, समाज द्वारा तिरस्कृत, राज्य द्वारा उपेक्षित- मैं, मैं एक विधवा हूँ। पूत होते हुए भी निपूती हूँ।"

"नहीं, श्रीमती कैकई! नहीं।" महारानी कौशल्या अत्यन्त आर्द्र स्वर में बोली- "तुम कौशल नरेश की ब्याहता वधू तथा तुम चक्रवर्ती महाराज राजराजेश्वर दशरथ की अत्यन्त प्रिय राझी हो, हमारी बाँधवी, बहिन हो। रूपगर्व किसे नहीं हुआ? यौवन का उद्धाम किसे नहीं सताता? राजा पर सम्मोहित वश किसको अहम् वश नहीं करता? जो होना था- वह हो गया! श्रीमती कैकई!"

कैकई ने महारानी कौशल्या को शून्य दृष्टि से घूरा, मन्द स्वर में बोली- "बहिन-मैं? आपकी? विधवा पत्नियाँ बहिने हो जाती हैं। वैधव्य का दुःख ही यह कर देता है, अन्यथा क्या सौतें बहिन हो सकती हैं? नहीं, मैं आपकी सौत थी और आज भी हूँ, तभी तो राम के लिए मैंने वनवास माँगा। तभी तो मैं चाहती थी- सीता-राम सदैव के लिए कौशल राज्य की सीमा से निष्कासित हो जाएं-रहें। किन्तु भरत ने मेरा यह मनोरथ ध्वंस कर दिया। इस मेरे पूत ने मुझे झकझोर कर रख दिया। मेरे मन की आँखें खुल गई हैं। पूत के लिए माँ सदैव, अनादि से ऐश्वर्य, राज्य तथा वरदान माँगती आ रही है- माँगती चली जाएगी। तो मैंने भी भरत के लिए राज माँगा, सुना? महारानी जी सुना आपने?"

कौशल्या ने मन्द स्मित पूर्वक कहा- "सुना-सुन जो रही हूँ। फिर तुम्हारे विवाह की यह प्रतिज्ञा भी थी। महाराज ने हमें यह प्रतिज्ञा कभी नहीं बताई।"

"बताई होती तो?" कैकई ने गुर्राहट सी की।

"तो हम सौत नहीं होती, बहन होती।" कौशल्या ने कहा- "तो तुमको राम के लिए वनवास और भरत के लिए राज्य-यह दो वरदान माँगने की आवश्यकता ही नहीं होती। तुम्हारे और महाराज के विवाह की प्रतिज्ञावश भरत सहज ही राजा भरत हो जाते। अपने पतिदेव की प्रतिज्ञा पालना हमारा भी कर्त्तव्य है, धर्म है- होता, कैकई!"

"यह भरत" कैकई ने सिर धुनाकर कहा– "कभी-कभी सोचती हूँ– यह मेरा पूत भरत– क्या है वह?"

"साक्षात् धर्म स्वरूप है भरत, महात्मा!"– कौशल्या जी ने कहा– "भरत को राज्य नहीं, सत्य ही चाहिये। भरत को ऐश्वर्य नहीं, त्याग ही अपेक्षित है। राजधर्म की अखण्ड तपस्या ही भरत की अन्तरंग चेतना है। सच तो यह है हम अपने इन पुत्रों को जानते ही नहीं; समझते ही नहीं।"

"भरत का कोसना मुझसे सहा नहीं जाता, महाराणी जी!" कैकई ने सहसा रोते हुए कहा– "मुझे भी राज अब नहीं चाहिये– कुछ नहीं चाहिए मुझे पुत्र द्वारा सम्मान, प्रेम, आदर चाहिये। भरत की आँखों से गिर कर अब मैं जीना नहीं चाहती।"

कौशल्या हँसी, बोली– "प्रारब्ध तो भोगना ही होगा बहिन कैकई! श्री राम भरत को निर्मल कर देंगे। पूत कपूत हो सकता है पर तुम जननी क्या कुजननी–कुमाता हो सकती हो? नहीं ....नहीं।"

"मैं........ मैं भरत की माँ हूँ भी?" कैकई ने कहा– "मेरा रक्त भरत की नसों में क्या जल गया है? रघुवंश का दिव्य तेज ही तब उसकी धमनियों में प्रज्जवलित है। भरत....... कौशल्या जी! भरत एक बार मुझसे प्रेम से बोल ले, बस........ मैं सन्यासिनी होकर राजप्रासाद त्याग दूँगी।"

"मैं लाऊँगी भरत को तुम्हारे पास, बहिन!" कौशल्या ने कहा– "और सन्यासिनी होने की बात छोड़ो। वनवास की अवधि पूरी होने पर सीता, राम, लक्ष्मण का स्वागत तुम्हें करना है। समझी? मैंने शत्रुघ्न को कह दिया है, मन्थरा को लेकर वह तुम्हें संतप्त नहीं करें।"

"आभारी हूँ, राजमाते!" कैकई ने कहा।

"नहीं..... नहीं, श्रीमती कैकई! मैं, नहीं तुम–तुम।"

कैकई सहसा अट्टहास्य हँस पड़ी– "मैं राजमाता? मैं? पति ने वनवासी पुत्र, पुत्रवधू और द्वितीय पुत्र के वियोग में प्राण त्यागे। मेरी माँग का सिन्दर पुछ गया, मेरे वलय टूटे, मेरे श्रृंगार छूटे। तुम सब सहपत्नियों को दुःख तो हुआ, किन्तु मेरी दशा देख कर मन ही मन प्रसन्न भी हुई-सन्तोष भी हुआ। हुआ या नहीं?"

कौशल्या– "हमने तुम्हारे अहंकार, तुम्हारे रूपगर्व तथा वर्चस्व की कुचेष्टाओं को मूक ही सहन किया है। राझी कैकई! इस समय तो तुम अपने अन्तरात्मा में देखो।"

"देख रही हूँ। राम ही सर्वत्र है। मैं नहीं, तुम नहीं, पुत्र-पौत्र, कलत्र-कोई भी नहीं।"– कैकई चिल्लाई– "केवल वनवासी राम-वह शान्त प्रसन्न सीता तथा वह उद्दाम अमर्ष जीवित लक्ष्मण।"

"कैकई! शान्त।" कौशल्या जी ने कहा।

"एक बार भरत मुझ से सादर बोल ले, बस।"– कैकई।

"मैं भरत को लाकर तुम्हारे चरणों में झुकाऊँगी। बस......... अब शान्त हो जाओ"– कौशल्या ने कहा।

"तुम्हारी चिर कृतज्ञ रहूँगी, बहिन!" कैकई ने सुबकते हुए कहा– "मेरे शेष जीवन का प्रत्येक क्षण प्रायश्चित का ही क्षण हो गया है।"

"नहीं बहिन! नहीं!" कौशल्या जी ने कैकई को आश्वस्त करते हुए कहा– "प्रायश्चित? राम को वनवास देने का? नहीं! भरत को राज्य तो तुम्हारे विवाह का आधारभूत आग्रह था और भरत को राज्य देने के मनोरथ का कौन विरोधी था, हो सकता था? वह यह चाहते, राम यह चाहता था। भरत और राम एक तथा अविभाज्य ही हैं। फिर राज्य सत्ता ही सब कुछ है। मेरा राम तो जन्मजात विरागी है– उसको कुछ भी नहीं चाहिये। हाँ सच कहती हूँ बहिन!"

"राम को कुछ नहीं चाहिये?" कैकई मानो जागी हो, यों बोली।

"राम न जाने क्या है? वह रागी भी है, विरागी भी है। राग में विरागी....... वैराग्य में रागी। समदर्शी, संयमी, धर्मधारक, सत्यवक्ता तथा न्यायी राम-ऐश्वर्य, सत्ता तथा बल कुछ भी तो नहीं चाहता। करता रहता है दुष्टों के दलन तथा भक्त, सन्त, साधु सज्जन, ऋषि-मुनि तथा आश्रम गौ तथा आर्य्य भूमि माता के अभय और सौभाग्य के लिए ही वह जन्मा है। राम को वन भेजने के तुम्हारे संकल्प से मैं अप्रसन्न तथा रुष्ट थी, किन्तु अब विधाता का इंगित स्पष्ट हो रहा है।"

कैकई ने अपनी तीक्ष्ण भवें उकेरते हुए मानो मूक ही पूछा– "क्या? आर्यावर्त का उद्धार बहिन।" कौशल्या बोली- "राक्षसों के जघन्य अत्याचारों से मुक्ति,

अभय, शान्ति। राम का यह वनवास भारतवर्ष को जगाने; अधर्म–अत्याचार को समाप्त करने तथा आर्य्य संस्कृति एवं सभ्यता के उद्धार के लिए तीर्थ–यात्रा ही सिद्ध हो रहा है। वस्तुतः कैकई! तुम्हीं ने न चाहते हुए भी जगत–कल्याण का शुभारम्भ किया है। अतः शान्त हो जाओ। राम की प्रतीक्षा में हमारे साथ क्षितिज–पार देखा करो।"

कैकई की बड़री आँखें आँसुओं से भर आई– "शत्रुघ्न से कह दो– मन्थरा को क्षमा कर दे।"

7

नन्दीग्राम की भरत–कुटिया के विशाल प्रांगण में ऋषि–मण्डल, मंत्री–परिषद, सेना के वरिष्ठ अधिकारी एवं गण्य–मान्य नागरिकों की सभा जुड़ी। भरत कुश-आसन पर बैठे तथा महर्षि वशिष्ठ भी राजपुरोहित के आसन पर बिराजे। प्रातःकाल के दुधिया सुनहले वातावरण में एक हलचल भी थी– चुपचापी भी थी। शत्रुघ्न ने भरत की ओर देखा। भरत ने सस्मित मौन ही 'हाँ' कहा। शत्रुघ्न ने कहा– "समय आ गया है, कौशल महाराज्य पुनः आर्यावर्त को प्रजा–कल्याण तथा धर्म की रक्षा के लिए आर्य्य सभ्यता के परित्राण एवं संस्कृति के पुनः मंगलोत्थान के लिए पहल करें। अत्याचारियों, अधर्मियों तथा आर्य्य–सभ्यता के वैरियों के विरुद्ध श्री राम ने जनक्रान्ति का मंगलारंभ चित्रकूट कान्तार के राक्षस जनस्थानों के ध्वंस के साथ कर दिया है। रघुवंशमणि, इक्ष्वाकु–कुल के जाज्वल्यमान सूर्य महापुरूष श्री राम ने नंगे पाँव भारतवर्ष के आश्रमों तथा उनके यज्ञों की रक्षा का गुरुतर दायित्व उठा लिया है। श्री राम–बाण जाग उठा है और राक्षसों के वर्तुल छिन्न-भिन्न होने लगे हैं। श्री राम दण्डकारण्य की ओर चल दिये हैं, जहाँ श्रीलंका के राजा रावण का उप राज्य शिविर है। हमें निश्चित् सूचना मिली है कि महात्मा श्री राम दण्डकारण्य का राक्षसों का आधिपत्य मिटा कर ही रहेंगे। अतः धर्ममूर्ति महात्मा भरत की प्रेरणा से हमने यह निश्चय किया है– ऋषि–मण्डल एवं मंत्री–परिषद् में यह प्रस्ताव स्वीकार किया है कि चित्रकूट से दण्डकारण्य तक की अरण्य आर्य्य भूमि के आश्रमों, घरों, पड़ौसों तथा समूची प्रजा की रक्षार्थ, आर्य्य क्षत्रिय नरेशों से आग्रहपूर्वक निवेदन किया जाय। अपनी–अपनी सेना के शक्तिशाली गुल्मों के साथ आर्य्य क्षत्रिय नृपति अपने पड़ौस के आर्यावर्त की अहर्निशि रक्षा करें। अयोध्या के कौशल राज्य की सीमाओं के आर्य्य राज्यों तथा जनजाति गण–नरेशों को भी हमने पुकारा है।"

"धन्य!" ध्वनि उठी।

"आज आर्यावर्त आर्य्य–प्रजा के रक्त का कीच हो गई है। अधिकांश हमारे आश्रम ध्वस्त हैं, अरण्यवासी रात–दिन भय–त्रस्त, भयभीत रहते हैं। असंख्य

यज्ञस्थल आज भी निर्जन–से हैं। श्री राम ने जिन यज्ञ–मण्डपों की रक्षा की है, वहाँ भी राम तो रह नहीं सकते। हमें ही उनकी रक्षा करना है। श्री राम राक्षसों के संहार का अपना अपराजित संकल्प कर चुके हैं। मुझे सूचना है कि ऋषि–मुनियों की हड्डियों के ढेर देख कर श्री राम का रोम–रोम सिहर उठा है और उन्होंने प्रतिज्ञा की है कि वे भूतल से राक्षसों का सर्वथा नाश करेंगे। उनका नाराच बाण अब राम–बाण के रूप में पूजा जाने लगा है।"

"राम–बाण! श्री राम–बाण!" ध्वनि उठी।

शत्रुघ्न ने कहा– "अतः आपकी आज्ञा से, मैं निकट और दूर के आर्य्य नृपतियों के दर्शन कर उनको इस महान राम–काज में सन्नद्ध करना चाहता हूँ। मुझे पूर्ण विश्वास है कि महात्मा धर्ममूर्ति तपस्वी महाराज भरत का आग्रह वह नहीं टालेंगे।"

एक गण ने पूछा– "जनक! विदेह जनक?"

"विदेह जनक? क्या?" शत्रुघ्न ने पूछते हुए कहा– "विदेह होते हुए भी राजेश्वर जनक ने राजधर्म का त्याग नहीं किया है। वह कीर्तिकाय पुण्यमूर्ति महाराज जनक ही आर्यावर्त के आर्य्य क्षत्रियों की एकता के लिए हमारी अजस्र प्रेरणा तथा प्रकाश होंगे।"

दूसरे गण ने पूछा– "इस अनिवार्य कार्य के लिए क्या यह सभा आवश्यक थी?"

"थी–है तथा रहेगी।" शत्रुघ्न ने कहा– "प्रजा की अनुमति तथा निश्चित् स्वीकृति के बिना राज्य का प्रयत्न कभी सफल नहीं होता– नहीं हो सकता है। राज्य–तंत्र का कोई भी रूप–स्वरुप हो, परन्तु राज्य की समग्र शक्ति प्रजा की सहमति, अनुमति और स्वीकृति ही है। हमें स्मरण रहे, श्री राम–पादुका का यह राज्य अन्ततोगत्वा जन–मन रंजन के लिए श्री राम राज्य के अटल नियंत्रण के लिए ही है। श्री राम– वनवास की अवधि पूरी होते–होते हमें समग्र तथा समस्त आर्यावर्त तथा आर्य्य– सभ्यता के व्रती, लोकसमुदायों का एक महामण्डल स्वरुप ग्रहित करना ही होगा। श्री राम जब अयोध्या लौटेंगे, तब भारत ही नहीं; पृथ्वी के चक्रवर्ती की भांति ही लौटेंगे। हम अयोध्यावासी, कौशल महाराज्य की जाग्रत प्रजा श्री राम को त्रैलोक्य का राज्य समर्पित करेंगे।"

"अवश्य–अवश्यमेव!" मेदिनी पुकार उठी।

भरत मन्द–मन्द मुस्कुरा उठे और उन्होंने महर्षि वशिष्ठ की ओर निहारा; कहा– "गुरुदेव!"

महर्षि वशिष्ठ ने अपना अभय वर–हस्तलाघव गगन में उठाया। उपस्थित जन– समुदाय को आशीर्वाद प्रदान करते हुए महर्षि वशिष्ठ बोले– "श्री राम जन्म का रहस्य मुझे ज्ञात है। साक्षात् अग्निदेव ने ही प्रातः स्मरणीय महाराज दशरथ और उनकी शीर्षस्थ राज्ञियों को चार तेजस्वी महान पुत्रों के प्रसव का वरदान दिया था– राम, लक्ष्मण, भरत और शत्रुघ्न, श्री हरि नारायण विष्णु के ही तेजस हैं। भूमि का भार उतारने तथा गौ–ब्राह्मण के कष्ट हरने के लिए ही यह दिव्यतम अंशी महाराज कुमार भगवती कौशल्या, मंगलमयी सुमित्रा तथा बहुश्रुत राज्ञी कैकई की गोद में आये हैं। भारतवर्ष के आश्रमों के यज्ञों की पवित्र वह्नि–ज्वालाओं का सम्पूर्ण तेज हमें श्री राम के बड़े गहन कंज–नयनों में मिलेगा। मैं तो जब भी श्री राम की शान्त चिर प्रसन्न आँखों में देखता हूँ। मुझे........ मुझे परमात्मा की जैसी झाँईं ही दिखती है। राम असामान्य महामानव हैं, महापुरुष ही हैं। स्वयं भगवान परशुराम ने भी श्री राम को लोकमंगल का यज्ञपुरुष ही माना है। मुझे निश्चय है कि श्री राम श्री नारायण हरि के मनुजावतार हैं– माया मनुष्य हैं। शिशु–अवस्था से आज दिवस तक श्री राम का जीवन मानो चारों वेदों का पारायण ही है। त्याग तथा तितिक्षा, वैराग्य तथा शास्त्रों एवं विद्याओं के कोष–स्वरुप श्री राम मानो ज्ञान का ही स्वरुप हैं। अतः श्री राम का काज ही पृथ्वी को भयरहित करना है; गौ–ब्राह्मण का परित्राण करना है; आश्रमों का उद्धार करना है तथा यज्ञों की त्रिकाल को पवित्र, तेजोमय करने वाली वह्नि–ज्वालाओं को अक्षुण्ण करना है। धर्म की हानि तो हो ही रही थी, किन्तु अब ग्लानि हो रही है। राक्षसों के भय से आर्य्य क्षत्रिय और नरेश इतने कातर हो गये–भयत्रस्त, भयभीत हो गए। यही कारण था कि महर्षि विश्वामित्र को अयोध्या के राजमन्दिर आकर श्री राम–लक्ष्मण को माँगना पड़ा था। तो क्या अन्य क्षत्रिय कुमार नहीं थे? क्या अपने–अपने राज्य की रक्षा में, दुबके हुए क्षत्रिय नरेश नहीं थे? स्वयं महाराज दशरथ थे, किन्तु महर्षि विश्वामित्र ने महाराज दशरथ से भी श्री राम लक्ष्मण को ही अपने आश्रम तथा यज्ञ की रक्षार्थ माँगा। क्यों? श्रीमद् महर्षि विश्वामित्र दिव्य चक्षुओं से श्री राम–लक्ष्मण को देख चुके थे– जान चुके थे। वह महात्मा भरत तथा राज्यश्री शत्रुघ्न को भाँप चुके थे। आर्यावर्त के भविष्य तथा आर्य्य जाति के भाग्य के लिए, जगत कल्याण तथा प्राणियों के अभय एवं विश्व के मंगल के लिए ही इन चारों भाइयों का अवतरण इस भूतल पर हुआ

है। अतः श्री राम-पादुका की शपथ लेकर मैं आर्य्य क्षत्रिय तथा नरेशों से निवेदन करता हूँ कि वह भी राम-काज के लिए सन्नद्ध हो जाएं। आज हम श्रीमान शत्रुघ्न के महासेनापतित्व में, श्री राम के काज का लोकयज्ञ ही आरम्भ करते हैं। हम सर्वप्रथम राजा जनक से ही निवेदन करेंगे; क्योंकि आज आर्य्य-जगत में राजराजेश्वर महाराज जनक ही योगीश्वर महाराज हैं। महाराज जनक का आशीर्वाद तथा समर्थन महाराजकुमार शत्रुघ्न को चाहिये।"

"अवश्य! महाराज जनक अपने समधी भी हैं।"

महर्षि वशिष्ठ– "समधी तो हैं ही; अब हमारे अग्रणी भी हैं; आर्य्य क्षत्रियों के पितामह स्वरुप हैं।"

सहसा भरत उठ खड़े हुए। गगन में हाथ उठाते हुए वह बोले– "श्री राम! जय राम! महात्मा विदेह राजा जनक हम आर्य्य क्षत्रियों की मंगलजन्य शक्ति के अगाध स्त्रोत हैं, रहेंगे। राजा जनक राजा बाद में, प्रथमतः वह राजयोगी हैं। भारतीय वेदान्त दर्शन की मानो महाराज राजराजेश्वर जनक प्रतिमूर्ति हैं। विदेह श्रीमान जनक जी ने सिद्ध कर दिया है कि वेदान्त चारों वर्गों और चारों आश्रमों का अनादि सत्य, सनातन दर्शन है। अतः मैं स्वयं विदेह राज, योगधर्मा जनक महाराज से निवेदन करूँगा।.......... शत्रुघ्न के हाथ निवेदन प्रेषित करूँगा। श्री रामजी के भरत जन जागरण के लिए इस तापसी अभियान की दूसरी पहल सांस्कृतिक समन्वय कर, आप करें। हम तो सभी अनुज हैं। आप क्षत्रियों में बड़े! ऋषि-मुनियों के समादृत, अनुभव-वृद्ध राजा हैं। राम-राज्य की अगवानी के लिए जिस संस्कृति का मनोराज्य आवश्यक है, वह आप अपने दिव्य चक्षुओं के दृष्टिकोण मात्र से कर सकते हैं। अतः मैं सार्वजनिक रूप से आप सबके मध्य उपस्थित हूँ, यह निवेदन करता हूँ कि आर्य्य भूमि की रक्षा तथा सनातन धर्म के पुनः-पुनः उत्थान के लिए श्री रामजी को पृष्ठ-बल प्रदान करो। यह प्रार्थना मैं भारतवर्ष के प्रत्येक क्षत्रिय तथा प्रत्येक आर्य्य नरेश– नृपति से विनय पूर्वक करता हूँ।"

* * * * *

विदेह राजेश्वर जनक अपने रत्न-खचित सिंहासन पर निश्चल सुशोभित थे। आर्यावर्त से पधारे आर्य्य नृपतिगण भी अपने-अपने आसनों पर स्थित थे। जनकपुर के गण्य-मान्य नागरिक भी थे और तापसी, साधक और सज्जन भी

उपस्थित थे। वातावरण में शान्ति थी। जैसे-सभी मन ही मन शान्त रहने का मूक उपक्रम कर रहे थे। सहसा विदेह जनक जैसे जाग्रति में जगे तथा शान्त स्मितपूर्वक बोले– "श्री राम-लक्ष्मण और सीता दण्डकारण्य पहुँचने में हैं। श्री राम-वनवास के प्रत्येक चरण का हम ध्यान रखते आए हैं। हमारी वरेण्य पुत्रियाँ इक्ष्वाकु वंश की कुल वधूएँ हैं। सीता ने तो राजप्रासाद के वैभव-त्याग तथा पति के साथ वन-वन फिरने के अपने-पतिव्रत्य द्वारा अपने दोनों ही कुलों को तार दिया है। उर्मिला ने अपनी एकान्त तपस्या द्वारा हमें धन्य कर दिया है। माण्डवी तो जैसे धर्ममूर्ति भरत की शक्ति ही है। श्रुतकीर्ति अपने पति महाराज शत्रुघ्न का निश्चिन्त विश्वास है। निश्चय ही श्री राम– पादुका का यह राज्य संसार में अनोखा राज्य है। यह सत्य ही है कि श्री राम-पादुका का राज्य स्थापित कर महात्मा भरत ने श्री राम के वनवास की अवधि को लोकप्रतीक्षा का समय सिद्ध कर दिया है। हम सभी आर्य्य क्षत्रिय नृपति नरेश ब्राह्मण, वैश्य, शूद्रादि सभी नागरिक तथा गण निस्संदेह ही श्री राम के वनवास काट कर पुनः अयोध्या लौटने के मंगलमय दिवस की प्रतीक्षा कर रहे हैं। हम स्वयं इस प्रतीक्षा में जैसे समाधिस्थ हैं।"

नरेशों ने सम्मिलित स्वर में कहा– "आज्ञा दीजिये भवान्!"

राजा जनक ने कहा– "हम ब्राह्मणों, ऋषि-मुनियों तथा भक्तजनों के किंकर हैं। हम आर्य्य नृपतियों के पृष्ठबल हैं। हमारी धरती और धन की कोई भी इच्छा शेष नहीं है। हम चाहते हैं– मानव योनि के असंख्य मानवों को सच्चिदानन्द ब्रह्म की विश्वस्त जानकारी हो। अपना वर्णाश्रम धर्म पालते हुए भी सभी वर्ण परम् सत्य की खोज के लिए कर्षित हों। ज्ञान, मित्रों! सहयोगियों! नृपति बन्धुओं! ज्ञान! मानव-जाति को राज्य बाद में, ज्ञान पहले चाहिये। शास्त्र से निपुणता ही बढ़ती है। स्मृतियों से जीवन-यापन में धर्म का धारण ही होता है। विद्या से बुद्धि समृद्ध एवं फलवती होती है, किन्तु शास्त्र, स्मृति, विद्या आदि यदि ज्ञान स्वरूप परम् सत्य की ओर उन्मुख न हो तो अन्त में यह सब बौद्धिक अभ्यास मात्र ठहरेंगे। ज्ञान! ज्ञान ही जीवन तथा जगत का प्रकाश है, मूल है। आर्य्य जाति का जन्म वेद से ही हुआ है, होता है तथा चिर काल तक होता रहेगा। अतः हमें ऐसे राज्य की अनिवार्य आवश्यकता है जिससे मानव अपना वर्णाश्रम धारण कर सके तथा अभय पूर्वक परम्-सत्य की खोज कर सके- साधना कर सके। ऐसा राज्य राम-राज्य ही हो सकता है। परम् सत्य के सत्यानन्द के रस से भरपूर तथा निष्काम बुद्धि से

प्रचोदित राम-राज्य ही प्रजा-कल्याण एवं प्राणियों के योगक्षेम को साध सकता है। ऐसे ही राज्य के आविर्भाव के लिए राक्षसों, अत्याचारियों तथा आततायियों का समूल संहार आवश्यक है। श्री राम यही कर रहे हैं।"

"साधु! साधु!!" उपस्थित समुदाय ने एक स्वर में कहा जैसे।

विदेह राजा जनक ने पुनः कहा- "इस समय हमारा एकमात्र कर्त्तव्य है- श्री राम के काज को पूर्णतया सफल करना। आर्य्य जाति तथा आर्य्य सभ्यता के पुनः उत्थान के लिए मानो पृथ्वी पर श्री राम का अवतार ही हुआ है। अन्यथा शिव-बाण और विष्णु-धनुष को स्पर्श मात्र से कौन तोड़ सकता था। जिस शान्त, सौम्य दैदीप्यमान श्री राम के समक्ष दुर्धर्ष भगवान परशुराम भी हतप्रभ अनुभव करने लगे थे, उस श्री राम को मैं दिव्य चक्षु से भी देखता हूँ। श्री राम निस्संदेह वेदान्त पुरुष हैं, माया मनुष्य रूप में श्री हरि का तेज हैं। राम, लक्ष्मण, भरत और शत्रुघ्न- यह चारों भाई तन से अलग हैं, किन्तु मन से एक हैं। दिव्यतम निष्ठा से ये चारों भाई संलग्न हैं, अपार श्रद्धा के ये शान्त साधक हैं। अर्थ, धर्म, काम और मोक्ष- हाँ, इनको-इन चारों पदार्थों की छबियाँ समझो। राम-श्री राम को देख कर मुझे सगुण- निर्गुण का रहस्य समझ में आ गया है। यह निराकार ब्रह्म ही क्या, जिसमें सच्चिदानन्द सगुण प्रतिभासित नहीं होता हो। ब्रह्म वह परम् तत्व है जो अनन्त है, अलक्ष्य है, अभेद्य है, जो निराकार है, किन्तु लीलावशात् सगुण रूप में भी व्यक्त होता है। मैं इस समय राम को जैसे सबकी आँखों में झबकता हुआ पाता हूँ। अवश्यमेव श्री राम महामानव, महापुरुष तथा वेदान्त स्वरुप हैं। भूमि का भार उतारने को ही वे अपने परमधाम से जन्म-मरण का भव-बन्ध स्वीकार कर अवतरे हैं, पधारे हैं। आइये उनका काज पुरा करने में हम भी सहयोग करें।"

"आज्ञा दीजिये।" - कई स्वर गूँजे।

शत्रुघ्न ने राजा जनक को प्रणाम कर कुछ कहने की अनुमति माँगी। विदेह जनक ने स्मितिपूर्वक कहा- "अब कहो, आप शत्रुघ्न जी! हम केवल सन्देश ही दे सकते थे, आज्ञा नहीं। यहाँ उपस्थित सभी लोग, नृपति, नरेश सब स्वायत्त हैं, स्वतंत्र राज्यों के अधिपति हैं। हम विदेह इनको आज्ञा नहीं, सन्देश ही दे सकते थे। राजा ही राजाज्ञा दे सकता है।"

शत्रुघ्न ने कहा- "हम कौशल के ही राजकर्त्ता हैं- सबके नहीं।"

गुरु वशिष्ठ ने बीच में ही कहा– "भूमि का विस्तार तो राज्य की सीमा मात्र है। किन्तु राज्य तो अन्ततः संस्कृति का दिव्यतम प्रसार है। कौशल राज्य और इक्ष्वाकु वंश, रघुवंश सनातन से आर्य्य वृत ही नहीं, समस्त जम्बूद्वीप में शीर्षस्थ माना गया है। महाराज दशरथ भूमि की सीमाओं के चक्रवर्ती नहीं थे। कौशल के राज्य-सिंहासन को उन्होंने आर्यावर्त की शक्ति स्वरुप ही संग्रहित किया था। ऋषि-मण्डल ने ही सार्वभौम आर्य्य-समुदाय तथा राज्य के वर्चस्व के लिए महाराज दशरथ को प्रेरणा दी थी। अतः किसी भी नृपति को हम सहयोग के लिए निवेदन तो कर ही सकते हैं। आर्य्य जाति, आर्य्य- सभ्यता तथा वर्णाश्रम धर्म की संस्कृति की रक्षा, पोषण तथा उत्थान के लिए कौशल के नेतृत्व का सहयोग करें, कृपया!"

नृपतियों के एक पीठ-नरेश ने सविनय कहा– "श्री राम का आश्चर्यकारक पुरुषार्थ ही हमें दर्शाता है कि हम एक महान नेतृत्व के सहयोग के लिए नियंत्रण पा रहे हैं। महर्षि विश्वामित्र यों ही राम-लक्ष्मण को अपने यज्ञ की रक्षार्थ नहीं ले जाते! भयंकर-प्रलयंकर राक्षसों का धैर्य पूर्वक संहार करने वाले श्री राम हमारे भी राजराजेश्वर हैं।"

दूसरे नृपति ने सिर धुनाया, कहा– "आश्चर्य है, ऐसे परम् तेजस्वी पुत्र को राजा दशरथ ने वनवास देना स्वीकार कर लिया। परन्तु धर्म की गति विचक्षण है। महारानी कैकई को न जाने क्या सुझा था।"

तीसरे नृपति ने सहसा कहा– "राज्य!"

शत्रुघ्न ने कहा– "तो राज्य महाराज भरत को मिला और महात्मा भरत ने उसको श्री राम के चरणारविन्दों में अर्पित कर दिया। श्री राम-पादुका की साक्षी से हम आप सब आर्य्य नरेशों और गण्य-मान्यजनों से निवेदन करते हैं कि अपने पड़ोसों की रक्षा का ससैनिक दायित्व सम्भाल ले। श्री राम की अयोध्या वापसी का मार्ग निष्कंटक बनाए रखें। ऋषि-मुनियों को प्रदत्त श्री राम का अभय अमोघ करें। यज्ञ की वह्नियाँ जलाए रखें और गौ तथा पृथ्वी के करुण क्रन्दन को सुन कर स्वयं को आर्य्य जाति का रक्षक माने। कौशल राज्य की चतुरंगिणी सेना आप सबकी सहायतार्थ सदैव सन्नद्ध रहेगी।"

महर्षि वशिष्ठ ने कहा– "प्रजा को साथ-साथ अत्याचारियों, आततायियों तथा अधर्मियों से जूझने के लिए भी संगठित करना होगा। प्रजा को शक्ति देना होगा।

श्री राम–काज केवल राक्षसों का संहार करना ही नहीं है; जन–मन रंजन के लिए अभय तथा मंगल का उद्भव करना भी है।"

"अवश्यमेव! तथास्तु!!" घोष उठा।

"श्री राम! जय राम!!" शत्रुघ्न ने जयध्वनि की।

"कल्याण हो!" विदेह जनक बोले।

* * * * *

राजा जनक ने सभा समाप्ति के ठीक पश्चात् सहज ही महाराज शत्रुघ्न से पूछा– "अयोध्या कुशल तो है? आपकी सभी माताएं शान्त तथा धैर्यशाली तो हैं? हमारी पुत्रियाँ कैसी हैं? अवश्य सीता तो श्री राम के साथ है; किन्तु माण्डवी, उर्मिला तथा श्रुतकीर्ति कुल–शीलपूर्वक तो हैं? आप स्वयं तथा महात्मा भरत कैसे हैं? चौदह वर्षों की अखण्ड प्रतीक्षा करने से बड़ा तप महात्मा भरत के लिए और क्या हो सकता है। वाह! महात्मा भरत! हमारे प्रिय! आपने वास्तव में धर्म को साकार किया है।"

शत्रुघ्न ने कहा– "हम सब श्री राम के लौट आने की निरन्तर प्रतीक्षा में साँस थामे हुए हैं। श्रद्धेय! कष्ट न हो तो अयोध्या पधारें! हमारी माताओं तथा आपश्री की पुत्रियों से मिलें– हम सबको दर्शन दें।"

"अयोध्या आने का जैसे मन ही नहीं होता।" विदेह जनक ने कहा– "सर्वत्र श्री राम का स्मरण ही सतायेगा। विधि! और क्या? अन्यथा श्रीमती कैकई राम– वनवास का वर नहीं माँगती। परन्तु ....परन्तु हम मानते हैं, इस अमंगल में भी मंगल छिपा है। वह परब्रह्म परमेश्वरी मंगलमयी है, करुणाकर है, सर्वोपकारनिरत है– परमेश्वरी! परम् ब्रह्म की चैतन्य शक्ति– हाँ! श्रीमती कैकई को–हमने सुना है– भला–बुरा कहा गया है। कहा जा रहा है। नहीं......... नहीं.......... मेरे वीर! सभी में वही परम् ब्रह्म ही प्रतिभासित है। वही परम् चैतन्य जगत तथा जीव में रमा हुआ है। श्रीमती कैकई के मोहग्रस्त मन ने भले ही कुछ किया हो, किन्तु उनका अन्तरात्मा आज निस्संदेह रो रहा होगा।"

शत्रुघ्न ने शान्त स्वर में कहा– "पश्चाताप! माँ को हम कुछ भी नहीं कहते। इसी चित्रकूट में श्री राम ने माताओं में सबसे पहले महाराणी कैकई, हमारी मातुश्री के चरण छूए थे– बाद में अपनी जननी कौशल्या के।"

"हमें ज्ञात है। यही श्री राम का रामत्व है।" विदेह बोले– "यह समदर्शन, राग–द्वेष रहित शील-सौजन्य, हाँ वही वेदान्त–ब्रह्म की व्यावहारिक सत्ता है। परम् ब्रह्म की व्यावहारिक सत्ता अनुभव तथा व्यवहार की जीव तथा जगत स्वरुप है– सृष्टि! वत्स! परम ब्रह्म सच्चिदानन्द के असीम अनन्त अवकाश हैं। वही जड़ में, चैतन्य में वही।"

शत्रुघ्न ने राजा जनक की अर्धोन्मीलित उदासीन आँखों में देखा तथा गुरुदेव वशिष्ठ की ओर देखा। महर्षि वशिष्ठ ने शान्त समदृष्टि से विदेह राजा जनक को निहारते हुए कहा – "श्री राम! सत्य है, महाराज! और इसीलिए संसार में वर्णाश्रम धर्म एवं अर्थ, धर्म, काम तथा मोक्ष पुरुषार्थ के लिए जाति, समाज, राष्ट्र और राज्य का संगठन करना ही पड़ता है। यह राज्य, यह राम दोनों ही जीव के अन्तरात्मा के आधारभूत चैतन्य हैं। या तो राज्य अथवा राम।"

विदेह जनक ने शान्त, किन्तु गम्भीर स्वर में कहा– "राज्य? क्या होगा? देह की भांति राज्य का शरीर भी वृद्ध होगा; जरा–जीर्ण होगा। जीव तो मोक्ष होने तक प्रारब्धानुसार जन्म प्राप्त कर लेगा–नया शरीर उसको मिलता रहेगा। प्रत्येक मरण के ठीक पश्चात् प्रत्येक नया जन्म! किन्तु नवचेतना प्राप्त करते हुए भी जीव परम् सुख चाहता ही रहता है। भव–बन्धन से अन्ततः छूटना ही चाहता है– यह मोक्ष राज्य नहीं राम ही प्रदान कर सकता है। राम–अर्थात परम् ब्रह्म चैतन्य, भुवन–बीज। राम तो जन्म–मरण भीति के भृंशक है। राम! निराकार निर्गुण अभय तथा अभेद के आनन्द से पूर्ण, राम! महर्षे! राम का वर्णन हो नहीं सकता। वर्णन, कथन तो जगत तथा भव–संसार का ही हो सकता है, सत्य–परम् सत्य के लिए शंका–आशंका हो ही नहीं सकती। जो अनित्य है, खण्ड–खण्ड है, प्रश्नोत्तर और मीमांसा उसी अनित्य और अन्त में भंगुरत्व के लिए है। यह जगत काल के लिए असीम अनन्त अनादि प्रवाह में बहता ही रहता है और मैं जैसे निर्निमेष देखता हुआ बैठा हुआ हूँ– समाधि में वह परम् सत्य अपने अनिन्द्य अपूर्व चैतन्य में जगमगाता है और उस आभा में यह रूपयसी जगत उद्-भवित तथा तिरोहित होता रहता है– असीम अगाध ज्योतिर्मय यह अनन्त अवकाश में ब्रह्माण्ड एक आश्चर्यकारक रंग–रंगीन अभिव्यक्ति है। मैं–मैं तो स्वयं मोहान्ध ब्रह्म हूँ। अज्ञान के अंधकार की चादर ओढ़े मैं परम् सत्य की काल रात्रि में मूर्च्छित हूँ।"

महर्षि वशिष्ठ ने कहा– "आपश्री तो ब्रह्मस्थ हैं, मुक्त हैं– जीवन–मुक्त हैं।"

"देह में हूँ, तब तक मुक्ति कहाँ है, महर्षे!" राजा जनक ने कहा– "श्री राम को देखा, सम्मोहित हो गया, श्री राम–वनवास की सुनी, हठात् रह गया। चित्रकूट में राम–लक्ष्मण सीता को तपस्वी वेश में देखा–द्रवीभूत हो गया। सुख तो जैसे स्पर्श नहीं करता; दुःख काटता है, महर्षे! श्री राम वनवास की घोर तपस्या मैं जैसे सहन नहीं कर सकता। परन्तु...... परन्तु परमात्मा को भी तब प्रारब्धाधीन ही जीना पड़ता है। धर्म की विलक्षण गतिविधि से चैतन्य यह जीवन ही काल की सनातन गतिविधि है। अब मैं कहता हूँ– आँखों में राम सगुण हैं, हृदय में निराकार-निर्गुण–परम् चैतन्य! राम-परम् ब्रह्म, परम् शिव!"

महर्षि वशिष्ठ ने शान्त कारुण्य के साथ कहा– "आप तथा महाराज दशरथ दोनों ही कुल इस पृथ्वी पर तीर्थस्थल हो गये हैं। आपश्री ने संसार में उपरत, अनासक्त तथा कामगन्धहीन जीवन का मार्ग दिखाया– महाराज दशरथ ने राज तथा राष्ट्र को त्याग तथा प्रेम का गृहस्थ ही बताया। निस्संदेह इक्ष्वाकु वंश के सभी पुण्य एक होकर पुत्रेष्टी यज्ञ की वह्नि बन गये थे। वह यज्ञ पुरुष ही इक्ष्वाकु वंश का आदि तथा सनातन पुरुष था। मुझे महर्षि श्रृंगी जी ने यही संकेत दिया था।"

विदेह बोले–स्वयं से– "एक राजा के यहाँ ब्रह्म मनुजावतार धारण कर अवतरा और जनकपुर के विश्रुत उद्यान में स्वयं के अपार प्रेम में जाग्रत हुआ– हमारा जामातृ हुआ। कौन कह सकता था कि श्री राम एक पल में राजसिंहासन त्याग कर पिता के वचन की पूर्ति के लिए वन चले जाएंगे? और कौन कह सकता था कि पिता पुत्र–वियोग में प्राण ही त्याग देंगे? महर्षे! विधि!! ऐसा लगता है, सृष्टि का यह अखिल–निखिल संचित विचित्र संयोगों और वियोगों के प्रारब्धों को रचता ही रहता है– भरा है कल्पों के संचित प्राणियों के अनदेखे प्रारब्धों की सुख–दुःखमयी घटनाओं से। चित्रकूट में मुझे श्री राम अपने जमाई स्वरुप नहीं दिखे, महर्षे!"

"तब, श्रीमन?" शत्रुघ्न ने पूछा।

"एक अक्षयनाम "राम" स्वरुप ही सुनाई दिये।" राजा जनक ने कहा– "हम आर्यावर्त के आर्य क्षत्रियों तथा राजाओं से विनती करते हैं, वह अपने–अपने आर्य पड़ोसों तथा नगरों, पुरों तथा अरण्य-प्रान्तरों की अभेद्यों की रक्षा का दायित्व श्री राम–काज मान कर सम्भाल लें। हम स्वयं आर्यावर्त की प्रदक्षिणा कर राम–काज की परिक्रमा देखेंगे।"

शत्रुघ्न ने विनीत स्वर में कहा– "श्री राम के प्रिय अश्वों के साथ यह कार्य मैं स्वयं करूँगा।"

8

रघुकुल के कौशल राज्य के विजय रथ पर आरूढ़ होकर शत्रुघ्न ने राक्षसों से मुक्त आर्यभूमि का भ्रमण आरम्भ किया। कौशल महाराज्य की चतुरंगिणी भी साथ थी। सुलक्षण हाथी पर रत्न–खचित स्वर्ण सिंहासन पर श्री राम की छवि सुशोभित थी और श्री राम–बाण राक्षसों को भेदने को आकाशगामी है– यह भी चित्रित किया गया था। श्री राम काज–लोकयज्ञ के पुनीत नाम से यह यात्रा आरम्भ की गई। दूर–सुदूर और पास के आर्य्य क्षत्रिय नरेश, नृपति तथा राजा इस यात्रा का स्वागत करने के लिए मानो होड़ करने लगे थे। शत्रुघ्न ने चित्रकूट से कुछ दूर बसे एक राज्य की आर्य्य जनता तथा उनके नरेश को कहा– "लोगों! नरेशों! श्रद्धेयों! और ऋषि-मुनियों! कौशल राज्य के साथ अरण्यवासियों के प्रतिनिधि स्वरुप निषादों के राज्य ने श्री राम–काज के इस अभियान में कन्धे से कन्धा लगाकर साथ दिया है। निषादों के तीक्ष्ण अस्त्र भी अब यज्ञों और आश्रमों की रक्षार्थ सन्नद्ध हैं। आर्य्यावर्त के अरण्यों तथा जनपदों में राक्षसों की टोह आरम्भ हो गई है। अब यह अत्याचारी, आतताई, अधर्मी और मायावी आर्य्य दृष्टि से ओझल हो नहीं सकते। श्री राम–काज के इस सौकार्य को आशीर्वाद माता कौशल्या का है तथा मातुश्री सुमित्रा जी की सहानुभूति है। अयोध्या के सभी श्रेणियों के नागरिकगण भी अयोध्या के आस–पास श्री राम–काज के लिए तैयार हैं। यह आर्य्य भारतवर्ष का विराट् लोकाभियान है जिसका मंगलमय प्रारम्भ हम आज श्री राम–बाण की साक्षी से श्री राम के चरणों में शीश नवांकर करते हैं।"

एक के बाद एक क्षत्रिय नरेशों ने रघुवंश के इस अभियान में साथ देना आरम्भ किया। पड़ोसों तथा अरण्य प्रान्तरों में लोग स्वयं ही एकत्र होने लगे और अपने राजा से, अपने नायक से कहने लगे– "आर्य्यावर्त के अभय और शान्ति के लिए हम भी साथ हैं। केवल क्षत्रियगण ही प्रजा की रक्षा करें यह आर्ष कथन अब अधूरा प्रतीत होता है।" रघुकुल– श्रेष्ठ शत्रुघ्न ने विशाल जन समुदाय को सम्बोधित करते हुए कहा– "महर्षि विश्वामित्र रामजी और लक्ष्मण जी को अपने आश्रम तथा यज्ञ की रक्षार्थ ले गये और वर्णाश्रम धर्म की स्थापित मर्य्यादा की रक्षार्थ क्षत्रिय नेतृत्व को ही स्वीकार किया, यह तो महर्षि के महान चरित्र की विशिष्ठता ही थी।

निस्संदेह आर्य्य क्षत्रिय वर्ण का यह अटल उत्तरदायित्व है कि वह समाज के सभी वर्णों की रक्षा करें, आश्रमों तथा वर्णों की सामाजिक मर्य्यादाओं की ही रक्षा नहीं करें, अपितु उनका धारण भी करवायें। किन्तु असाधारण समय में समूचे राष्ट्र तथा राज्य की रक्षा करने के लिए सभी वर्णों को एक जुट होकर ही कार्य करना होगा– ऐसा ही समय आज आया है।"

एक जनपदीय गण-राज्य के नृपति ने सिर हिला–हिला कर शत्रुघ्न का स्वागत किया– अभिनन्दन किया और कहा– "आप हमारे जनपदीय सभागार में भी आह्वान करें, कृपया! हमारा यह जनपदीय गणराज्य एक ओर समस्त आर्य्य भूमि के अखण्ड तेज को नयनों में स्वीकार करता है। हम भी इसी महान भारत महासाम्राज्य के एक अंग हैं।"

"सजीव, सक्रिय अंग हैं।" शत्रुघ्न ने कहा– "हम किसी भी राज्य के राजमन्दिर में नहीं जाते। गुरुदेव वशिष्ठ और महात्मा भरत ने मुझे आप सभी को निवेदन करने के लिए भेजा है। श्री राम– काज श्री राम को सिंहासनारूढ़ करने का कार्य नहीं है। श्री राम सिंहासन के पास जाते नहीं, राज्य सिंहासन ही राम के पास जाते हैं- महात्मा भरत सिर पर राजमुकुट लेकर चित्रकूट गये थे और श्री राम ने अपनी पादुका उस पर रख दी। अतः हम चाहते हैं आप स्वयं ही हमारे आग्रह-निवेदन पर विचार करें।..."

दूसरे नायक ने अट्टहास्यपूर्वक कहा– "हमें सम्राट का आदेश चाहिये। हम शताब्दियों से सम्राट के आदेश और चक्रवर्तियों की घोषणाएं सुन कर चले हैं। हम समझते हैं भारतवर्ष के आर्य्य क्षत्रियों को समस्त राष्ट्र की रक्षा, समाज के अभय तथा जीवन की शान्ति के लिए श्री राम-पादुका को शिरोधार्य करना ही चाहिये।"

शत्रुघ्न ने कहा– "तथास्तु, श्रीमन्! आप सब हम लोगों के आगे–आगे भारतवर्ष के सनातन मार्ग पर चलें– हम आपके पीछे–पीछे चलेंगे। हम सबके के आगे प्रजा चलेगी, पैदल चलेंगे।"

"क्यों, श्रीमान?" एक प्रश्न गूँजा।

"क्योंकि प्रजा सदैव पैदल ही चली है। ऋषि-मुनि, साधु-सन्त राष्ट्र की परिक्रमा सदा पैदल ही करते हैं। श्री राम भी पैदल ही, नंगे पाँव पृथ्वी की प्रदक्षिणा कर रहे हैं।"

सहसा एक वेगवान अश्व आ रुका। सैनिक कूदकर नीचे उतरा तथा दोनों हाथ फैलाकर बोला– "श्री राम दण्डकारण्य पहुँच गये हैं– पंचवटी–भव्य तथा सादी पर्णकुटी–वाह! वाह!! मेरे नयन धन्य हो गये।"

शत्रुघ्न ने पुकारा– "पास आओ, फिर से कहो!"

सैनिक गुल्माध्यक्ष बोला– "मन में प्रेरणा हुई कि श्री रामजी के चरण चिन्हों की वन्दना करूँ, अतः अपने नायक से आशीर्वाद लेकर मैं ब्राह्म मुहूर्त में ही नंगे पाँव निकल पड़ा। तब महात्मा महापुरुष, युग–देवता श्री राम जनस्थान को उजाड़ कर, चित्रकूट त्याग कर, मन्दाकिनी नदी के तटों को छोड़कर, गोदावरी के सघन कान्तारों की ओर प्रस्थान कर चुके थे।"

"यह सब जानते हैं।" शत्रुघ्न ने कहा।

नायक बोला- "आप हमारे महाराज हैं; अवश्य जानते हैं किन्तु लोग क्या जानें? लोग जिस ग्राम्य से श्री राम गुजरते हैं वहाँ भीड़ लग जाती है। आबाल, वृद्ध– निर्निमेष नयनों से श्री राम, पूज्या जानकी जी तथा प्रतापी वीर लक्ष्मण को देखा ही करते हैं। लोग श्री राम को त्यागते ही नहीं। लोग चाहते हैं कि राक्षसों, अधर्मियों तथा अत्याचारियों का नाश भी श्री राम एक ही नाराच बाण से कर दें।"

शत्रुघ्न ने सस्मित कहा– "तुम क्या कविता करते हो?"

"जी हाँ, श्रीमान।" सैनिक ने कहा– "अकेला तथा निराश होता हूँ, तब छन्द लिखता हूँ, किन्तु अब नहीं। पंचवटी में श्री राम के दर्शन कर जैसे मैं बदल चुका हूँ। अब तो राक्षसों के सर्वनाश के लिए अग्नि–भरी वाणी ही बोलना चाहता हूँ।"

शत्रुघ्न ने कहा– "तब ऐसा ही हो। इनको पंचवटी का वर्णन करो।"

"जी, जैसी श्रीमान की आज्ञा।" नायक ने कहा।

लोग बोले– "अवश्य–अवश्य।"

सैनिक ने श्री रामजी को नमस्कार किया और कहा– "क्या वर्णन करूँ? गोदावरी का विशाल पाट तथा झुरमुटों, झाड़ियों से अटा तट। घनश्याम श्री रामजी और गौरी स्वरुप सीता जी, सेवा की मूर्ति श्री लक्ष्मण जी! प्रतिदिन श्री रामजी ऋषि–मुनियों के पवित्र सत्संग में ही सुशोभित होते हैं, उन कमल–नयनों में मानो

कोई गहरी संवेदना छायी रहती है। श्री राम अहर्निशी राक्षसों की टोह ही जैसे सुनते रहते हैं। उनका राम–बाण धनुष की प्रत्यंचा छोड़ता ही नहीं। चित्रकूट से दण्डकारण्य गोदावरी तट तक ही श्री राम ने ऋषि–मुनियों की हड्डियों के ढेर ही देखे, तब करुणानिधान श्री रामजी ने पूछा– "हड्डियों के ये ढेर?" साथ चलते हुए लोगों ने आह भरते हुए कहा- "ऋषि–मुनियों के पवित्र देहों की यह अस्थियाँ हैं। तब श्री रामजी ने सिर धुनाते हुए कहा यह पृथ्वी राक्षसों से हीन होगी। श्री रामजी ने तब देवताओं की साक्षी में प्रतिज्ञा की– मैं इस पृथ्वी को राक्षसों, अत्याचारियों, अधर्मियों से मुक्त करूँगा– यह मेरी प्रतिज्ञा है।"

"धन्य श्री राम! जय श्री राम!"

शत्रुघ्न ने सस्मित कहा– "श्री राम की प्रतिज्ञा ही आर्य्य जाति के श्री राम–राज्य की प्रतिज्ञा है। अवश्य है। आइये, श्री राम–काज में स्वयं को समर्पित कर दें।"

* * * * *

महाराज जनक ने उपस्थित मुनि–मण्डली को सहज ही निहारा, निहोरा; बोले– "भगवान परशुराम के सतत् क्रोध से अब भारतीय क्षत्रिय का परित्राण हो रहा है। यह अनिवार्य सौकार्य श्री रामचन्द्र जी ने ही किया है। भगवान परशुराम हमारे अत्यन्त पूजनीय हैं, श्रद्धेय हैं, किन्तु उनके रक्त–रंजित परशु में मानो क्षत्रियों का सबीज ही संहार किया है– क्षत्रिय–रक्त से यह धरा गदबदा गई। आर्य्य क्षत्रिय के इस संहार से आर्य्य रीढ़ ही मानो टूट गई। समूचे देश में आर्य्य क्षत्रिय शक्ति जैसे लुप्त हो गई, ओझल हो गई। श्री रामचन्द्र जी ने इस प्रकार आहत तथा भय–त्रस्त आर्य्य क्षत्रिय शक्ति को पुनर्जीवित ही किया है, हाँ अवश्य! मुनियों! हमारी प्रार्थना है कि श्री राम–वनवास का यह कठिन तप श्री राम, लक्ष्मण और जानकी निर्विघ्न सम्पूर्ण कर सकें– ऐसा आशीर्वाद दीजिये और इसीलिए इस लोकाभिराम यज्ञ का अनुष्ठान किया जा रहा है। श्री राम को ऋषियों की कृपा और मुनियों का आशीर्वाद चाहिये, सीता को भगवती शिवा की कृपा चाहिये– श्री लक्ष्मण को शेषशायी अनन्त का वरदान चाहिये।" मुनिवर्य्य ने शान्त स्वर में कहा– "श्री राम, लक्ष्मण, भरत, शत्रुघ्न यज्ञ–पुत्र हैं। अर्थ, धर्म, काम तथा मोक्ष पुरुषार्थों की यह पूर्ति है। उनको परम् ब्रह्म परमेश्वर शिव का आशीर्वाद तो है ही। यज्ञ द्वारा इस भारतवर्ष में आर्य्य–जागरण के लिए ज्योतिर्मय वायुमंडल ही सृज सकते हैं।"

दूसरे मुनि महोदय ने कहा– "समस्त आर्य्य प्रजा के जागरण की आज आवश्यकता है। राक्षसों के अत्याचारों से गौ, भूमि तथा देव–सभी त्रस्त हैं। इस जगत के संकल्पी तथा भव–संसार के प्रतिभासक ब्रह्म–चैतन्य को जगाने के लिए समस्त भारत के मुक्त आश्रमों में यज्ञ किया जाये– प्रार्थना की जाय!"

महाराज विदेह जनक ने कहा– "आर्य्य जागरण को हमारा सम्पूर्ण समर्थन है। हमारे ऋषि–कल्पों द्वारा आर्य्य–संस्कृति के इस यज्ञ की ज्वालाएं अहर्निशि जलती रहेंगी। आर्य्य क्षत्रियों का हम इस भारत–यज्ञ के लिए आह्वान करते हैं।"

शत्रुघ्न ने कहा– "कौशल कोदण्ड की यह प्रत्यंचा चढ़ी ही रहेगी।"

विदेह जनक ने शान्त–प्रशान्त गम्भीर स्वर में कहा– "इस पृथ्वी की आर्य्य भूमि खण्ड–खण्ड हो गई है। छोटे–मोटे भागों में विभाजित हमारे राज्य, उनकी सेनाएं अपनी सीमाओं की रक्षा करने में ही लगी हैं, किन्तु यह विशाल आर्यावर्त, आसमुद्र पर्यन्त, वेद–वेदान्त तथा वर्णाश्रम धर्म से ही एकत्र हैं, एकमेक हैं। भारत की प्रजा का राष्ट्रीय हार्द्र है– सौहार्द्र है और हम अपनी अरण्य–संस्कृति के यज्ञों से बल, बुद्धि तथा शक्ति प्राप्त करते आ रहे हैं। क्षत्रियों के लगातार संहार के कारण आर्य्यों का चक्रवर्ती राज क्रमशः निस्तेज होकर खण्डित होता गया है और आज प्रतापी इक्ष्वाकु वंश के रघुकुल का चक्रवर्ती सार्वभौमत्व संकुचित हो गया है। निस्संदेह हम आर्य्यों ने आध्यात्मिक बन्धन से ही अपनी नानाभिराम–नयनाभिराम प्रजाओं को आर्य्य–चेतना से मंडित कर रखा है, किन्तु अब समय आ गया है जब हमें आसमुद्रात् एक सार्वभौम चक्रवर्ती राज्य की नितान्त आवश्यकता है। अतः श्री रामजी के वापस आने तक हम ऐसे आर्य्य सार्वभौम के लिए संकल्प दृढ़ करें तथा अलग–अलग प्रजाजन होते हुए भी सार्वभौम आर्य्य की बद्धमूल चेतना का विकास करें। श्री राम के लिए विराट् आर्य्य–चैतन्य की अनिवार्य आवश्यकता है।"

महर्षि वशिष्ठ ने अपने मधुर शान्त स्वर में कहा– "आर्य्य जीवन–दर्शन वेद, वेदान्त तथा वैदिक वर्णाश्रम धर्म के ज्ञान और शाश्वत सिद्धान्तों का दर्शन है। शस्त्र एवं शास्त्र द्वारा हम अपनी अभय, शान्ति तथा ज्ञान–लाभ की संस्कृति का लालन–पालन, पोषण करते आ रहे हैं। अवश्य अनेक उतार–चढ़ाव आये, क्रान्तियाँ–सक्रान्तियाँ मंडराई, किन्तु अन्त में आँधियाँ थमीं, अँधेरे दूर हुए और अमृत संजीवनी से भरा वेदों का ज्ञान प्रकाश उदित हुआ। आज हम ठीक वैसे ही समय के अंधड़ में हैं– अँधेरा है, तम है, भय है, त्रास है, किन्तु महर्षि विश्वामित्र द्वारा

प्रदत्त राम–बाण पृथ्वी की अँधेरी क्षितिजों के परे और पार आग्नेय उजाला करेगा। श्री राम–राज्य से निस्संदेह अरण्य की आश्रम तथा यज्ञ– संस्कृति का नवोदय होगा। आर्य्य अमृतस्यपुत्रः, वासुधैव कुटुम्बकम् यही हमारे इस नवोत्थान के महामंत्र होंगे।"

मुनिवर्य्य ने कहा– "सत्युत्, भवान! श्री राम की यह प्रतीक्षा तब आर्य्य के पुनर्प्रागट्य की प्रतीक्षा है– यही न!"

विदेह जनक सस्मित बोले– "क्षात्र – तेज शस्त्रों से संधार होगा, किन्तु यज्ञों से ही भय– त्रस्त ब्राह्मणत्व पुनः विश्वस्त तथा जाग्रत होगा। राष्ट्र तथा समाज और संस्कृति की रक्षा, उत्थान सभी वर्गों को मिलकर परस्पर संयोग एवं सहकार द्वारा ही करना होगा। हम वर्णों में भिन्न थे, परन्तु पुण्य और सद्कर्म से एक हैं– समान हैं। सच तो यह है कि हमारा वर्णाश्रम धर्म परमात्मा का स्वरूप और पृथ्वी पर मानवीय व्यवहार का मोक्षकामी जीवन–मार्ग है। यही श्री राम-राज्य का राष्ट्रीय, सामाजिक तथा प्राणी मात्र के मंगल का और जगद्कल्याण का ज्योतिर्मय पथ होगा। श्री राम-राज्य इस जगत में मनुज देहधारी माया मनुष्य महापुरुष श्री राम का कथन, वचन, संकल्प तथा तप से आविर्भूत वरदान होगा।"

"धन्य! विदेह धन्य!!" ध्वनियाँ–प्रतिध्वनियाँ उठीं।

शत्रुघ्न ने कहा– "अभय, महाराज विदेह जनक! पूज्य, अभय!"

"तथास्तु।" विदेह जनक बोले– "हम समूचे आर्यावर्त के सार्वभौम चक्रवर्ती राम–राज्य का अपराजित संकल्प करते तथा भू-मण्डल की समस्त प्रजाओं के कर कमलों में अर्पित करते हैं। आर्य्य –दुंदुभियों बजो–गूँजो।" गगन-मण्डल दुंदुभियों के घोषों से गमक उठा– जाग उठा।

* * * * *

राजा जनक उठ बैठे। न जाने क्यों विकलता से उनका प्रशान्त चित्त थोड़ा तरंगित–सा हो उठा। उपरत, समदर्शी और शान्त विदेह जनक रात्रि के माझम अँधेरे में दीपक की मन्द-मन्द लौ को देखते बैठे रहे। दीपक जल रहा था और जैसे उनका संयत मन भी स्वयं ही प्रदीप्त होने लगा था। चित्त के उस निविड़ शून्य के शान्त में विदेह जैसे स्वयं ही दीप-शिखा होते जा रहे थे। वह अपने गहनतम के चित्ताकाश में अनायास ही भभकने लगे। विदेह जनक जैसे किसी पुनीत भव्य

मन्दिर के एकान्त दीपक– से स्वयं ही प्रज्ज्वलित हो उठे। 'राम'–एक ध्वनि सी उठी और उसकी प्रतिध्वनियों में उनके मन का दीपक मानो स्वयं ही आर्त हो उठा। विदेह जैसे स्वयं ही सघन तम–तोम को चिर कर ज्योति प्रकट करने के लिए आतुर होते गये। ध्वनिहीन ध्वनि गूँजी–तमसो माँ ज्योतिर्मय–अंधकार से प्रकाश-ज्योति की ओर! विदेह जनक एक बार ही अत्यन्त व्याकुलता अनुभव करने लगे। तब निराकार, निर्गुण, अज, परम् ब्रह्म–सगुण? मूर्तिमान–साकार? श्री राम! राम–राम–राम! हाँ, श्री राम–जय राम! जनक का रोम– रोम मानो सहसा पुकार उठा– सहसा। तब क्या वेदान्त में–सर्वम् खलु इदम् ब्रह्म आदि महावाक्य अधूरे आत्म चैतन्य के समान है? क्या तब सगुण सत्य ही माया द्वारा ढंका, माया से लिप्त यह परम् सत्य– ब्रह्म–ही है, जिसका अनुभव और स्पर्श किया जा सकता है? तब ज्ञानाग्नि में भस्म होने पर भी परम् ब्रह्म का सच्चिदानन्द अनुभव नहीं हो सकता– नहीं होता। वेदान्त जीव की भगवद् भक्ति को सगुण का मोह मानता है– वेदान्त ज्ञान–शुद्ध ज्ञान–प्रकाश के प्रत्यक्ष को ही ब्रह्म–प्रत्यक्ष मानता है। हाँ, यह निर्विकार, अज, अनादि, शाश्वत प्रकाश जैसे मैंने देखा है। ध्यानस्थ मैं इसे निहारता हुआ, शान्त सिंहासन पर बैठा रहता हूँ। मुझे तब और पश्चात् भी कुछ भी तो नहीं छूता–स्पर्श करता। सृष्टि के रूपहले–सुनहले रेशमी बन्धनों में बंधा हुआ भी मैं जैसे सीमाओं से मुक्त, स्वयं के परे और पार हूँ। "हाँ–हाँ, मैं मुक्त हूँ....... मुक्त हूँ।" राजा जनक ने गहन निसास भरते हुए स्वयं से कहा– "मुक्त।"

"मुक्त ही तो।" महाराजा जनक ने पुनः अर्धरात्रि के निविड़ अंधकार को देखा, पेखा। अँधेरा, तारे–अनाहत आकाश। 'ब्रह्म'! विदेह ने निसास रखा– "जानता हूँ कि तुम्हीं, परम् सत्य तुम्हीं हो– मैं भी तुम हो–तत् हूँ। यह इदम् भी तुम हो, तुम्हीं हो। पूर्ण, पूर्ण, पूर्णाति पूर्ण, परिपूर्ण तुम्हीं हो और यह सब माया के दर्पण में तुम्हारी छबियाँ हैं। मैं तुम्हारी एक छबि हूँ। छबि परम्परा हूँ। तब–तब यह मेरा जीवात्म व्यामोह क्या है?" विदेह ने विचार की आग को बुझाते हुए स्वयं से ही पूछा; क्यों? क्यों? क्या? कैसे? ध्वनि मात्र, प्रतिध्वनियाँ मात्र, शब्द, अर्थ? विदेह स्वयं मुलके; सस्मित स्वयं से ही बोल उठे; "यह सब सार्थक–निरर्थक? यह अपर– पर? यह परे–पार यह उपरत?" राजा जनक सहसा शान्त से हो गये। "शंकाओं और आशंकाओं, अर्थापत्तियों, प्रश्नों तथा उत्तरों के बुद्धि–वातचक्रों की आंधियाँ उन्होंने सुनी ही नहीं; देखी भी हैं, अनुभव की हैं। जब तक यह मैं, तू–यह वह चेतना है; तब तक प्रश्न है, आशंका है, शंका है, भेद है, भय है, भीति है, द्वैत है। तब

क्या ब्रह्म चैतन्य में भेद और भीति का–नाम और रूप का यह प्रतिभास है? है तो ब्रह्म की यह प्रातिभासिक सत्ता है। व्यावहारिक सत्ता, यह नानाभिराम, नयनाभिराम जगत है, उसकी सृष्टियाँ हैं, यह जड़ चेतन है, यह मैं हूँ, तू है।" विदेह जनक को लगा जन्म–जन्मान्तरों से विलमा कोई मेघ, रक्त श्याम मेघ सहसा उमड़ आया और उनको पुनः शंकित भीत और त्रस्त कर गया।

"जनक!" विदेह उठ खड़े हुए और आकाश में आलस्य त्यागते हुए बोले– "यह चंचलता क्यों? क्यों हुई? श्री राम तुम्हें देखने के दिवस से यह अधैर्य, यह चौंचल्य, यह वेदना से भरी विकलता हो ही जाती है। क्या–क्या मेरी भवपीर है?"

मानो गहन मौन के चिदाकाश को भेद कर किसीने कहा– "सगुण दर्शन, स्पर्श आदि– आदि ही भव चेतना है– भवपीर है, राजा जनक!" 'राजा जनक' मिथलापति हँसे– "राजा? राजा तो वन- वन भटकते श्री राम हैं। सिंहासन पर बैठा हुआ रामाभरण–भुशित्कोई भी मनुष्य राजा हो ही नहीं सकता– नहीं हो सकता। स्वयं को विदेह मान कर भी सिंहासन पर तो मैं बैठता ही हूँ। राज्य की शुभेच्छा तो मुझ में बनी रहती है। राजा, प्रजा, संसार, पुरुषार्थ, शौर्य–धर्म यह सब राजा के कर्त्तव्य, राजधर्म के आधार बुद्धि में भरे ही रहते हैं। मैं तब निश्चिन्त निरामय कहाँ हूँ? श्री राम! तुमने जैसे मन के सातों सिन्धुओं को उद्वेलित कर दिया है। तुम, तुम क्या हो राम?"

"नहीं!" विदेह ने सिर धुनाया– "माया, अविद्या आदि को चीरकर मैं बन्धनों सीमाओं तथा संकल्प–विकल्पों से मुक्त हूँ। मैं निर्विकार, निराकार, ब्रह्म–चैतन्य हूँ। मैं–मैं ब्रह्म हूँ– अहम् ब्रह्मास्मि।"

राजा जनक पुनः शान्त हो गये। अन्तरात्मा के गहनातिगहन से ध्वनि उठी "तत् त्वमसि।" राजा जनक मानो मन के सहसा छूट आए हुए वात–चक्र में ही झूम उठे। सघन तम से मानो उनका त्रिपुर भर उठा और एक अनन्त सी ध्वनि गूँज उठी; "राम! हे राम!" विदेह इस अनहद ध्वनि को सुनते हुए पुनः स्वयं में ही लीन होने लगे। अँधेरा गहन आभा में बिलाने लगा तथा अमोघ विश्वास अतल तलों से उभर जाने लगा। हाँ, मैं शरीर नहीं हूँ– शरीरी हूँ; क्षेत्रज्ञ–सच्चिदानन्द! अहम् ब्रह्मास्मि! विदेह जनक अपने गहन में सहसा शान्त हो गये– अचल। अहम् ब्रह्मास्मि की शब्द ध्वनि मानो उनके रोम– रोम में सिहरा गई, रग–रग में गमक उठी– नस-नस में ध्वनित हो उठी। तब-तब यह मैं "अन्ततोगत्वा" वही हूँ– वही

तत्! वही सत्य-परमसत्य, परमतत्व– "ब्रह्म"।" एक निस्सीम अथवा शब्द विदेह के चिदाकाश में उठा और जैसे सर्वत्र परे और पार व्याप्त हो गया। मन की तीव्र तथा कचोट करती हुई विकलता जैसे उड़ गई। चित्त का दग्ध किन्तु ठंडा विषाद बिला गया। बुद्धि का बद्धमूल ब्रह्म जैसे भभक कर स्वयं ही बुझ गया। यह नयनाभिराम रागोत्फुल गहन, नाना–यह अनेक यह हृदय! निराकार असीम अनन्त में एक उभार मात्र, उमड़ मात्र रूपहली, गतिविधि मात्र। है तो वही परम् तत्व! "यह मैं जनक?" प्रश्न जागा और जैसे प्रश्न ने ही उत्तर दिया– "उसकी उपाधिमात्र! यह अविद्या, यह अज्ञान भी सब ब्रह्म का ज्ञानस्थ संज्ञान मात्र।" यह जगद् भ्रम, यह सृष्टि-मोह उस अजन्मे, अलक्ष्य अतल निर्विकार निर्गुण परम् सत्य में ब्रह्म की धारणा मात्र।" विदेह जैसे अपनी ही इस अन्तरात्मा की गूँज को सुनते रहे। अन्तरात्मा की वह गूँज घनी होती गई और दिव्यतम आभा से विदेह का चित्त पूर्ण होता गया। 'राजा जनक' का अहम् मानो रहस्यमय दिव्यप्रकाश से जगमगाने लगा और उस ब्रह्म-चैतन्य की अग्नि से पिघल कर उस स्वयं प्रकाश में ही विलीन होने लगा। अभय, शान्ति, परमोल्लास जनक के प्राणों में व्याप गया– उनकी कर्मेन्द्रियाँ मानो कामनाओं के प्रहार से मुक्त हो गईं और ज्ञानेन्द्रियाँ स्वच्छ होकर शिवत्व के वैराग्य से ओतःप्रोत हो गयीं। विदेह को लगा वह अपने सभी आकार खो चुके हैं, सभी नामों के वह मानो स्वयं के अनन्त में बिला गये हैं। काल के अविराम में जैसे उनका बोहित ही डुल गया है तथा किसी अनन्त के ज्योतिर्मय धाम की ओर चल पड़ा है। विदेह को लगा उनका समस्त समग्र जीवात्म– चैतन्य सीमामय किन्तु असीम सौन्दर्य से भर गया है। उनका क्षण-क्षण का जीवन-विश्वास अमोघ तथा अनादि शाश्वत में डूब चुका है। एक परम् रमणी रूप उनके मन-नयनों के समक्ष उद्त होने लगा। वह रूप जो सभी रूपों का निरीह सार है, जो सभी गुण-धर्मों का बीज है, जो समूची काल की गति-विधि का प्रतीक है– वह रूप राजा जनक के चिदाकाश में लहर उठा। "राम! श्री राम! घनश्याम कंजारुण राम! मेरे राम-सबके राम!" जनक जगे-अपने चौदहों भुवनों में जगे और जाग्रत होते हुए उनको लगा– श्री राम उनके सामने खड़े हुए मुस्करा रहे हैं। श्री राम ने स्मितपूर्वक मौन ही कहा– "सगुण न हो, न प्रतिभासित हो तो वह निर्गुण निरर्थक है। निरंजन, निराकार, मेरा समस्त अर्थ, मेरा सम्पूर्ण जगत और संसार हो ही नहीं सकता।"

राजा जनक ने सिर धुनाया, कहा– "प्रभो! यह हृदय-ग्रन्थि खुली तो है, किन्तु उसकी गाँठ बनी हुई है।"

श्री राम की उस रहस्यमय छवि ने कहा– "राम हृदय में हैं, राजा जनक! मैं योगियों के चित्त में रमा हुआ हूँ; भक्तों के नयनों में गढ़ा हुआ हूँ। सभी प्राणियों में हूँ–जीता तथा जिलाता हूँ।"

* * * * *

भरत ने शत्रुघ्न को स्नेह–सिक्त दृष्टि से निहारा और कहा– "वाह! तुमने तो विदेह के शान्त–तेजस्वी नेतृत्व में आर्यावर्त को ही जगाने का उपक्रम आरम्भ किया है। श्री राम–पादुका के इस राज्यकरण की मैं इस आभारतीय कार्य को अत्यन्त महत्वपूर्ण उपलब्धि कहूँगा। तुम मेरे राम–राज्य के विश्वास हो।"

शत्रुघ्न ने कहा– "पूज्य यह तो प्रारम्भ मात्र है– मंगलाचरण है! श्रद्धेय विदेह ने निस्संदेह वेदान्त के शून्य से निकल आकर जगत में रूचि दिखाई है। श्री राम–पादुका के राज्य का सामाजिक श्रेय तथा सांस्कृतिक ऐक्य का ही सन्देश है–हो सकता है। आज्ञा हो तो आपका महनीय सन्देश समस्त भारतवर्ष के नरेशों, ऋषि–मुनियों तथा अरण्यवासियों के नायकों को समर्पित किया जाये।"

"अवश्य, शत्रुघ्न!" भरत सोल्लास बोले– "रामजी के अयोध्या वापस पधारने तक हम आर्य्य भारत को जगा देंगे, उसे धर्म तथा संस्कृति के सूत्रों में पिरो देंगे। हम आर्य्य जाति को अभय और अमृत; शक्ति तथा शील का बद्धमूल चैतन्य देंगे। मैं श्री राम–राज्य के लिए प्राणी मात्र का अमोघ विश्वास और मानव मात्र की शुद्ध–बुद्ध निष्ठा चाहता हूँ।"

"मानव–निष्ठा?" शत्रुघ्न ने स्वयं में ही डूब जाते हुए कहा– "अत्याचार और अन्याय से मानव इस समय तो दब गया है। क्षात्र तेज लुप्त हो गया है और सभी वर्ण हताश हो गये हैं। समूची अरण्य की आश्रम संस्कृति शिथिल हो गई है। राक्षसों के भीषण भय से पृथ्वी ढंक गई है और आकाश जैसे स्तम्भित हो गया है– हाँ, पूज्य!"

भरत ने ऊर्ध्व स्वाँस भरते हुए कहा– "तभी तो श्री राम के स्वरुप में महामानव का आविर्भाव हुआ है। श्री राम का राज्य ही यह है कि पृथ्वी को भयमुक्त करें; प्राणियों को पुनः जीवन की आस्था दें– मानवों को शील तथा शक्ति प्रदान करें। धर्म, शत्रुघ्न! पुनः वेद–वेदान्त तथा वर्णाश्रम धर्म को सजीव तथा सक्रिय करना ही होगा। श्री रामजी के श्री चरणों में मानव जाति को सर्वात्म समर्पण करना ही होगा। मैं यही मना रहा हूँ।"

"पूज्य! आपका यह विलक्षण तप श्री राम–रक्षा तथा श्री राम-चैतन्य के लिए जीवन– यज्ञ है।"

"नहीं" भरत बोले– "यह माँ कैकई द्वारा जो महापाप किया गया है, उसका प्रायश्चित है। मैं अब कुछ भी नहीं चाहता– स्त्री, पुत्र, कलत्र, कुटुम्बीजन, पुरजन–परिजन, राज्य, ऐश्वर्य, भूति और विभूति–कुछ भी तो नहीं चाहता।"

"तब?" शत्रुघ्न ने पूछ लिया।

"मैं श्री रामजी से क्षमा चाहता हूँ और भव–संसार में पुनः आना–जाना ही नहीं चाहता।" –भरत बोले।

"भव-संसार?" शत्रुघ्न ने पुनः खो जाते हुए कहा।

"भवसंसार–भवसागर–संतरण" महात्मा भरत ने कहा– "न जाने कितने जन्म लिए हमने, शत्रुघ्न! पता नहीं। ऐसा लगता है, क्षणिक कामनाओं की तृप्ति के लिए हम जीव जन्म लेते रहते हैं – देह त्याग कर पुनः प्रारब्धानुसार देह धारण करते रहते हैं। इच्छा! हम जीव इच्छा करने में स्वतंत्र हैं, किन्तु इच्छा करते ही काल–बन्धन में हम बन्ध जाते हैं, अनिवार्यतः। इच्छा–पूर्ति के लिए कर्म आवश्यक है। अतः भव–बन्धन में जीवों को पड़ना ही पड़ता है। मोक्ष होने तक यह सृष्टि यात्रा मुझे अनिवार्य लगती है और मैं अब इससे अघा गया हूँ– आकण्ठ आ गया हूँ। काल से मुक्ति चाहता हूँ, हाँ, शत्रुघ्न!"

"पूज्यपाद!" शत्रुघ्न चिहुँके।

"अब कुछ भी अच्छा नहीं लगता, अब कोई भी इच्छा शेष नहीं रही। रही तो केवल एक शेष है और वह है– श्री रामजी के चरणों में सर्वात्म समर्पण। यही मेरा एकान्त तथा केवल हित है। मेरे इस हित की पूर्ति श्री रामजी की कृपा से ही होगी–हो सकती है।"

शत्रुघ्न ने निसास रखते हुए कहा– "रामजी वापस नहीं आते, तब तक राज्य का दायित्व तो निभाना ही पड़ेगा।"

"हाँ, अवश्य।" भरत ने कहा– "तभी तो श्री राम पादुका के समक्ष बैठ कर मैं तुमको नीति-निर्देश देता रहता हूँ। श्री राम भाई हैं, पूज्यपाद भाई हैं– इस भव में, किन्तु कभी–कभी सोचता हूँ, श्री राम न जाने क्या हैं?"

शत्रुघ्न ने तनिक विस्फारित आँखों से भरत को देखा।

भरत ने अनन्त में निहारते हुए कहा– "राम न जाने क्या हैं? ऋषि–मुनि और मेरा अन्तःकरण कहता है– राम श्री हरि का मनुजावतार हैं। उनको देखते ही मेरी सब चेतनाएं लुप्त हो जाती हैं। मेरी समवेदनाएं और मेरी संज्ञा विलीन हो जाती है, एक आर्त करुणा से मैं भर जाता हूँ।"

"श्री राम निस्संदेह महापुरुष हैं, रघुवंश के सूर्य हैं। वे भारतवर्ष के नायक और प्राणी मात्र के मित्र हैं। राम किसी के भी शत्रु नहीं हैं।"

"श्री राम महापुरुष ही नहीं, महामानव भी हैं, जो प्रभु का अवतार ही हो सकता है।" भरत बोले– "यह हमारा सद्‌-भाग्य है कि हम उनके पादुका का राज्य देख रहे हैं।"

शत्रुघ्न– "मन्थरा का क्या किया जाय?"

"क्षमा!" भरत ने कहा।

"अभय तो दे ही रखा है, किन्तु वह दुष्टा माता कैकई का मति भ्रम करती रहती है।" शत्रुघ्न ने कहा– "वह स्वयं को माताजी की हितैषिणी–रक्षिका भी मानती है। आप ही राजमाता हैं और हमें उनकी इच्छापूर्ति करनी ही होगी–यह भावना वह माँ को देती रहती है। माताजी मौन हैं, मूक किन्तु वे मन ही मन क्षुब्ध-सी रहती हैं।"

"अपने किये का प्रायश्चित तब वे नहीं कर रही हैं क्या?" भरत ने रोम–रोम में जागृत होते हुए पूछा– "हूँ......?"

"प्रायश्चित?" शत्रुघ्न ने कहा– "उनका यह वैधव्य ही उनका प्रायश्चित है पिताजी ने प्राण देकर भी उनको प्रदत्त वचन की रक्षा की है। श्री रामजी वन में हैं अकेले भीषण राक्षसों से लड़ रहे हैं और हम सब उनकी विकल प्रतीक्षा कर रहे हैं। तब अयोध्या के राज–मन्दिर में यह मन्थरा विषाद् उत्पन्न करती रहना चाहती है। क्या किया जाय?"

"कुछ नहीं।" भरत बोले– "महारानी कैकई का श्री रामजी को घोर वनवास देने का अत्यन्त घोर कर्म उनके अन्तःकरण में सुलग रहा है। पश्चात्ताप की यह शीतल अग्नि अन्दर ही अन्दर जलती रहेगी और एक दिन हम–तुम देखेंगे कि

महारानी कैकेई अपना यह आहत, प्रज्वलित अहं त्याग देती हैं और गंगा-स्वरुप हो जाती हैं।"

"मैं मन्थरा को राजमन्दिर में नहीं चाहता।" शत्रुघ्न ने मानो पुनः-पुनः कहा।

"महारानी कैकेई अपनी इस लाड़ली सखी को लेकर ही तो धैर्य धारण किये हुए हैं।" महाराज भरत ने कहा- "हम-तुम सब तो रामजी की प्रतीक्षा में जी जाएंगे, किन्तु महारानी कैकेई? वह, वह क्या श्री राम की प्रतीक्षा कर रही हैं? आज हम सब अयोध्यावासी कौशल देश के प्रजाजनों का एक ही धर्म है- मर्म है और वह है- श्री राम की प्रतीक्षा करना। भूति, विभूति, वैभव, ऐश्वर्य, सुख-सब का त्याग कर श्री रामजी के चरणों की अयोध्या की ओर आहट सुनना।"

शत्रुघ्न ने निसास रखते हुए कहा- "न जाने कब राक्षसों का समूल नाश होगा? वनवास की अवधि अनन्त तो है नहीं, चौदह वर्ष ही तो है। इस अवधि के भी कुछ वर्ष तो बीत गये हैं।"

भरत- "शेष अवधि में आर्य्य भारत को जाग्रत, सन्नद्ध और शक्तिशाली करना है। प्रजा और राजा मात्र को ही राम के चरणों की आराधना सीखनी है। भारतवर्ष को पुनः अपना क्षात्र-तेज प्राप्त करना है। भारत के ब्राह्मणों को आत्मशक्ति का समग्र संभूत चैतन्य पुनः प्राप्त करना है। भारतभूमि के धन-धान्य तथा ऐश्वर्य के योग हमारे सभी वैश्यों को बनना है। हमारे शूद्रों को शान्तिपूर्वक समाज तथा राष्ट्र की प्रजा की निष्काम सेवा करने का शील पुनः प्राप्त करना है- करना ही होगा, शत्रुघ्न! निस्संदेह श्री रामजी का यह वनवास पृथ्वी पर मानव-जागरण का युगारंभ ही है।"

शत्रुघ्न ने तनिक चिन्तातुर स्वर में कहा- "निस्संदेह, पूज्य! किन्तु श्री रामजी के प्रत्येक चरण को प्रजा-पुष्पों से वन्दित भी करना होगा। राजशक्ति और प्रजाशक्ति दोनों ही मिलकर, गुँथकर राक्षसों के इस जघन्य आक्रमण को अन्त में विफल करेगी।"

"यह प्रचण्ड राक्षस-भय श्री राम के अभय-वर से ही नष्ट होगा। अन्त में युद्ध होगा- लक्ष्मण! पूज्यपाद भैया इस समय हैं कहाँ? मैंने तुमसे निवेदन किया है, मुझे भी रामजी, लक्ष्मण जी तथा भाभी श्रीमती सीताजी के समाचार मिलने ही चाहिये।"

"लोकगायक आने में ही हैं।" शत्रुघ्न ने कहा।

"चर भी, शत्रुघ्न!" भरत बोले– "श्री रामजी की गति–विधि, अरण्यों के आश्रमों की स्थिति और प्रजाओं के सहकार आदि का ज्ञातव्य होना ही चाहिये। राम निस्संदेह युग–पुरुष हैं, कालजयी हैं, किन्तु क्या हम शासकों का कोई उत्तरदायित्व नहीं है– श्री रामजी की सुरक्षा के लिए?"

शत्रुघ्न हँसे– "जिसके पास नाराच है, दिव्य अस्त्र हैं, जो वेदस्वरुप हैं, शास्त्ररूप हैं, जो सभी वेदों का स्वयं ही अधिष्ठाता है, प्रभो! उसकी रक्षा कौन करे! वह स्वयं का ही रक्षक है।"

"हूँ। ठीक कहा, शत्रुघ्न!" भरत बोले– "कभी–कभी मैं रामजी को अपना भाई मानकर चिंतित हो जाता हूँ।"

"अपने बड़े, पिता–स्वरुप भाई तो श्री राम हैं ही।" भरत को निहारते हुए शत्रुघ्न ने कहा– "किन्तु श्री राम, जैसे अपने कोई नहीं भी हैं। फिर वे सब कुछ भी हैं। श्री राम को पूरा जान जाऊँ तो पृथ्वी पर या किसी भी लोक में जन्म ही क्यों लूँ? सच, माँ कैकई को जानकर मैं जैसे संसार को ही उसके नग्न रूप में जान गया हूँ। यह मन्थरा संसार–सागर का कालकूट है।"

"जो जीव प्रभु चरणों में समर्पित नहीं है, जो परमात्मा से प्रेम नहीं करता, वह जीव निस्संदेह कालकूट है – विष है। प्रभु का प्रेमी ही अमृत–स्वरुप है"– भरत बोले।

9

नन्दीग्राम में भरत की राज-कुटिया के विस्तृत प्रांगण में सभी थे। महर्षि वशिष्ठ, माताएं, वधुएं, ऋषि-मण्डल के ऋषि सदस्य, गण्यमान्य नागरिक, सैनिक आदि सभी उपस्थित थे। सभा पर जैसे दिशाएं झूम रही थीं। सभी के नयनों में चिन्ताजनक आशा मानो उमड़ कर अन्तर्ध्यान हो रही थी– तब दण्डकारण्य?

चरों के नायक ने नमन-पूर्वक कहा– "हाँ प्रभो! श्रीमती जानकी राज राजेश्वरी वैदेही का हरण हो गया। मेरे पहुँचने के कुछ पूर्व ही श्री रामजी, लक्ष्मण जी ने पंचवटी त्याग दी थी। कहते हैं कोई मायावी राक्षस......."

"भगवती सीता का अपहरण"– महर्षि वशिष्ठ बोल उठे– "परन्तु क्यों?"

"अड़ोस-पड़ोस के लोगों ने कहा– हाँ कहा, प्रभो!" चरों के नायक ने झुक-झुक कर वन्दन करते हुए कहा– "कोई राक्षसी थी– शूर्पणखा-लंकेश रावण की भगिनी, श्री रामजी ने उसके नाक– कान जो कटवा दिये थे।"

"श्री राम!" भरत बोल उठे– "ऐसा नहीं हो सकता, चर! तुमने सुनने में अवश्य ही भूल की है।"

"जी महात्मन्! नहीं।" चरों के नायक ने कहा– "दण्डकारण्य के ऋषि आश्रमों में शूर्पणखा मर्दन तथा सीताहरण ऐतिहासिक लोकगाथाएं हो गयी हैं। कुछ लोकगायक खींच कर ले आया हूँ। आज्ञा हो, तो उपस्थित करूँ?"

"अवश्य" शत्रुघ्न ने कहा– "शीघ्र उपस्थित करो!"

"जी, अतिशीघ्र।"– चर नायक ने कहा– "अभी!"

लोकगायकों ने हाथ गगन में ऊँचा कर सभी को वन्दन किया– सभी को नमस्कार किया तथा गुंजार की–

"धरा धन्य हुई महात्मा भरत! यह पृथ्वी सौभाग्यवती हुई है। ऐ माता कौशल्या! तू वास्तव में जगदम्बा है। तू ने माँ परम् धाम के परमात्मा को अपने उदर में सींच

लिया। भर लिया अपनी सुधा भरी कोख में। यज्ञों की सभी वह्नि–ज्वालाओं को तूने कौशल्ये! अपने सरोज नयनों में भर लिया। सूर्य से भी अधिक तेजोमय, चन्द्र से भी अधिक शीत मुग्ध पुत्र उत्पन्न किया– श्री राम–महात्मा राम– राजा राम।"

श्रीमती कौशल्या मन ही मन हुमुसी। मुखिया ने अपना वाद्य झांझ बजाते हुए कहा– "श्री राम के भाई भरत, भरत के भाई लक्ष्मण और लक्ष्मण के भाई शत्रुघ्न– चारों भाई मानो ब्रह्मा के चार मुख हैं, श्री हरि विष्णु के चार हाथ हैं। हे माता सुमित्रे! तूने लक्ष्मण वीर को श्री राम की सेवा के लिए भेज कर आकाश के सभी लोकों को उजागर कर दिया है। धरती के वंशों को वंद्य कर दिया है– कुलों को तार दिया है।"

श्रीमती सुमित्रा ने मन ही मन विभोर होकर, श्रीमती कौशल्या की ओर देख कर मुस्करा दिया। लोकगायकों का स्वयं ही वर्तुल बन गया। पाँव थिरके, गमके तथा एक लहर लहरी। हस्तलाघव गगन में उठे और जैसे आकाश को जगह– जगह थामने लगे। कटियाँ हिलीं–इठलीं इतरीं और कुल्हे हचमचे। लोकगायकों ने गाना–बजाना आरम्भ किया। "सुनो भारत के लोगों! उस जनकनन्दिनी, पृथ्वी की पुत्री, मिथिला की अवतारी पुत्री सीता न मानी–उसने अपने पूज्य पिता स्वरुप श्वसुर की नहीं सुनी, अपनी वन्दनीय सासू की नहीं मानी, स्वयं वितरागी राम की नहीं सुनी, नहीं मानी–मैं तो वन में तुम्हारे साथ चलूँगी। प्राण पति! मेरे प्राण–तुम्हारे भरोसे पर ही तो देह में रहते हैं और हठ लेकर बैठ गयी। सीताजी की यह हठ सती की हठ हो गयी है। इस सृष्टि का पातिव्रत्य हो गयी है। भारतीय वामाओं की साधना तथा भारतीय नारियों का शील हो गयी है।"

शत्रुघ्न ने सिर हिलाया– "वाह! धन्य हो, गायकों!"

महात्मा भरत ने कहा– "सीताजी वास्तव में भारतीय महिलाओं के लिए अमिट आदर्श हो गयी हैं। धन्य वैदेही–धन्य! हे पुण्य स्वरूपे! धन्य!!"

लोकगायकों ने गमकते हुए गाया– "पंचवटी के रमणीय सघन गगन–मण्डल को पवित्र करती हुई बहने वाली गोदावरी सरिता श्रीमती सीताजी के दिव्य पवित्र देह का निमज्न करके स्वयं ही धन्य हो गयी है। चित्रकूट के खर-दूषण वध के लोमहर्षक वातावरण से मुक्त, चिर प्रसन्न श्री रामजी अपनी प्राणेश्वरी कमनीय धर्मपत्नी के साथ अपूर्व शान्ति में दिन बीता रहे हैं तथा दण्डकारण्य कान्तरों में

बसे राक्षसों के स्थानों पर सदैव अपने नाराच बाणों को सन्नद्ध किये रहते हैं। श्री रामजी अपूर्व लोकोत्तर शौर्य का आतप राक्षसों के समूह को अब स्वयं ही झुलसाने लगा है। वह मन ही मन आतंकित हैं और उनकी एक मात्र अधिष्ठाता लंकेश की भगिनी शूर्पणखा-मायाविनी शूर्पणखा श्री राम-सीता-लक्ष्मण को तनिक आश्चर्यपूर्वक देखने लगी है।"

भरत ने सहसा पूछा– "दण्डकारण्य में राक्षस? कितने हैं?"

"अगणित, महात्मन्!" लोकगायकों के मुखिया ने कहा– "दण्डकारण्य राक्षसों से कभी का पट चुका था। श्री रामजी के जाने के पूर्व ही लंकेश रावण ने मानो दण्डकारण्य को जीत लिया था। सच तो यह है भगवन! चित्रकूट से दण्डकारण्य तक की भारत-अरण्यभूमि राक्षस-भूमि के रूप में स्थित है। भयंकर, श्रीमन्!"

महर्षि वशिष्ठ ने शान्त स्वर में कहा– "आर्य्य भूमि सदैव आर्य्य भूमि ही रही है– सनातन से और बनी ही रहेगी। राक्षसों की इस भयंकर आतंक से वह निस्संदेह मुक्त होगी। श्री राम यह करेंगे– अवश्य करेंगे, इसलिए श्री राम ने अवतार धारण किया है। श्री राम के इस महान काज में इस आर्य्य भूमि को निष्कंटक करें-रखें– यह सभी का कर्त्तव्य है। दण्डकारण्य! मुझे आशंका है, वहाँ राक्षसों का जमाव सबसे अधिक है। दण्डकारण्य श्रीलंका का उपनिवेश ही है– ऐसा लगता है।"

लोकगायक के नायक ने सहसा उछल कर गगन में चीत्कार की– "श्री राम! जय राम!"

महात्मा भरत ने सिर धुनाया और गूँज की– "श्री राम!"

लोकगायकों ने पुनः गाना आरम्भ किया– "दण्डकारण्य मायाविनी शूर्पणखा का राज्य– विस्तार ही हो गया है। सुसज्जित राक्षस-दल सघन दण्डकारण्य में घूमते ही रहते हैं तथा मुनि– कन्याओं का अपहरण करते ही रहते हैं। ऋषि-कन्याओं के आर्तनादों को यह राक्षस अपनी क्रूर हथेलियों से बन्द कर देते हैं तथा उनको मूर्च्छित कर दूरस्थ एकान्त में भाग जाते हैं। दण्डकारण्य की प्रजा अपने घरों में भयभीत घुसी रहती है। राक्षस उनके पशु बलात् ले जाकर खाते रहते हैं। दण्डकारण्य यज्ञों की पवित्र वह्नियों से सर्वथा वंचित है। यज्ञ-धूम में अब दण्डकारण्य की वृक्ष घटाएं नहीं झूमतीं। समस्त दण्डकारण्य गोदावरी के निर्मल जल पर ही निर्भर हो गया है और उसी गोदावरी की अजस्र धारा को राक्षस

अपवित्र और दूषित करते रहते हैं। मदिरा को गोदावरी के जल में डाल कर गोदावरी को अछूत ही बना देने का उनका प्रयास है! भयंकर! तभी श्री राम ने रमणीय पंचवटी बनाकर उसमें बसना आरम्भ किया है। अहर्निशि दो प्रचण्ड धनुष सन्नद्ध हैं, दो प्रत्यंचाएं, गूँजती रहती हैं, चार आजानुभुज तत्पर हैं। श्री राम जागते हुए क्षितिज के पार मानो राक्षसों को खोजते रहते हैं– सोते हुए मानो राक्षसों की आहट सुनते रहते हैं और वीरवर लक्ष्मण? सोते ही नहीं, वे जागते रहते हैं। महर्षि विश्वामित्र ने रामजी और लखन जी को यह गुह्य विद्या सिखा दी है, जिससे थकान न लगे–भूख भी न लगे और आकाश से महाप्राण मिलता रहे, पृथ्वी का अमृत मिलता रहे। 'श्री राम!' अब महात्मा दशरथ के पुत्र का नाम ही नहीं रहा श्री राम और पृथ्वी के त्राता का नाम होता जा रहा है।"

लोकगायकों ने विभोर हो कर पुनः–पुनः कहा– "श्री राम श्री हरि विष्णु हैं। सुघड़, सुन्दर, शक्तिशाली मानव के रूप में और लक्ष्मण–शेषनाग के समान हैं।"

महर्षि वशिष्ठ ने पूछा– "और भरत? गायकों!"

"महात्मा भरत तो भरत हैं। साक्षात् धर्म मूर्ति हैं।"

गायकों के नायक ने कहा– "श्री राम रक्षक हैं, त्राता हैं, लक्ष्मण अन्तिम सहारा है और भरत स्वयं धर्म के धारण हैं– पोषण। साक्षात् समष्टि स्वरुप हैं।"

"और शत्रुघ्न जी?" किसी ने पूछा।

"शत्रुघ्न जी भरत महात्मा का विश्वास हैं– हाथ हैं, भुजा।" नायक ने कहा।

शत्रुघ्न सहसा उठे और भरत के चरणों में प्रणाम करते हुए बोले– "मैं महात्मा धर्ममूर्ति भरत जी का दासानुदास हूँ। महात्मा भरत ने राज की छबि ही बदल दी है। राज अब राजदण्ड का न होकर श्री राम की चरण–पादुका का हो गया है। ईश्वर का मुखारविंद भक्तों को मुग्ध, स्तब्ध तथा प्रसन्न करता है। किन्तु चरणारविन्द तो मोक्ष ही देते है। श्री राम–राज्य प्राणियों के चारों पदार्थों की सहज प्राप्ति का राज्य तो होगा ही, किन्तु वह सर्वोपरि, कालजयी, आत्म सुख का प्रदाता भी होगा– ऐसा मेरा विश्वास हो चला है।"

भरत बोले– "राम–राज्य, सत्य–संधक, न्याय–सम्मत, मोक्ष–मार्ग बताने वाला राज्य ही है। श्री राम–पादुका का यह राज्य व्यवहार तो भूमि का है। राम....!"

सहसा भरत खड़े हो गये– "श्री राम पंचवटी के सघन रमणीय में, क्या आप हमें भी याद करते हैं? प्रभो!" भरत की चीत्कार गूँज उठी।

* * * * *

उर्मिला की कनौड़ी चिबुक घुटनों पर स्वयं ही लग गई है और उसके तीक्ष्ण बड़रे नयन माझम रात के गहन अँधेरे में ओझल हो गये। अर्धरात्रि के उस सजग एकान्त में उर्मिला को लगा– कोई उसको देख रहा है। "खोज रहा है-कौन?" उर्मिला रोम-रोम में जागती हुई बोली– "कौन?" कोई नहीं। केवल मैं–मैं अभागिनी उर्मिला। अभागिनी ही तो। उर्मिला ने पुनः अंधकार की दिशाओं में खोज कर दिकों पर रखने का पलकों द्वारा प्रयास किया। तब क्या मैं तुम्हारे साथ नहीं चलती? मुझसे पूछते तो सही! मुझे कहते भी; किन्तु तुम-तब क्या कहूँ? तुमसे विवाह हुआ–लिखा था ललाट पर–विधाता ने लिखा था। उर्मिला ने आँसुओं को पी जाते हुए कहा– "यह माँ सुमित्रा नहीं होती तो मैं राजमन्दिर के इस बीहड़ में कैसे जीती? जी सकती थी? तुम मानो या न मानो–मेरा प्राण तुम्हारे चरणों में अटक गया है।" उर्मिला को लगा कि उसके चित्ताकाश में लक्ष्मण सहसा की सरोज छबि उबक आई है–उभरी है। "यह क्या वेश कर रखा है तुमने उर्मिले?" जैसे-जैसे श्री लक्ष्मण ने कहा– "यह उदास मुख-मण्डल....... हाँ? भाभीजी का वदन देखो-पूर्ण चन्द्रानन है, खिला ही रहता है। सीता भाभी का मुख-चन्द्र कभी मन्द होता ही नहीं। अपनी सोलह कलाओं में खिला ही रहता है और एक तुम्हारा यह चन्द्रवदन है जो शुक्ल पक्ष के चन्द्रमा की भांति खिलता तो है, किन्तु कृष्ण पक्ष के हास में डुलता रहता है। मैं हूँ ना-जीवित हूँ। मुझे निश्चिन्त भाई–भाभी की निष्काम सेवा करने दो, उर्मिले!" उर्मिला हँसी; स्वयं से ही हँसी। "तुम मुझे तनिक भी याद करते हो? मैं भला कौनसी बाधा हूँ भाई-भाभी की निष्काम सेवा में? कहो तो प्राण दे दूँ, जिससे तुम सदैव निर्विघ्न हो जाओ। पत्नी जैसे तुम्हारी सेवा में एक अटल बाधा है–विघ्न है। क्यों, जी?" लक्ष्मण की अमर्ष पूर्ण आभामयी छबि की बालार्क-सी प्रखर आँखों ने उसे घूरा, देखा-निहारा। अन्तःकरण के सभी आकाशों को भेद कर एक ध्वनि उठी "उर्मिले!" मानो हिमालय के सभी प्रपात एक महाप्रपात होकर पृथ्वी पर पड़ रहा हो। दिशाओं की सभी ध्वनियाँ स्वयं ही स्वयं में सिमटकर एक ध्वनि बन कर गूँज उठी– "उर्मिला!" उर्मिला जागी, जगत में जागी, जगत की अँधेरी रात्रि में जागी और चिहुँकी– "प्राणेश्वर! मेरे प्राण!!"

उर्मिला स्वयं ही स्तब्ध हो गई, स्वयं ही मग्न हो गई। उसके सरोज निष्पाप नयन मानो लक्ष्मण की छबि के सौन्दर्य से भर गये। गहरा निसास रखकर वह अनायास ही लेट गई। वह जैसे अपने मन के भूताकाश के मध्य स्थित हो गई। उस रक्ताभा में भासित घूसर भूताकाश के मध्य वही जैसे पृथ्वी थी। अंशभूत उसका कमनीय देह ही पृथ्वी का भार था–उभार था। वही जैसे आँसुओं का समुद्र थी– जलधि और वही जैसे अग्नि की लपटों की अग्नेयता थी। वह स्पर्श–वायु की आतुर हिल्लोल थी– तरंग! किन्तु वह किसी अमोघ शक्ति के आशीर्वाद से पंचभूत देह से परे हो गई और अपने अनन्त कोटि, अनगिनत सपनों के चित्त–जगत में जाग उठी। उसने देखा वह त्रैलोक्य के त्रिपथों पर सोल्लास उड़ती हुई कल्पवृक्ष के पुष्पों के पराग की एक बदली है, बह रही है आकाश में और जैसे मृत्युलोक में आविर्भूत होने के लिए आकाश में ही डुलती फिर रही है। तभी जैसे आकाश में कौमुदी में डूबे पुष्प मार्गों का दृश्य उसमें झबक उठा। उर्मिला को लगा वह मेघकान्ता होकर उस पराग के कीच में भरे मार्गों पर चल रही है– दिशाहीन सी वह चलने लगी है। अपने चिदाकाश के गहन में उर्मिला पुष्प–मार्गों के चौराहे पर जैसे आ खड़ी हुई। किधर? किधर?? किधर??? ध्वनि–प्रतिध्वनि–किधर? उर्मिला दिव्यतम ज्योति–रेखा प्रकाश की अभिराम आभा! उर्मिला जैसे उस विरूप विजन शून्य में अपने ही विश्वास के बल पर खड़ी रह गई। और तभी कोई अनन्त के उस पार से बोल उठा– पृथ्वी पर मृत्युलोक में तुझे जाना है। एक तप के लिए तुझे मानव योनि में जन्मना है। तू–तू शेष का आधार है। तू अनादि नारी की निर्विकार ज्योति है। तुझे पृथ्वी पर जाना ही होगा। जा, पुत्री! जा! सौभाग्यवती वत्सले!– मानव–योनि में सिधार। मानव योनि? मृत्युलोक? भव–भव बन्धन?? उर्मिला के चिद् में जैसे कोई पुकार कर चुप हो गया। पुनः उर्मिला के चित्ताकाश में जैसे प्रकाश पूर्ण उदासी छा गयी। उन्मनी और आकुल, उर्मिला अपने ही कारण में लीन होकर अपने अनन्त अच्युत परमात्मा के घनीभूत शान्त में सो गई। निद्रा– जैसे उर्मिला निद्रा में डूबी एक निर्विकार चेतना बनकर उस कारण की अखण्ड विस्मृति में जाग उठी। उसका अन्तःकरण मानो अपनी ही दिव्यतम चेतना से भरकर स्वयं ही मानो गा उठी– "तुम मेरे प्रिय!" उर्मिला के अन्तःकरण में उस अनन्त असीम अपार अपरम्पार उदास आकाश में गाना आरम्भ किया– "तुम? तुम मेरे हो भी और तुम मेरे नहीं भी हो। तुम राम के हो, सीताजी के सेवक हो और मेरे तो गृहस्थाश्रम के साथी हो–पति! किन्तु मैं? मैं तो तुम्हारी ही थी, हूँ और

रहूँगी।" उर्मिला के अन्तरात्मा से एक पुकार उठी– "मैं मुक्ति नहीं, तुम–तुमको ही चाहती हूँ। तुम मुझको तज दो, त्याग दो, तो क्या हुआ? मैं तुमको कभी भी नहीं त्यागूँगी–नहीं। यही मेरा व्रत और तुम्हारा प्रायश्चित है– अवश्य प्रायश्चित! तुमको मुझे एक क्षण भी त्यागने का क्या सत्व है। विवाह तो भव–भव–यात्राओं के साथ का विवाह है। मैं तुम्हारा अपना घर बसाती हूँ और तुम मेरी सन्तान के पिता होकर समूचे समाज को धारण करते हो। उर्मिला के उस मूक– मौन अन्तःकरण की मानो सभी वाचाएं खुल गई थी और वह सघन निद्रा में भी मानो अपने जीवन के सत्य को लेकर पंचवटी के आकाश में जा पहुँची थी। उर्मिला का कारण देह सूक्ष्म को बटोर कर अब अपनी ही मूढ़ सीमाएं लाँघ कर अनन्त दिव्य के स्वप्नहीन–स्मृतिहीन आलोक में लहर जाना चाहती थी। वह जैसे त्रिपुरा से विलग होकर चिर प्रसन्न चिद्घन में मिल जाना चाहती थी। वह जैसे शरीर के बन्धनों से मुक्त हो, पंचवटी के व्योम में उभर जाना चाहती थी। वह श्री लक्ष्मण के प्रलम्ब बाहुओं को छूना चाहती थी। सहलाना चाहती थी। अपने प्राण–पति के विशाल वक्षस्थल पर अपना मस्तक रख कर वह जैसे चिर नींद में सो जाना चाहती थी। उर्मिला जीना भी चाहती थी और मरना भी चाहती थी। वह श्री लक्ष्मण के बिना जीना नहीं चाहती थी और उसके वियोग की अग्नि में भस्म हो जाना भी चाहती थी। अमर्ष से उसका अन्तःकरण भर गया था। तुम "हाँ वही।" उर्मिला ने श्रुतकीर्ति से कहा था– "वही रामानुज श्री, श्रीमान् महाराज शत्रुघ्न जी के भ्राता।"

"श्रद्धेया!" श्रीमती श्रुतकीर्ति ने कहा।

"क्या श्रद्धेया?" उर्मिला ने चिहुँकते हुए कहा– "एक अभागिन नारी–निरी अबला।"

"नहीं–नहीं" श्रुतकीर्ति ने तनिक भीत–त्रस्त स्वर में कहा– "आप हम सबके लिए आदर्श हैं– ज्वलंत आदर्श।"

उर्मिला ने मुँह बिचकाते हुए पूछा– "कौनसा आदर्श–कैसा आदर्श? जिसका पति आँख उठा कर भी नहीं देखे और जो अपनी पूज्या माँ की इच्छापूर्ति के लिए घर छोड़ दे– वनवासी हो जाय, उसकी विवश असहाय पत्नी कौनसा आदर्श हो सकती है? निरन्तर रोने–धोने का उदाहरण तो हो सकती है, सखी!" श्रुतकीर्ति ने कहा– "अब क्या कहूँ? मैं तो आप श्रीमती को जब देखती हूँ तब श्रद्धा से मेरा मस्तक झुक जाता है।"

उर्मिला ने कहा– "शत्रुघ्न जी को वन में भेज देती हूँ। फिर देखना पति–वियोग की यह अनवरत अग्नि सही कैसे जाय! पति पत्नी का विश्वास है, जीवन का आधार तथा प्राण–प्रिय सम्मोह है। वह रूक्ष है, जन्मजात तपस्वी है– योगी। हाँ, मैं कहती हूँ, श्रुतकीर्ति! मुझे क्या पता था– प्रारब्ध में मानो वीर नहीं; एक हठी योगी लिखा है। वह तो रामजी के दास तथा सीताजी के सेवक हैं। अपने..... अपने वह कुछ रहे ही नहीं। अवश्य....... माता सुमित्रा जी के अवश्य वह आज्ञाकारी सपूत हैं– वीरवर हैं। ऋषि– मुनि कहते हैं– वह शेषनाग के अवतार हैं।"

श्रुतकीर्ति– "तब, फिर वे हैं, हाँ लक्ष्मण जी-ऋषि जो कहते हैं।"

"शेषनाग के अवतार को क्या करूँ? मुझे तो अपना प्राणवल्लभ नर चाहिये। पति चाहिये। मेरे अन्तःकरण का निश्चिन्त विश्वास चाहिये। मुझको मेरा भर्ता चाहिये, श्रुतकीर्ति!" "तो वह है न।" श्रुतकीर्ति ने सहज ही कहा– "विवाह बन्धन ही निश्चिन्त विश्वास तथा परस्पर की प्रीति का बन्धन है। मैं भी उनको देखे बिना जैसे रह नहीं सकती– किन्तु क्या करें? रघुकुल-रीति, वचन, मर्य्यादा! धर्म–जीजी क्या करें?"

उर्मिला ने सहसा उत्ताल हास्य हँसते हुए कहा– "भगवान का भजन करें– जय श्री राम! श्री राम!!"

श्रुतकीर्ति– "जय–जय राम!"

उर्मिला ने सहसा जैसे पूछा– "क्या तुम, मैं, सब–एक बार और चित्रकूट जा नहीं सकते? कम से कम उनको जी भर कर देख तो सकते हैं।"

श्रुतकीर्ति– "क्यों नहीं? किन्तु रामजी ने चित्रकूट का आश्रम छोड़ दिया है। दण्डकारण्य चले गये हैं, वह। क्या बताऊँ–दण्डकारण्य राक्षसों का गढ़ है– गढ़।"

"और श्री राम, वह...... वह जानकी जी" उर्मिला के नयन तनिक विस्फारित हो गये। अपने पद्य राग मणि की कान्ति से मढ़े पद्मपाणी को छाती से चाँपते हुए उर्मिला ने कहा- "वह........ वह अकेले।"

श्रुतकीर्ति ने भी मन्द स्वर में कहा– "कभी–कभी मैं भी सोच में पड़ जाती हूँ। लक्ष्मण जी अकेले क्या इन दोनों की रक्षा कर पाएंगे? कहते हैं– दिन भर काम, सेवा और रात भर प्रहर। तब क्या लक्ष्मण जी सोते ही नहीं? निद्रा-विजय-हाँ

महर्षि विश्वामित्र जो रीझे हुए हैं– दोनों पर। रामजी को कहते हैं कि दिव्य अस्त्र दिये हुए हैं और लक्ष्मण जी को देह–सिद्धि। न लगे भूख और न लगे प्यास। रात्रि जागते रहो, काम करते रहो–चक्की पीसते रहो। प्रतिपल धनुष पर बाण चढ़ाए शत्रु की टोह लेते रहो।"

उर्मिला– "एक वीर आर्य्य क्षत्रिय का यही तो जीवन है। धर्म–धारण तथा रक्षण एवं शत्रु को रण–भूमि में परास्त करना........"

"दुष्टों का पराभव"– श्रुतकीर्ति ने बीच ही मैं कहा– "यह सब मैं भी सुन चुकी हूँ। जनकपुरी के महल तो दिखते भर हैं– अन्यथा वह भी चित्रकूट का आश्रम है।"

उर्मिला– "जनकपुरी में विदेह तथा अयोध्या में पादुका! मानव के भाग्य को हम विलक्षण ही कह सकते हैं।"

"विचित्र भी" श्रुतकीर्ति ने कहा- "महात्मा भरत को ही देखो। श्री रामजी को भी पीछे रख दिया है। माण्डवी जी को नन्दीग्राम नहीं आने देते।"

"क्यों?" उर्मिला ने पूछा।

"क्यों क्या?" श्रुतकीर्ति ने मुँह बिचकाते हुए कहा– "श्री राम–भजन में बाधा जो पड़ेगी।"

"तब पत्नियों का अवलम्ब पतिदेव की इच्छा ही है?" उर्मिला ने कहा– "तब श्रीमती माण्डवी तो मुझसे भी अधिक दुःखी होंगी।"

श्रुतकीर्ति ने कहा– "वह तो पढ़ती-लिखती तथा माताओं की चाकरी में लगी रहती है।"

उर्मिला चुपचाप विजड़ित सी बैठी रही।

* * * * *

माण्डवी ने कौशल्या के चरण छूए और आँचल बिछा कर अभिवादन किया। कौशल्या जी ने सस्मित कहा– "बैठो, बैठो! दिवसों हो गये, तुमने अपना मुख नहीं बताया?"

"जी" माण्डवी ने सिमट कर बैठते हुए कहा– "जी सोचती हूँ। कुछ दिवस जनकपुरी चली जाऊँ। आज्ञा लेने ही उपस्थित हुई हूँ।"

कौशल्या ने सहसा गम्भीर होते हुए कहा– "नन्दीग्राम में तुम्हारी आवश्यकता नहीं है क्या? अकेले यह भरत प्रजा-कल्याण में लगा रहता है। अभ्यागतों को अन्नदान, विद्यार्थियों को गुरु– गृह, ब्राह्मणों को दक्षिणा, क्षत्रियों को अस्त्र–शस्त्र, वैश्यों को वार्ता के लिए मार्गदर्शन–यह सब भरत अकेला ही करता है।"

"शत्रुघ्न जी हैं न। उधर रामजी–लक्ष्मण जी, इधर ये दोनों भाई–भरत जी और शत्रुघ्न जी। जी यही।"

"इन चारों को तब अपनी पत्नियों की पड़ी नहीं है। चित्रकूट में मैंने देख लिया, सीता राम का मुख ताकती रहती है। वह वीरवर लक्ष्मण! उर्मिला बेचारी! वह जैसे है ही नहीं। अवश्य यह श्रुत भाग्यशाली है– शत्रुघ्न साथ रहता है, रहता भी है। विचित्र हैं ये चारों। कभी-कभी मैं उदास हो जाती हूँ। इतना बड़ा राज्य, वैभव– विलास, इतना बड़ा महान रघुकुल! और इतनी तितिक्षा!" श्रीमती कौशल्या ने मानो स्वयं से ही कहा– "नियति क्या नहीं करती? इस भरत को क्या हो गया है? इतना– ऐसा पश्चात्ताप? मैंने तो देखा नहीं; सुना नहीं।"

माण्डवी ने निसास रखते हुए कहा– "रघुकुल का आदर्श उज्ज्वल बनाये रखने के लिए यह सब कुछ करना ही होता है– होगा। राज-मन्दिरों की छाया में एक तपोवन स्थापित किया गया है, माँ! 'नन्दीग्राम'– सबको वहाँ प्रवेश है– स्थान है। केवल मुझे ही नहीं है– नारी जो हूँ, पूज्ये!"

"मैं भी तो हूँ!" कौशल्या ने कहा– "तुझे क्या ज्ञात? कितना सहा है– सौतें.... उपपत्नियाँ। तूने विशाल राज-प्रासाद के, सबके दास-दासी, भृत्य। उनकी प्रतारणाएं, उनके राग–द्वेष, स्वार्थों का सूक्ष्म संघर्ष; सत्ता के आस-पास लटके रहने की वृत्ति तथा राजा को संभ्रम में रखकर अपने ही लोगों की आपूर्ति। ऊपर से.... अब क्या कहूँ? भरत तेरी अवज्ञा तो नहीं करता! नहीं, अपनी साधना को लक्ष्य कर तुझे अपने पास नहीं आने देता–यही न.....? मैंने तो पति की चुप्पी और सौत का अपमान–व्यंग्य, सब सहा है। संसार की दृष्टि में मैं पट्ट महादेवी रही, पति की आँखों में एक त्यक्त–सी। महारानी कैकई–वही सब कुछ थी, री! सब कुछ। इस राज्य की कर्ता-भर्ता, त्राता-विधाता–महारानी कैकई। भरत ने राज- मन्दिर में वनवास लेकर महारानियों..... महारानियों को जैसे सदैव के लिए पराभूत कर दिया। आज महारानी कैकई की दासी या सखी?...... मन्थरा मुझे घुड़क नहीं सकती। कैसे घुड़केगी? भरत जो है! भरत! मेरा तो वह राम है, माण्डवी!"

माण्डवी– "आप, आप यह क्या कह रही हैं, पूज्ये!"

"सच ही कह रही हूँ।" कौशल्या बोली– "राम हुआ, तब से वह मेरा कुछ आदर करने लगे थे। महारानी कैकेई के आवास में ही रहना, अपनी उस नवोढ़ा की प्रत्येक इच्छा की पूर्ति करना तथा उसको ही नयनों में मानो भरे रखना। राज-काज तो सुमन्त चलाते थे– महर्षि वशिष्ठ ही अयोध्या के कौशल राज्य को सम्भाले रखते थे, अब भरत देख रहा है। शत्रुघ्न सम्भाल रहा है। अब यह राज-प्रासाद महारानी कैकेई के बिब्बोक से मुक्त हुआ है।"

"पूज्ये! यह मैं क्या सुन रही हूँ, माँ!" माण्डवी चिहुँकी– "तब यह सब....."

"महारानी कैकेई ने इस राज-प्रासाद में राजमाता होकर ही जैसे प्रवेश किया था। राजा नारी से–अपनी महिला से विवाह नहीं करता। राजनीति का एक अन्तिम साधन स्त्री है– सदैव रही है। राक्षसों को छलने और देवताओं को अमृत देने के लिए श्री हरि विष्णु को भी मोहिनी रूप जो लेना पड़ा था। रघुकुल की यह राज्ञी कैकेई–मुझे तो उनके लिए मोहिनी स्वरूप ही लगी। सुमित्रा और मेरी क्या बिसात थी; इस राज-राजेश्वरी की छाया के समक्ष! रघुकुल का महान प्रतापी नरेश उन महावर–रंगे चरणों को पकड़ कर गिड़गिड़ाता था। हाँ, राम को वन नहीं भेजने के लिए महाराज ने ऐसा ही किया था......."

"फिर भी वह नहीं मानी?" माण्डवी ने पूछा।

"क्रोध-भवन की सब बातें बाहर नहीं आतीं"– श्रीमती कौशल्या ने कहा– "क्रोध-भवन में रानी मानवीय नहीं रहती–राक्षसी हो जाती है।"

माण्डवी– "तब वह ठीक ही कर रहे हैं।"

"अपनी माँ की भर्त्सना?" कौशल्या ने पूछा।

"हाँ, भर्त्सना, तिरस्कार, अपमान! क्या नहीं?" माण्डवी ने कहा– "माँ तो माँ है। माँ सदैव पूज्या हैं, श्रद्धेया हैं। करुणा और वात्सल्य की मूर्ति माँ को क्या........ वह सदैव पुनीत है, पुनीत पूज्ये!"– माण्डवी ने कातर चीत्कार– सी की।

कौशल्या ने माण्डवी के अमर्षपूर्ण मुख-मण्डल को देखा; कहा– "सुन तो....... भरत कभी असत्य नहीं कहता। वह अन्याय नहीं करता; कभी किसी को अकारण दुःख नहीं देता। किन्तु अब क्या कहूँ? श्री राम-भक्ति ही अब भरत के जीवन का

ध्येय है। भरत ने मन–वचन–कर्म से संसार जैसे त्याग दिया है। अपनी माँ को, तुझे-मुझे-हमें, सभी को तिलांजली देकर श्री राम-पादुका की पूजा में लगा है।"

"राज.......?" माण्डवी चिहुँकी।

"राज ईश्वर की सर्वोपरि पूजा ही तो है, वत्सले!" श्रीमती कौशल्या ने कहा– "यह गृहस्थाश्रम कुटुम्ब का राज्य होता है। जीवन के धर्म के धारण, भरण और पोषण के लिए रक्त का और वाणी का ही तो वर्चस्व है। यह रक्त राग है, माण्डवी! यह वाणी चैतन्य है।"

माण्डवी ने यों ही कहा– "राज! मैं तो सिंहासन को जब देखती हूँ– चकित ही रह जाती हूँ।"

"किन्तु राज-प्रासाद तो तुम्हें भाता है?" कौशल्या जी ने हँसते हुए कहा– "सिंहासन तो राजा और राज महिषी का है।"

माण्डवी ने सस्मित कहा– "उन्हें देख जो रही हूँ– शान्त, उपरत, तटस्थ। वह प्रजा का स्वागत करते हैं, उन्हें शान्त तथा मनोयोगपूर्वक सुनते हैं। प्रजा सनातन वैदिक वर्णाश्रम धर्म पालती है, यह देखते रहते हैं। राज्य और राज्यकोष की रक्षार्थ चिंतित भी रहते हैं। वे केवल मुझे नहीं देखते........ मुझे नहीं........."

कौशल्या ने कहा– "माण्डवी! पति परमेश्वर ही है। वह मेरी कितनी ही अवज्ञा करते थे– मुझे बुलाते नहीं थे। मैं कहाँ हूँ, कभी सोचते तक नहीं थे, अपनी चहेती प्रिय पत्नी की क्रोड़ा में पड़े रहते थे। भरत तुम्हारी अवज्ञा तो नहीं करता, अपमान तो नहीं होने देता। वह तुम्हें अपने हृदय में बसाए हुए है, सुना?"

माण्डवी ने कौशल्या के नयनों में देखा–जैसे करुणा का सागर लहरा कर पुनः नयनों के अगाध में अन्तर्ध्यान हो गया। कौशल्या ने निसास रख कर कहा– "मैं ही भरत को कहती हूँ। तेरी, पुकार मैं ही ले जाती हूँ– उसके समक्ष।"

"नहीं, माँ!" माण्डवी ने सिर धुनाकर कहा– "मुझे उनसे कुछ भी तो नहीं चाहिये। मैं जानती हूँ, समझती हूँ– देना मुझे है? समर्पण मुझे ही करना है। पति– पति है– परमेश्वर है; तब भी पति है। मैं तो पति की कृपा ही चाहती हूँ। मुझे पता है; पति-प्रेम भाग्य से ही मिलता है। सीताजी रामजी की जोड़ी एक है– केवल एक! सभी सीता-राम नहीं हो सकते। हाँ, माँ!"

* * * * *

माण्डवी नन्दीग्राम के राज्याश्रम के मुख्य द्वार पर अपनी शिविका से उतरी। द्वारपालों ने सहज ही मार्ग दिया। माण्डवी श्री पादुका-कुटीर के द्वार पर पहुँच कर खड़ी हो गयी। देखा – भरत शाष्टांग प्रणाम कर रहे हैं। भान भूले, विह्वल भरत बार–बार राम-चरण-पादुका को सिर टेक रहे हैं और विकल स्वयं से कह रहे हैं– "राम, अब...... अब सहा नहीं जाता, राम! मेरे राम! कब आओगे, राम? मैं........ मैं अब जीना, जैसे जीना ही नहीं चाहता। आपके प्रति किया गया यह महापराध अमिट महापाप है, प्रभो! मैं माँ को क्षमा कर भी सकूँ, परन्तु स्वयं को कभी, किसी जन्म में भी क्षमा नहीं कर सकता। मैं अक्षम महापराधी हूँ, महापापी और भरत ने सिर पटक–पटक कर रोना आरम्भ किया। माण्डवी स्तब्ध, चकित एवं विजड़ित सी देखती खड़ी रही। वह रोम–रोम में सहम उठी, सिहर उठी। माण्डवी को लगा–केवल सामने श्री राम-चरण-पादुका हैं और उसको स्पर्श कर सिर पटकते हुए भरत एक मानव हैं तथा वह है। उसे लगा कुटीर की दीवारें नहीं हैं, शून्य बीहड़ है–शून्य विवर है– मूक! स्वयं ही प्रताड़ित चुपचाप है। भरत ने अपनी जटा को बिखेरा और कोहनी पर होते हुए चिल्लाए– "राम! राम मेरे! लक्ष्मण!!"

माण्डवी ने सहसा कहा– "ऋषि मुनि कहते हैं– राम सर्वत्र हैं, नाथ!" भरत जाग्रतावस्था में जागे– "कौन हो–तुम? माण्डवी?"

"हाँ मैं, आपकी धर्मपत्नी, जीवन–संगिनी, अद्धांगिनी। क्यों?" माण्डवी ने पूछा।

"मैंने तुम्हें यहाँ नहीं आने के लिए कह रखा है।" भरत ने स्वस्थ होते हुए कहा– "बार–बार क्यों भूल जाती हो? हम एक निरीह, निर्बल तपस्वी हैं। महापापों से घिरा तथा काल के पाप समुद्र में डूबा हुआ, मैं एक जीव हूँ, एक काल का मारा अभागा जीव हूँ जो पाप से महापाप स्वरुप ही जन्मा है।"

"नहीं ...." माण्डवी ने सहज तीव्र स्वर में कहा – "आप........ आप पुण्य हैं– साक्षात् पुण्य स्वरूप हैं! आप पाप हैं, तब हम पुण्य को क्या कहेंगे?"

"मैं पुण्य!" भरत चिहुँके– "देवी! तुम तो यह कहोगी ही, तुम अन्ततोगत्वा मेरी धर्मपत्नी जो हो। तुम, देवी! अब जाओ! यहाँ मत आया करो! सुना? श्री राम को उनके सिंहासन पर सुशोभित देखकर मैं कालाग्नि में भस्म हो जाना चाहता हूँ। मेरी माँ ने समस्त रघुकुल को ही वनवास दिलवाया है– मेरी माँ? विधि की विडम्बना है, देवी!–"

"माँ, कैकेई माँ है, समझे?" माण्डवी ने कहा– "पुत्र माँ का दूध पीकर बड़ा होता है, आत्मा पाता है, परन्तु माँ को क्या वह जानता भी है? समझता भी है? सन्तान माँ को चाहती भर है, समझती नहीं। माँ को जान लेने पर राम का अभाव ही मिट जाता है, स्वामी!"

"माण्डवी!" भरत बोले– "माँ को जान लेने पर माँ का अभाव मिट जाता है; मुझे राम का अभाव नहीं है। राम मेरे रोम–रोम में बसे हैं। मैं....... मैं राम का यह वियोग सह नहीं सकता–एक पलक मात्र के लिए भी मैं राम से विलग रह नहीं सकता–नहीं।"

"क्यों? मैं जो हूँ, माँ है, भाई है, कुटुम्ब है, राज है, प्रजा है।" माण्डवी ने पूछा– "ऋषिगण कहते हैं, यह सब भी ब्रह्म है– परमात्मा, राम!"

"विदेह जनक के यहाँ जन्मी हो, बड़ी हुई हो तुम।" भरत ने कहा– "ब्रह्म–वार्ता तुम्हारे लिए सहज है।"

"जी!" माण्डवी ने तनिक अमर्ष पूर्वक कहा– "हमारा पितृगृह राज-प्रासाद होते हुए भी आश्रम ही है। साधु–सन्त, भक्त, मनीषी तथा साधकों से हमारे अतिथिगृह भरे–पूरे रहते हैं। सैनिक, मंत्री, श्रेष्ठि, सभासद्– ये सब तो विदेह बुलाते हैं– तब आते हैं। ऋषि–मुनि तो बने ही रहते हैं। हम लोगों को छूट्टी में ब्रह्म–वार्ता पिलाई जाती है, जी।"

भरत ने माण्डवी को सिर से पैर तक और पैर से सिर तक देखा–ताका– "तुम पधारी कैसे हो? क्यों?"

माण्डवी ने कहा– "बैठने को भी नहीं कहोगे?"

"माण्डवी!" भरत ने तनिक सिर धुनाकर कहा– "मैं जानता हूँ–तुम क्यों आई हो, किन्तु तुमको समझ लेना चाहिये कि तुम मेरी धर्मपत्नी हो, स्वर्ग की अप्सरा नहीं।"

"जो तपस्वियों का तप भंग करे, यही न......?" माण्डवी ने निस्संकोच कहा– "मैं केवल धर्मपूर्वक ब्याही गई पत्नी हूँ– जीवन–संगिनी नहीं? अर्द्धांगिनी नहीं?"

भरत ने कहा– "मैंने मन से संसार को त्याग दिया है। यही मेरा एकमात्र प्रायश्चित हो सकता था। अपनी माँ के महापाप का प्रायश्चित भी यही हो सकता था।"

माण्डवी ने सहसा कहा– "पुरुष स्त्री को त्याग नहीं सकता। प्रकृति-पुरुष, जी! स्त्री पुरुष को त्यागे तो सृष्टि समाप्त हो जाय और पुरुष स्त्री को त्यागे तो ब्रह्म हो जाय। परन्तु यह तो पितृगृह में सुनी हुई बातें हैं, स्वामी! आप मुझे त्याग दें किन्तु मैं आपको त्यागूँगी नहीं। क्यों त्यागूँ? क्या सीताजी ने श्री राम को त्याग दिया?"

"माण्डवी" भरत ने पुकार सी की– "मेरे चित्त की उद्विग्रता मत बढ़ाओ। मैं यों ही दुःखी हूँ, हतप्रभ हूँ। मुझे इस कुटी में पड़ा रहने दो। श्री राम की पादुका को अहर्निशी देखता रहने दो। श्री राम जिस दिन अयोध्या लौटेंगे–तब, उस दिन भरत पुनः भरत होगा। आज मैं शव हूँ, माण्डवी!"

"अर्थात् शिव......." माण्डवी ने कहा– "किन्तु शक्ति के बिना श्री राम–पादुका का स्पर्श भी सम्भव नहीं। शक्ति..... और वह........ वह क्यों मैं नहीं हो सकती, आपके लिए?"

"तुम शिवा नहीं हो; उमा–पार्वती नहीं हो। देवता नहीं हो तुम, माण्डवी!" भरत ने तीव्र स्वर में कहा– "तुम मानवी हो और मैं भी देव नहीं हूँ– मानव ही हूँ– मरणाधीन मनुष्य हूँ, समझी?"

"समझ गई।" माण्डवी ने कहा– "मैं आपकी भार्य्या, पत्नी, अद्धाँगिनी, जीवन-संगिनी हूँ और–और बनी रहूँगी।"

भरत ने कहा– "मैं ....मैं श्री राम का सन्यासी अनुचर हूँ, दास हूँ। मैं पतितों का पतित एक दीन–हीन पातकी हूँ और तुम शिक्षित–दीक्षित, शीलवान राजकुमारी एवं राजवधू हो। अवश्य मैंने तुमसे अग्नि की साक्षी में विवाह किया है, किन्तु पुण्यात्मा ही शक्ति स्वरुपा स्त्री रख सकती है– पातकी नहीं।"

"मेरे लिये पति परमेश्वर है, न पातकी है और न ही पुण्यात्मा या महात्मा।" माण्डवी ने कहा– "स्त्री, घर–बाहर–सबको तज कर यह कौनसी भक्ति की जा रही है, स्वामी?"

भरत ने माण्डवी को घूरा– "तुम्हारा स्थान निस्संदेह राज-मन्दिर है। माताओं की सेवा में दत्तचित्त हो जाओ, समझी? रामजी जब वापस अयोध्या आयेंगे उस दिन मैं तुमको देखूँगा– बस।"

"जहाँ पति-वहीं पत्नी, जहाँ जीव–वहीं ब्रह्म!" माण्डवी ने कहा– "इस आश्रम की एक विजन कुटी में मैं आपकी छबि पूजती रहूँगी। आपके चरण पखारूँगी–दबाऊँगी। आपको फलाहार कराऊँगी, आपके वस्त्र धो दूँगी। श्री राम–पादुका के लिए पुष्प एकत्र करूँगी। मैं भी सन्यासिनी का वेश धारण करके रहूँगी। सीताजी तो सोलह श्रृंगार सज कर तपस्वी–वेशधारी रामजी के साथ छाया के समान रहती हैं, नहीं?"

"रामजी ने कोई पाप नहीं किया। पुण्य ही पुण्य श्री रामजी करते हैं। पुण्य ही श्री रामजी का दूसरा नाम है, किन्तु मैं? पाप मेरा दूसरा नाम है। मुझे संसार का एक तिनका भी रखने का सत्व अब नहीं है। यह जगत विद्या से जाना जाता है, शास्त्र से सहज प्राप्त तथा प्रायश्चित से शुद्ध होता है। महारानी कैकई ने मुझे जीवित ही शव बना दिया है शुभे....! समझो, यों ही मैं श्री रामजी की बाट जोहते हुए दुःखी हूँ– व्यथित हूँ। मेरा पल-पल बीत ही नहीं रहा है, जैसे। तब तुम....... अब क्या कहूँ। तुम एक पातकी से प्राप्त भी क्या कर सकती हो? मानव मानव से; चाहे वह स्त्री हो या पुरुष, परस्पर स्नेह ही प्राप्त करना है। मानव को परस्पर कल्याण ही करना है। मानव ही प्राणी मात्र के लिए सुख–श्रेय का उत्तरदायी बुद्धिमान व्यक्ति है। मानव पाप करेगा तो यह सृष्टि क्षुभित हो जायेगी। मानव अन्यों को दुःख देगा तो समस्त सुख ही सूख जायेगा। हाँ, माण्डवी, कल्याणी! तुम समझो! श्री राम–वनवास की अवधि में मैं एक शव हूँ जो श्री रामजी की दया से ही साँस ले रहा है। श्री राम के सिवाय सारा जगत, सृष्टि सब कुछ मेरे लिए त्याज्य है। यही मेरे लिए प्रायश्चित है, माण्डवी!"

माण्डवी ने भरत के चरण थामे– "आपके प्रायश्चित की आँखों की मैं अश्रुधारा ही सही स्वामी!"

"तुम मेरे नयनों की अश्रुधारा?" भरत ने जैसे पहली बार माण्डवी को देखा– "नहीं तुम मेरी जीवन–संगिनी हो, माण्डवी! सत्य तो यह है, अपने इस तप के समय में मैं तुमको भूला हुआ चाहता हूँ। श्री राम के बाद तुम ही जैसे मुझे जीवन में जगाए रखती हो। यह राज्य मुझे जगाता नहीं, सुलाए रखना चाहता है।"

माण्डवी– "लेकिन मैं तुम्हें देखे बिना रह नहीं सकती।"

"क्यों?" भरत ने पूछा– "अपने अन्तरात्मा में सदैव देखो– देखती रहो। इस भव का साथ संयोग है, शुभे! आसक्ति प्रभु की, परमात्मा की, जगत की तो अनासक्ति!

राझी कैकई ने मुझे जगत से रीता तथा सृष्टि के सौन्दर्य से हीन कर दिया है। हाँ, श्री राम–पादुका न होती तो एक क्षण भी जीना कठिन था।"

माण्डवी– "तब मैं यहाँ......."

"नहीं माण्डवी!" भरत ने जैसे अन्तिम बार कहा– "यह नन्दीग्राम का श्री राम–पादुका आश्रम है– यह तपोवन है। यहाँ राझियों का क्या काम! यहाँ तो भव–योनियों के निरीह प्राणी ही आ सकते हैं। समर्थ, सम्पन्न, श्रीमन्त, सत्ताधीश क्या करेंगे यहाँ आकर? यहाँ माता कौशल्या, माता सुमित्रा आ सकती हैं, महारानी कैकई नहीं और तुम? आई नहीं कि संसार आया नहीं। माण्डवी, श्रुतकीर्ति और उर्मिला–इनको रिझाये रखने में लगी रहो।"

"स्वामी!" माण्डवी ने निराश होते हुए कहा– "उर्मिला बहन तो आप की भांति अपने कक्ष में ही चुपचाप रहती हैं। लक्ष्मण की छबि और धनुष–बाण–बस यही उस कक्ष की शोभा है। श्रुतकीर्ति? वह प्रसन्न है– मगन है। शत्रुघ्न जी जो आपके महामात्य हैं, प्रवर सेनापति हैं! राज तो श्रुतकीर्ति के नयनों में झलकता है।"

"और तुम्हारे नयनों में?" भरत ने पूछा।

"तुम....... श्री राम–पादुका" माण्डवी ने कहा।

"धन्य हो, माण्डवी!" भरत ने प्रसन्न मन से कहा– "तुम प्रातः–सायं आकर श्री राम– पादुका की आरती उतारा करो–दर्शन किया करो और मुझे चरणामृत प्रदान किया करो।"

माण्डवी ने पुनः भरत के चरण थामे– "मैं धन्य हो गई, नाथ! यही........ यही तो मेरी प्रार्थना थी।"

10

शत्रुघ्न उठ–बैठे–उन्हें लगा, पंचवटी में कुछ घटना घटी है। एक अज्ञात आशंका– चिंता शत्रुघ्न के मन में सुलग उठी। भरत और शत्रुघ्न का मन जैसे श्री राम, लक्ष्मण, सीता के पद–चिन्हों के साथ ही लगा था। नन्दीग्राम में भरत आकाश के क्षितिजों के परे श्री राम की घनश्याम छबि को टोहते रहते थे और अयोध्या के विशाल राजमन्दिरों के स्वर्ण कलश–मण्डित शिखरों पर भरत जैसे श्री राम के बाणों को खुभे कल्पित करते थे। माताएं, पत्नियाँ, दास–दासियाँ, पशु–पक्षी सब जैसे श्री राम की अनुपस्थिति में एक प्रकार से अनुपस्थित से ही लगते थे। राम नहीं; तो ये भी नहीं–स्वयं भी नहीं। शत्रुघ्न कभी–कभी सोचते–ऐसा तो श्री राम में क्या है? कि सहज ही उनके प्रतिनिष्ठा जाग जाती है, श्रद्धा उमड़ती रहती है– उनके चरणों में सब कुछ अर्पित कर देने की चाह चटक उठती है। श्री राम भाई तो हैं ही; किन्तु भाई से भी बढ़कर वह जैसे पिता हैं, माता हैं, बन्धु–बान्धव हैं। राम जैसे प्राणों का विश्वास, मन का आश्रय, चित्त की शान्ति और बुद्धि की निश्चिन्त आत्मीयता हैं। राम ही मानो स्वप्नों का स्वप्न और स्मृतियों का दहकता हुआ सार है। श्री राम!" शत्रुघ्न ने सिर धुनाया और पुकारा– "श्री राम!"

प्रतिहारी द्वार पर प्रकट हुआ– "स्वामिन्?"

"श्री राम!" शत्रुघ्न ने कहा– "चर! चर नहीं आये?"

"जी नहीं" प्रतिहारी ने कहा– "अभी कुछ ही समय पूर्व आये थे।"

"शत्रुघ्न ने कहा-" ठीक है! महामात्य जी से कहो– "अभी विश्वस्त व्यक्ति को दण्डकारण्य रवाना करें। श्री राम कष्ट में हैं– ऐसा लगता है।"

"स्वामिन्!" प्रतिहारी

"मेरे मन में जैसे धूणी का लक्कड़ सुलग उठा है।" शत्रुघ्न ने कहा– "श्री राम, पूज्य जानकी, भाई लक्ष्मण–सभी जैसे घिर गए हैं। राक्षसों से घिर गये हैं। सुना?"

"जी, स्वामिन्!" प्रतिहारी ने कहा– "किन्तु श्री राम तो समर्थ हैं। वे अन्यों को जब भय मुक्त करते हैं और अभय देते हैं– तब उनको भय कैसा........? संकट कैसा?"

शत्रुघ्न– "जी? नहीं, श्री राम तो स्वयं ही जगत-त्राता हैं। राक्षसों को खदेड़ दिया श्री राम ने। इस महापुरुष ने यज्ञों को मुक्त किया है, वेदों को पुनः प्रकट होने के लिए अवसर दिया है, ऋषियों को आश्वस्त किया है और शत कोटि प्रजाओं को हुलास दिया है। श्री राम!!"

"श्री राम!!" प्रतिहारी ने भी उच्छ्वसित कहा– "राम ही! श्रीमन् सभी के नयनों में छाये हुए हैं। जहाँ सुनो, वहीं श्री राम-जानकी, लक्ष्मण जी की चर्चा है, वार्ता है।"

"क्या.....? क्या कहते हैं लोग?" शत्रुघ्न हठात् तनिक चिन्तित होते हुए पूछा– "क्या?"

"जी, कुछ नहीं।" प्रतिहारी बोला– "कुछ कहते हैं कि पिता की असत्य आज्ञा को शिरोधार्य करना धर्म नहीं है। सत्य-श्रीमन्, सत्य से ही सभी धर्म आविर्भूत होते हैं। कुछ लोग– अधिकांश-कहते हैं– श्री राम ने त्रिकाल के लिए जगत में अत्यन्त आदर्श उदाहरण उपस्थित किए हैं। पिता का वचन पालने के लिए राज्य, राज्यसत्ता, राज्यवैभव तथा राजप्रासाद के सुख क्षण भर में त्याग देना-महान त्याग है। यही धर्म का सार है। कुछ कहते हैं– राज्य व्यक्तिगत वचन-कथन का विषय ही नहीं है। राज धर्म से ही राज्य के वचन-कचन व्यक्त होते हैं। लोग हैं– भवान! जितने मुख, उतनी ही बातें। अवश्य सभी, मतभेद होते हुए भी रामजी के भगत हो गए हैं।"

श्रुतकीर्ति दिखी। प्रतिहारी ने चमकते हुए कहा– "राझी श्रीमन्! राझी।"

शत्रुघ्न ने घूम कर अपने कंधे के पास पीछे खड़ी हुई श्रुतकीर्ति को देखा– "जग गयी?"

श्रुतकीर्ति ने कहा– "जब आप जग गये तो मैं भला सोई कैसे रह सकती हूँ? क्या हुआ?"

"हो क्या?" शत्रुघ्न ने निसास भरते हुए कहा– "वही........ वही श्री रामजी की चिन्ता। उधर भरत जी श्री रामजी की प्रतीक्षा में आँसुओं की धारा बन गये हैं। इधर

मैं चिन्ता...। यह राज–काज भी राम के बिना जैसे हो सकता नहीं। प्राण न हो तो शरीर जीये कैसे?"

श्रुतकीर्ति ने कहा– "सूर्य नारायण से प्रार्थना ही कर सकते हैं। इक्ष्वाकुवंश की प्रेरणा और प्रकाश तो आदित्य देव हैं, आर्या! श्री राम की रक्षा भी वे ही करेंगे। हुआ क्या?"

शत्रुघ्न– "मन में लगा, पंचवटी में संकट है– कोई घटना घटी है, या घटने वाली है। चित्रकूट भी जनस्थान के राक्षसों से जैसे भरा था– तब यह दण्डकारण्य तो राक्षस साम्राज्य का गढ़ है। आर्यावर्त के अरण्यों में राक्षस–राज्य फैलाने का केन्द्र है। श्री रामजी ने भी इसी स्थान को चुना–निवास के लिए।"

"महर्षि अगस्त्य ने संकेत किया था।" श्रुतकीर्ति ने कहा– "रामजी महर्षियों के मार्गदर्शन में वनवास काट रहे हैं। मुझे तो सीताजी को देख कर यह विश्वास ही नहीं होता कि यह जनकपुरी की राजपुत्री सीता देवी है। शान्त, अविचल, धीर– गम्भीर तथा संकटों में समदर्शी श्री रामजी की मानो शक्ति हो गई है, स्वामिन्! अब चलो शेष रात्रि सूर्य नारायण की प्रार्थना में बिता दें। चलो जी!"

शत्रुघ्न ने प्रतिहारी से कहा–आज्ञा की– "अभी इसी समय महामात्य सुमन्त दण्डकारण्य स्वयं जाएं या किसी विश्वस्त बुद्धिमान और समझदार दूत को भेजें। हम जानना चाहते हैं कि दण्डकारण्य में क्या हो रहा है? श्री रामजी, लक्ष्मण जी और जानकी जी राक्षसों से घिर गये हैं। मेरा मन विषाद से भर गया है, प्रिये! श्री राम मेरी पलकों पर वनवास के दिन–रात बीता रहे हैं।"

श्रुतकीर्ति ने निसास भरते हुए कहा– "श्री राम स्वयं समर्थ हैं। इनके बाण को लोग 'रामबाण' कहने लगे हैं। रामबाण महाकाल तक को खड़ा रख सकता है। अवश्य श्री राम–लक्ष्मण राक्षसों से निपट लेंगे। मैं सूर्य नारायण से यही प्रार्थना करती हूँ।"

शत्रुघ्न– "आर्यावर्त के क्षत्रियों को काठ मार गया है, श्रीमती! विदेह जनक के अनुरोध पर अवश्य कुछ हिले हैं, किन्तु अभी पूरी तरह जागे नहीं हैं। क्या करें? मन में आता है इन सब को वशीभूत कर महान चक्रवर्ती जम्बूद्वीप के महान साम्राज्य का संगठन किया जाए एवं आर्य सभ्यता तथा संस्कृति के शत्रुओं को नष्ट कर दिया जाए। आश्रम आर्य संस्कृति के केन्द्र हैं, यज्ञ आर्यों के समुदाय का

प्रकाश है, आरोग्य है, स्वास्थ्य है। आर्यों के चारों पदार्थों की सिद्धि के यह अमोघ साधन हैं।"

"हैं तो" श्रुतकीर्ति ने कहा– "राजा का ही प्रजा-पालन का धर्म है। क्या महर्षि विश्वामित्र स्वयं राक्षसों का वध नहीं कर सकते थे? किन्तु वे महाराज दशरथ जी के पास आये ....।"

"राम-लक्ष्मण के लिए।" शत्रुघ्न ने स्वयं ही चकित होते हुए कहा– "पृथ्वी का शक्तिवान, शीलवान, भद्र तथा महान मनस्वी अजय तपस्वी, सिद्धियों तथा शक्तियों का तपस्वी स्वामी महर्षि विश्वामित्र श्री राम, श्री लक्ष्मण को ही ले गए। क्षत्रिय ही राजधर्म का स्नातक है, पालक है। प्रजा तो वैदिक वर्णाश्रम धर्म का धारण करती है। समुदाय में धर्म-पालन तथा राज्य द्वारा रक्षा। हाँ, प्रजा राज्य की श्री सुकृति तथा शक्ति है। मैं यह जानता हूँ।"

"भरत जी" श्रुतकीर्ति ने पूछा।

"उनके लिए राज्य नहीं है, संसार नहीं रहा, केवल श्री राम ही हैं। राम!" शत्रुघ्न ने श्रुतकीर्ति के द्वारा अन्तरंग में खिंचते हुए कहा। श्रुतकीर्ति ने शत्रुघ्न को पुनः लिटाते हुए कहा– "थोडा विश्राम कीजिये, महाशय! इस जगत में सभी अपने-अपने हैं। भरत जी रामजी को इतना-ऐसा मानते तो हैं और कौन भाई-भाई को इतना मानता है जो मिला हुआ राज्य भी छोड़ दे? जो अपनी जननी को इतना, ऐसे कोसे और संसार त्याग-सा दे।"

शत्रुघ्न ने अनायास शंकित होते हुए पूछा– "तो क्या भरत जी ने संसार त्याग दिया है? तुम मानती हो?"

"और क्या?" श्रुतकीर्ति के शत्रुघ्न ने घने काले बालों को सुल्हाते हुए कहा– "माण्डवी दीदी को पास फटकने नहीं देते और वह भी ऐसी है जो बिना बुलाए जाती रहती है, गिड़गिड़ाती रहती है।"

"तुम?" शत्रुघ्न ने मौजपूर्वक पूछा।

"मैं तो कोई नहीं गिड़गिड़ाऊँ।" श्रुतकीर्ति ने मुँह बनाते हुए कहा– "गिड़गिड़ाओ तुम! मैं नहीं, जी!"

शत्रुघ्न ने पूछा– "मैं गिड़गिड़ाऊँ? क्यों? तुमको अग्नि की साक्षी और वेद मंत्रों के अभिषेकपूर्वक लाया हूँ। तुम्हारा हाथ मैंने पकड़ा है और तुमने? तुमने अपना पद्मपाणि मेरे सशक्त हाथों में रखा है– धरा है। इसीलिए मैं नहीं, तुम।"

श्रुतकीर्ति– "मैंने तुम्हें सदा ही सक्षम उत्तरदायी, विवेकशील तथा पुरुषार्थी मानकर ही स्वयं को तुम्हारे हवाले किया है। कायर और कापुरुष से कोई भी स्त्री बन्धना नहीं चाहती। तो हम वीर– धीर हैं– यही न?" शत्रुघ्न ने श्रुतकीर्ति को बाहुओं में भर लेते हुए कहा– "आभार, श्रीमती!"

श्रुतकीर्ति शत्रुघ्न के चौड़े वक्षस्थल में भर गई। बोली– "भाई जी से कहते क्यों नहीं?"

"क्या?" शत्रुघ्न ने श्रुतकीर्ति की घन कज्जल चोटी तराशते हुए पूछा।

"यही कि माण्डवी दीदी को अपने साथ रखें भरत जी" श्रुतकीर्ति बोली– "दीदी दिन–रात दुःखी रहती हैं। मैं उनको दुःखी नहीं देख सकती। तुम चारों शरीर से तो अलग-अलग हो, किन्तु मन, बुद्धि तथा आत्मा से एक लगते हो। त्यों ही हम भी हैं, हम चारों।"

"अच्छा!" शत्रुघ्न ने पूछा– "कैसे?"

"ऐसे!" श्रुतकीर्ति ने शत्रुघ्न के सघन मस्तक को अपने पीन उरोजों पर रखते हुए कहा– "सो जाओ अब प्राण मेरे!"

* * * * *

लोकगायकों का सविनय नमस्कार ग्रहण करते हुए श्री भरत ने सस्मित पूछा– "मेरे अपने रामजी कैसे हैं?" लोकगायकों ने नायक से कहा– "रामजी स्वयं समर्थ हैं। अमंगल को मंगल में बदलने वाले श्री राम ईश्वर के अवतार लगते हैं। खर–दूषण प्रलयंकर भयंकर! उनको अकेले रामजी ने स्वधाम पहुँचा दिया। आर्यावर्त के अरण्यों में छिपे, लुके, जमा तथा डटे हुए राक्षस काँप उठे। भयभीत एवं आशंकित वह दण्डकारण्य दौड़े अपनी अधिष्ठात्री शूर्पणखा के पास।"

"शूर्पणखा?" शत्रुघ्न ने पूछा।

"लोकाधिपति महान दुर्दान्त रावण की भगिनी, दण्डकारण्य ही नहीं, आर्य्य भूमि में आ बसे, राक्षसों की अधिष्ठात्री, सेनापति, महानायिका।" नायक ने कहा– "रूप-रूपा, रूप गर्विता;उद्दाम यौवनोमादिनी शूर्पणखा देवताओं को भी वश में कर लेती है, जी हाँ।"

"राक्षसी कभी सुन्दर नहीं होती" शत्रुघ्न ने कहा– "सौन्दर्य देवता का, सुर का, मानव का तो रूप ही होता है।"

"जी, तो वह राक्षसी रूपवती ही है, किन्तु कमनीय से कमनीय, विकराल से विकराल रूप, भगवन!" नायक ने कहा– "उसने राक्षसों को सावधान कर दिया है– रामजी को पकड़ो-धकड़ो-मारो।"

भरत ने सिर धुनाया, निसास रखते हुए कहा– "अरे......नहीं-नहीं शत्रुघ्न रामजी की रक्षा के लिए-क्यों? क्या करें?" फिर भरत ने स्वस्थ होते हुए पुनः कहा– "रामबाण! रामबाण हैं, तब तक ऋषि हैं, मुनि हैं, सुर हैं, देव हैं। रामबाण है, तब तक यह यज्ञ है, वेद मंत्र है, तप है, साधना है। रामबाण की अमोघ नोक ही मनुष्य के हृदय में अमृत और ज्ञान की कसक उत्पन्न करती है। श्री राम के चरणारविन्द छू कर मैं निश्चिन्त हो गया हूँ। रामजी जाने जगत की, मैं तो राम के श्री चरणों को ही जानता हूँ। तब मैं ही जाऊँगा। आयुधों तथा अस्त्र-शस्त्रों से लदे रथ के साथ जाऊँगा। हाँ, शत्रुघ्न! राम.......... सीता-राम अकेले हैं। केवल लक्ष्मण ही तो साथ हैं।"

"आप क्यों जाएं, हम जो हैं!" शत्रुघ्न ने कहा– "अपनी चतुरंगिणी है। पूज्य प्रवर विदेह के लोग हैं। हम हैं ना?"

"श्री राम मानते ही नहीं" भरत ने सिर धुनाते हुए कहा– "मेरे बड़े हैं, सर्वस्व हैं, किन्तु श्री राम अपने ही मन की करते हैं। ऋषि-मुनियों की या फिर अपने अन्तःकरण की ही सुनते हैं। मेरी एक प्रार्थना नहीं सुनी रामजी ने। सुनी? नहीं सुनी।"

शत्रुघ्न ने विनयपूर्वक कहा– "श्री राम क्या राज भोगने के लिए जन्मे हैं? नहीं। वह महापुरुष तो प्राणी मंगल और जगत-कल्याण के लिए जन्मा है। अन्यों के लिए सब-कुछ सहो, दूसरों के दुःख मिटाओ, निस्सहायों की सहायता कर, निर्बलों को शक्ति और निस्तेजों को आत्मविश्वास, यही श्री राम का प्रतिपल का जीवन है। यही

ज्योति है, भाईश्री पूज्य! हमें भारतवर्ष के क्षत्रियों को अब कहना होगा, पृथ्वी से भय मिटा दो। ब्राह्मणों से कहना होगा–यह घना अंधकार चिर दो, ज्ञान! ज्ञान की ज्योति की ओर मानव को प्रेरित करो–कषों। वैश्य समुदाय को धन-सम्पदा की उत्पति के लिए निस्वार्थ परिश्रम करना होगा– हम निस्संदेह तनिक चार्वाक से होते जा रहे थे।"

"नहीं" भरत सहसा गर्जे– "नहीं, श्री राम धरा पर अवतरित हैं। अब भय कैसा? भेद कैसा? अब निराशा कैसी? श्री राम हैं तो अब मंगल ही मंगल है। भारत के क्षत्रियों को कह दो–पंचवटी की रात-दिन रक्षा करें।"

लोकगायकों के मुखिया ने सहसा कहा– "पंचवटी में अनहोनी होती गई है हो गई। श्री रामजी को मोह ने वह नखराली राक्षसी षोड़शी बनकर पधारी थी। श्री राम! मैं तुम पर मुग्ध हूँ– मुझे पाओ श्री राम! राक्षसी मटकी।"

सभी जाग्रत हो गए। शत्रुघ्न सहसा चमके– "अच्छा? शूर्पणखा रामजी को मोहने गई? कितना बड़ा दुस्साहस! फिर....... फिर?"

नायक ने गाया– "शूर्पणखा नखराली, मरमीली, उरझीली वह महान रावण की मायाविनी भगिनी अपना भयंकर रौद्र रूप त्यागकर पुनः मोहिनी बन गई। मोहिनी........ भगवान विष्णु भी मोहिनी बनकर देवताओं को अमृत बाँटने आविर्भूत हुए थे। यह राक्षसी सुरांगना बनकर अकाम– निष्काम राम को काम देने आई– हाँ, जी-आई, किन्तु........"

"किन्तु क्या.........?" कोई बोल उठा।

"किन्तु राम तो राम ही ठहरे। बोल उठे– मैं विवाहित हूँ– एक-पत्नीव्रत-धारी हूँ। शूर्पणखा ने कहा– भगवती सीता की ओर सक्रोध देखते हुए कहा– इसको त्याग दो और मुझे पाओ।"

सारी मेदिनी जैसी जड़ीभूत, चित्रलिखित सी होकर सुनने लगी। श्रुतकीर्ति ने सकपकाकर शत्रुघ्न की ओर देखा; उर्मिला जाग गई; क्या? माण्डवी ने सुमित्रा तथा कौशल्या जी की ओर देखकर नयन नमा लिये। श्री रामजी से विवाह रचाना चाहती थी वह राक्षसी। लोकगायक ने गाया– तनिक उछल कर धरती पर थमते हुए गाया– "शूर्पणखा बोली– दशरथनंदन! यह सीता तो मानवी है, सधुक्कड़ी है। यह तुम को क्या सुख दे सकती है। सुख तो–सुरांगनाएं, राक्षस महिलाएं, गन्धर्वियाँ,

किन्नरियाँ–यही दे सकती हैं। हम पुरुष को अहर्निशि रमुज में रंजन में रख सकती हैं। हम क्षुद्र यौवना नहीं हैं। दीर्घ, गहन यौवना हम राक्षस महिलाएं होती हैं– मायाविनी रसिक-रसिका, उन्मत्त यौवना–हम ही आद्या नारी की सम्पूर्ण मूर्ति हैं– यह सीता? ऊँह...... यह सीता तो तुम्हारे कन्थे का जड़ भार है– धरती पर खिसका दो और मुझे अपनाओ। मैं तुम्हारे कम्बुकंठ की कल्प वृक्ष के फूलों की माला बनकर त्रिकाल के लिए फूलती रहूँगी। राम, मैं पृथुनीतम्बिनी हूँ, पिनउरोजा तथा सघन आर्द्र कुक्षिका हूँ। आ, मेरे रतिनाथ! आ, मुझे गले से लगा लो!!"

भरत सहसा चिल्लाये– "बस....... चुप करो।"

"अन्त में हुआ क्या?"......... शत्रुघ्न ने सक्रोध पूछा।

नायक तथा गायक– मंडली स्तब्ध खड़ी रह गई। नायक ने धरती पर पड़ जाकर प्रणाम किया और चिल्लाया– "अभय....... स्वामिन्!"

शत्रुघ्न– "दिया...... क्या हुआ? शीघ्र बता। श्री रामजी को लेकर राक्षसी ने जो प्रलाप किया उसको हमें सुनाते हुए तुझे लज्जा नहीं आई? अभय.......! दिया जा।"

नायक ने शान्त-गम्भीर स्वर में कहा– "श्री रामजी ने वीर लक्ष्मण को इंगित किया– रहस्यमय इंगित किया। वीरवर लक्ष्मण जी सहज ही राक्षसी के पास ठुमक आए और विद्रुत वेग से उसका नाक काट डाला, कान काट डाला। राक्षसी ने भयानक आर्तनाद किया और भाग खड़ी हुई। रामजी ने सीता की ओर देखा और मुस्करा दिये, जी हाँ, रामजी मुस्करा दिये और देवी जानकी रीझ उठी धन्य हो गयी। सीता-राम!!"

"सीता-राम!!" की गगनभेदी ध्वनि उठी।

शत्रुघ्न ने शान्त स्वर में कहा– "सीता-राम!"

भरत ने नयन बंदकर मानो प्रार्थना की– "राम! मेरे राम! जानकी वैदेही! अब लौट आओ। वनवास के संकटों का अन्त ही क्या? फिर क्या हुआ शत्रुघ्न! फिर क्या हुआ?"

गायकों ने गाया– "राम सन्नद्ध, तत्पर, सावधान और जागरूक सदैव की भांति गोदावरी में स्नान करते हैं। जल-केलि करते हैं और भगवती जानकी मन्द-मन्द मुस्कराती हुई पंचवटी के पशु-पक्षियों से कभी-कभी वार्तालाप सा करती हैं।"

"राक्षस?" किसी ने पूछ लिया।

"अभी तो चुप हैं।" गायक ने कहा– "सुना है, कान से कटी और नाक से नकटी शूर्पणखा श्री लंका भागकर गई है– भागी वह लंका की ओर उसके कटे कानों से रक्त की गिरि बूँदें, अब काली होकर जम गई हैं। उसका कटा नाक राक्षस वंश का कटा नाक हो गया है। अरण्यों में पुनः भय छा गया है। अरण्यवासी सशंकित हो उठे हैं। अब राक्षस पूर्ण शक्ति से पंचवटी पर आक्रमण करेंगे– निश्चय ही करेंगे।"

"अवश्य ही यह आशंका है।" सुमन्त ने कहा– "आज्ञा हो तो मैं स्वयं सेना लेकर पंचवटी जाऊँ।"

भरत ने कहा– "मेरा मन तो कहता है कि आप जाएं, किन्तु रामजी किसी की सहायता नहीं चाहेंगे।"

महर्षि वशिष्ठ ने बीच में ही कहा– "राक्षसों की बहुसंख्यक सेना के समक्ष हमारी चतुरंगिणी कितनी? सेना के साथ उसका सेनापति भी तो है। हमारे महामात्य सुमन्त धीर हैं, वीर हैं, किन्तु राज इनका प्रमुख क्षेत्र है– रण क्षेत्र नहीं।"

शत्रुघ्न– "ठीक है, गुरुदेव!"

"पंचवटी सुरक्षित है, प्रभो!" गायकों के मुखिया ने गाते हुए कहा– "जहाँ शेष स्वरुप वीर-शिरोमणि, उर्मिला-पति लक्ष्मण धनुष-बाण लिए हुए रात-दिवस प्रहर करते हों, जहाँ रामजी का नाराच रामबाण स्वयं ही धनुष की प्रत्यंचा पर चढ़ा रहता हो और जहाँ लक्ष्मण जी की भृकुटी भंग से ही राक्षसों की माया छितरा जाती हो, जहाँ श्री रामजी की मुस्कराहट से ही राक्षस भी मोहित होने लगते हों– उस पंचवटी के अभय में शंका करना ही व्यर्थ है। श्री रामजी ने भैया लक्ष्मण को जाग्रत सावधान किया है। वह स्वयं भी धनुष पर बाण चढ़ाए वैदेही जानकी की रक्षा के लिए आतुर बने हुए हैं।"

शत्रुघ्न ने निसास रखते हुए कहा– "शूर्पणखा अवश्य ही लंका जाकर उत्पात करेगी।"

"विलाप........." गायक ने कहा– "वह ऐसा हास्यास्पद विलाप कर चुकी है। लंकेश की सभा में वह दौड़ी, छाती और सिर कूट कर बोली– "रावण भैया जी, तेरे

राज्य में, तेरी भगिनी की यह दशा! बड़ा त्रैलोक्यपति बनता है! बड़ा वीर, दस मुख बनकर जगत में दहाड़ता रहता है। देख, मेरी यह दशा। मेरी नाक जिसे देखकर देवता दुबक जाते थे, सुर सटक जाते थे, नाग डुल जाते थे और जिसे देख कर मनुष्य डर जाते थे– उस गर्विष्ठ नाक को लक्ष्मण ने काट डाला। अब इस कटे नाक की मैं एक नकटी राक्षसी मात्र रह गई हूँ। रावण! .... सुनता है?" गायक ने दीर्घ स्वासं भरकर फिर कहा– गाया। "रावण अपनी नकटी भयंकर भगिनी को कुछ देर देखता बैठा रहा.......... बैठा रहा। शूर्पणखा ने पुनः पुकार की– यह कर्ण तो मधुर संगीत से भरे रहते थे, जिनके कोण में पृथ्वी की सुगन्ध ठुँसी रहती थी, जिनमें अनहद स्वयं जाग उठता था, वह–वह मेरे कर्ण उस धूर्त स्वाभिमानी नपुंसक पुरुष ने काट लिए और दिशाओं में फैंक दिए। अब बता, लंकेश! मैं क्या करूँ?" तब भी रावण तनिक चकित हतप्रभ सा अपनी विरूप-विद्रूप भगिनी को ताकता रहा।"

गायक ने अन्त में गाया– "रावण तब सहसा चिल्लाया था: क्या...... क्या मैं एक घिनोना स्वप्न तो नहीं देख रहा हूँ? क्या मैं एक असम्भव से मानव की बनावटी वार्ता तो नहीं सुन रहा हूँ। क्या दशरथ पुत्र राम रुद्रावतार है? शिव है–महाकाल है? तब शूर्पणखा ने अपने दाँत पिसते हुए कहा– भाई मेरे! यह सब उन ऋषि-मुनियों द्वारा बनाई गई और जानबूझ कर फैलाई गई वार्ता है। अवश्य यह राम अभिनव सुन्दर है, कनौड़ा है। उसकी विशाल, गहन आँखों में कामेश्वर के नयनों का उन्मीलित मद ही भरा है जैसे। उसके विशाल वक्षस्थल पर जैसे पृथ्वी के पर्वत स्वयं ही नत होकर फैल गए हैं। हाँ, उसके प्रलम्ब भुजों में मलयानिल का कम्प भरा है। उसके होठों में आह! रस ही रस है। किन्तु श्री राम से बढ़कर उसकी मानवी स्त्री-सीता है। तब रावण ने कहा था: हम उसको अपने चौदह लोकों में विश्रुत रंग भवन में लाकर अपनी पटरानी प्रतिष्ठित करेंगे।"

"चुप कर शठ!" शत्रुघ्न ने सहसा चिल्लाकर कहा– "आर्यावर्त की महानदियों के जलों से भी जो निर्मल और पवित्र है, जो पृथ्वी की पुत्री है और जो हमारे श्री राम की प्राणाधार है; उस महादेवी, श्रीमती श्रद्धेया वैदेही सीता के लिए........."

"अभय प्रभु!" गायकों के नायक ने कहा– "यह मैं, यह दासानुदास नहीं कह रहा–लंकेश रावण ही कह गया है, अभय, स्वामिन्!"

"दिया।" शत्रुघ्न ने कहा– "दण्डकारण्य में श्री रामजी सुरक्षित हैं, या नहीं, यह हम दिखाएँगे। महर्षि अगस्त्य से हम स्वयं निवेदन करवाएंगे।"

"कातर मत हो, शत्रुघ्न!" कौशल्या जी बोली– "यदि मैंने एक क्षण भी सूर्य नारायण को भजा होगा– मन, वचन, कर्म से–तो श्री राम, लक्ष्मण, जानकी का मंगल ही होगा। राम? वह–वह तो महर्षि विश्वामित्र का दीक्षित शिष्य है।उसको अस्त्र-शस्त्र सहज है। वह अकेला ही कोटि-कोटि शत्रुओं के लिए यथेष्ट है। जो ताड़का, मारीच, खर-दूषण आदि इन भयंकर राक्षसों का संहार पल में कर सकता है– वह अरक्षित कैसे है?"

"जी!" शत्रुघ्न ने कहा– "श्री राम कालजयी महामानव हैं– यह स्पष्ट है, अचूक हैं। पृथ्वी भर के दुष्ट, आततायी, अधर्मी, दानव तथा राक्षस अब भय–विकम्पित हो गये हैं। आर्यों की लोह का अब ज्ञान होने लगा है। समझ गये थे, आर्य क्षत्रिय हतप्रभ, त्रस्त तथा अंटे-बंटे हैं। उनके अस्त्र-शस्त्र के दिव्य प्रयोगों को होने ही मत दो। आश्रम हमारे ज्ञान के तपोवन तथा दिव्य विज्ञान की प्रयोगशालाएं हैं- अद्वितीय तथा गहन प्रतिभा के धनी तपस्वी ऋषि और मुनि अहर्निशि हंसासिनी और मयूरासिनी सरस्वती की आराधना में ही ध्यान मगन रहते हैं। उनको समाप्त करना–यह निस्संदेह आर्य-सभ्यता के शाश्वत चैतन्यों के स्रोतों को सुखाने का हीनतम प्रयास है।"

भरत ने कहा– "रामबाण ही हमारा एक मात्र परित्राण है तथा श्री राम-राज्य ही आर्य जाति के वेद तथा वेदान्त का एक मात्र राज्य है– हो सकता है। मैं श्री राम-राज्य के मंगलारम्भ तथा मानव–जाति के अभय तथा अभ्युदय, शान्त तथा मंगलमय जीवन के मूर्तिमान देवता को श्री राम के रूप में ध्याता हूँ। श्री राम!!"

* * * * *

शत्रुघ्न का रथ महर्षि अगस्त्य के विशाल आश्रम-द्वार पर मानो सहज ही रुका। शत्रुघ्न ने सिर धुनाया और स्वतः ही ऊर्ध्व स्वांस भरते हुए कहा– "शान्ति है........ यहाँ–शान्ति।" रथ–चालक ने प्रणामपूर्वक कहा– "आश्रम है, महाराज! यहाँ वैर नहीं रहता, द्वेष नहीं रहता। सम और सौहार्द्र ही बसता है। नगर, पुर–ऊँह– अशान्ति, भय और दुःख के निवासालय ही हैं।"

शत्रुघ्न ने मुस्कराहट पूर्वक कहा– "तो अयोध्या का क्या हो?"

रथ-चालक ने मानो पुकार कर कहा– "अयोध्या? उसका क्या हो? अयोध्या तो चिरकालिक महानगर है– संस्कृति का आश्रम ही समझिये। अयोध्या नगर में अशान्ति, भय, संकट कहाँ है? जो कुछ है– होता रहता है, वह नागरिक के निवास में नहीं हो रहा, स्वामिन्!"

"तो?" शत्रुघ्न ने स्वागतार्थ आये हुए मुनिवरों को प्रणाम करते हुए पूछा।

"राज-निवास, प्रभो!" रथ चालक बोला।

तभी अगस्त्य महर्षि के प्रवर शिष्य ने कहा– "आइये, स्वागत है। महर्षि आपकी प्रतीक्षा ही कर रहे हैं।"

"अच्छा? धन्य भाग मेरे....... हमारे।" शत्रुघ्न ने कहा– "महर्षि अगस्त्य का वचन अटल है, आशीर्वाद अमोघ है, वरदान अथाह है।"

महर्षि के प्रवर शिष्य ने कहा– "महाराज! सद्-भाग्य तो इस आश्रम का भी है, जहाँ दशरथनंदन श्री राम, वैदेही जानकी जी तथा धन्यवीर लक्ष्मण आ चुके हैं तथा महर्षि से दिव्य अस्त्रों का वरदान भी प्राप्त कर चुके हैं।"

"दिव्य अस्त्र?" शत्रुघ्न ने तनिक विश्वस्त होते हुए पूछा।

"महर्षिवर्य ने महर्षि वशिष्ठ महाशय के भी परे जाकर अपने अमोघ साधना द्वारा ब्रह्मास्त्र ही प्राप्त किया है।" पट्ट-प्रवर शिष्य ने कहा– "ऋषि-लोक में यह आश्रम अब महान गुरुवर्य का ही स्थानक है।"

दूसरे शिष्य ने कहा– "हमारे यज्ञ की प्रज्वलित वह्नियों में सुर तपते हैं, देव शुद्ध होते हैं– तुष्ट-संतुष्ट भी होते हैं तथा पूर्वज जीवन के सभी शीत त्याग देते हैं। ऊष्मा, महाराज शत्रुघ्न! शाश्वत जीवन की ऊष्म उर्जा-अर्थात् महर्षि अगस्त्य! पंचभूत उनकी इच्छाऽनुसार बरतते हैं।"

"मैंने सुना है।" शत्रुघ्न ने कहा– "महर्षि......."

"अभी ध्यानस्थ हैं।" प्रवर शिष्य ने कहा– "अभी तनिक देर में महर्षि जागेंगे। तब तक आश्रम ही क्यों न निहार लें आप? यहाँ........ यहाँ श्री राम, जानकी, लक्ष्मण बैठे थे। यहीं उन्होंने यज्ञ- मण्डप में आर्य्य जाति के भाग्य तथा भविष्य के लिए महर्षि से आश्वासन प्राप्त किया था।"

शत्रुघ्न यज्ञ-मण्डप की सीढ़ियों पर ही रुके, तनिक से झुके तथा चारों ओर देखते हुए बोले– "श्री राम!" और फिर ऊर्ध्व स्वाँस भरते हुए शत्रुघ्न ने पुनः कहा; "श्री राम की दिव्य छबि की आभा जैसे चारों ओर फैल रही है और घनीभूत होकर महर्षि अगस्त्य को जैसे प्रणाम कर रही है।"

प्रवर शिष्य ने सिर हिलाते हुए कहा– "इतना विनय, इतना शील एक राजपुत्र में हमने तो प्रथम ही देखा है। हमारे महर्षि भी विनय और शील की मूर्ति हैं। "श्री राम!" कहते हुए महर्षि अगस्त्य जैसे थकते ही नहीं थे। वह वीर लक्ष्मण तो तनिक आश्चर्यपूर्वक महर्षि को ताका ही करते थे। आश्चर्य ही है।"

"क्या........ मुनिवर्य्य......... क्या?" शत्रुघ्न ने पूछ लिया जैसे।

"श्री राम!" प्रवर शिष्य ने कहा– "श्री राम आश्चर्य है। जो तुले नहीं, समाया जाय नहीं, जो जोड़ा और तोड़ा जाय नहीं और जो सुना तो जाय, परन्तु कहा जाय नहीं– वही तो आश्चर्य होता है, नहीं?"

"अवश्यमेव, मुनिवर!" शत्रुघ्न ने कहा।

"तो श्री राम वहीं हैं।" मुनिवर ने कहा– "महर्षि वाल्मीकि ने महर्षि-श्रेष्ठ से कहा था– श्री राम को विवाह के तुरन्त बाद निराशा, विषाद हो गया था। आश्चर्य! गुरु वशिष्ठ जी ने महर्षि वाल्मीकि से यह कहा। महर्षि ने भी राम के विषाद को हटाने के लिए तथा वैराग्य के उदय के लिए वेदान्त कहा। महर्षि वाल्मीकि माँ सरस्वती के मानस-पुत्र हैं, भवान्!"

"और महर्षि अगस्त्य, मुनिवर्य्य?" शत्रुघ्न ने पूछा।

"वह भी आश्चर्य ही हैं।" प्रवर शिष्य ने कहा– "लो! चुल्लू में सातों समुद्र पी गये। इतनी अतल जल राशि को एक जलधारा के रूप में बदल दिया महर्षि ने। भूतों तथा तत्वों पर ही महर्षि अगस्त्य ने साधना की है। महर्षि अगस्त्य इन्द्र, वरुण, मारुत तथा रूद्र और वसु-इन देवताओं के बड़े समादृत ऋषि हैं– समक्ष और प्रत्यक्ष।"

शत्रुघ्न ने सहसा सोत्साह ही कहा– "ऋषि न होते तो क्या भारत होता? मुनि नहीं होते तो क्या मनीषी होते, प्रजाएं होतीं? योगी न होते तो क्या समाज होता? राष्ट्र होता? महर्षियों ने ही सत्य तथा ज्ञान को प्राप्त कर जगत को विश्वस्त किया है,

सृष्टि को सम, सहज और सुखमयी किया है। ऋषि ही जगत-कल्याण के ज्ञानी हैं, विज्ञानी हैं, मनीषी हैं। हम क्षत्रिय तो उनके कार्मिक मात्र हैं।"

"कार्मिक?" मुनिवर ने पूछा।

"क्षत्रिय और क्या हैं?" शत्रुघ्न ने कहा– "वह प्रजा के रक्षक हैं, राजा हैं, सम्राट हैं तथा चक्रवर्ती नेतृत्व हैं। प्रजा महाजन तथा राजा के पीछे चलती है। सुख, श्री, सुकृति, धन–धान्य, सम्पदा तथा भूति-विभूति-सब क्षत्रिय के सशक्त हाथों में ही सुरक्षित रहती हैं। अतः क्षत्रिय समाज का नियामक, राष्ट्र का तेजस्वी नेतृत्व तथा राज्य का प्रतिपालक होता है।"

"निश्चय ही श्री राम ऐसे ही क्षत्रिय राजपुत्र हैं।" मुनि ने कहा।

शत्रुघ्न ने सहज ही कहा– "निश्चय ही! श्री रामजी जैसे भाई ही नहीं हैं; वे मेरे त्राता हैं, गुरु हैं, आचार्य हैं तथा राजधर्म को लेकर वे ही मेरे लोकशिक्षक हैं।"

मुनिवर्य्य ने पूछा– "सुना है, महात्मा भरत तो श्री राम की प्रतीक्षा में ही अपलक रहते हैं।"

शत्रुघ्न– "भरत जी जैसे श्री रामजी के सर्वस्व हैं। सीताजी रामजी की प्राणवल्लभा हैं, तो भरत जी रामजी के अन्तरमन हैं। लक्ष्मण जी और मैं तो श्री राम के सेवक हैं– अनुचर। हम तो श्री रामजी के अयोध्या लौटने तक उनके सिंहासन के हितैषी अनुचर हैं। लक्ष्मण जी तो मानो साक्षात् रामबाण हैं।"

"रामबाण!" मुनिवर्य्य ने कहा– "महर्षि जी ने श्री राम से कहा है: रामबाण नाराच अमोघ है। विलक्षण तथा विचित्र, यह बाण सम्पूर्ण दिव्यास्त्र तथा सफल शस्त्र भी है। नाराच, अर्थात्–विजय....... सर्वत्र विजय। जय श्री राम!!"

एक शिष्य भागता हुआ आया– "महर्षि जाग्रत अवस्था में उतर आए हैं।"

प्रवर मुनि ने कहा– "अब चलें, महर्षि श्रीमद् के दर्शनार्थ आपश्री ने उत्तराखण्ड की यह यात्रा की है। महर्षि जी के दर्शनों के लिए जम्बूद्वीप भर के लोग आते ही रहते हैं।"

शत्रुघ्न ने सस्मित कहा– "अयोध्या के हमारे मनीषी कहते हैं, महर्षि अगस्त्य के दर्शनों के लिए देवता भी प्रकट होते हैं– सुर, नर, नाग सभी।"

"जी, हाँ।" मुनि प्रवर के कहा– "महर्षि सूर्य और नक्षत्र विज्ञान के आदि जनक हैं। भूतों तथा तत्वों के गुण-धर्म, उनके मर्म तथा उनका सांगोपांग रहस्य भी जानते हैं। महर्षि विश्वामित्र तो भूतों तथा तत्वों से नया रूप निर्मित कर सकते हैं, किन्तु महर्षि अगस्त्य? भूतों की वन्दना प्राप्त करते हैं। तत्वों की आराधना प्राप्त कर मुखर हो उठते हैं– महर्षि अगस्त्य, अर्थात्-जगत-विज्ञान, सृष्टि-प्रपंच की समस्त परा-अपरा विद्याओं का ज्ञान। महर्षि ज्ञान के स्वरुप तथा विज्ञान की मूर्ति हैं– अवतार हैं।"

शत्रुघ्न ने कहा– "हमारे धन्य भाग्य हैं जो हम राजस लोग परम् सात्विक महर्षि के चरणों को प्रणाम कर सकेंगे।"

रमणीय, किन्तु सघन-सी पर्णकुटीर के द्वार पर शत्रुघ्न तनिक रुके और बोले– "महर्षि अगस्त्य की जय!!"

कुटीर से ध्वनि आई– "जय श्री राम की, वत्स!"

महर्षि अगस्त्य जैसे अभय वर देते हुए स्वयं ही प्रकट हुए। शत्रुघ्न ने महर्षि के चरण पकड़े, कातर स्वर में बोले– "जय श्री राम की? अवश्य पूज्यपाद! अवश्य, किन्तु श्री राम हैं कहाँ?"

महर्षि ने विशाल बरगद के वृक्ष के चबूतरे की ओर जाते हुए कहा– "वह सर्वत्र हैं-घट- घट में। श्री राम की चिन्ता क्यों करते हो, शत्रुघ्न! श्री राम को ही सारे जगत की चिन्ता है।"

"किन्तु........." शत्रुघ्न ने कहा।

"किन्तु...... परन्तु कुछ नहीं।" महर्षि बोले– "श्री राम को दण्डकारण्य ही हमने बताया था। सघन, रमणीय दण्डकारण्य प्राचीन काल से यज्ञों की भूमि रहा है। वेदमंत्रों की ध्वनियों से दण्डकारण्य की वृक्ष-घटाएं सिहरती रही हैं। पक्षी वेदमंत्रों की ध्वनि सुनकर जैसे स्वयं ही मग्न होते रहे हैं। दण्डकारण्य अरण्यों में आर्यों का अरण्य है। वही राक्षसों, आतताइयों तथा अधर्मियों ने यतो भ्रष्ट, ततो भ्रष्ट कर रखा है। दण्डकारण्य से ही समस्त आर्यावर्त में एक क्रान्ति की ज्वाला धधकेगी। आर्य अस्मिता तथा चेतना को एक अन्तिम आघात दण्डकारण्य में ही लगने वाला है– हाँ, राजकुमार शत्रुघ्न!"

शत्रुघ्न ने चबूतरे पर सहज ही उपविष्ट होते हुए ऋषिवर्य अगस्त्य को घूरा, कहा– "आघात?"

"हाँ, आघात।" महर्षि अगस्त्य ने कहा- "जातियाँ सुख के स्वप्न-सेवन से नहीं बनतीं। संकटों की आँधियाँ ही किसी राष्ट्र को उर्वर करती हैं। आर्य्य क्षत्रिय भगवान परशुराम के परशु से इतने डर गए? आज कोई भी आर्य्य प्रजाओं को, ऋषि-मुनियों को, साधु-सन्तों को राक्षसों से परित्राण दिलाने वाला क्षत्रिय नहीं रहा। तभी श्री राम को आना पड़ा है। अपने-अपने छोटे-मोटे राज्यों की सीमाओं में आखेट खेलने से प्रजा-पालन और धर्म-धारण हो जायेगा? नहीं होगा। सृष्टि की शान्ति और भूतों के शम के लिए ऋषियों को कभी-कभी कल्पर्य्यन्त तप करना पड़ता है। शत्रुघ्न! श्री राम, लक्ष्मण, भरत और तुम-हमारी प्रार्थना का वरदान हो।- समझे!"

11

महर्षि अगस्त्य ने कहा– "दण्डकारण्य तक जाने की कोई आवश्यकता प्रतीत नहीं होती। न जाने श्री राम वहाँ से कब चल दें! जिस कार्य के लिए सच्चिदानन्द स्वरुप इस महामानव श्री राम का आविर्भाव हुआ है, वह कार्य अब पूरा होना ही है। ऐसा अराजक तथा भयंकर समय तो कभी नहीं आया।"

"जी, पूज्य!" शत्रुघ्न ने शिष्यों तथा सेवकों से भरी मेदिनी को आँखों में भरते हुए कहा– "जी, दानवों ने भी ऐसा अधर्म किया है– अत्याचार नहीं किया, जैसा यह राक्षस कर रहे हैं।"

"राक्षस–दानव, सुर–असुर" महर्षि जैसे स्वयं से ही बोले– "उसी की माया है– उसी की। मैं अपने हृदयाकाश में उसकी ज्योति निहार सकता हूँ, किन्तु उस अनादि अपार ज्योति की जड़ टटोल नहीं सकता। यदि यह माया अनिर्वचनीय है, तो उस ज्योतिषाम ज्योति, मन तथा वाणी के लिए अगोचर, अकथनीय है– अवर्णनीय, विचार एवं अनुभूति के परे वह–वह सच्चिदानन्द! आह! सच्चिदानन्द!!"

"सच्चिदानन्द" ध्वनि उभरी। जैसे शान्त महासागर में सहसा गुंजार हुई हो–यों मेदिनी के कण्ठों से ध्वनि उठी– "सच्चिदानन्द!"

"सच्चिदानन्द!" महर्षि नयनोन्मीलित मुद्रा में, मानव स्वयं से बोले– "उसका स्वरुप? मानव–श्री राम हैं। हाँ, मुझे लगता है, उस सच्चिदानन्द परमतत्व को पृथ्वी की वेदना से पिघल कर अपने कैवल्यधाम से उतर आना पड़ा है। तो क्या परमात्मा किसी भी भव–योनि से अलग है– हो सकता है? महासागर या सागर, सर–सरिता अपनी किसी भी तरंग से विलग हो सकती है क्या? उसकी इच्छा और उसी की लीला। वह अपार, अपरम्पार वह भुवन बीज। वह मेरा परमात्मा, पराविद्याओं में प्रज्ञा स्वरुप तथा अपरा विद्याओं में बुद्धि रूप में बैठा हुआ है– भरा रहता है–रमा रहता है। तुम सब, मैं, यह राजपुत्र, देह–स्वरुप है, उसी परम् चैतन्य की दिव्य माया है। उस परम् अनादि चैतन्य की एक उर्मि में ही यह अनन्त कोटि ब्रह्माण्ड लोल उठते हैं। यह अनिर्वचनीय माया अपने अखिल–निखिल के साथ

और सहित उस परम् ज्योति के एक अणु से भी अणु में पलक में समा जाती तथा पलक में उद्भासित हो उठती है। ज्ञान–वह परमात्मा, विज्ञान–यह माया तथा अज्ञात यह भव–सृष्टि! सृष्टि प्रपंच।"

"सृष्टि-प्रपंच" पट्ट शिष्य ने कहा– "सांख्य।"

"सांख्य ही तो।" महर्षि हँसे, बोले– "संख्या गिने जाओ। सभी संख्याएं शून्य में समाप्त हो जाती हैं। सभी अपने संकल्प त्याग दो और आग्रहों को श्री राम को समर्पित कर दो। वेदों से परमात्मा का अनुभव प्राप्त करो। सत्य को मानना है, चित् को जानना है– आनन्द में लीन होना है। सच्चिदानन्द! हाँ, तो श्री राम दण्डकारण्य में स्थित हैं, स्थिर हैं और वीर लक्ष्मण सावधान हैं, जागरूक एवं प्रतिपल सन्नद्ध हैं।"

"हम वहाँ जाना चाहते हैं, प्रभो!" शत्रुघ्न ने कहा।

"यहाँ से दण्डकारण्य का मार्ग राक्षसों द्वारा अवरुद्ध कर दिया गया है।" एक शिष्य ने कहा– "यह तो महर्षि जी के आशीर्वाद से श्री राम दण्डकारण्य पहुँच गये।"

"नहीं" महर्षि याज्ञवल्क्य बोले– "राम समर्थ हैं– स्वयं समर्थ हैं। हम जीव अपूर्ण हैं; वह पूर्ण हैं। यह अपूर्णत्व की मान्यता अनुचित है। कोई भी रूप अपूर्ण नहीं है। कोई भी नाम ज्ञानहीन नहीं है। यह जगत पूर्ण है- पूर्णातिपूर्ण है, परिपूर्ण है। दिव्य–भव्य, विलक्षण–विचित्र यह जगत है। सृष्टि– प्रपंच? उस परम् ब्रह्म की लीलामयी माया है– माया। अनिर्वचनीय है भी और नहीं भी। श्री राम को हमने दिव्यातिदिव्य अस्त्र दिये हैं तथा आशीर्वाद देते हुए कहा है– राम! पृथ्वी को निर्भय करो, भूमि को अभय दो, आकाश को शान्ति दो, राम!"

शत्रुघ्न– "किन्तु ...."

"क्या किन्तु और परन्तु?" महर्षि ने कहा– "धर्म की ग्लानि पूर्णतः हो चुकी है। समाज– मानव-समाज स्तेण होता गया है। हमारे राजप्रासाद महिलाओं से भर गये हैं। हमारी रण भूमियाँ मदिरा के कीच से भरी हैं। प्रजा सामान्यतः वर्णाश्रम धर्म की लीकों पर चल रही है। भय, राज्य भय से दस्यु दबे हुए हैं तथा दण्ड भय से नागरिक थमा हुआ है। आश्रमों के बहुल नाश से भूमि और गगन पाप से भर गये हैं। यज्ञ की लोक-संस्कृति की वह्नि ज्वालाएं बुझ जाने से सर्वत्र अँधेरा छा गया

है। इसीलिए ऋषियों ने स्तुति की, मुनियों ने प्रार्थना की तथा गौ–भूमि ने पुकार की। साधु–सन्तों ने अनशन कर निवेदन किया। साक्षात् धर्म, न्याय तथा अभय और मंगल ने उस घट–घट में व्याप्त परमात्मा से आर्त प्रार्थना की– प्रगटो तथा राक्षसों का नाश करो– रावण को मारो, राम!"

"रावण? लंकेश?" शत्रुघ्न ने पूछा।

"वही–दशानन" महर्षि बोले– "आशुतोष शिव के वरदान से निश्चिन्त यह दैत्य चण्ड है, मुण्ड, महिषासुर है, शुम्भ है, निशुम्भ है, यह रावण, मधु है, कैटभ है। यह तन्त्राधिपति और मन्त्रविद्, शास्त्र–मण्डित ब्राह्मण रावण–निस्संदेह अपरिमित अहंकार का मूर्तिमान स्वरूप है। अहंकार का मद अर्थ, धर्म, काम और मोक्ष की उर्वरा धरती को बंजर कर देती है उस मानव में पाप ही उगता है, पुण्य नहीं, तब शत्रुघ्न! मानव को श्रेय चाहिये, पुण्य बल चाहिये, चौरासी लाख योनियों को आशीर्वाद चाहिये, अभय–मंगल चाहिये, योगक्षेम चाहिये। जब मानव ही दानव बन जाय, दैत्य बन जाय, कामुक तथा दुराचारी बन जाय, तब सृष्टि के योगक्षेम की चिन्ता प्रभु ही करेंगे।"

शत्रुघ्न ने महर्षि के प्रशान्त किन्तु देदीप्यमान मुखमण्डल को तनिक आश्चर्य और तनिक भयपूर्ण देखा; बोल– "श्री चरणों के आशीर्वाद से इस दैत्य को भी निपटेंगे।"

"कौन?" महर्षि अगस्त्य ने सस्मित पूछा– "कौन? हम ऋषि–मुनि; साधु सन्त तो क्षत्रियों की ओर ही देखा करते हैं। ब्राह्मण केवल ब्रह्म और ब्राह्मणत्व का सम्बन्धी रह गया है– शास्त्र, स्मृति–विद्या–शस्त्र नहीं–शस्त्र क्षत्रियों के धर्म– धारण और प्रजा पालन के लिए। वैश्य वार्ता के लिए, दान– पुण्य के लिए। वर्णाश्रम मर्य्यादा का व्यवहारिक सूत्र बनाए रखने वाला नृपति हो गया। तब आज यह स्थिति कैसे–क्यों? क्षत्रियों के शस्त्र होते हुए भी यह लंकेश, यह रावण जैसे जम्बूद्वीप में छाता जा रहा है। आर्यावर्त के अरण्यों को इस महा राक्षस ने कुचल कर रख दिया है। मनुष्य से निपटा जा सकता है, देवताओं को रिझाया जा सकता है; किन्तु राक्षसों को, दानवों को न रिझाया, न निपटा और न ही समझाया जा सकता है। राक्षस जन्मजात ही वध्य है। कौन वध करेगा रावण का।"

महर्षि के शिष्य एक स्वर में बोले– "राम–श्री राम।"

मुनि प्रवर ने गम्भीर वाणी में कहा– "दशरथनंदन राम। हाँ, प्रभो! आप श्रीमद् ने भविष्य को भाँप कर ही श्री राम को दिव्यातिदिव्य अस्त्र-ब्रह्मास्त्र प्रदान किया है।"

महर्षि अगस्त्य ने ऊर्ध्व स्वाँस भरते हुए कहा– "आर्य्यों के पास ब्रह्मास्त्र है, राक्षसों के पास ओढ़र आशुतोष का अमोघ वरदान है। अमृत की बूँद जैसे अपनी नाभि में छिपाए यह रावण अत्याचार करता है– अधर्म। अधर्म ही जैसे उसका जीवन है। मानव–जाति का कुलशील वह पैशाचिक अट्टहास्यपूर्वक मिटा रहा है। रावण के राक्षसों की हुँकार सुनकर क्षत्रिय आर्य्य आज भयभीत है– त्रस्त है। चित्रकूट में जब राक्षसों ने पग–पसारा आरम्भ किया; तब हमारे यह महान नृपतिगण क्या कर रहे थे।"

शत्रुघ्न– "अपने पित्रों और बड़ों के लिए मैं क्या कहूँ? क्षमा ही चाहता हूँ।"

"आयु से कोई बड़प्पन होता है?" महर्षि बोले– "आयु शरीर की, योग चित्त का, बुद्धि जगत की और यह अहम् अपना जीव का। हमारे आर्य्य नृपति नृत्य-गान, आखेट, मदिरा और...... और मैं क्या कहूँ? स्वयं हम ऋषि–मुनि अपने आश्रमों में आँखें बन्द किये हुए ध्यान करते रहे। किन्तु यज्ञ– मण्डप उखड़ते चले गये। यज्ञ–वेदियाँ ठण्डी होती चली गईं। हव्य–कव्य नहीं, रुधिर और माँस–मज्जा से यज्ञ–ज्वालाएं दुर्गन्धपूर्ण होती गईं। आश्रमों के शिष्य समिधा लेकर आश्रम वापस ही नहीं आ सके। हड्डियों के ढेर होते गये। श्री राम हमारे बाप–दादाओं की इस निश्चिन्त कर्त्तव्यहीनता के घोर पाप का प्रायश्चित ही जैसे करेंगे–रावण को मारकर, समझे?"

शत्रुघ्न ने सिर झुकाते हुए कहा– "महर्षे हमें क्षमा–हाँ, क्षमा ही कीजिये। अवश्य हम आर्य्य क्षत्रिय इस समय तो क्षमा के पात्र भी नहीं हैं। किन्तु क्या आर्य्य क्षात्रवट नष्ट हो गया है? हो सकता है? नहीं पूज्य! नहीं। यह आर्य्य वर्ण तथा आश्रम, श्रेय-प्रेय के आदान–प्रदान और विनिमय के लिए साधन नहीं है। वर्णाश्रम वैदिक मानव पंथ धर्म का अनादि शाश्वत पंथ है। राज्य, राष्ट्र, समाज, व्यष्टि और समष्टि निस्संदेह वैदिक वर्णाश्रम धर्म–धारण, पालन एवं निरन्तर पोषण के लिए ही है।"

महर्षि अगस्त्य ने कहा– "कल्याण हो! निस्संदेह तुम मेधावी आर्य्य क्षत्रिय हो। तुम वरेण्य राजपुत्र भी हो। सभी वर्ण मानव–धर्म, अर्थात्–वैदिक वर्णाश्रम धर्म के पालन–पोषण के लिए ही हैं। मानव योनि मूलतः वैदिक वर्णाश्रम धर्म जीवन जीने

के लिए ही परमात्मा ने सँजोई है। यह पूर्ण से पूर्ण होते हुए और अन्त में मोक्ष प्राप्ति के लिए यह वर्ण है तथा आश्रम है। लोगों को हमें समझाना तथा मनाना होगा कि मानव-जीवन का अन्तिम लक्ष्य सत्य का साक्षात्कार करना है, ज्ञान का लाभ करना है- मोक्ष। शास्त्र जगत-तारन करता है, शस्त्र मोक्ष देता है।"

"शस्त्र मोक्ष?" शत्रुघ्न ने पूछा।

"विद्या शास्त्र द्वारा ही सफल होती है।" महर्षि बोले- "शस्त्र सुरक्षा तथा योगक्षेम साधता है। अस्त्र दिव्य शक्ति के द्वारा मानव को कालयात्रा के लिए सक्षम करता है, किन्तु यह अस्त्र-शस्त्र भगवान का चक्र है। यह चक्र सर्वस्पर्शी तथा सर्वव्यापी है। सृष्टि के इसी चक्र द्वारा मानव बन्धनों से छूटता तथा तिमिर को नष्ट कर अमृतमय ज्ञान प्राप्त करता है और राजपुत्र! ज्ञान ही मुक्ति है- मोक्ष है।"

"ज्ञान?"- शत्रुघ्न।

"तुम स्वयं, हाँ वत्स! मानव ही नहीं, सभी भव-योनियाँ ज्ञान के चैतन्य से ही उद्भवित होती हैं। जगत परमात्मा का दिव्यातिदिव्य संकल्प है और भव-योनियाँ उसकी सच्चिदानन्दमयी लीला का विकल्प है। प्रभु पूर्ण हैं, परम् हैं; प्रभु सत् हैं, चित् हैं, आनन्द हैं- हाँ आनन्द! ब्रह्म-ब्रह्म परम् ब्रह्म! सच्चिदानन्द शिव! परम् शिव।"

"परम् शिव! शिव!" शत्रुघ्न ने कहा- "देवता केवल तुष्ट होकर ही हर किसी को वरदान देते रहते हैं। क्यों, महात्मन्! वरदान भयंकर हो और मंगलजन्य नहीं हो तो क्या वह देव-वरदान है- कहा जा सकता है?"

"देवता तो मंत्रों के अधीन हैं।" महर्षि अगस्त्य ने कहा- "देवाधिदेव आशुतोष शिव, विष्णु नहीं हैं, महेश नहीं हैं- शिव हैं, साक्षात् कल्याण हैं। कल्याण आत्मा की प्रसन्न रंजना ही हैं। देवता का स्वभाव होता है- तुष्ट होने पर वरदान देना। तत्व मात्र देवता से ही उद्भवित है और मन्त्रकृत है- मन्त्रवश है। देवता वरदान देते हैं, मोक्ष नहीं। मोक्ष तो राम ही देते हैं- देंगें।"

शत्रुघ्न- "श्री राम को वनवास का यह संकट तब क्यों?"

महर्षि- "क्योंकि वे मनुजावतारी हैं। प्रत्येक भव-योनि एक स्वयं पूर्ण, सम्भृत स्वावलंबी चेतना है, काल-क्रम है। उसके सुख-दुःख हैं, आयु है, योग है। प्रत्येक भव-योनि अनेक प्रारब्धों का संचित भी है। परमात्मा सरल है, जीव जटिल है। श्री

नारायण हरि ने जब मानव योनि में अवतरित होना स्वीकार किया, तभी सम्पूर्ण मानव जीवन को जीना भी स्वीकार किया। परमात्मा किसी भी योनि में अवतरित हो ही सकता है, किन्तु वह अपने लिए नहीं, समस्त जगत के कल्याण के लिए ही अवतरित होता है। जगद्कल्याण तथा सृष्टि-मंगल, प्राणियों का योगक्षेम–यह साधना परमात्मा का चिद्विलास है। जीव अनेक हैं, अतः वह अपूर्ण है, तृष्णातुर है, अभाव तथा पीड़ाग्रस्त है। जीव अज्ञान का उभार मात्र है। परमात्मा ज्ञान का स्वयं प्रकाशित प्रकाश है। मानव देह में परमात्मा भी महामानव बनकर भी मानव ही है- यही भव–प्रारब्ध है, वत्स!"

शत्रुघ्न– "समझ गया, प्रभो!"

महर्षि ने सस्मित कहा– "श्री राम की चिन्ता त्यागो और समस्त आर्यावर्त की चिन्ता करो। चारों वर्णों को आर्यावर्त के सत्य और ज्ञान के लिए जाग्रत करो, शत्रुघ्न! तुम श्री राम के भाई हो, महात्मा भरत के भाई हो, वीर लक्ष्मण के अनुज हो। आर्य्य जाति के जागरण के लिए बालार्क की भांति उदित होओ। हमने विदेह को यह सन्देश भिजवा दिया है कि आर्यावर्त कौशल महाराज्य की दुरी का चक्र होगा। श्री राम जब अयोध्या लौटेंगे तो वह चक्रवर्ती ही होंगे......."

"लौटेंगे?" शत्रुघ्न ने भवों से पूछा।

"रावण को मारकर अवश्य लौटेंगे" महर्षि ने कहा– "मैं स्वयं इस विषय में ध्यानस्थ हूँ। निश्चिन्त हो जाओ और निर्भय होकर आर्यावर्त को उठाओ, जगाओ– जाओ।"

शत्रुघ्न ने प्रणामपूर्वक कहा– "हम चारों भाई आर्य्य क्षत्रियों के इस रात्रि में प्रहरी हैं तथा मैं हाथ उठा कर कहता हूँ, आर्य्य मात्र अँधेरी रात्रि में मूर्च्छित हैं, सो रहे हैं। जी हाँ, महात्मन्! हम आर्य्य–जाति के अनुचर उसको जगा कर रहेंगे। क्षत्रियों का काम ही यह है कि वह मनुष्य को जाग्रत करें, जाग्रत रखें, ऐसा लगता है इस घोर रात्रि में जीव मात्र सो रहा है तथा श्री राम ही जाग रहे हैं।"

* * * * *

भरत घूमते रहे– "हूँ!...... फिर?"

शत्रुघ्न ने शान्त विनीत स्वर में कहा– "महर्षि ने एक प्रकार से आज्ञा ही प्रदान की, हम दण्डकारण्य न जाएं। श्री राम हम पहुँचे तब तक दण्डकारण्य छोड़ भी जाएं।"

"राम! दण्डकारण्य छोड़ भी जाएं?" भरत चिहुँके– "कहाँ जायेंगे तब? वानर राज्य की सीमा में श्री राम क्या मतंग मुनि के आश्रम की ओर जाएंगे। सुना है, वह भी राक्षसों से आतंकित प्रान्तर है। कबंध! कोई राक्षस है?"

"होगा।" शत्रुघ्न ने कहा– "किन्तु श्री रामजी को कोई भय नहीं है। महर्षि ने श्री राम को अभय प्रदान कर दिया है। श्री रामजी को अपने जीवन भर से आविष्कृत दिव्य अस्त्र महर्षि ने रामजी को अर्पित किए हैं। तब ये राक्षस क्या कर लेंगे?"

"किन्तु श्री राम अकेले हैं। युद्ध अकेले भट्ट वीरों द्वारा ही नहीं, सेना के साथ ही लड़ा जाता है। युद्ध के लिए सेना, अस्त्र–शस्त्र, रथ, गज, हस्ती–सभी चाहिये।"

भरत ने शत्रुघ्न को घूरते हुए कहा– "श्री राम तो जो हैं, वह हैं, किन्तु प्रबल शत्रुओं से घिरे हुए हैं। राक्षस अब युद्ध स्थल पर एकत्र होंगे। अरण्यों के कान्तारों को रक्तरंजित वे कर चुके। उनको ज्ञात हो गया है, श्री राम और श्री लक्ष्मण के तीर उन्हें बेंध कर रहेंगे। अब वे बल से नहीं, माया से युद्ध करेंगे। हाँ, शत्रुघ्न, क्या किया जाय, शत्रुघ्न?"

शत्रुघ्न ने शान्त स्वर में कहा– "मैं जाऊँ सेना लेकर–यही........ यही हो सकता है। राक्षसों के साथ युद्ध तो आर्यों का राष्ट्रीय युद्ध ही होगा और हमें इस युद्ध में श्री रामजी की आज्ञा में रहकर साथ देना ही होगा।"

भरत रुके। श्री राम–पादुका के समक्ष प्रणाम कर बोले– "मैं भी चलूँगा। हम चारों भाई एक होकर राक्षसों के सम्पूर्ण नाश का युद्ध खेलेंगे। अवश्य, प्रत्येक आर्य क्षत्रिय को हमारा यह सन्देश दे दो– वह कटिबद्ध रहें– तत्पर, सन्नद्ध।"

शत्रुघ्न ने विनयपूर्वक कहा– "नन्दीग्राम छोड़कर आप भी रणभूमि की ओर नहीं जा सकते, श्रद्धेय! श्री रामजी की पादुका और उसके राज्य के लिए आपको तो यहीं बिराजे रहना है। श्री रामजी को आपका विश्वास भर यथेष्ट है। फिर हम हैं– हम जो हैं।"

भरत सहसा खड़े रह गये– "श्री राम ने एक दिन भी अयोध्या की ओर नहीं देखा, शत्रुघ्न! बटोहियों के साथ अपना योगक्षेम समाचार तो भेज ही सकते थे। क्या? श्री राम ने हम सबको मन से त्याग तो नहीं दिया? नहीं शत्रुघ्न ऐसा हो तो नहीं सकता। श्री राम हमारे प्राण हैं, शक्ति हैं, हमारा शील हैं, हमारा धैर्य हैं– श्री राम पृथ्वी के महापुरुष ही नहीं, हमारे अमोघ आश्रय हैं।"

"श्री राम जन्मे-तब से अनासक्त से हैं, उपरत!" शत्रुघ्न ने कहा- "अयोध्या की श्री राम भला क्यों सोचने लगे। अयोध्या और उसका कौशल महाराज्य उन्होंने मन से आप श्रीमद् को ही सौंप दिया है।"

"यह सब महारानी कैकई की कृपा ही है। और क्या?" भरत ने कहा- "श्री राम के अयोध्या वापस होते ही; मैं सच कहता हूँ- सन्यासी हो जाऊँगा।"

"तो आज अभी क्या आप सन्यासी नहीं हो?" शत्रुघ्न ने पूछा।

भरत हँसे, बोले- "सन्यासी? नहीं शत्रुघ्न! नहीं। मैं एक पतित, पापी जीव हूँ- मानव। प्रायश्चित ही मेरा शेष जीवन रह गया है। माँ ने जन्म देकर भी जन्म के सुख नहीं दिये- दुःख ही दुःख दिया, भाई मेरे! कहीं ऐसा हुआ है? जैसा अयोध्या के राजमन्दिर में हुआ। स्वयं अधिराज महाराज ज्येष्ठ राजपुत्र को बुलाकर कहते हैं; कल तुम्हारा राज्याभिषेक करूँगा। प्रजा, सेना, श्रेष्ठजन-सभी से प्रसन्न सहमति-अनुमति प्राप्त करते हैं। राजपुत्र प्रणामपूर्वक महाराज की यह घोषणा सुनता है और मुस्करा देता है। यह वही मुस्कराहट थी श्री राम की, जिसका मर्म केवल विधाता ही जानती थी। मैं जब कल्पना करता हूँ- तब, जब मैं महाराज राजराजेश्वर दशरथ को महारानी कैकई के पैरों पड़ कर गिड़गिड़ाते हुए कल्पित करता हूँ- थर्रा जाता हूँ, शत्रुघ्न! ऐसा राजा होने से क्या लाभ है? राजा तो योगी ही हो सकता है, हम जैसे भोगी नहीं।"

"आप सनातन तपस्वी हैं, महात्मा हैं, भाई भरत मेरे!" शत्रुघ्न ने कहा- "क्षमा कर दीजिये, माँ को-क्षमा।"

"जिसने श्री राम जैसे पुण्यश्लोक कीर्तिकाय महामानव को वनवास दिलवाया है, वह क्षम्य न थी और कभी भी नहीं होगी। मैंने राज्य चाहा होता, स्वप्न में भी, तब भी कोई बात होती, कोई तुक होता।" भरत ने दुःखी मन से कहा- "महारानी कैकई को राजमाता का वर्चस्व-सम्पन्न सम्बोधन चाहिये था। वह श्री राम-जननी और वीर बन्धु श्री लक्ष्मण की माता को अपने द्वार पर खड़ी रखना चाहती थी- और समझती थी, मुझे शरीर दिया है तो मैं इसके लिए राजा होकर साधन बनूँगा। मैं पाप के लिए साधन बन नहीं सकता। पुण्य के लिए मैं दासानुदास बन सकता हूँ।"

"किन्तु भैया! माँ तो माँ हैं" शत्रुघ्न बोले- "श्री राम से अधिक मैं माता कौशल्या को मानता हूँ। हम महान माताओं को जैसे जानते ही नहीं-मानते ही नहीं। राम से पूर्व श्री राम-जननी।"

"ठीक है, किन्तु भरत से पूर्व श्री भरत–जननी?" भरत ने सजल नयनों से भाई शत्रुघ्न को निहारा– "देख लिया, यह है मेरा दुर्भाग्य! मैं जैसे मातृविहीन एक अनाथ मानव हूँ– अकेला हूँ, विजन हूँ, विजड़ित हूँ। श्री राम के नाम का जाप करते हुए भी मुझे माँ की ममता की भूख लगी ही रहती है। प्रणाम? नहीं, प्रणाम नहीं, ममता–वात्सल्य। वात्सल्य ही परमात्मा की करुणा है, शत्रुघ्न! मुझे वह करुणा चाहिये। क्या महारानी कैकई यह प्रदान कर सकती हैं? नहीं।"

शत्रुघ्न– "उन्होंने आप तथा मुझको दूध पिलाया है।" भरत बमके– "विष–विष पिलाया है भाई मेरे!"

"विष?" शत्रुघ्न ने पूछा।

"हाँ, विष। राज्य–लोभियों के पास विष ही होता है। अमृत तो श्री राम के चरणारविन्दों में ही है। इस जगत में प्रेम कहाँ है, शान्ति कहाँ है, अभय कहाँ है, अमृत कहाँ है। इस जगत मैं प्रेम नहीं है, शत्रुघ्न! निरा स्वार्थ है– स्वार्थ। घर, पड़ोस, जाति, धर्म, समाज, राष्ट्र और राज्य– ये हैं हमारे बद्धमूल स्वार्थ। हम सदैव प्रेय ही चाहते हैं– श्रेय नहीं। श्रेय? कितना?" भरत हँसे– "श्रेय सद्-भावना मात्र है।"

"तब यह समाज, राष्ट्र–राज्य–सब प्रेय के लिए ही है, क्या, श्रद्धेय?" शत्रुघ्न ने तनिक सिर धुनाते हुए कहा– "प्रेय के लिए कुल–कुटुम्ब हैं। किन्तु प्रेय को भी पुण्यभावी होना होगा। गृहस्थाश्रम में हम पुत्र को ही श्रेयभावी कहते हैं। समाज राज्य, राष्ट्र सब श्रेय के लिए ही हैं– तंत्र और मंत्र दोनों।"

भरत ने शत्रुघ्न को निहारते हुए कहा– "समाज समष्टि की मंगलमय–मंगलजन्य अभिव्यक्ति है। राष्ट्र शीलवान, शक्ति–सम्पन्न, सुन्दर आर्य्य मानवों का संयोजित समूह है। राज्य? समाज तथा राष्ट्र के धारण, पोषण समूचे वैदिक वर्णाश्रम धर्म के निभाव के लिए शक्तिशाली तंत्र है– धर्म मंत्र भी है। श्री राम–पादुका के इस राज्य से मुझे यही प्रेरणा मिलती है– अनासक्ति राज्य से, उपरति गृहस्थ से-स्त्री से।"

"स्त्री से.........?" शत्रुघ्न ने पूछा– "किन्तु स्त्री तो अन्ततोगत्वा माँ है, बहिन है, भाभी है, दादी है, नानी है। गृहस्थाश्रम के ये सभी सम्बन्ध स्त्री के ही सम्बन्ध लगते हैं। स्त्री न हो तो क्या यह वंश हो? कुल हो? कुटुम्ब हो? स्त्री से ही सन्तति, भूति–विभूति है– श्री, सुकृति सब स्त्री के ही कारण होती है।"

"अच्छा जी", भरत बोले– "माण्डवी ने तुम्हें उपदेश दिया है कदाचित् यह सब माण्डवी से जानो। मैं तो केवल श्री राम–पादुका को ही जानता हूँ। यह तुम्हारी

भाभी माण्डवी क्या नहीं जानती? श्रुति सुनती है, स्मृति रटती है, सभी कर्म सिद्धान्तों की व्याख्या करती है। मीमांसा का सार कोई माण्डवी से गुने।"

शत्रुघ्न– "श्रीमती माण्डवी भाभी की जय। लो वह आ गई।" भरत ने निस्वास रखते हुए कहा– "मैंने इसे यहाँ नहीं आने और माताओं की एकान्त सेवा करते रहने के लिए कहा है। किन्तु वह सुनकर जैसे अनसुनी ही कर देती है। उसको कहाँ तक बरजूँ?"

"बरजने की आवश्यकता ही क्या है" शत्रुघ्न ने कहा– "आपश्री के पास बने रहने का उनको सत्व है। पत्नी को पति-सेवा का जन्मसिद्ध अधिकार है, भाई श्री! पहिले पति, बाद में दूसरे।"

भरत– "मैं एक शून्य हूँ। भरत, एक नाम मात्र रह गया है। अन्तःकरण कालकूट से भर कर जड़ हो गया है। यह बुद्धि जम सी गई है। यह राज-राजेश्वर-अहम् टूट गया है। मैं जैसे तम का घनीभूत मेघ हूँ। शून्य क्षितिजों के परे और पार सरकता रहता हूँ– सिहरता रहता हूँ और तब माँ नहीं, माण्डवी नहीं-तुम कोई भी नहीं, केवल श्री राम ही याद आते हैं। उस तमः पूर्ण शून्य अनन्त में जैसे श्री राम ही मुझे थामे हुए हैं।"

शत्रुघ्न ने सहसा कहा– "श्री राम राजा हैं, आप? आप धर्ममूर्ति हैं और मैं? राज्य का सेवक मात्र हूँ। सच है भैया भरत, हम सब श्री राम-राज्य के सहस्त्र शीर्ष दीपक की लौ हैं। हम श्री राम की ज्योति के आलोक में मुग्ध पतंग हैं। हाँ, हैं। मुझे भी लगता है– मैं......... मैं आपके चरणों की धूलि हूँ।"

* * * * *

माण्डवी ने उर्मिला, श्रुतकीर्ति और जैसे दर्पण में स्वयं को निहारा। कहा– "मन को समझाना ही होगा। यह रात-दिन की घुटन बहुत हो चुकी। जो पतिदेव चाहे, वही करना होगा। पतिव्रत तथा पत्नी-तपस्या प्रारम्भयते।"

"पतिव्रत, पत्नी-तपस्या? ये सब व्रत स्त्रियों के लिए ही हैं?" श्रुतकीर्ति ने कहा।

माण्डवी हँसी, बोली– "पुरुष के लिए स्त्री सदैव व्रत ही है– रही है। पुरुष ने कभी स्त्री से आत्मसात् नहीं किया। लगता है-पुरुष स्त्री से सदैव मन ही मन भयभीत रहता है। वह स्त्री में लीन तो हो जाता है, किन्तु त्रस्त रहता है।"

श्रुतकीर्ति– "यह पुरुष है क्या? एक क्षण तो स्त्री के बिना जी नहीं सकता। स्त्री पुरुष के बिना जी लेती है, पुरुष पुंगव नहीं। क्यों उर्मिला? क्या मौन साध रखा है?"

उर्मिला ने हँसोही आँखों से श्रुतकीर्ति को निहारा– "तू भाग्यवती है, रे।"

"मैं?" श्रुतकीर्ति ने पूछा– "क्यों? सुनूँ तो।"

"पति का सान्निध्य तुझे ही मिला है, श्रुति!" उर्मिला ने कहा– "पति-सान्निध्य जिसे मिले वही स्त्री है, नारी है–पत्नी है–सती है। स्त्री का भाग्य सदा पति-सेवा है, स्त्री का सुख पति-रंजन है तथा स्त्री का मोक्ष? पुरुष को अपना सर्वात्म समर्पण कर देना है। इच्छा, आकांक्षा पुरुष की–स्त्री का तो अर्पण–समर्पण।"

"वीर बहुत याद आता है, क्यों?" श्रुतकीर्ति ने पूछा।

"तू तो अपने पुरुष को नयनों में खुभोये रखती है, फिर भी विकल हो जाती है।" उर्मिला ने कहा– "यहाँ तो वह एक धारणा है, विश्वास है– अन्तरात्मा के विषाद को नष्ट करने के लिए ज्योति है। तुम सशरीर पति–काम्या हो, मैं विदेह पति के लिए प्रतिक्षाकुल एक असहाय मूक नारी हूँ– हाँ, हूँ जो।"

माण्डवी ने उर्मिला के सजल सरोज–नयनों में देखा, बोली– "तुम ही सचमुच में नारी हो। शान्ति, धैर्य तथा प्रेम की मूर्ति तुम हो। हम तो पति-सानिध्य में संसार में सुख चाहती हैं। तुम पति– वियोग में जल–जल कर संसार में माया का अँधेरा ही दूर कर रही हो। लक्ष्मण भाग्यवान पति है, जो तुम जैसी सहन करने तथा पति की प्रतीक्षा करने वाली पत्नी मिली।"

श्रुतकीर्ति– "श्री रामजी के इन अनुचरों को विवाह करना ही क्यों चाहिये था? जब सीता– राम ही हैं और अन्य जैसे हैं– ही नहीं, तब सीता राम ही सही।"

उर्मिला ने सस्मित कहा– "ईर्ष्यावशात् ऐसा मत कहो। श्री रामजी एक का आधा हैं। राजमाता कौशल्या जी ने सम्पूर्ण को अपने श्रीमन्त में धारण किया था।"

श्रुतकीर्ति ने तनिक झेंपते हुए कहा– "एक अनादि, शाश्वत, नित्य, निरंजन ब्रह्म; तब चत्वारि स्वरुप प्रगट हुआ, यही न!"

"यही" उर्मिला ने शान्त स्वर में कहा– "उनको मैंने श्री रामजी का अभिन्न ही पाया है, देखा है। श्री राम उनके रोम–रोम में ठाड़े हैं, स्वयं माता सुमित्रा भी नहीं।"

"तुम? सखी!" माण्डवी पूछ बैठी।

"मैं?" उर्मिला ने कहा– "एक छाया मात्र हूँ। मैं भी नहीं। हो भी कैसे सकती हूँ? ये चारों भाई एक हैं, अभिन्न हैं। शरीर से अलग हैं, किन्तु मन से एक हैं। ये चारों जैसे विराट् हैं, अणु नहीं अनन्त हैं, अनेक शरीरों में व्यक्त होते हुए भी जैसे एक और अनेक के परे हैं– न जाने क्या हैं?"

"परमात्मा" श्रुतकीर्ति ने कहा।

"परमात्मा की सुनी है। जन्मी, तब से प्रभु के विषय में सुनती आ रही हूँ।" उर्मिला ने कहा– "विदेह राजेश्वर का भव्य राजप्रासाद तो दर्शन, शस्त्रों तथा शास्त्रों का ही स्थल है। दर्शन जैसे स्वयं ही व्यक्त होते रहते हैं। शास्त्र मानो स्वयं का ही प्रमाण देने लगते हैं। शस्त्र? सन्नद्ध हो रहे हैं, किन्तु अब इन चारों के हाथों में ही हैं......."

माण्डवी– "वह तो ऐसा लगता है, साधु हो गये हैं। राज्य-पाट, स्त्री-पुत्र कलत्र, पुरजन– परिजन सब भव-संसार जैसे उन्होंने त्याग दिया है। सीताजी वन में श्री राम जी के साथ रह सकती हैं, मैं नन्दीग्राम के उस राजसी आश्रम में जाकर उनके पास बैठ भी नहीं सकती। प्रजाजन जा सकते हैं, अपनी गुहार कर सकते हैं, मैं नहीं। गृहस्थाश्रम का त्याग केवल सन्यासी ही कर सकता है और वे सन्यासी नहीं, साधु....... साधु ही हो गये हैं।"

सहसा सुमित्रा द्वार पर दिखी– "कौन साधु हो गया है, री?"

माण्डवी ने उठकर चरण छूते हुए कहा – "वह आपके सपूत। जी, वीरवर लक्ष्मण नहीं, शत्रुघ्न भी नहीं–वह तीन माताएं आप हैं और आपके चार बेटे जो हैं– एक।"

सुमित्रा ने सस्मित पूछा– "भरत? भरत ही तो। भरत राझी कैकई के उदर से जन्मा है, किन्तु मन-वचन-कर्म से वह दीदी कौशल्या का ही बेटा है। वह मेरा सपूत है, समझी?"

"वीरवर लक्ष्मण?" श्रुतकीर्ति ने पूछा।

"मेरा प्राण, आसरा, प्रभु का विश्वास है वह।" सुमित्रा ने कहा।

"श्री रामजी?" माण्डवी ने सहसा पूछा।

सुमित्रा ने अपनी इन तीन वधुओं को घने-छितरे मेघों में झांकते हुए चन्द्रमा की भांति देखा। तीनों के चन्द्रानन सघन अलकों के मेघों में अंटे, फँसे तथा उरझे हुए थे। माण्डवी का सौम्य सुन्दर मुख-मण्डल शान्त गहन दिव्य आभा से भरा था- मानो चन्द्रमा का घट, जिसमें क्षीरसागर की दिव्य जल-राशि भरी हो। श्रुतकीर्ति उत्फुल्ल कुमुदिनी सी थी; पूर्णिमा में स्वतः मगन, स्वयं-प्रसन्न आह्लाद की निश्चिन्त किरण-सी थी। सुमित्रा ने देखा; उर्मिला निश्चिन्त एक स्वयं झिलमिलाती हुई ज्योति- शिखा थी। वह पूर्ण पूर्णिमा थी जो अपने पूर्णेंदु को स्वयं में लीन नहीं कर पा रही थी। उर्मिला अन्तरात्मा का विषाद् थी, जिसमें राग-द्वेष, मोह-मात्सर्य, लोभ-कोई भी विकार नहीं होता, जिसमें सस्त्रोत पूर्णेंदु अपनी अनन्त ज्योत्सनाओं के साथ बसे रहते हैं। उर्मिला सशरीर नारी-देह थी, किन्तु प्राणों से वह हिमालय का मन्द-मन्द बहता हुआ मुह्यमान प्रपात थी, मन में वह त्रिपथगामिनी दिव्य गंगा की वारुणी थी। उर्मिला वह मूर्ति थी जो जड़-चैतन्य के सौन्दर्य से भरी-पूरी स्वयं ही पूर्ण मूर्ति थी। सुमित्रा ने सहसा स्वयं में जागते हुए कहा- "राम? राम तो सभी का अन्तिम सहारा है, आसरा, विश्वास। क्यों? श्री राम को देखती हूँ तो लक्ष्मण को भूल जाती हूँ। राम में ही मुझे भरत, शत्रुघ्न, लक्ष्मण- तुम सब जैसे प्रतीत होते हो। अवश्य श्री राम कौशल्या-नंदन हैं, किन्तु एक पुत्र से भी बढ़कर श्री राम सबका प्रश्रय हैं। देखा नहीं- अकेला है, फिर भी राक्षसों के गढ़ों को भंग कर रहा है, मेरा राम! मेरे राम की क्रुद्ध आरक्त आँखों में ही लक्ष्मण की अधीर प्रत्यंचा प्रतिबिम्बित होती है, शुभे!"

उर्मिला ने अपनी सासू के शान्त-गम्भीर किन्तु ओजस्वी मुख-मण्डल को निहारा। उन विशाल सी आँखों में मन्द-मन्द किन्तु तीव्र तेज भरा था और उस तेजोमयी आभा में कुण्डल मारकर कोई स्थिर तैर रहा था- मानो कोई दिशाओं का बोझ अपने साँसों से ढ़ोता हुआ पड़ा था। "वह-वह? लक्ष्मण?" उर्मिला के प्राण धड़क उठे- "हाँ-वही-वही तो! लक्ष्मण, मेरे प्राण-पति।"

12

भरत सन्न होकर सुनते रहे। गम्भीर, किन्तु विषादयुक्त स्वर में शत्रुघ्न ने कहा– "पंचवटी एवं उसके प्रान्तर को राक्षसों ने घेर लिया है। यों तो चारों ओर विजन है, किन्तु वातावरण में सहम है।"

भरत ने पूछा – "राम .... राम कैसे हैं? क्या कर रहे हैं?"

शत्रुघ्न ने कहा– "आकाश क्या करेगा? आकाश कैसा है? यह क्या पूछा जा सकता है? श्री राम जी सदैव की भांति राजी हैं, किन्तु वीर लक्ष्मण को अच्छी प्रकार ज्ञात है कि शूर्पणखा के अपमान का बदला लिया ही जायेगा।"

"पंचवटी पर आक्रमण?" भरत ने चिन्तित होते हुए पूछा– "होगा ही, किन्तु भय क्या है? शत्रुघ्न! श्री राम और लक्ष्मण सुरों को जीतने और असुरों को परास्त करने में सक्षम हैं। राक्षसों की ग्लानिजनक भीड़ को श्री राम–बाण क्षण में धराशायी कर देगा। श्री राम को विधाता ने ही वन में भेजा दिखता है– पृथ्वी पर सज्जनों, साधुओं, सन्तों, गुणीजनों और विद्याधरों को निश्चिन्त, निर्भय करने के लिए श्री राम पधारे हैं– धरा–धाम पर।"

"किन्तु" शत्रुघ्न ने कहा– "मुझे तो चिन्ता लग गयी है। क्या करें? रामजी की सहायता कैसे करें?" भरत ने सहसा उल्लसित होते हुए कहा– "श्री राम स्वयं मोक्ष स्वरुप हैं। तुम मेरे हृदय के विजन में देखो–वहाँ राम की ही छबियाँ मिलेंगी। अतीत में राम की अमोघ स्मृतियाँ मेरे मन में लहरती हैं, वर्तमान में मैं जैसे पंचवटी में ही बरगद के वृक्ष के नीचे श्री राम को ही नमस्कार करता बैठा हूँ और भविष्य? भविष्य भी सीता राममय है, शत्रुघ्न! राम तो अमंगल को भी मंगलजन्य कर देते हैं। चिन्ता तो मुझे भी है, किन्तु राम को लेकर मैं निर्भय हूँ, निश्चिन्त हूँ।"

शत्रुघ्न ने कहा– "जी! विदेह राजराजेश्वर जनक, पितृदेव ने सूचित किया है..."

"फिर क्या?" भरत ने कहा– "माण्डवी, उर्मिला तथा श्रुतकीर्ति को जनकपुरी थोड़े समय के लिए भेज क्यों नहीं देते? पीहर! वधुओं को सुसराल पसन्द तो

होता है, किन्तु कभी-कभी भाता नहीं। सुसराल से स्त्रियाँ ऊब सकती हैं– पीहर से नहीं।"

"जी!" शत्रुघ्न ने कहा– "जैसी श्रीमद् की इच्छा। मैं बात करूँगा।"

"माण्डवी ने मुझे बता दिया है, उर्मिला गुमसुम, मूक-मौन खोई रहती है।" भरत बोले– "उर्मिला को पीहर भेज दो। माता-पिता और स्वजनों के मध्य वह लक्ष्मण.... आह! शत्रुघ्न! क्या करूँ? उर्मिला की यह उदासीन वेदना सही नहीं जाती। श्री राम की बाट जोहने में तो सुख की वह्नि सुलगी रहती है..... परन्तु यह उर्मिला का विषाद।"

शत्रुघ्न– "परन्तु विषाद क्यों? उर्मिला जी को प्रसन्न शान्त रहकर सभी को निश्चिन्त रखना चाहिये। आप तथा भाभी माण्डवी क्या उदाहरण नहीं हैं? सीता राम से भी आप और भाभी माण्डवी दर्शनीय हैं, उदाहरणीय हैं।"

भरत ने हँसते हुए कहा– "माण्डवी और मैं? स्त्री-पुरुष हैं, किन्तु क्या राम-वनवास की इस घोर अवधि में हम गृहस्थी भी हो सकते हैं? फिर श्री राम, लक्ष्मण तथा जानकी के बिना हम करेंगे भी क्या? राम के बिना संसार सूना है, शत्रुघ्न!" और सहसा भरत रो पड़े– "सूना-सब सूना! राम! तुम्हारे बिना सब सूना। गुरुदेव वशिष्ठ तो कहते हैं, राम के बिना सब झूठा है। किन्तु मुझे तो यह संसार, राम मेरे! आपके बिना सब सूना ही लगता है। आपको देखते ही मैं जैसे सभी भव योनियों की चेतनाओं की तरंग होकर परम् सत्य के आनन्द-समुद्र में डूबने लगता हूँ। राम जगत के क्षितिजों के परे और पार मुझे तुम ही प्रतीत होते हो– संसार? जन्म-मरण, कर्म-बन्धन, राग-द्वेष, भय, शत्रुघ्न! यह भव-भय है, भीति है। जीव को अभय चाहिये, शान्ति चाहिये, प्रकाश-हाँ भाई! और यह मृत्युंजयी प्रकाश श्री राम हैं, राम!"

"राम! राज!!" शत्रुघ्न ने स्वयं से कहा– "तब श्री रामजी ने आत्माराम ही लिया है, पृथ्वी का ऐश्वर्य-राज नहीं।"

"ऐश्वर्य?" भरत चिहुँके– "क्या? ऐश्वर्य क्या?"

"राज्य, महाराज्य, साम्राज्य, भैया!" शत्रुघ्न ने गम्भीर होते हुए कहा– "ईश्वर का ऐश्वर्य ही जगत है। ईश्वर की लीला ही उसकी सृष्टि है। ईश्वर का चिद्विलास ही

उसकी विद्या है, विज्ञान है, ज्ञान है। ईश्वर का वर्चस्व ही उसका असीम ऐश्वर्य है, यह राज्य है– ऐसा आप ही ने तो कहा है।"

भरत– "मैं ईश्वर के मुकुट को नहीं देखता, मैं प्रभु के चरणारविन्दों को ही देखता हूँ। माँ की गोद देखता हूँ, भाई का कन्धा देखता हूँ, मित्र का साथ और शत्रु का वार ही देखता हूँ। राज्य? एक धीमान् प्रपंच है। राज्य मेरे बस का नहीं, वह तो रामजी के ही बस का है।"

शत्रुघ्न ने सिर हिलाया– "आप राज्य के ऐश्वर्य को भले ही न देखें, किन्तु राज्य, समाज आपको देखता ही है। मोक्ष के लिए ही राम चाहिये, यावत् जीवन के धर्म के लिए तो राज्य चाहिये।"

"श्री राम–राज्य!" भरत ने अपूर्व उत्साहपूर्वक कहा– "राम–राज्य!"

"रामजी का राज्य?" शत्रुघ्न ने पूछा।

"ईश्वर का राज्य–राम, राम का राज्य।" भरत ने कहा– "इस जीवन में केवल राम की सेवा है, अर्चा है, पूजा है– आराधना है, अथवा श्री राम का काज है। राम की आराधना, सेवा–पूजा तो धर्म है– राम का काज ही राम–राज्य की आरती है। हमें प्रभु–प्रेरित राज्य चाहिये, जिससे धर्म का समाज उद्धासित होता रहे। व्यष्टि समष्टि–स्वरुप केवल धर्म से ही होता है। राज्य तो रक्षा तथा पालन करता है।"

"जी!" शत्रुघ्न ने कहा– "हम तो चिट्ठी के चाकर हैं। शास्त्र, दर्शन, काव्य? आप जानें– राम जानें भैया।"

भरत ने कहा– "मैं और तुम तो अन्तःकरण के जुड़वे हैं। जैसे राम–लक्ष्मण वैसे ही भरत–शत्रुघ्न। राम–लक्ष्मण लोग कहने लगे हैं तो भरत–शत्रुघ्न भी कहा जायेगा। ऋषि–मुनि तो हम चारों के प्रतीकार्थ भी खोजने लगे हैं। निस्संदेह श्री राम अवतार ही हैं। स्थिति प्रज्ञ, उपरत; किन्तु जाग्रत, शौर्यधाम और शक्ति–पति श्री राम, मनुष्य के स्वरुप में राजा हैं, योगी हैं, यती–आचार्य हैं। तभी तो मैं नन्दीग्राम में निश्चिन्त राम को पुकारता हुआ बैठा हूँ।"

"श्री रामजी को, यदि युद्ध हुआ, तो क्या हम सहायता नहीं करेंगे?" शत्रुघ्न ने सहसा पूछा– "क्या हम अपने राजप्रासादों में बैठे रहेंगे?"

भरत ने शत्रुघ्न के अमर्ष भरे मुख–मण्डल को घूरा; कहा– "श्री राम सहायता माँगेंगे, तो करेंगे। तुम राम को नहीं जानते–मैं जानता हूँ।"

"श्री राम लक्ष्मण जी की क्या सहायता नहीं ले रहे हैं?" शत्रुघ्न ने कहा– "रामजी सहायता माँगे या न माँगे, हम क्या उदासीन बने रहेंगे?"

"तुम राम को सामान्य क्षत्रिय राजकुमार मानते हो क्या?" भरत ने तीव्र स्वर में पूछा– "श्री राम वनवास में हैं और आश्रमों तथा ऋषि–मुनियों एवं अरण्यवासियों की रक्षा तथा योगक्षेम के लिए वचन-बद्ध हैं। क्या वह युद्ध करेंगे तो राज्य की सीमाओं के विस्तार के लिए युद्धरत होंगे?"

"जी?" शत्रुघ्न हकलाये– "जी, नहीं तो।"

"राम राज्य के लिए नहीं, न्याय तथा सत्य के लिए ही युद्ध करेंगे–करेंगे तो– समझे?" भरत ने कहा– "आज राक्षस अन्याय, अत्याचार, अधर्म, शोषण तथा यातना का दानव बनकर समूची मानव–जाति के विपरीत होता गया है। सौम्य, सरल, सौजन्य एवं समन्वयशील मानव–संस्कृति इस मायावी घोर राक्षस को भाती नहीं। राक्षस विज्ञान बल से शक्तिशाली चार्वाक ही है। वह प्रभु को जैसे मानता ही नहीं, जीव को अपना दास समझता है। नारी को सतत् भोग्या तथा समाज को अपनी शैया समझता है। राक्षस के लिए मानवों का राष्ट्र होता ही नहीं है– वही है सब–कुछ। समाज, राष्ट्र, राज्य वही है– राक्षस। तब राजा महापुरुष हैं, महामानव हैं– राजा राम हैं शत्रुघ्न!"

शत्रुघ्न ने हताश सा होते हुए कहा– "राक्षस! जी, राक्षस आज अभ्यारण्यों में बैठ गया है। यह भारत भूमि पशुओं और मुनियों की हड्डियों के टीलों की भूमि जैसी हो गयी है। निस्संदेह श्री राम ईश्वर का काम ही कर रहे हैं। अवश्य हम क्षत्रियों को लाज से मर जाना चाहिये। राक्षस आपके द्वार पर पहुँच जाय और आप सोते रहें– मदिरा पीते रहें, नाच–रंग मनाते रहें–भगवान परशुराम ने ऐसे पशु क्षत्रियों का संहार कर ठीक ही तब किया था। क्षत्रिय निर्बल, क्लीव, साहसहीन तथा ठप्प हो जाय तब हो चुका इस पृथ्वी का। क्षत्रिय के निर्बल होते ही धरती अबला हो जाती है।"

भरत ने कहा– "ठीक ही है यह तुम्हारा कथन। क्षत्रिय धरती–आकाश का नाथ है, ब्राह्मण जगत का ज्ञान–दीप है, सृष्टि का व्याख्याता तथा समाज का

मार्गदर्शक है। ब्राह्मण और क्षत्रिय एक ही तत्व के दो अभिन्न अंग हैं। हम जैसे चार हैं, वैसे ही वर्ण भी चार ही हैं, पुरुषार्थ भी चार हैं। कभी-कभी सोचता हूँ विधि ने यह भाग्य देकर ठीक ही किया। किसी को तो आर्य्य सभ्यता के पुनरुत्थान के लिए कष्ट उठाना था, तपना था, सिदना था। शत्रुघ्न, भाई मेरे! श्री राम यही कष्ट उठा रहे हैं। भव की पीर तथा भूमि का भार उतारने के लिए ही रामजी आये हैं राजमहल में तथा वन में गये हैं।"

* * * * *

जनकपुरी के दूत ने भरत को नमस्कार करते हुए कहा– "महाराज जनक का अमोघ आशीर्वाद!! श्रीमान्।"

भरत ने सस्मित पूछा– "सहसा आना क्यों हुआ, प्रियवर? महाराज विदेह श्रीमद् जनक कुशलपूर्वक तो हैं? अवश्य हैं– विदेह जनक स्थिति प्रज्ञ योगेश्वर हैं। उनको सुख क्या और दुःख क्या?"

दूत ने नमन करते हुए कहा– "विदेह जनक निर्गुण ब्रह्म के जाग्रत स्वप्न तथा सुषुप्ति अवस्थाओं के ब्रह्म स्वरुप हैं। शरीरी-सगुण ब्रह्म का स्वरुप हैं, महान हमारे।"

भरत ने कहा– "निर्गुण-सगुण के विवाद में पड़ने वाला मनीषी तथा तत्वदर्शी तो हो सकता है, किन्तु भगवान का भक्त नहीं। तर्क से परमात्मा क्या सिद्ध हुआ है? हो सकता है? होगा? परमात्मा तो भजने का विषय है। भजन, प्रियवर। महाराज क्या भजन नहीं करते?"

दूत ने सस्मित कहा– "यह तो महाराणी ही जाने–वही पूजा में उनके पास बनी रहती हैं। महाराज के आराधना-निवास में महारानी, पुत्रियाँ, भाई, भाभियाँ– यह अत्यन्त निकटस्थ व्यक्ति ही आ–जा सकते हैं। महारानी जी तो बनी ही रहती हैं।"

भरत ने सस्मित कहा– "देही हैं, किन्तु विदेह भी हैं– आश्चर्य है! निस्संदेह परमात्मा आश्चर्य ही है। जब मैं जगत को देखता हूँ, आश्चर्य-चकित हो जाता हूँ, आश्चर्याभिभूत हो जाता हूँ– यह क्या? किसने बनाया? क्यों बनाया? तब स्वतः ही शान्ति हो जाती है और उत्तर मिलता है– यह मुझे, जीव तथा मेरे राम के भजन के लिए। हाँ, मानव-जीवन भक्ति के लिए ही है– भोजन के लिए ही नहीं है।"

भरत ने दीर्घ स्वाँस भरा, पुनः कहा– "हम भोजन के लिए ही जीते हैं, मानो सोने के लिए ही बैठते हैं और मरने के लिए ही सोते हैं– तब मरना पुनर्जीवन के लिए है, सोने जागने के लिए है– बैठने– उठने के लिए है। वह व्यष्टि क्या जो समष्टि की शक्ति, शील और सौन्दर्य में व्यक्त न हो, जो स्वयं समाज, राष्ट्र, राज्य न होता जाय और वह समष्टि ही क्या जो आत्माराम को प्रेरणा तथा ज्ञान का प्रकाश न दे सके। मैं बन्धनमुक्त होने के लिए ही भव धारण करता हूँ, भाई मेरे! बँधने तथा बँधते रहने के लिए क्या मैं माँ के पेट में नव मास का कारागार काटता हूँ? मनुष्य मैं इसीलिए जन्मा हूँ कि भोजन नहीं, भगवान को ही प्राप्त करूँ। मानव–योनि परम् सत्य की शोध–टटोल, निश्चय तथा प्राप्ति की साधना–आराधना की एक मात्र और अन्तिम योनि है, शत्रुघ्न!"

"जी!" शत्रुघ्न ने कहा– "विदेह महाराज के मान्यवर दूत–जी!"

भरत ने चमक कर दूत को जैसे प्रथम बार देखा हो, यों बोले– "बिसर गया जी। शत्रुघ्न यों चुपके से आता है और चुपके से चल देता है। शत्रुघ्न को देखते ही मैं सब बिसर जाता हूँ। केवल राम को नहीं भूलता, जी। हाँ तो......"

दूत ने पुनः प्रणाम किया-कहा– "नन्दीग्राम के आर्यावर्त के चारों वर्णों के सज्जनों, धीमानों तथा आप्तजनों को निमंत्रित किया जाय तथा ब्राह्मणों एवं क्षत्रियों को भी बुलाया जाय। विदेह जनक चाहते हैं श्री राम–पादुका के राज्य में वैदिक वर्णाश्रम धर्म के जागरण का लोकयज्ञ ही आरम्भ किया जाय। हमें चारों पुरुषार्थों के अभ्युदय के लिए, चारों वर्णों को पुनः–पुनः वेदान्त के उपदेश से शुद्ध– बुद्ध, परिष्कृत एवं सशक्त करना होगा। महाराज स्वयं नन्दीग्राम आने को उत्सुक होंगे या फिर यह महान लोक–चर्चा, शास्त्रार्थ जनकपुरी में हो तथा आप जनकपुरी पधारें।"

भरत ने भवों से हँसते हुए कहा– "श्रीमती माण्डवी देवी तो यही चाहती हैं।"

दूत ने कहा– "महाराज विदेह यह भी चाहते हैं कि श्रीमती उर्मिला, श्रीमती माण्डवी, श्रीमती श्रुतकीर्ति–इन हमारी विभूतियों को कुछ समय के लिए पीहर भेजा जाए। अयोध्या के कातर वातावरण में उनके मुरझाये मुख–मण्डल निस्संदेह श्रीमानों को चिन्तित ही करते होंगे।"

भरत बोले– "हम सृष्टि से चिन्तित नहीं होते, प्रियवर! जगत हमें जटिल बोझ नहीं लगता। हम स्त्री को न जीतना चाहते हैं और न ही उसको पुरुष से हराना

चाहते हैं। हम प्रकृति और पुरुष की संगति ही चाहते हैं। पुरुष नारी की आसक्ति से मुक्त होकर स्थित प्रज्ञ हो जाय, बन्धनमुक्त हो जाय तथा नारी पुरुष के निरीह, निर्विकल्प अगाध आनन्द में लीन हो जाय। स्त्री पुरुष आनन्द में ही अखण्ड लीन तथा परस्पर आश्रयों से रहित बन्धनमुक्त होते हैं। मोक्ष, महाशय! मोक्ष। रामजी ही मोक्ष–धाम हैं, दूत श्री!"

"जी, प्रभो!" दूत ने जैसे याद दिलाया– "श्रीमतियों को जनकपुरी लिवा लेने के लिए भी महाराज विदेह ने मुझे श्रीमानों की सेवा में भेजा है।"

भरत ने सस्मित कहा– "हमारी श्रीमती जी को अवश्य ही लिवा ले जाइये। श्रुतकीर्ति के लिए यह रहे शत्रुघ्न पतिदेव। उनसे स्वीकृति लो और उर्मिला? मैं क्या कहूँ? उर्मिला तो उर्मिला है। ऐसी वियोगिनी मैंने नहीं देखी। ऐसी शान्त, गहन–गम्भीर! सप्त सिन्धुओं के जल उसके अथाह नयनों में भरे हैं। सप्तलोक उसकी अपलक–सी पलकों पर टिके हैं। देह से वह अयोध्या में रहती हैं, मन से वह लक्ष्मण के पास वन में रहती हैं– जी, हाँ। मैं यही जानता हूँ। श्री रामजी ने मुझे जैसे कह रखा है, उर्मिला को आश्वस्त करता रहूँ।"

शत्रुघ्न ने निसास रखते हुए कहा– "उर्मिला जी आश्वस्त हैं। वे जैसे विश्वास और अविश्वास के परे ही होती जा रही हैं। वह वियोगिनी भी हैं, विरहणी भी हैं, सती–साध्वी भी हैं। वह विरह का चिरन्तर नित्य दीपक हो गई हैं। मैं तो उनको देखते ही छिप जाना चाहता हूँ।"

"क्यों जी?" भरत ने पूछा– "अपनी भाभी से डरते हो? लुकते–छिपते हो– क्यों?"

"उर्मिला भाभी? वह मानवी नहीं देवी हैं–देवी हैं मानवी नहीं देवी हैं। देवी, भैया भरत।" "तथास्तु! भरत! भरत क्या कहें?" भरत ने सिर धुनाकर कहा– "उधर सीताजी पुण्यश्लोका भाभी और इधर भी भाभी, किन्तु विशेषण नहीं मिलता। उर्मिला ने सभी विशेषण परास्त कर दिये हैं, भाई मेरे! उसी महादेवी की मूक–मौन व्यथा से जैसे यह तारे चमकने लगे हैं। यह हवा अमृत को लेकर जैसे बहने लगी है। यह अयोध्या तथा कौशल का यह महाराज्य उर्मिला की छाया से ही धन्य हो गया है। उर्मिला ही राम जी को वन में भेजने के घोर पाप का प्रायश्चित कर रही है।"

शत्रुघ्न ने तनिक अमर्षपूर्वक कहा– "आपश्री भी तो कह रहे हैं; लक्ष्मण–उर्मिला, भरत– माण्डवी और सीता–राम, केवल मुझे छोड़कर कौन प्रायश्चित नहीं कर रहा है? श्री राम के बिना नागरिक मुरझाए फिरते हैं, राज्य दण्ड जैसे किसी अँधेरे कोने में टंगा ही हो। सिंहासन सूने हो गये हैं और यह गाँव–नन्दीग्राम अष्ट–सिद्धियों तथा नवनिधियों का आगार हो गया है। नहीं, प्रियवर?"

मिथिला के दूत ने कहा– "श्री राम–वनवास की घटना से आर्त महाराज विदेह जनक जैसे सृष्टि के संचित को पुनः समझ पाये हैं। विदेह देह में उतर कर जगत–कल्याण के लिए श्री रामजी की सहायतार्थ सभी कुछ करना चाहते हैं। इसीलिए नन्दीग्राम में शास्त्रों तथा शस्त्रों का आर्य सम्मेलन करना चाहते हैं। श्री राम–पादुका के श्री तथा सुकृति के राज्य में इसी प्रकार लोकयज्ञ आरम्भ होगा। भारत के जन–जन को जगाने, उठाने, घेरने तथा आत्मविश्वास से पूर्ण करने के लिए शास्त्र और शस्त्र दोनों को ही सन्नद्ध करना होगा, प्रभो!"

भरत ने सहसा अपूर्व उत्साहपूर्वक कहा– "ठीक है। यहीं–यहीं नन्दीग्राम में भारत को एकत्र होने दो, आर्य्य को जागने दो तथा पृथ्वी को पुनः आशावान होने दो।"

"जी!" शत्रुघ्न ने कहा– "अन्तरंग को क्या कहूँ?"

भरत– "जो जाना चाहे, वह जाये। प्रेम से जाओ, प्रसन्नता पूर्वक जाओ। यह जीवन प्रेम की प्यास तथा प्रसन्नता का निर्मल व्यवहार है।"

* * * * *

राजमहिषी सुमित्रा ने सस्मित कहा– "थोड़े दिन जाओ बेटी, उर्मिला! जनकपुरी–पीहर तो पीहर ही है। ससुराल! वह तो है ही, किन्तु माता–पिता, भाई–भाभी, नाना–नानी, दादा–दादी, इनकी तुलना ससुराल में किस से हो भला! सासू तो सासू ही रहेगी, श्वसुर श्वसुर ही रहेगा, पति पति ही बना रहेगा। पीहर स्त्री की जड़ है, ससुराल वृक्ष का पल्लव है।"

उर्मिला ने शान्त स्वर में कहा– "आप अकेली जो हैं।"

"मैं अकेली?" सुमित्रा ने कहा– "अरे तूने तो जैसे मेरी बोलती ही बन्द कर दी। क्यों....? मैं अकेली कैसे? तू है, दीदी कौशल्या हैं– भरत, शत्रुघ्न, माण्डवी, श्रुति, सब

जो हो तब भला तो मैं एकाकिनी कैसी? पति एक दिवस जाएगा ही। पुत्र एक दिवस अलग-सा होगा ही। पुत्र को क्या सदैव गोद में बिठा रखा जा सकता है? क्या पति का पल्ला सदैव पकड़कर रखा जा सकता है? स्त्री तो अपने ही अन्तःकरण में दीपशिखा है। अकेली है, तब भी दुकेली।"

उर्मिला ने सस्मित कहा– "आप पूर्व-जन्म की कोई योगिनी ही हैं– हाँ, अवश्य।"

"कैसे?........ योगिनी मैं............? कैसे?" सुमित्रा ने सिर धुनाते हुए कहा– "मैं योगिनी होती तो राजप्रासाद में नहीं जन्मती; किसी कन्दरा में जन्मती तथा पहाड़ी झरनों में नहाकर बड़ी होती। पार्वती! हाँ, शैलपुत्री! स्त्री स्वयं तो शैलपुत्री है, किन्तु उसकी सन्तान? समाज है, राष्ट्र है, राज्य है। लक्ष्मण को ही देख लें– मैंने कहा नहीं कि वन जाने को तत्पर हो गया। किसी से मिला ही नहीं–तुझ से भी नहीं मिला– निर्दय कहीं का!"

"मैं–मैं तो प्रतिपल उनके चरणों का ध्यान करती रहती हूँ।" उर्मिला ने कहा– "शरीर– देह से यहाँ हूँ, किन्तु मन से उनके साथ हूँ, पास-पास ही हूँ।"

"तो योगिनी तू हुई या मैं?" सुमित्रा ने कहा– "तू धन्य है, बेटी! वह तो स्वर्ग सिधारे, किन्तु मन से और तन से मैं यहीं हूँ– मृत्युलोक में।"

"आप निस्संदेह महान महिला हैं, पूज्ये!" उर्मिला ने मानो वाणी में जाग्रत होते हुए कहा– "कौन अपने सद्य विवाहित समर्थ पुत्र को यों भाई की सेवा के लिए भेज सकती है? कौन माँ करेगी? कौन पत्नी यह सह सकेगी? राजमातुश्री कौशल्या जी और आप सचमुच धन्य हैं।"

सुमित्रा ने मानो क्षितिज के पार किसी से कहा– "सीता ने राजमहल त्यागा, तुमने राजमहल को ही पर्णकुटिया कर दिया। यह सत्, यही सतीत्व है, पुत्री! पुरुष को आत्मसात् जब तक नारी नहीं करती– तब तक सृष्टि सफल और धन्य नहीं हो सकती।"

"आत्मसात्? क्या श्रीमती श्री?" उर्मिला ने पूछ लिया– "वह कोई अगाध है, मातुश्री! मैं........ मैं पुरुष को छू तो लेती हूँ...... पकड़ नहीं पाती हूँ। नहीं कर पाती यह। पुरुष नारी में घोर आसक्त तो है– हो जाता है, किन्तु फिर भी बिछला हुआ है। पुरुष को मैं स्त्री अपना बना सकती नहीं– मैं उसको भजकर भी स्वयं में लीन कर सकती नहीं।"

"वह तो परमात्मा है, सांख्य का पुरुष! मैं तो नर...... मानव–नर की कह रही थी।" सुमित्रा ने हँसकर कहा– "नर तो नारी में, गर्भ में ही आसक्त हो जाता है। नर नारी को ही देखता, सूँघता, स्पर्श करता उसके आश्रय एवं अवलम्बन पर ही जीता है। नवमास गर्भ में रहकर वह स्त्री को माँ के रूप में पाता है– सृष्टि के मातृत्व को आत्मसात् करता है और फिर पिता बनकर पुनः मातृत्व के दर्शन करता रहता है। नारी नर की स्वामिनी और सेविका है, समझी?"

"जी! दासी है तब?" उर्मिला ने कहा।

"दासी? नहीं रे! साथिन, संगिनी, अद्धाँगिनी, पत्नी, सेविका, सखी है वह।" सुमित्रा ने कहा– "जनकपुर जाओ। मैं दीदी के पास चली जाऊँगी। कौशल्या जी उदास हैं, किन्तु प्रसन्न रहती हैं।"

"दिखाई देती हैं।" उर्मिला ने कहा– "अवज्ञा न माने तो जनकपुर जाना नहीं चाहती। क्या करूँगी वहाँ? यहाँ आपके पाँव तो हैं– दबा तो सकती हूँ, उनके श्री चरणों का ध्यान तो कर सकती हूँ। आपके उदार आँचल में मुँह ढँक कर रो तो सकती हूँ।"

सुमित्रा ने सहसा उर्मिला को खींचकर अपने सघन और तनिक विस्तृत वक्षस्थल में भर लिया– "तुम पहिले, लक्ष्मण बाद में, बेटी! सभी बाद में तुम पहिले। यह मेरा ही प्रज्ञापराध हो गया, पुत्री! लक्ष्मण को राम के साथ वन भेजने से पहले मुझे तुमसे पूछना चाहिये था। किन्तु मैं तुमको, मिथिला को–सबको भूल सी गई। राम ऐसा ही है, बेटी! सर्वमोहन वह राम! मैं उसे देखकर जगत को, भव–संसार को–स्वयं को भूल–सी जाती हूँ। केवल लक्ष्मण और राम ही मुझे दिखते हैं। कभी–कभी मैं नींद में चमक उठती हूँ– राम! राम!! पुकार उठती हूँ।"

"उनके अलावा और कौन पुरुष है? नहीं।" उर्मिला चिहुँकी– "सीता के लिए राम, मेरे लिए वह–वही–केवल वही। मैं–मैं पंचवटी जाना चाहती हूँ– पंचवटी की एक अनुचरी होकर, मैं उनके साथ सीता राम की चाकरी करूँगी।"

"चाकरी?" सुमित्रा ने आघात खाकर उर्मिला की मुरझायी कुमुदनी के समान मुख–मण्डल को देखा और कहा– "अनुचरी? तुम? किसकी?"

"उनकी, रामानुज की और किसकी?" उर्मिला ने कहा– "और मैं हूँ ही क्या? रही ही क्या? बची ही क्या? पूज्ये!"

उर्मिला सहसा रो उठी। हिचकियाँ भरते हुए उसने सुमित्रा के गाढ़ वक्षस्थल में मानो भर जाने के लिए रुदन किया, बोली– "मैं–मैं ऐसी ही हूँ। त्यक्ता–हाँ मैं त्यक्ता हूँ। उन्होंने मुझे त्याग दिया है– त्याग दिया है।"

सुमित्रा ने उर्मिला को अपनी अगाध सी गोद में भरते हुए कहा– "तुम........ तुम त्याग मूर्ति हो, बेटी! तुम्हें कौन त्याग सकता है। अधर्म ने तुम्हें त्याग दिया है और समस्त शाश्वत धर्म ने तुम्हें अपना लिया है। तुम गुणनिधान वरद नारी हो, तुम गंगा, यमुना और सरयू की अगाध, शान्त, पवित्र जल–राशि से भी अधिक पवित्र चेतना हो। तुम दिव्य हो पुत्री! तुमने इक्ष्वाकु वंश के सभी पाप धो दिये हैं और यह राम–वनवास का घोर पाप अपने आँसुओं से धो रही हो। हम सब तुम्हारी अनुचरी क्यों न हो! अवश्य यह मेरी ही अक्षम्य भूल हुई कि मैंने लक्ष्मण को तुम्हें पूछने के लिए नहीं कहा– हाँ, अवश्य यह मेरी भूल हुई।"

उर्मिला झटका खाकर जैसे जाग उठी, उठ–बैठते हुए बोली– "आप माँ हो, जननी! वह आपके आँचल का फूल हैं। आपने उनको श्री राम–चरणों में अर्पित कर दिया। यह आपका सत्व था और है। वह मुझे इसी प्रकार आपके चरणों में अर्पित कर गये हैं। किन्तु माँ! जब वह वन में भूमि पर उठते– बैठते, सोते हैं तब मैं राजप्रासाद में जैसे रह ही नहीं सकती।"

"कोयल को कभी–कभी रत्न–जटित स्वर्ण पिंजर में रहना ही होता है, पुत्री!" सुमित्रा ने कहा– "मुझे ज्ञात है, वह लक्ष्मण राम के बिना एक क्षण भी जी नहीं सकता। वह अपनी भाभी के चरणों में प्रणाम किये बिना, मेरे चरण भी नहीं छूता था। राम और लक्ष्मण दो शरीर हैं, दो प्रारब्ध, किन्तु सच तो यह है कि यह चारों भाई एक महान संचित हैं– एक अखण्ड शाश्वत जीवन की शक्ति हैं, शील हैं, सौन्दर्य ही हैं बेटी....... हाँ। मैं ठीक कहती हूँ। दीदी कौशल्या और मैं, कितना ही अपने पुत्रों को अपने आँचल में रखें, किन्तु वह तो यज्ञ पुरुष का ही वरदान हैं। तुम–तुम सब भी जैसे उनकी शान्त, गुह्य शक्तियाँ हो। सीता, तुम माण्डवी और श्रुतकीर्ति शक्तियाँ हो–राम की, लक्ष्मण की, भरत की और शत्रुघ्न की। हम तो वात्सल्य हैं, तुम समस्त जीवन के समूचे प्रणय की शक्ति हो।"

उर्मिला सहसा शान्त हो गई, बोली– "मैं तो उनकी दासी हूँ, माँ!"

सुमित्रा ने तनिक तीव्र स्वर में कहा– "मनुष्य मनुष्य का सहायक, मित्र तथा सेवक तो हो सकता है– होता है, किन्तु वह दास नहीं हो सकता। मनुष्य मनुष्य

का बन्दी? कल्पना तक मैं नहीं कर सकती भला! मनुष्य-मनुष्य का शत्रु तो हो सकता है, मित्र भी हो सकता, परन्तु दास नहीं। लक्ष्मण राम का दास है क्या? नहीं, भाई है, बान्धव है, उसका अभिन्न मित्र तथा साथी है।"

उर्मिला ने अब सम्पूर्णतः जागते हुए जैसे कहा– "जो स्वामी की आज्ञा मन-वचन-कर्म से माने-मानता रहे, जिसकी अपनी इच्छा, मति और धृति शेष न रही हो, वह दास नहीं, तो क्या है?"

"श्री राम सामान्य मानव नहीं हैं, पुत्री!" सुमित्रा ने कहा– "जब वह जन्मा तब गुरुदेव वशिष्ठ ने उसकी कुण्डली बनाई थी– देखी थी। कहा था–राम महापुरुष है, महामानव है, युगावतार है और यह तीनों भाई श्री राम का ही स्वरुप हैं। भरत धर्म हैं, लक्ष्मण काम है, शत्रुघ्न अर्थ है।"

"और श्री राम?" उर्मिला ने तनिक चकित होते हुए पूछा।

"श्री राम मोक्ष हैं।" सुमित्रा ने कहा– "तुमने देखा ही नहीं राम को। अभिनव अनन्य घनश्याम सुन्दर है राम मेरा। हाँ, बेटी! दीदी कौशल्या राम को दूर से देख नहीं सकती। माँ को सदैव वत्स गर्भ में ही लेटा प्रतीत होता है। गोदी में, आँचल में ढँका, स्तनों से चूते हुए दूध से नहाता हुआ ही लगता है। वात्सल्य सन्तति को स्पष्ट अचूक देखने कब देता है? राग डुबो देता है, केवल वैराग्य ही अँधेरे से उबारता है। राम-लक्ष्मण राग से नहीं, केवल वैराग्य से ही अनुभव किये जा सकते हैं। लक्ष्मण तेरा पति परमेश्वर तो है, परन्तु वह राम का विश्वास है, आश्रय है, अवलम्ब है। जगत में महापुरुषों की रक्षा और सतत् मंगल की समस्या बनी ही रहती है। मनुष्य तो अपने बुद्धिबल से अपनी रक्षा कर लेता है, किन्तु वह त्यागी, समदर्शी महापुरुष मृत्यु की चिन्ता किये बिना ही जगत में वनवास भोगता है। श्री राम यही भोग रहे हैं। लक्ष्मण को श्री राम-सीता के चरणों से एक पल के लिए भी अलग किया नहीं जा सकता है। राम से विलग लक्ष्मण जियेगा ही नहीं।"

उर्मिला ने देखा–गहन शान्त वह्नि-प्रभा से सुमित्रा का उदासीन मुख-मण्डल दीप्त हो गया है और वह जैसे देखती हुई भी नहीं देख रही हैं। वह जैसे क्षितिजों के पार उड़कर खो गई हैं। सुमित्रा हिली, चिहुँकी "राम मेरे! लक्ष्मण!!"

दिग्दिगंत को भेदती हुई ध्वनि उठी– "माँ!.....माँ!!" सुमित्रा जैसे स्वयं में ही पैरती चली गई। माँ!........ माँ!! की ध्वनि अन्तर्ध्वनि ही थी, जो उसके चिदाकाश में

लहर उठी थी। सघन वृक्ष- घटाओं की घनी नीलिमा को मथ कर कोई जैसे उसको पुकार रहा है– "माँ!" सुमित्रा को लगा–वृक्ष- घटाओं की गहरी नीलिमा को मथ कर ज्ञात-अज्ञात फूलों के विचित्रों को कँपा कर, सरिता की लहरों के परिरंमण को गुदगुदा कर कोई उसको पुकार रहा है– "माँ!" सुमित्रा सहसा चिहुँकी– 'लक्ष्मण......... क्या लक्ष्मण!' सुमित्रा स्थिर हो गई– अचल सी, आत्मविस्मृत सी हो गई। "हाँ...... हाँ लक्ष्मण! उर्मिला? .... ठीक है–ठीक। तुम अब अयोध्या कब वापस आ रहे हो.....? कब लक्ष्मण! हम सब तुम्हारी और राम–सीता की राह देख रहे हैं।" सुमित्रा अपने चिदाकाश में स्वयं ही 'माँ' की प्रतिध्वनि के पीछे जैसे डुलती चली गई। "यज्ञ का दिया है पूत लक्ष्मण, तो क्या हुआ; मेरे गर्भ में पका तो है। उसका यह तेजोमय शरीर मेरी साँसों में थमा है, मेरे प्राणों में जमा है, मेरे रक्त से सिंचित हुआ है। हाँ, उर्मिला। हाँ।" उर्मिला सुमित्रा को तनिक जगाते हुए बोली– "माँ–माँ!"

"है......... है" उर्मिला के झकझोरने से जागती हुई सुमित्रा बोली– "हाँ, क्या बात है, बेटी! लक्ष्मण आ गया क्या?"

उर्मिला ने सुमित्रा के चरण थाम लिये। सहसा सिर धुनाकर वह मानो फूट पड़ी– "नहीं, कोई नहीं आया, माँ। तुम हो और मैं हूँ– राजप्रासाद के ये शून्य कक्ष हैं, बीहड़ आँगन हैं– उदासीन वन राजियाँ हैं, मुरझाए फूल हैं, माँ!"

सुमित्रा ने उर्मिला को बथ में भरते हुए कहा– "शान्त, बेटी! शान्त! वह आएगा, अवश्यमेव आएगा। राम जी वापस आएगा–राम नहीं आएगा तो भरत प्राण दे देगा– प्राण दे देगा भरत; सुना?"

"जी, माँ!" उर्मिला ने कहा और अनायास ही सुमित्रा की सघन गदकारी गोद में ढल पड़ी।

* * * * *

"नहीं–नहीं–नहीं" उर्मिला ने सिर धुनाते हुए कहा– "मैं नहीं जाऊँगी। अयोध्या के राजप्रासाद से अब मैं जीवित बाहर नहीं जाऊँगी। ये प्राचीरें और प्रकोष्ठ तथा कक्ष मेरे लिए, इस भव के लिए यथेष्ठ हैं। माता–पिता? हाँ हैं, तो उनको प्रणाम! किन्तु अब मेरी माँ, मेरा बाप, मेरा पिता, जो कुछ कहो, वह तो सुमित्रा जी ही हैं– कौशल्या जी हैं।"

श्रुतकीर्ति ने चुहल की– "और कैकई महारानी?" "वह? महारानी कैकई?" उर्मिला ने सहसा हँसते हुए कहा– "वह, वही तो मेरी सासू है।"

"क्यों? माँ क्यों नहीं?" श्रुतकीर्ति ने पूछा।

"जो दुःख दे वह सास, जो सुख दे वह माँ।" – उर्मिला ने कहा।

"महारानी कैकई की क्या कहूँ? उन राजराजेश्वरी महोदया को लेकर ब्रह्मा भी अपने चारों मुँह से कहते–कहते अन्त में थक जायेंगे। हाँ, मैं कहती हूँ, श्रुति! अपने पूत के सभी माताएँ प्रयास करती हैं किन्तु न्यायपूर्वक, धर्मपूर्वक। भरत जी को राज सिंहासन? किस बात का? आश्वासन दिया था, ससुर जी ने अपनी प्रिय पत्नी को कि तेरी कोख से उत्पन्न पुत्र ही अयोध्या के राज सिंहासन पर बैठेगा। सो बैठा। वह जानते थे इस अन्यायपूर्ण आश्वासन को। तभी मन के इन ऊपर के दिखावों में नहीं आए। धनुष बाण ले कर खड़े हो गये– देखता हूँ, कौन राम जी को सिंहासन पर बैठने से रोकता है। सिंहासन को राजा के निश्चय से जनता की सहमति, ऋषि–मुनियों की अनुमति एवं ऋषि मण्डल की स्वीकृति से राम का हो चुका था– महान् इक्ष्वाकु वंश की परम्परा ने भी यही दर्शित किया था कि अयोध्या का राज राम का राज्य है।"

"किन्तु ससुर जी का वचन।"– श्रुतकीर्ति ने कहा।

"वचन वेद का। राजा का वचन कब हुआ, श्रुति?" उर्मिला ने कहा– "राजा साँप की भांति द्विजिव्ह है– होता है। फिर राजा राजा है, प्रजा पालक, धर्म धारक न्यायपति है। एक उद्दाम तथा स्वार्थी सुन्दरी को समाज, राष्ट्र तथा राज्य की सनातन परम्पराओं के विरुद्ध किसी भी प्रकार का वचन देने का क्या अधिकार था? राज्य राजा की व्यक्तिगत सम्पत्ति तथा सम्पदा है क्या? नहीं! श्रुति! राज्य तो परमात्मा का ही है– होता है। राज्य राम का।"

श्रुतकीर्ति ने तनिक अचम्भित होते हुए पूछा– "यह सब कहाँ सीखा? सुना? रात–दिवस साथ ही रहें हैं और तुम सदैव चुपचाप रहने वाली स्वमग्न महिला रही हो–एक उत्सुक नारी, जो पीहर और ससुराल दोनों को उजागर कर देती है।"

उर्मिला ने शान्त सस्मित मुस्कान भरते हुए कहा– "तू भी तो प्रसन्न मगन स्त्री, नारी है। राजपुत्री है, हम, राज हमारे रक्त में है। हम ही तो राज पत्नियाँ होती हैं– राजपुत्र–पुत्रियों को जन्म देती हैं। पुत्र राजा होता है और पुत्री अन्त में राजमाता होती है" "राज को समझ लो जान लो। यह जगत समझ में आ जायेगा। कहा गया

है– नारी को समझना–सृष्टि को समझना और नर को समझना–भव संसार को जान लेना है। मैंने अपने नर को अब भली भांति जान लिया है– समझ लिया है।"

"उर्मि!" श्रुति ने सहमते हुए पूछा– "क्या, बहिन मेरी? क्या?"

"कि वह मेरे नहीं हैं– अपनी माँ के हैं, अपने बड़े भाई श्री राम के हैं। अपनी भाभी श्री सीताजी के चरणों में पड़े रहने वाले 'राम–दास' हैं।"

"नहीं–नहीं, उर्मि!" श्रुतकीर्ति ने कहा– "भैया जी वीर-शिरोमणि लक्ष्मण? उनका कहना ही क्या है? लक्ष्मण भैया श्री राम से भी बढ़कर अधिक सुन्दर सुष्ठ तथा जितेन्द्रिय वीर-शिरोमणि हैं। तुम उनको तब समझती ही नहीं।"

"शत्रुघ्न साथ हैं, पास हैं" उर्मिला ने कहा– "तभी यह कथन सम्भव है। विवाह के पश्चात् मुझे ही यह पति–वियोग मिला। तुम लोग पति–सानिध्य में सुखी तो हो।"

"तुम भैया जी लक्ष्मण को बहुत प्यार करती हो–तब।" श्रुतकीर्ति ने कहा– "तभी वियोग सहन नहीं होता।"

"प्यार? क्या है यह?" उर्मिला ने कहा– "नारी के लिए नर ही भव है, भव-संसार है, मुक्ति तथा मोक्ष है।"

"नर–नारी की मुक्ति परस्पर प्रीति से ही हो सकती है।" श्रुतकीर्ति ने सहसा उल्लासपूर्वक कहा– "यह सृष्टि नर-नारी की प्रीति से ही उद्भवित होती है। ऐसा वह कह रहे थे और मैं भी अब यह समझने लगी हूँ। मुझे ऐसा लगता है, मैं उनकी आँखों में समायी हुई हूँ तथा वे मेरे हृदय में समाये हुए हैं। यह समाना–समाये रहना ही तो प्रीति है– आत्मा की आत्मा से सगाई है।" श्रुतकीर्ति स्वयं में डूबी हुई, चुप हो गई। फिर सहसा जागती हुई बोली– "यह–यह आत्मा क्या है? कभी–कभी सोच–विचार में पड़ जाती हूँ– आत्मा? परमात्मा?..........."

सहसा उर्मिला सहज स्वस्थ तथा मगन हो गई। उसका विषाद्–मेघाम्बर पल भर में बिला गया। वह हल्की–फुल्की हो गयी, बोली– "तेरा आत्मा तू, तेरा परमात्मा शत्रुघ्न....... और कौन?"

"और तुम्हारा जी?" श्रुतकीर्ति ने सहसा हँसते हुए पूछा।

"मेरा? मेरा आत्मा मैं हूँ और परमात्मा वह।"– उर्मिला।

"लक्ष्मण? .... वीर लक्ष्मण?" श्रुतकीर्ति ने कहा और उर्मिला मुस्करा दी।

13

भरत की नींद सहसा उड़ गई, उचट गई। भयत्रस्त प्रतिध्वनि–सी उनके मन के आकाश में स्वयं ही आ टकराई– "राम! राम मेरे! क्या? क्या हुआ? राम!" भरत उठ बैठे। चारों तरफ अँधेरे में तारे मानो अठखेलियाँ करने के लिए परस्पर हुमस रहे थे। भरत के हृदय की सहज किन्तु गहन और घनीभूत पुकार– 'राम' गगन के गगन पैर कर व्योमों को उद्वेलित करती हुई आकाश के नीहारिका–पथों पर बौरा गई। 'राम!' भरत का रोम–रोम सिहर कर मानो बोल उठा। भरत की रग- रग में मानो सप्त सिन्धुओं की तरंगों ने उमड़–घुमड़ कर पुकारा– 'राम! क्या हुआ?' भरत ने स्वयं की देह को देखते हुए स्वयं से ही कहा– "विपत्ति! संकट–आपदा और क्या? इस घोर निविड़ वन में संकट ही संकट हैं और फिर राक्षसों की माया चारों ओर प्रसरित है। माया जनित प्रतारणाओं और प्रपंचों से आर्यावर्त के अरण्य भर गये हैं। हाँ राम, हाँ। राक्षसों की शक्तिशाली माया को ऋषि–मुनि समझते हैं; किन्तु विधाओं और शास्त्रों के जनक तथा प्रवर्तक ऋषि–मुनि अपने तप–बल से राक्षसीय माया को नष्ट कर नहीं सकते। माया को व्यर्थ करने के लिए बाण का अविष्कार तो ये ऋषिगण चुपचाप करते हैं तथा देवताओं से सम्बन्ध बाँधे रहते हैं, किन्तु जगत में वह माया का विनाश केवल परमात्मा द्वारा ही सम्भव मानते हैं। हाँ, यही तो–विदेह महाराज जनक भी यही कह रहे थे और इसीलिए रामजी के योगक्षेम के लिए चिन्तित रहते हैं, विदेह–हाँ यही।" भरत मन ही मन चुप रह गये। राम की रक्षा के लिए जैसे सभी निश्चिन्त हैं। भरत को सहसा लगा; वह भी निश्चिन्त है। "राम प्रभु का मनुजावतार हैं। सर्व–समर्थ, सर्व–शक्ति सम्पन्न महापुरुष का दर्शन हैं। उनका कोई क्या बिगाड़ सकता है? सभी यह कहते हैं, सभी यही मानने लगे हैं; अन्यथा क्या सीता, राम, लक्ष्मण को केवल धनुष–बाण देकर ही चौदह वर्ष की लम्बी अवधि के लिए भेज दिया जाता? और साथ में भगवती स्वरुप सीताजी को भी जाने दिया जाता? अब राम सीता की रक्षा करें या अपनी! राम राक्षसों को मारें या अपनी, लक्ष्मण जी और सीताजी की रक्षा में लगे रहें?" भरत ने स्वयं से ही पूछा। भरत उठ खड़े हुए– "मैं तो कौशल राज्य का सैन्य ही श्री रामजी की सेवा में रख आता, किन्तु राम क्या स्वीकार करते? जिसने पादुका त्याग दी, वस्त्र त्याग

दिये, अन्न तथा भैषज भी त्याग दिये, जो महापुरुष होते हुए भी एक निरीह दीन तपस्वी की भांति वन–वन की ठोकरें खाते फिर रहे हैं– इस राम को कोई कहे तो क्या कहे? राम...... राम किसी की नहीं सुनते। महर्षि वशिष्ठ को सुन लेते हैं, माताओं की बात पर कान धरते हैं, लक्ष्मण को भी सुनते हैं– किन्तु करते तो अपने मन की ही हैं। राम का मन ही मानो व्यष्टि और समष्टि के सत्य, न्याय, धर्म की मर्य्यादाओं के सहज संज्ञान से परिपूर्ण दिव्यातिदिव्य महामन है। श्री राम यावत्– जीवन के धर्म का जाग्रत तथा सावधान संयत सिद्ध अन्तःकरण हैं। हाँ...... हैं"– भरत खड़े रह गए– "तब फिर यह आगम चिन्ता क्यों है? तब श्री राम की रक्षा को लेकर मैं भयत्रस्त क्यों बना रहता हूँ। राम! मैं........ मैं क्या करूँ? लक्ष्मण! तुम सद्-भागी हो जो धनुष-बाण साधे श्री राम– सीता की रक्षा में सन्नद्ध रहते हो।" भरत ने सिर धुनाया, दीर्घ साँस लेते हुए पुकारा– "कोई है....?"

प्रहरी ने प्रकट होते हुए कहा– "जी प्रभो!"

"कोई नहीं है?" भरत ने पूछा।

"जी! सब सो रहे हैं– प्रजाजन हैं जो प्रातःकाल श्रीमान् के दर्शन करेंगे।" प्रहरी ने कहा।

"प्रजाजन? दर्शन हमारे?" भरत बमके– "किन्तु...... किन्तु हम राजा नहीं हैं। सुना? श्री राम! राम राजा हैं।"

"जी!" प्रहरी ने नमन करते हुए कहा।

प्रहरी ने स्वयं ही सहम जाते हुए उच्छ्वसित स्वर में कहा– "महाराज! आप श्रीमान् भी राजा ही हैं। हम प्रजाजनों के लिए आप ही रक्षक हैं, पालक हैं, अन्नदाता हैं।"

भरत ने उठ बैठते हुए-खड़े होते हुए कहा– "रक्षक, पालक, अन्नदाता– महाराजा-कौन? नादान! ईश्वर ही रक्षक है, पालक है, अन्नदाता है– समझा? मरणाधीन, रोग और शोक का पात्र मनुष्य क्या प्रजा का पालक हो सकता है? केवल बल से कोई बड़ा नहीं हो जाता भला! शक्ति से ही कोई शिवम् नहीं हो जाता। जो शक्ति शिव को नहीं भजती वह शक्ति जगत के भोग तो प्रदान करती है, किन्तु मोक्ष नहीं करती। मोक्ष! सुना तूने? तू, मैं–हम सब मानव-योनि में क्यों जन्मे हैं? कभी सोचा है तूने? सोचा है?"

"जी नहीं–मैं क्या जानूँ, मैं मानव–योनि में क्यों जन्मा हूँ।" प्रहरी ने कहा– "सभी जन्मे हैं, मैं भी जन्मा हूँ।"

भरत ने करुणापूर्ण दृष्टि से प्रहरी को रात के अँधेरे में मन्द–मन्द जल रहे दीपक के प्रकाश में देखा और अनायास ही सिहर उठे। "सभी जन्मे हैं, मैं भी जन्मा हूँ-" भरत ने दीर्घ स्वाँस भरते हुए कहा– "किन्तु क्यों? कभी सोचा है? नहीं सोचा। जन्मते रहे, मरते रहे, पुनः जन्मते रहे– पुनऽर्पिजन्मम्-पुनऽर्पिमरणम्। काल के इस घनीभूत अँधेरे असीम में जन्मता–मरता–पुनः जन्मता हुआ मैं चलता रहा........ चलता रहा। कभी मैंने नहीं सोचा–क्यों यह भव–यात्राएँ करता हूँ, क्यों बँधता हूँ, देहों के भार ढोते हुए जीता हूँ।"

"मेरे कर्म प्रभो! प्रारब्ध" प्रहरी ने कहा– "इच्छा करता हूँ जन्म लेने की तो जन्म लेता हूँ। मुझे मेरे दादाजी कहते थे–इच्छा मत कर। इच्छा की नहीं कि भव–बन्धन बंधा नहीं। परन्तु इच्छा किये बिना रहा जाता नहीं, प्रभो! धृष्टता क्षमा करें, दीनबन्धों! यह इच्छा ही जन्म–मरण की जड़ है।"

भरत ठिठक गये, उस शान्त प्रहरी को निहारते हुए खड़े रह गये जैसे। सहसा बोले– "जब यह जानते हो........"

"जी नहीं, प्रभो!" प्रहरी ने कहा– "सुना है और कहा हुआ माना। जाना नहीं है।"

"क्या?" भरत ने तनिक आश्चर्याभिभूत होते हुए कहा– "जाना नहीं? माना ही है, सुना ही है कि राम है? ईश्वर है? मोक्ष है? ज्ञान है– अज्ञान है?"

"जी, यही प्रभो! सुना ही सुना है और माना ही माना है। जाना नहीं है।" प्रहरी ने कहा– "जाना होता तो मैं यहाँ होता क्या? पंछी को आकाश में खो जाना ही तो है।"

"खोना नहीं है जीव को" भरत ने जलद–गम्भीर स्वर में कहा– "स्वयं को पूर्ण परिपूर्ण पाना ही पाना है। खजने, मिटने और सड़ जाने के लिए यह जिजीविषा है क्या? अमृत तो अमर, अजर जीवन के लिए है, परमात्मा को प्राप्त करने के लिए ही यह भव–यात्राएं हैं। चैतन्य क्या कभी खो जायेगा? बुझ जायेगा? मिट जायेगा? मैं मिट सकता हूँ– यह देह! किन्तु क्या अन्तरात्मा मिटेगा? नहीं, मैं आत्मा अजर–अमर हूँ– सच्चिदानन्द।"

प्रहरी ने नमन करते हुए कहा– "जी, आत्मा अमर है।"

"सत् चित् है, आनन्द है।" भरत ने कहा– "महर्षि वशिष्ठ के श्री चरणों में प्रतिदिन बैठ, सुना! है। महर्षि को सुनो–सुना?"

"जी, महर्षि को सुनो। जी, सुना। आभारी हूँ, प्रभो!" प्रहरी ने कहा– "कौन–प्रेरित करता है मनुष्य को महर्षि के श्री चरणों की ओर? राजा आज एक मानव को प्रेरित कर रहा है। श्रीमान् श्रीमद् महाराज भरत की जय हो!"

भरत ने रात्रि के अंधकार को झकझोरते हुए कहा– "मानव की जय हो! महामानव की जय हो!! जय श्री राम!"

"जय हो! जय राम!" प्रहरी ने भी नतमस्तक होते हुए कहा– "हम प्रजाजन कभी नहीं चाहते थे कि रामजी वन सिधारें–कभी नहीं। वचन–पालन क्या, श्रीमद् प्रभो! वचन धर्म का, कथन न्याय का, जी हाँ, प्रभो!"

"ठीक कहा–सत्युत्" भरत ने प्रहरी को निहारते हुए पूछा- "कब से सन्नद्ध हो?"

"बचपन से, पिता व पितामह के साथ–साथ हूँ, प्रभो!" प्रहरी ने कहा– "अयोध्या का यह विशाल राज-प्रासाद जितना मैंने देखा है, जाना है– इतना तो रामजी ने भी नहीं जाना होगा। अयोध्या का यह राज-प्रासाद कभी अरण्य की पर्णकुटी सा लगता है तो कभी अलकापुरी के अत्यन्त भव स्वर्ण मन्दिर सा लगता है, जी प्रभो!"

"विशाल महान कौशल महाराज्य के इक्ष्वाकु वंशियों का यह जन्म-स्थान है।" भरत ने कहा– "महान चक्रवर्तियों ने यहाँ जन्म धारण किया है। अपने राजमुकुट यहीं धारण किये हैं। यहीं रघुवंशियों ने सनातन शाश्वत वैदिक वर्णाश्रम धर्म की अपने प्राणों में प्रतिष्ठा की है। इसी राज-प्रासाद में देवताओं ने महाराज्ञियों के गर्भ में आना अपना सौभाग्य माना है। रामजी यहीं तो पधारे हैं।"

"राम को देखता हूँ– क्षण के लिए मन भर जाता है।" प्रहरी ने कहा– "किन्तु रामजी पूरे दिखते नहीं। उनकी मूर्ति जैसे प्रतिपल अमूर्त होती रहती है।"

भरत जागे, चित्त से चिद् में जागे– "क्या कहा? रामजी प्रतिपल मूर्त और अमूर्त दोनों ही हैं?"

"प्रत्येक नामरूप क्या यह–यही नहीं है?" प्रहरी ने नमनपूर्वक कहा– "अमूर्त हूँ, मूर्त होना–होते रहना चाहता हूँ। मूर्त हूँ अमूर्त होना होते रहना चाहता हूँ।"

"क्या पढ़े–लिखे हो? गुरुगृह गये हो?" भरत ने पूछा।

"माँ ने स्तनपान कराते समय यही सिखाया है तत् तू त्वमसि!" प्रहरी ने कहा– "यह जो कुछ है, वही है सत्य, ब्रह्म। ब्रह्म ही ज्ञान है–ज्ञान ही ब्रह्म है तू आत्मा, ब्रह्म है। मेरी माँ ने मुझे यही कहा है– यही शिक्षा है, विद्या है, जीवन का सार तत्व है। ब्रह्म ही सत्य है–जगत? मिथ्या, प्रभो! राम ही है– राम, प्रभो!"

"राजा को राम दिखता नहीं राज ही दिखता है।" भरत ने खिन्न होते हुए कहा– "प्रहरी! मेरी माँ को राज्य ही दिखा– मानव नहीं, भगवान नहीं। मिथ्या ही दिखा, सत्य नहीं। तब मैं राज्य को नहीं देखता, तुझे देखता हूँ।"

"मुझे? मुझ दीन–हीन को?" प्रहरी चिहुँका।

"हाँ तुझे, मानव को। ईश्वराभिमुख मानव को।" भरत ने कहा– "मानव ही जन्मजात ईश्वराभिमुख प्राणी है, इस पृथ्वी तल पर। प्रहरी तुम अभी से हमारे अंग रक्षकों के नायक होंगे। हमें सुनते रहकर रामजी की प्रतीक्षा है। हम जगत भर के कोलाहलों में डूब कर भी राम को पुकारते रहना चाहते हैं। मन का यह गहन मौन झेला नहीं जाता। कुछ सुनना–कुछ सुनाना चाहता हूँ। तुम मुझे सुनाते रहना– मैं सुनता रहूँगा।"

* * * * *

नन्दीग्राम की विशाल सभा को सम्बोधित करते हुए महात्मा भरत ने कहा– "श्री राम जी को अयोध्या पुनः पधारने के लिए हमें अनन्य पुरुषार्थ करना ही है। अपने निवासों, घरों, प्रासादों तथा पर्ण कुटियाओं में बैठकर भाग्य को कब तक कोसते रहेंगे। राक्षस अब राष्ट्र-व्यापी भय हो गया है। राक्षस रहेगा तब तक देह की क्या, आत्मा की भी मंगल-कामना नहीं की जा सकेगी। राष्ट्र अरण्यों तथा आश्रमों के बल-भरोसे ही चलता है; सजीव, सक्रिय तथा जीवित रहता है किन्तु सोचिये- हम क्या होते गये हैं? दार्शनिक चिन्तन बुद्धि का अन्यतम विलास होता गया है। साधना तो केवल ऋषि-मुनियों की, त्याग-संयम सब अरण्यवासियों का, भोग विलास निवासों, प्रासादों और अट्टालिकाओं का। वर्णाश्रम धर्म केवल व्यक्तिनिष्ठ धर्म नहीं है। समष्टिगत मानव-जीवन की व्यक्तिगत तथा सामूहिक अभिव्यक्ति

का धर्म है। सभी वर्गों को यहाँ जन्मजात ही अपने कर्त्तव्य कर्म करने हैं, वहीं मर्य्यादाओं में भी बने रहना है किन्तु क्या रूढ़, जीर्ण और तोड़ने वाली परम्पराएं चलती ही रहेंगी? नहीं.......... अज्ञान को विज्ञान से झेला जायेगा और विज्ञान को ज्ञान से शुद्ध-बुद्ध किया जायेगा। मानव अन्ततोगत्वा ज्ञान-प्राप्ति के लिए ही जन्मा है– राग के लिए नहीं, वैराग्य के लिए ही अवतरित हुआ है। भव-बन्धन से, काल की गतिविधि से मुक्त होकर अपने पूर्ण-परिपूर्ण सच्चिदानन्द में स्थित होना ही यावत् जीवन का बिन कहा लक्ष्य है। मोक्ष के सिवाय जीवों का अन्तिम गन्तव्य और कुछ भी नहीं है......."

महर्षि वशिष्ठ ने सहसा बीच में ही कहा– "मोक्ष ही तो। तथास्तु! भरत!"

भरत ने महर्षि को प्रणाम करते हुए कहा– "और मोक्ष के लिए जीवन-पंथ वर्णाश्रम वैदिक धर्म है। वर्ण मानवों की आधारभूत जीजिविषा के चैतन्य, चेतनाएं हैं, परमात्मा के ज्ञान-नयनों की किरण-पुंजिकाएं हैं। वर्ण देह नहीं है, आत्मा है– आत्मा चैतन्य के ही पथ हैं। परमात्मा आकाश है– असीम, अनन्त, सच्चिदानन्द चैतन्य है और हम उस चैतन्य की लहरें हैं–मोक्ष मार्गी जीव हैं।"

"धर्म! मोक्ष! किन्तु लोकधर्म से ही जीवन सार्थक होता है।" महर्षि वशिष्ठ ने कहा– "श्री राम ने लोकधर्म को ही जाना है– तभी पिता के वचन-पालन के लिए वनवास तुरन्त स्वीकार कर लिया। न कुछ कहा और न ही कुछ सुना। लोकधर्म ही मर्य्यादा है। सत्य सिद्धान्तों में बिछता है और सिद्धान्तों के व्यवहार के लिए आम्नाएँ उनकी साधना में तथा मर्य्यादायें सामाजिक सम्बन्धों, सम्बोधनों, तथा सम्पर्कों की महत्ता होती है। आम्नाएँ न हो तो साधना हो ही नहीं सकती। मर्य्यादा न हो तो सामाजिक व्यवहार सम्भव हो ही नहीं सकता। श्री राम मर्य्यादा हैं, क्योंकि वह राज हैं। राज राष्ट्रीय मर्य्यादाओं से ही चलता है। इसीलिए हम पल-पल श्री राम की प्रतीक्षा कर रहे हैं। श्री राम की प्रतीक्षा धर्म की प्रतीक्षा है।"

भरत ने पुनः कहा– "श्री राम तब तक नहीं आएंगे, जब तक हम उनके वापस आने के लिए मार्ग नहीं तैयार कर देते। मैं तो धर्म का आचरण जानता हूँ। श्री राम धर्म की मर्य्यादा जानते हैं। मैंने राज अंगीकार नहीं किया, क्योंकि मैं राजधर्म का मर्म जानता हूँ। श्री राम ने सिंहासन त्यागा, क्योंकि वह सामाजिक जीवन-गृहस्थाश्रम की मर्य्यादा और राजधर्म दोनों ही स्वभाव से जानते हैं। आज नन्दीग्राम में हम यही कहेंगे-सुनेंगे कि श्री राम की वापसी के लिए हम उपयुक्त धार्मिक

वातावरण तैयार करें। हम निस्संदेह धर्म-मार्ग से हटते चले गये हैं। हमारे कुछ महान ब्राह्मणों में, स्मृतियों में, देश काल के बहाने कुछ वृद्धियाँ की हैं; संशोधन भी किए हैं– यह बहुपत्नीत्व इसका उदाहरण है–जीता– जागता। श्री राम ने इसीलिए एक पत्नीत्व की मर्य्यादा निश्चित् की है, जिसको हम महर्षियों ने प्रतिष्ठित भी किया है। हमारे राज-प्रासाद राज्ञियों से भर गये तथा राजसिंहासन राजमाताओं से ठठ गये। मनुष्य के लिए एक शाश्वत नर है, एक ही नारी है तथा एक ही ब्रह्म है।"

महर्षि वशिष्ठ ने कहा– "श्री राम को पुनः अयोध्या लाने के लिए हम सब प्रजाजनों को व्रत लेना होगा, उपवास करना होगा तथा सतत् प्रार्थना करनी होगी। मैं जानता हूँ कि श्री राम वैराग्य– मूर्ति हैं। जगत अवश्य उनके करुणामय नयनों में है, किन्तु सृष्टि का राग उन्हें छू नहीं गया है। जैसे राम समदर्शी तथा स्थिति प्रज्ञ महापुरुष ही हैं– मुझको महर्षि वाल्मीकि ने यह कहा है। मैं तो श्री राम को इक्ष्वाकु वंशीय-रघुनन्दन ही मानता हूँ और राजपुरोहित के नाते श्री राम मेरे लिए इस धरती पर इक्ष्वाकु वंश की दिव्य-भव्य विरासत के स्वामी ही हैं किन्तु महर्षि वाल्मीकि तो श्री राम को पहिचानते हैं। विश्वामित्र जैसे महान ऋषि ने भी श्री राम को जगत-कल्याण के लिए शिक्षित तथा दीक्षित किया है। राम-लक्ष्मण के गुरु महर्षि विश्वामित्र ही हैं– मैं नहीं। मैं तो राजगुरु भर हूँ– वेद का गुरु नहीं। श्री राम को अयोध्या के राजसिंहासन पर प्रतिष्ठित करना ही अब आर्य्य-जाति ही नहीं, समस्त मानव जाति का संकल्प हो गया है। श्री राम-पादुका के सानिध्य में हमें संकल्प करना है, हम आर्य्य अपने अन्तःकरण को टटोलेंगे–श्री राम को वनवास क्यों मिला? विधाता-अवश्य विधाता! किन्तु विधाता सर्वमंगलमयी मंगला है। बोलो? श्री राम के वनवास के लिए महारानी कैकई ही उत्तरदायी है क्या? हम सब हैं। राज्य क्यों नहीं मिला– इसका उत्तर तो श्रीमती कैकई ने दे दिया है; किन्तु वनवास क्यों मिला इसका उत्तर राक्षस नहीं, आर्य्यों को ही देना है।"

"हमें?........" ध्वनि उठी।

"यदि हम आर्य्य हैं तो हमें ही श्री राम–वनवास के लिए ईश्वर को उत्तर देना है।" महात्मा भरत ने कहा– "हमें ही, विशेष कर मुझे–भरत को।"

महर्षि वशिष्ठ ने कहा– "नहीं, भरत! नहीं। आर्यावर्त के आर्य्य नरेशों तथा ऋषि-मुनियों को उत्तर देना है– उत्तर देना ही होगा। वन के बीहड़ मार्ग पर चलना

श्री राम का एक-एक चरण समूची मानव जाति के लिए प्रायश्चित का ही चरण है, भरत! हाँ।"

"राम प्रायश्चित कर रहे हैं?" शत्रुघ्न ने हल्की चीत्कार करते हुए कहा- "श्री राम को पाप छू नहीं सकता। तब..... तब प्रायश्चित?"

महर्षि वशिष्ठ ने कहा- "लोकहित तथा जगत-कल्याण के लिए किया गया पुण्य ही प्रायश्चित का उदात्त कार्य है। महापुरुष स्वयं न्याय-नीति तथा सत्य-विवेक का जीवन जीते हुए भी लोकहित के लिए सतत् पुण्य किया करते हैं। स्वार्थ प्रेय से, परार्थ श्रेय से तथा परमार्थ पुण्य से ही सिद्ध होता है। श्री राम परमार्थ के लिए ही वन गये हैं- वनवास भोग रहे हैं। इस घोर तथा अहर्निशि दुःखदायी वनवास में श्री राम समस्त पृथ्वी के मंगल के लिए जागते रहते हैं, लक्ष्मण सन्नद्ध रहते हैं। सीता चिन्तित प्राणियों के प्रति सदाद्रचित्ता सीता-भरत की भाग्यलक्ष्मी, कुलदेवता तथा पृथ्वी की अनन्य तपोधनी पुत्री।"

भरत सहसा उठ खड़े हुए; चिहुँके- "प्रायश्चित! किन्तु महर्षे! श्री राम तो जगद्कल्याण के लिए तप कर रहे हैं- तप। प्रायश्चित तो मैं ही कर रहा हूँ। प्रायश्चित मेरे ही भाग्य में है पश्चात्ताप महाराणी कैकई के भाग्य में है।"

शत्रुघ्न ने जैसे सहसा कहा- "यह सब कवियों का वार्तालाप है, पूज्य श्रद्धेय महर्षे! इक्ष्वाकु वंशीय रघुनन्दन न पाप करता है और न ही प्रायश्चित। पश्चाताप? किसका? क्यों? किसलिये? रघुवंशीय क्षत्रिय राज-पुत्र पृथ्वी का सैनिक है, पापियों को जड़ मूल से नष्ट करना, अत्याचारियों का समूल नाश करना तथा परपीड़कों को धराशायी करना हम रघुनन्दनों का जीवन-धर्म है। महात्मा राम वही कर रहे हैं। धर्म के लिए पृथ्वी भी तजनी पड़े तो इक्ष्वाकु वंशीय क्षत्रिय राजपुत्र करेगा- त्याग देना धरा पर-दुःख-भंजन के लिए, हाँ, प्रभो!"

महर्षि वशिष्ठ बोले- "अवश्य। यही श्री राम की विधाता है- प्रारब्ध है, संचित और क्रियमाण भी। श्री राम परम् धाम से पृथ्वी का बोझ दूर करने पधारे हैं। एक और अनन्य सम्पूर्ण उनका यह भव है। कल्प केवल्य और सृष्टि के समस्त संवत् इसमें समाये हुए हैं। महर्षि वाल्मीकि श्री राम को दिव्य दृष्टि से देख कर समस्त सत्य को ही देख गये, सम्पूर्ण जीवन-चेतना को ही अवगाहित कर गये। यावत् जीवन के शीलमय परात्पर सौन्दर्य को ही आत्मसात् कर गये। श्री राम शीलमूर्ति,

शक्ति के अवतार हैं तथा सौन्दर्य के अभिराम धाम हैं। हाँ, शत्रुघ्न! श्री राम के सम्बन्धी होने के नाते तुम सब धन्य हो! हम ब्राह्मणों के लिए पूज्य हो। चारों वर्णों के लिए आराध्य हो। हाँ, हो।"

भरत ने महर्षि को प्रणाम किया; कहा– "यह आप श्रीमद् का अपूर्व अनुग्रह है। मेदिनी– ख्यात वशिष्ठ ऋषि इक्ष्वाकु वंश के रघुवंशियों पर सदा ही तुष्ट रहे हैं। आप हमारे राजगुरु तथा कुलगुरु– दोनों ही हैं। इस उद्भ्रान्त स्थिति में हम जैसे अपना मार्ग भूल गये हैं– चूक गए हैं। मुझे भी रामजी के साथ धनुष–बाण लिए चलना था। चूक गया। पादुका लेकर अयोध्या चला आया। पादुका शत्रुघ्न सिर पर रखकर ला सकता था। वह तो श्रीमद् पादुका का राज–काज देख रहा है। मैं तो यहाँ प्रतीक्षा–आकुल श्री राम–नाम की माला ही जप रहा हूँ। वन में लक्ष्मण छाया की भांति श्री राम सीता के साथ है, निष्काम सेवा में रत लक्ष्मण ने इक्ष्वाकु वंश के सभी पाप नष्ट कर दिये हैं। श्री राम की मूक अपायिनी लक्ष्मण भक्ति त्रिकाल के लिए रघुवंशियों का कवच हो गई है– हो रही है।"

महर्षि वशिष्ठ ने शान्त–गम्भीर स्वर में कहा– "लक्ष्मण शेष के अवतार हैं, महात्मा भरत!"

सहसा भरत ने रमुज में पूछा– "और मैं? शत्रुघ्न?"

महर्षि वशिष्ठ हँसे– "सुना लोगों! अपने राजा महाराजा भरत क्या पूछ रहे हैं? लक्ष्मण शेषनाग के अवतार हैं तो वह क्या हैं? शत्रुघ्न क्या हैं? कहो तो भरत क्या हैं?"

उपस्थित जन–समुदाय से ध्वनि गूँजी– "धर्म के अवतार हैं। साक्षात् धर्म हैं। धर्म–मूर्ति हैं। स्वयं धर्म स्वरुप हैं, महर्षे!"

"सत्युत्........ तथास्तु!" महर्षि वशिष्ठ ने संतुष्ट होते हुए कहा– "श्री राम तो मोक्ष स्वरुप हैं, किन्तु भरत तो मोक्ष के लिए अमोघ धर्म हैं। भरत राजा होते हुए भी राजा नहीं हैं। राज्य और राज– सत्ता का कालकूट पीकर भरत स्वयं शिव हो गये हैं। धर्म जगत के कालकूट का पात्र है। शिव ही जगत का विष और सृष्टि का मोह पी जाते हैं। भरत ने यही किया है। श्री राम वनवास का कालकूट हम नहीं भरत पी रहे हैं– बूँद–बूँद पी रहे हैं। सच है लोगों! श्री राम को पुनः अयोध्या देखे बिना हमारा मोक्ष नहीं हो सकता। श्री राम जब तक वन में हैं, तब तक घर में भला कौन है?"

शत्रुघ्न सहसा उठ खड़े हुए– "कोई नहीं है। श्री राम की वापसी तक सब भोग बन्द हैं, सभी उत्सव समाप्तप्रायः हैं। हम भी रामजी की प्रतीक्षा में क्षितिज के पार पलक बिछाए अपना कर्त्तव्य करते रहेंगे किन्तु मैं स्वयं से पूछता हूँ– श्री रामजी की सहायतार्थ हम क्या करें? युद्ध-राक्षसों से युद्ध होकर रहेगा। चरों ने सूचना दी है कि दण्डकारण्य में स्थिति शान्त नहीं है। अन्दर ही अन्दर राक्षस राजा-रावण उबल रहा है। अपनी भगिनी के घोर अपमान का बदला वह लेकर रहेगा। न जाने क्या घटना घटित हो। पंचवटी के आस-पास मारीच की माया का घटाटोप उठ रहा है। न जाने क्या घटना घटित हो। हमें सत्वर ही श्री रामजी की सहायतार्थ चल देना चाहिये।"

"किन्तु श्री राम।" भरत चिहुँके– "पंचवटी किसी संकट में घिरी लगती है। श्री राम को मैं अपने अन्तःकरण के........ वह देखो कौन आ रहा है?"

शत्रुघ्न ने कहा– "महामात्य महोदय।"

महामात्य लपके हुए आये तथा भरत के समक्ष प्रणामपूर्वक उपस्थित हुए– "अभय....... प्रभो!"

शत्रुघ्न ने आतुरता पूर्वक पूछा– "क्या समाचार है, महोदय!"

महामात्य ने गम्भीर स्वर में कहा– "सीता........ सीताजी का हरण हो गया।"

भरत ने हड़बड़ाते हुए कहा– "क्या कहा? हरण, किसका?"

महामात्य ने कहा– "अरण्य के पथों पर यह चर्चा सुनी जा सकती है। मैंने तो सुनते ही पुनः अयोध्या की राह पकड़ी। श्रीमती सीताजी को कोई हर ले गया– जी हाँ, वार्ता ऐसी है– जिस पर विश्वास किया नहीं जा सकता। किसी स्वर्णमृग के पीछे रामजी गये और बाद में सीताजी कुटिया में अकेली रह गई– लक्ष्मण जी भी रामजी के पीछे चले गये। कहते हैं तब किसी ने इक्ष्वाकु वंश की महान कुलदेवता का हरण कर लिया। मैं तो सम्पूर्ण वार्ता सुन ही नहीं सका। कैसे सुनता? क्या आज दिवस तक ऐसी घटना घटी है कभी अयोध्या के राजप्रासाद में? नहीं, यह है, वनवास का अभिशाप। अभय!"......... प्रभो!

भरत ने उठते हुए कहा– "यह है मेरे घोर पाप का परिणाम.... भगवती भाभी का अपहरण.... नहीं-नहीं, रामजी के होते हुए यह कैसे सम्भव है? आप स्वयं पंचवटी गये थे? देखा था? सम्भाल की थी?"

महामात्य श्री ने कहा– "पंचवटी और उसके आस–पास के पथ और पगडंडियाँ अवरुद्ध– सी हैं– पक्षियों ने सभी का यातायात रोक दिया है। अतः प्रयास करते हुए भी मेरा जाना सम्भव नहीं हो सका। सुना है। भगवती सीताजी की रक्षा करते हुए पक्षीराज, जटायू ने अपनी बलि दे दी।"

"क्या सुन रहा हूँ?" भरत ने चीत्कार पूर्वक कहा– "पक्षीराज जटायू? पिताश्री के मित्र, साथी, भाई–सब कुछ। महोदय, मुझे पूर्ण घटनाक्रम जानना ही होगा।" फिर भरत ने सिर धुनाया; कहा– "शत्रुघ्न तुम स्वयं जाओ–सुना?"

"जी!" शत्रुघ्न ने कहा।

"अभी, इसी समय, सत्वर प्रस्थान करो।" भरत ने आज्ञा दी– "हम चित्रकूट से दण्डकारण्य तक श्री राम की गतागम जानना चाहते हैं। शीघ्र जाओ, शत्रुघ्न! सीताजी का हरण! हे ईश्वर! यह क्या हो रहा है? महारानी कैकई! अब आपको सन्तोष होगा। महारानी कैकई से कह दो– वे अपने पितृगृह चली जाएँ। अब मुझसे सहन नहीं होता, महर्षे!"

"शान्त, भरत! शान्त! विधि–लिखित ललाट के लेख कौन मिटा सकता है? सीता–राम की यही विधि थी। मेरा अन्तःकरण कहता रहता है श्री राम कौशल के चक्रवर्ती साम्राज्य को भोगने नहीं जन्मे हैं। सीता महादेवी की भांति अयोध्या के राजमन्दिर की देवता नहीं हैं। श्रीमती अखण्ड सौभाग्यवती सीता वनदुर्गा हैं। सीता श्रीमती हैं; सुकृति हैं, पुण्यवती हैं, श्री राम की जयश्री हैं।"

"जयश्री?" भरत ने पूछा– "महर्षे! भगवती सीता भाभी–सा अभागा कौन होगा? राजपुत्री, सौन्दर्य–सारा, कल्याण मूर्ति, सीता देवी आज एक भिक्षुक तपस्विनी की भांति वन–वन की ठोकरें खा रही थीं और अब अपहरण! अपहरणकर्ता के घोर कारागार में–ओह! कल्पना करने मात्र से मेरे रोंगटे खड़े हो गये हैं, शत्रुघ्न! शीघ्र समाचार लाओ, अन्यथा........ अन्यथा हम अनशन कर प्राण त्याग देंगे।"

"जी।" शत्रुघ्न ने उठते हुए कहा– "अभी प्रस्थान करता हूँ।" भरत स्थिर खड़े हो गये, मानो क्षितिज को ललकारते हुए बोले– "पृथ्वी के पुण्यात्माओं! आपने ही इस घोर पाप को उद्भवित होने दिया है। पृथ्वी माता! राम और रावण तेरी कोख से ही जन्मे हैं। किन्तु भगवती सीता? वह देवता, हृदय की समूची निष्ठा है, श्रद्धा है, आत्मा की रमणीय ज्योति है। शक्तिमती सीता का अपहरण धरती का

दुर्भाग्य तथा सूर्य का ग्रहण है। हे राम! अब तो सहा नहीं जाता। श्री रामबाण! तुम्हारी जय हो!"

* * * * *

चित्रकूट पहुँचकर शत्रुघ्न ठिठके। अयोध्या के विशाल रथ को दूर से देखते ही लोग आ घिरे। चित्रकूट की श्री राम–जानकी पर्णकुटी अभी ज्यों की त्यों शान्त तथा शून्य गगन में मानो थमी हुई थी। "श्री राम–पर्ण–कुटीर" चित्रकूट का एक तीर्थस्थान–सा ही बन गई थी। पर्णकुटी की सघन मनोरम फुलवारी को अब भी लोग नियमित पानी से तृप्त किया करते थे। श्री राम के बाण को स्थापित कर लोगों ने इसे पूजना आरम्भ कर दिया था। भयंकर जनस्थान के भीषण राक्षसों का नाश– चित्रकूट ही नहीं, समस्त आर्यावर्त के लिए चमत्कारिक इतिहास बन गया था। चित्रकूट के आश्रमों में यज्ञ–मंत्रों के उच्चारण से पूर्व श्री राम का नाम लिया जाने लगा। "श्री राम" अब लोगों के गहन में एक उच्छवास सा बन गया था– एक ध्वनि, प्रतिध्वनि, गूँज बनता गया था। भय उपस्थित हुआ नहीं कि लोगों को श्री राम की तपस्वी, धनुष–मण्डित मूर्ति मानो मन में दिखाई देने लगती थी। राक्षस शब्द अब भय से संकुचित और त्रस्त नहीं करता था। राक्षस अब आश्रमों, यज्ञों, समूची आर्य–सभ्यता तथा पारमार्थिक संस्कृतियों का जन्मजात वैरी था। राक्षस चार्वाक था–चार्वाक। दशानन रावण ने चार्वाक संस्कृति को कृष्ण वैदिक बनाने का अभियान आरम्भ किया था। सनातन वैदिक परम्पराओं को वह अपने प्रबल तर्कों के बाण से काट दिया करता था। जीव अनादि है, शाश्वत है, विज्ञान घन है और विज्ञान–शक्ति जीव ही ईश्वर है। जीव कर्ता है, भर्ता है, हर्ता है। जीव ही यम है, विधाता है। जीव ही अपनी भूतियों, विभूतियों, सिद्धियों और निधियों के द्वारा और सहित 'शिव' है– हो जाता है। शिव पशुपति है, औघड़ है, आशुतोष है– जीव भव– बन्धनों में जकड़ा हुआ शिव ही है। कौन है जीव के विरुद्ध? जीव के विपरीत कौन? ईश्वर? परमेश्वर? – कौन? जो कल्पों को मथ कर जीता रहता है, एक देह के बाद अन्य देह धारण करता रहता है। जो मृत्युओं को तर कर जन्म धारण किया करता है, जो ज्ञानी है, विज्ञानी है, रथी है, महारथी है, जो भूमि–भृत तथा विभूति पाद है– वह जीव ही स्वयं स्वयंमेव जगत का स्वामी है। यह जीवन सतत् अनन्त, अमोघ भोग है। सिद्धियों द्वारा तथा निधियों का सहारा लेकर यह विचित्र तथा विलक्षण मायामय जीवन जीने के लिए ही जीव स्वयं ही आविर्भूत होता रहता है। कल्पों और प्रलयों के फेरों में यह ब्रह्माण्ड जीव के लिए ही उदित होते रहते हैं।

जीव ही स्वेच्छा से जगत को भोगने के लिए भव–यात्राएं किया करता है; किन्तु जीव सर्वसमर्थ कर्तुम्–अकर्तुम प्रभु नहीं है। जीव–जीव–स्वरुप ईश्वरीय अंश– अंग होते हुए भी जीव हैं। राक्षस जीव का अत्यन्त और आत्यन्तिक भोगी, कामुक तथा शक्तियों का स्वामी स्वेच्छाचारी अराजक नागरिक मानता है। वह जगत को ढूह कर जीव के विपरीत करता चलता है। जीव के विरुद्ध ही वह जीव के अहम् को करता चलता है। मैं ही हूँ, मुझे ही होना है– होते रहना है। अन्य? अवश्य अन्य, किन्तु सब मेरे दास, मेरे सेवक अनुचर, आज्ञाकारी दास। मानव–अमृतपुत्र आर्य्य मानव यह स्वीकार नहीं करता।

आर्य्य मानव अमृताभिलाषी अमृतपुत्र ही है। सत्य और ज्ञान की सनातन अनादि आराधना ही आर्य्य मानव का जीवन है, उसका सनातन है, भव–चक्र है। इसीलिए आर्य्य मानव की भव– बन्धन से मुक्ति ऋषि–कोटि प्राप्त करने पर ही होता है। इसीलिए आर्य्य ऋषि ने भव–बन्धन से मुक्त होने के लिए ही अमृत ज्ञान तथा शान्ति पाने के लिए ही जीने का आदर्श स्थापित किया है। माँस खाने, चूसने तथा भोगने और रुधिर पीने तथा हड्डियाँ चबाने के लिए मानव–जीवन नहीं है। मानव–जीवन परमात्मा के दर्शन के लिए है, सत्यनारायण के साक्षात्कार के लिए है। मानव पृथ्वी पर प्रकाश के लिए एक पुकार है, सतत् साधना है। मानव की इस मोक्ष–मार्ग की भक्तिमती साधना में जगद्कल्याण तथा सृष्टि–मंगल ही समाया हुआ है। जगद्कल्याण किये बिना एवं सृष्टि–मंगल के लिए तप किये बिना सत्य नहीं दीखता, ज्ञान प्राप्त नहीं होता–मुक्ति नहीं मिलती। मोक्ष ही परमात्मामय होना है; सच्चिदानन्द अनन्त अगाध, अपार में लीन हो जाना है, हाँ– राम को पाना है। चित्रकूट के सघन कान्तारों में यही निश्चिन्त वेदना वार्ताएं पुनः होने लगी थीं।

शत्रुघ्न का रथ श्री राम की सूनी पर्ण–कुटिया के द्वार पर ठहरा था। शत्रुघ्न कूद कर नीचे उतरे तथा सूनी कुटिया की जगी यज्ञशाला की ओर धँसे। "कोई है? सुनो! मैं राघव शत्रुघ्न। जी हाँ, मैं" –शत्रुघ्न ने हड़बड़ाकर बाहर आए हुए एक मुनिराज को कहा।

"कौशलाधिपति महात्मा भरत के अनुज? नहीं?" मुनिराज ने कहा– "हाँ, वही तो! विदेह जनक के साथ आए थे। यहीं–इसी यज्ञशाला में बैठे थे। अर्धपद्मासन पर तो नहीं; सुखासन में बैठे थे। मैं लोगों के आसनों को देखता रहता हूँ। प्रथम सिद्धि सिद्ध आसन, महाराज पधारिये।"

शत्रुघ्न ने यज्ञशाला में एकत्र मुनियों को निहारा तथा उपस्थित लोगों को घूरते हुए कहा– "श्री राम के कोई समाचार?"

मुनिराज ने कहा– "सुना था कि श्री राम दण्डकारण्य चले गये हैं। यहाँ चित्रकूट में दक्षिण के समाचार कभी–कभी ही मिलते हैं। श्री राम चित्रकूट से दण्डकारण्य तक राक्षसों के अत्याचार के अवशेष हम मुनिओं की हड्डियों के शत सहस्त्र ढेर देखते हुए गये हैं। सुना है कि श्री राम ने पृथ्वी को राक्षसों से विहीन करने की प्रतिज्ञा भी ली है। श्री राम के कोई समाचार हमारे पास नहीं हैं। अवश्य जनस्थान में अब राक्षस दिखते नहीं हैं। यह सघन, सफल, सजल चित्रकूट कान्तार साधकों का तपोवन ही है। हम तो राक्षसों से परित्राण चाहते थे– श्री राम ने वह प्रदान किया। ईश्वर श्री राम को यशस्वी करें, विजय दें– जय दें।"

शत्रुघ्न ने ऊर्ध्व स्वाँस भरते हुए कहा– "आप लोगों ने श्री राम को चित्रकूट से जाने ही क्यों दिया? क्यों? श्री राम ने जनस्थान को पुनः मुनिओं का विहार-स्थान बना दिया। तब श्री राम को यहीं रखना था– हम देख तो सकते थे।"

मुनिराज ने कहा– "जब तक राक्षसराज जीवित है, तब तक राक्षसों का भीषण भय बना ही रहेगा। जनस्थान अब राक्षसों से रहित हैं; किन्तु हम मुनियों के वह किस काम का रह गया है? हमने जनस्थान में अरण्यवासियों को बसाकर एक पुर ही खड़ा करना चाहा है– या फिर क्षत्रिय! जी, क्षत्रिय! आज तो पुनः क्षत्रियों की शरण में जाने का हमारा सौभाग्य उदित हो गया है। विदेह ने हमें सब बता दिया है।"

"क्या?" शत्रुघ्न ने तनिक तीव्र स्वर में पूछा।

"यही कि अरण्य के तपोवन की रक्षा क्षत्रियों के सशक्त पड़ोस करेंगे।" मुनिराज ने कहा– "श्री राम को हम ही ने विनती की थी कि चित्रकूट छोड़कर........"

".........चले जायं।" शत्रुघ्न ने अमर्षपूर्वक कहा– "प्राणों का भय........ क्यों मुनिवर्य? श्री राम-जानकी और लक्ष्मण यहाँ आपके आशीर्वाद के मण्डप में रहते तो क्या आज हमें श्री राम-जानकी तथा लक्ष्मण के लिए चिन्ता होती? भरत स्वयं आकर श्री राम की खोज-खबर करते रहते। मैं स्वयं आकर प्रहरी बन जाता। आप लोगों ने श्री राम को राक्षसों के मुख में धकेला है। यही-अवश्य यही।"

मुनिराज ने सिर धुनाया, कहा– "नहीं........ श्री राम ने स्वयं ही यह इच्छा व्यक्त की थी कि वे चित्रकूट त्यागकर दूर चले जायें, जहाँ श्रीमती जनकनन्दिनी सीता को भय न हो, जहाँ से राक्षसों की गतिविधियों का ध्यान रखा जा सके। जी हाँ, यही–श्री राम ने कृपया हमें भी विश्वस्त किया............"

"क्या?" शत्रुघ्न ने अधीर होते हुए कहा– "श्री राम के यहाँ बने रहने से राक्षस चित्रकूट को घेरे रहते–यही न?"

"यह भय तो था।" मुनिवर्य्य ने कहा– "राक्षस तो अपने स्थान..... आश्चर्य है, अपने स्थानों को वह जनस्थान कहते हैं। राक्षस आर्यावर्त के अरण्य को काट डालना चाहते तथा महापुरी बसाना चाहते हैं। आप श्रीमान् जनस्थान को जाकर देखें। नाट्य गृहों और आखेट क्षेत्रों का शिलान्यास हो गया था। जनस्थानों के कान्तारों का विस्तार कर मध्यस्थ वह कोई महापुरी–नित्य–नवीन नगरी बसाना चाहते थे। हम ही नहीं चित्रकूट के पशु–पक्षी, फल–फूल सभी त्रस्त थे– भयातुर तथा भयत्रस्त।"

"तो?" शत्रुघ्न ने तीव्र अमर्षपूर्वक कहा– "श्री राम थे ना! श्री राम ने ही ताड़का का वध किया, श्री राम ने ही खर–दूषण को ठार किया। श्री राम ने ही आप लोगों के यज्ञ–मण्डपों को पुनः अग्नि दी; आहुति दी; आपकी वाचा को पुनः वेद–मंत्र दिये। उस राम की निश्चिन्तता के लिए आप लोगों ने उनको चित्रकूट त्यागने पर विवश ही किया है।"

"जी, नहीं।" मुनिराज ने तनिक त्रस्त होते हुए कहा– "श्री राम ही स्वयं चित्रकूट के समुद्र तट तक राक्षसों का पगपसारा देखना चाहते थे। महर्षियों के साथ यहाँ श्री राम ने कई बार महत्वपूर्ण मंत्रणाएं भी की थीं।"

"महत्वपूर्ण मंत्रणाएं, ऋषि–महर्षियों से?" शत्रुघ्न ने पूछा– "परन्तु क्या?"

"गोपनीय मंत्रणाएं थीं वह।" मुनिराज ने कहा– "सभी महर्षिगण थे। विश्वामित्र, वाल्मीकि, भारद्वाज, अत्री, अगस्त्य– सब थे महाराज!"

"मैं महाराज नहीं हूँ, मुनिवर्य्य!" शत्रुघ्न ने तनिक खीझते हुए कहा– "मैं तो भरत– महात्मा भरत महाराज का अनुज हूँ। उनका राजकाजी अनुचर हूँ। महात्मा भरत को श्री राम के योगक्षेम की चिन्ता सदा बनी रहती है। तब दण्डकारण्य तक हमें जाना ही होगा।"

"मार्ग में महर्षियों से साक्षात्कार भी हो जायेगा।" मुनिराज ने कहा– "श्री राम और महर्षिगण किसी व्यूह–रचना में संलग्न दिखते हैं। पूर्वाश्रम में मैं अयोध्या के राजमन्दिर में ही सेवारत था। जी, हाँ।"

"क्या?" शत्रुघ्न ने पूछा।

"राझियों के निवासों की देख–रेख करने वाला अधिकारी था।"– मुनिराज ने कहा।

"तब यह मुनिवेश क्यों धारण किया" शत्रुघ्न ने पूछा।

"वार्ता सुन सकेंगे आप महाराज?" मुनिराज ने कहा– "अयोध्या का राजमन्दिर राझी– मन्दिर हो गया है, श्रीमान्!"

"कैसे?" शत्रुघ्न।

"ऐसे– आप चारों भाइयों की जननी तो एक-एक हैं किन्तु मातृपद पर आसीन माताएं कितनी हैं– सोचा, देखा?" मुनिराज ने कहा– "इनके योगक्षेम को देखना क्या सरल कार्य था? तीन सौ तीन राणियाँ थीं। हमारे चक्रवर्ती सम्राट महाराज दशरथ की यही विशेषता थी। किन्तु अवश्य श्री रामजी ने रघुकुल की इस विशेषता को स्वीकार नहीं किया। किया? नहीं किया, भवान्! एक–पत्नीव्रत, एक– पति –सेवा धर्म, वाह! श्री राम आपका जवाब नहीं है।"

शत्रुघ्न ने आघात सहते हुए कहा– "एक–पत्नीव्रत! श्री राम!!" शत्रुघ्न ने ऊर्ध स्वाँस भरते हुए कहा– "ठीक है, मुनिराज! श्री राम मर्य्यादा पुरुषोत्तम हैं। शताब्दियों से नरेश अपने राजमन्दिरों को राझियों से सुशोभित करते आए हैं। मनु महाराज ने भी क्षत्रियों को बहुपत्नियाँ रखने से वंचित नहीं किया है। महाराजाधिराज दशरथ हमारे स्वर्गीय स्वनाम धन्य पिता ने परम्परा का ही समर्थ निर्वाह, मानो किया है। श्री राम, महात्मा भरत जगत का कल्याण करने तथा उद्धार करने के लिए ही मानो जन्मे हैं। महाराज दशरथ राष्ट्रपति थे। उद्धारक थे क्या? महात्मा भरत ने हमारी माताओं को सती नहीं होने दिया। सुना, मुनिराज!"

"सुना है।" मुनिराज ने कहा– "हम आश्रमों में पुरों तथा महानगरों के समाचार प्राप्त करते रहते हैं। पुरों तथा महानगरों में वैभव–विलास की संस्कृति व्याप्त है, किन्तु वह कलापूर्ण जीवन आश्रमों द्वारा सिद्ध विज्ञान के बल पर ही स्थित है।

अस्त्र-शस्त्र, औषध तथा भेषज, वेद और आयुर्वेद, सब शास्त्र और स्मृतियाँ आश्रमों के दिव्य गगन में दीप्त हुई हैं– देवता यज्ञों में रहते हैं, ज्ञान-विज्ञान आश्रमों की साधना में रहते हैं। श्री राम आश्रम की अन्यतम विभूति हैं।"

शत्रुघ्न सहसा हँस दिये– "तब मैं और लक्ष्मण, भरत?"

"भरत?" मुनिराज ने कहा– "जगत श्री हैं, सृष्टि-सुकृति हैं। महात्मा भरत ऋषि मुनियों के लिए प्रेरणा तथा प्रकाश की दिव्य यात्रा के लिए दिव्यतम सम्बल है।"

"लक्ष्मण?"– शत्रुघ्न ने पूछा।

मुनिराज ने सस्मित कहा– "लक्ष्मण यावत् जीवन के शील का पवित्र रोष हैं, शक्ति का गहन अमर्ष हैं। लक्ष्मण जीवन-सौन्दर्य की पुनित वह्नि हैं– शक्ति तथा शील की अभिराम छबि हैं।"

शत्रुघ्न हँसे और रमुज में पूछ बैठे– "और मैं? शत्रुघ्न?"

मुनिराज ने स्नेहशील से पूर्ण दृष्टि से शत्रुघ्न को निहारा, बोले– "आप तो कौशल राज्य के कर्ता धर्ता हैं। अर्थ.......... अर्थ हैं आप महाराज! आप श्री अर्थ, महात्मा भरत धर्म, लक्ष्मण काम और श्री राम मोक्ष हैं। अर्थ, धर्म, काम और मोक्ष–शत्रुघ्न, भरत, लक्ष्मण और राम–हाँ यही, अरण्य कान्तारों में यही बात चलने लगी है, अन्यथा यह पुनीत आश्चर्य घटित होता ही कैसे? आप चारों भाई यज्ञ के वरदान हैं। वैश्वानर के आशीर्वाद तथा विधाता के वरदान-स्वरुप आप चारों भाई हैं।"

शत्रुघ्न ने गद्गद् होकर कहा– "मैं तो श्री राम-पादुका के राज्य का कार भारी हूँ। मैं एक राज-पुत्र दशरथनंदन हूँ, क्षत्रिय हूँ–आर्य्य क्षत्रिय। व्यष्टि का मुक्ति मार्ग सदैव सुलभ होता रहे, वह निर्विघ्न बना रहे तथा मनोहर हो तथा व्यष्टि समष्टि स्वरुप खिलता चला जाए–यह देखना मेरा कर्त्तव्य है। महात्मा भरत तो श्री राम-पादुका की अमोघ कृपा ही सींचते रहते हैं, किन्तु श्री राम पादुका का राज्य तो समष्टि के अर्थ, धर्म, काम और मोक्ष इन चारों पुरुषार्थों की सार्थक सात्विक और सफल धन्य आराधना के निर्धारण तथा निर्देश का राज्यकरण है। श्री राम-पादुका के राज्य द्वारा जाग्रत, संयत और नियमित समाज ही श्री राम को पुनः अयोध्या लौटा सकता है अन्यथा महात्मा भरत को गहन चिन्ता है। राम अयोध्या वापस नहीं आएँगे। हमारी मातुश्री ने किया भी तो ऐसा ही है और फिर श्री राम अयोध्या आएं

ही क्यों? श्री राम को अपना प्रिय राज्य-पृथ्वी के सघन विस्तृत अरण्यों का राज्य मिल गया है। श्री राम पृथ्वी के प्रजाओं के नायक हैं, धाता हैं, त्राता हैं और हृदय-सम्राट हैं। राम राजा नहीं, सम्राट हैं, जगद् चक्रवर्ती।"

मुनिराज ने कहा– "श्री राम तो केवल राम हैं– राम!"

* * * * *

मुनियों तथा आश्रमों के अन्तेवासियों के साथ शत्रुघ्न तथा अन्य नरेशों के समुदाय दण्डकारण्य की ओर चल दिये। श्री राम का विश्वस्त समाचार जैसे मिलकर भी नहीं मिल रहा था। लोकगायकों के इक्के-दुक्के दलों ने गा-गाकर यही कहा कि पृथ्वी पर अब शीघ्र ही सवेरा होने वाला है। संकटों की आँधियाँ अब थमीं ही समझो। आपदाएं स्वयं ही जीर्ण हो जायेंगी और अत्याचार युद्धों के अस्त्र-शस्त्रों से कट कर रहेंगे। मही अब अन्याय का यह भार कब तक सह कर बनी रहेगी। धरती प्रभु के प्रेमाश्रुओं से ही उत्पन्न हुई है और आकाश? आकाश परमात्मा के दिव्य उच्छवास से ही निसर्गित हुआ है। वायु परमात्मा का स्वाँस-प्रस्वांस है। शब्द प्रभु का अनहद नाद है। प्रभु की इच्छा का जम्भ नाद है। अग्नि-स्वरुप वही परमात्मा कलुषित को भस्म करता रहता है। अग्नि स्वरुप वही जगत के शुद्ध तथा सृष्टि के बोधिस्तव के लिए व्यक्त होता रहता है। जब अत्याचार असीम और अनवरत हो जाते हैं, जब पापों के कीच से पृथ्वी भर जाती है, तब सुखद और कल्याणकारी सभी मर्य्यादाएं नष्ट कर दी जाती हैं, आम्नाएं मिटा दी जाती हैं, जब अधर्म प्रसर कर अन्तःकरण की कचौट बन जाता है, तब अवश्य ही वही जगद् नियन्ता ईश्वर स्वयं आता है– हाँ, तो वही हुआ है। अयोध्या के राजमन्दिर में प्रभु स्वयं ही पधारें हैं– श्री राम के स्वरूप में।

आश्चर्य-चकित शत्रुघ्न ने महर्षियों के विशाल आश्रमों को देखा। ऋषि-मुनि जैसे स्वयं पद्मासनों पर बैठकर श्री राम के धनुष की प्रत्यंचा सुनना चाहते हैं। चुपचाप ही वह अपने आसनों पर विराज कर मन ही मन श्री राम को पुकार रहे हैं। श्री राम-हाँ निस्संदेह प्रभु स्वयं हैं। परमात्मा स्वयं मानव–अवतार धारण कर इक्ष्वाकु वंश के रघुकुल में जन्मा है– हम ठीक कहते हैं। अरण्यवासी मुनियों ने सिर धुनाकर कहा–हमें पुरों और नगरों से क्या लेना–देना है। महापुरों की दिशाएं भी हम नहीं जानते। हम महानगरों के कोलाहलों से दूर निस्सीम एकान्त की शान्ति के ओमकार में ही लीन रहना चाहते हैं। हम देह-संस्कृति के पूजक नहीं

हैं, पुरोहित भी नहीं हैं। हम तो आत्मचैतन्य के ध्याता तथा गायक लोग हैं। हम सम्पन्न, संभ्रत तथा सामर्थ्यवान भले ही न हों, परन्तु हम शक्तिवान, आत्मचेता मानव हैं। मानव-सभ्यता सत्य के सिद्धान्तों की दिव्य आशावान धारणा हैं– ऋषि-दृष्टि हैं। मानव-संस्कृति की अमृत की अभिलाषा से ओत-प्रोत शाश्वत वृति हैं और मानव-जीवन के चरम-परम दिव्य उत्कर्ष की महत्वाकांक्षा हैं। निस्संदेह भव-योनियाँ काल-यात्रा के धाम हैं, विश्राम स्थल हैं और अन्त में मानव योनि सभी भोग योनियों की मध्यस्थ कर्मयोनि हैं। सत्य के साक्षात्कार तथा ज्ञान की पूर्ण प्राप्ति के लिए ही मानव जीवन है। इसमें शौर्य है, सौन्दर्य है, संघर्ष तथा द्वन्द्व है। मानव-जीवन के पुरुषार्थों की साधना के लिए ही अमृताभिलाषी वेदान्त विह्वल आर्य्य सभ्यता तथा उसकी वैदिक वर्णाश्रम संस्कृति है जो आश्रमों में बसती तथा अरण्यों के कान्तारों में गमकती है। इसीलिए हम प्रभु की प्रतीक्षा भी करते हैं। राजा प्रभु की प्रतीक्षा नहीं करता, ऋषि करता है। ब्राह्मण ईश्वर को लेकर कहता तथा लिखता रहता है, किन्तु मुनि मूक होकर भी सत्य स्वरुप ज्ञान-धाम राम का इंगित करता ही रहता है। अतः ऋषि जानता है; राम कहाँ हैं? मुनि जानता है–राम की रक्षा स्वयं राम करता है और राम जगत का कल्याण तथा सृष्टि का मंगल बनाए रखने के लिए, जीव के योगक्षेम के लिए अवतार धारण करता है। जो स्वयं को ही मानकर स्वयं के इतर किसी के भी सत्य को स्वीकार न करे, वह जीव नहीं है। ईश्वर की सृष्टि का भव– भव धारण कर जीवन की शक्ति, उसके सौन्दर्य, उसके शील का, दिव्य द्वन्द्वों का उद्घाटन करने वाला रहस्यमय, किन्तु प्रेम के लिए तरसता हुआ जीव नहीं है। वह........ वह राक्षस है। मृत्यु को मानकर मृत्यु की उपासना करने वाला, ‘मृत’ को ही–शव को ही शाश्वत तथा आदि के परे अनादि मानता है और पाषाणवत् केवल प्रलय के थपेड़े खाता रहता है। आर्य्य जीव मरता तो है, किन्तु पुनः-पुनः जीवन धारण करने के लिए ही, जैसे तनिक काल की नींद सोता रहता है।

शत्रुघ्न आश्रमों में जाकर श्री राम को पूछते रहे और ऋषि-मुनि शत्रुघ्न को आर्य्य का परिचय कराते रहे, आर्य्य का पता बताते रहे। श्री राम? सुरक्षित हैं। सीता? मजे में हैं। लक्ष्मण? वही तो हैं जो श्री राम को विपदा से निश्चिन्त किये हुए हैं।

14

महर्षि अगस्त्य के विशाल सघन सजल तथा फल–फूलों से लदे मनोरम्य आश्रम में सभी महर्षिगण एकत्र हुए। मिथिला से विदेह जनक भी आ गये तथा अन्य आर्य्य क्षत्रिय प्रमुख नृपतिगण भी आमन्त्रण पाकर चले आये। अरण्य की प्रजाओं के प्रमुख नायकगण भी उपस्थित हो गये। महाराजा महात्मा भरत की पाती थी– महर्षि अगस्त्य के सानिध्य में श्री राम–सीता, लक्ष्मण की सुरक्षा तथा राक्षसों के भय को सर्वथा मिटाने के लिए क्या किया जाय? शत्रुघ्न ने उस गणमान्य उपस्थिति से अपने नयन संतुष्ट करते हुए, सबको प्रणाम करते हुए कहा– "श्री राम का कोई समाचार नहीं है। दण्डकारण्य में गोदावरी के तीर पर श्री राम की पंचवटी है और उसी में श्री राम सीता सहित निवास कर रहे हैं। लक्ष्मण सेवा में हैं। यही मैं चित्रकूट से लगाकर यहाँ आने तक सुन रहा हूँ। पूज्यों–श्रद्धेयों! श्री राम के योगक्षेम की हमें ही नहीं, अब तो समस्त भारत को चिन्ता है। श्री राम कहाँ हैं? लोकगायक भी नहीं बताते।"

फिर विदेह राजा जनक ने शान्त गम्भीर स्वर में कहा– "पक्षीराज जटायू नहीं दिखते। हमारे आदरणीय समधी स्वर्गीय महाराज दशरथ के वे बड़े मित्र हैं। सहयोगी हैं। प्रभंजन के आघात सहने वाले, तीक्ष्ण दृष्टि की धनी यह पक्षी जाति कौशल के राज्य से शताब्दियों से जुड़ी रही है। निषादराज? अरे! हाँ, वह रहे पीछे सबके। क्यों? निषादराज! यहाँ आइये और महर्षि अगस्त्य के चरणों में बैठिये। श्री राम ने आपको अपना मित्र माना है और अयोध्या की रक्षा का दायित्व दिया है।"

सहसा किसी ने कहा– "श्री राम पंचवटी में नहीं हैं– ऐसा अभी–अभी लोकगायकों के सद्य दल ने कहा है।"

"पंचवटी में नहीं हैं?" शत्रुघ्न बमके– "तब कहाँ हैं राम?"

महर्षि अगस्त्य ने कहा– "श्री राम मृगया को गये थे– ऐसा हमें ज्ञात हुआ है। स्वर्णमृग की मृगया............." और महर्षि हँसकर सहसा गम्भीर हो गये– "विधि!"

तभी वरिष्ठ शिष्य ने प्रणाम कर कहा– "आज्ञा हो तो अभी–अभी आए लोकगायकों को कहूँ कि श्री राम के समाचार सुनाएं।"

"अवश्य" शत्रुघ्न बोले– "श्री राम के समाचार सुनने के लिए हम अधीर हैं।"

महर्षि अगस्त्य ने कहा– "सारी सृष्टि श्री राम को जानने के लिए भव–भवों में उद्घाटित हो रही है। सारा जगत भी राम के नयनों में समा जाना चाहता है। हम सब ऋषि भी राम को पूर्णरूपेण जानना चाहते हैं। हम सब मुनि श्री राम को गाना चाहते हैं। लोकगायकों! श्री राम कहाँ हैं?"

सहसा लोकवाद्य बज उठे– "श्री राम सब जगह हैं और कहीं भी नहीं हैं। हमें क्यों पूछते हो– राम कहाँ हैं? हम कहें भी तो क्या? श्री राम को हमने चित्रकूट की मन्दाकिनी के तट पर विचरते हुए देखा है। श्री राम को हमने जनस्थान का ध्वंस करते हुए घोर तमा में दिव्य सूर्य सा चमकते हुए सुना है। श्री राम को हमने महात्मा भरत के नयन–जल में स्नान करते देखा है। श्री राम को हमने मुनियों के मन में रमते हुए पाया है........ और अब पूछते हो–राम कहाँ हैं? श्री राम परम धाम से मानव देह धारण कर राक्षसों से पृथ्वी को मुक्त करने के लिए दण्डकारण्य की पंचवटी में भगवती जानकी को पुकार रहे हैं– सीते! तुम कहाँ हो? अवश्य श्री सीताजी उनके साथ हैं। उनकी रुझान को देखकर ही श्रीमती सीता देवी उनके लिए पूजा की सामग्री सजाती हैं। अपने अश्रुओं से श्री रामजी की आरती का दीप संजोती है। श्री राम की रूचि तथा बलवीर लक्ष्मण के स्वाद के फल–फूल सँवारती हैं। श्री राम– दण्डकारण्य में राक्षसों की माया से घिरे राक्षस के अत्याचार की आशंका में मृगया खेलने भी जाते हैं। तब लक्ष्मण ही पंचवटी की रक्षार्थ पीछे रह जाते हैं।"

शत्रुघ्न ने बीच में ही कहा– "यह हम सुन चुके हैं। इस समय राम कहाँ होंगे? हम इस समय श्री राम की स्थिति जानना चाहते हैं। चरों ने हमें बताया है कि पंचवटी में श्री राम सुरक्षित नहीं हैं। कोई न कोई राक्षस माया द्वारा श्री राम– लक्ष्मण और जानकी को त्रस्त करने की कुचेष्टा करता ही रहता है।"

गायकों के समूह ने फिर उद्घोष किया– "श्री राम पंचवटी में हैं भी और नहीं भी हैं। श्री राम क्षितिज पर राक्षसों को देखते हुए मन ही मन चल रहे हैं।"

सहसा महर्षि अगस्त्य ने कहा– "श्री राम पंचवटी में इस समय हैं – यह कहा जा सकता है क्या? श्री राम स्वर्णमृग के आखेट को गये थे। हमने श्री राम को

राक्षसों की माया की विलक्षणता और विचित्रता के विषय में बता दिया है। निश्चिन्त होकर हमें श्री राम के यश के लिए ही सोचना चाहिये। इस संसार में सुनने के लिए श्री राम का यश होगा, भजने के लिए श्री राम का नाम होगा। श्री राम की रक्षा तथा योगक्षेम का दायित्व ऋषियों का है– हमारा है फिर श्री राम श्री हरि विष्णु के मनुजावतार हैं। श्री राम का वस्तुतः कोई भी शत्रु नहीं है– राम अजातशत्रु हैं, शत्रुघ्न!"

लोकगायकों के नायक ने गगन में हाथ नचाते हुए कहा– "श्री राम स्वर्णमृग के पीछे गये थे– ऐसा हमें कहा गया है। श्री राम सोने के मृग को पकड़ कर अपनी प्रिय भार्य्या भगवती जानकी को भेंट देना चाहते थे। भगवती जानकी अपनी कुटी के पल्लवित-पुष्पित आँगन के ठीक पास चरते हुए विचित्र तथा सोने की आभा से भरे मृग को देखकर हर्ष-स्तम्भित हो गयी थी– "राम! हे राम! वह.......वह देखो– सोने का मृग।"

"सोने का मृग?" मुनियों के मूक कण्ठ से ध्वनि उठी– "स्वर्ण मृग? असम्भव! निश्चय ही यह राक्षसी का माया का भ्रम ही होगा।"

महर्षि अगस्त्य ने कहा– "स्वर्ण मृग? हाँ, ठीक ही तो।"

शत्रुघ्न ने महर्षि अगस्त्य के चरण पकड़कर पुकारा– "महर्षे! रहस्य उद्घाटन कर हमें निश्चिन्त कीजिये– अभय प्रदान कीजिये।"

महर्षि अगस्त्य ने कहा– "प्रभु इच्छापूर्ति के लिए भव-धारण नहीं करता। परमात्मा प्राणियों के आर्तनाद को सुनकर हिल जाता है। उनकी करुणा का अगाध-अपार सिन्धु उद्वेलित हो उठता है। प्रभु ने पुण्य मानव को ही अर्पित किये हैं, किन्तु पाप का समूचित दण्ड विधि के हाथों में दिया है। यम प्राणियों की इच्छापूर्ति के लिए नवदेह तथा उसका चैतन्य प्रदान करता है। ईश्वर के दिव्य पूर्ण अचूक नियमों तथा सिद्धान्तों के अनुसार-अनुरूप जीव को जगत में जन्म-मरण की क्षमता प्रदान करता है तथा विधि जीव को प्रारब्ध प्रदान करती है। जीव ईश्वर का सच्चिदानन्द अंश अपनी इच्छाओं की पूर्ति के लिए अज्ञान का आवरण ओढ़कर भव धारण करता है तथा कर्म द्वारा अपनी इच्छाओं की पूर्ति करता रहता है। इच्छापूर्ति सुखद भी है और दुखद भी है। इच्छापूर्ति की अभिलाषा शाश्वत है और सनातन है– अमोघ है। जीव जब तक इच्छापूर्ति करते रहना चाहेगा–उसको

भव धारण करना ही होगा। किन्तु परमात्मा का संचित नहीं है, प्रारब्ध नहीं है– केवल जगद्कल्याण के लिए क्रियमाण है। श्री राम निस्संदेह निर्विवाद परमात्मा के मनुजावतार हैं। प्रभु ने मानव स्वरुप जन्म धारण कर मानव–योनि को सभी भव योनियों में भव्यतम गरिमा तथा महिमा प्रदान की है। मानव ही इस सृष्टि में परमात्मा का पूर्णरूपेण प्रतिनिधि है– अंशगत, किन्तु पूर्ण स्वरुप है।"

किसी ने सहसा कहा– "यह क्या केवल स्तुति नहीं है? महर्षे! मानव, दानव, राक्षस, असुर भी क्या परमात्मा के स्वरुप नहीं हैं? जीव तो वह भी हैं, जी!"

महर्षि अगस्त्य ने सस्मित कहा– "सभी ब्रह्म-चैतन्य की छबियाँ हैं। परमात्मा की जिजीविषा अंधकार तथा प्रकाशमयी है, क्योंकि वह पूर्ण तथा परिपूर्ण होती हुई परम् है। दानव तथा राक्षस असुर तथा परपीड़क द्वारा यावत् जीवन में उत्पन्न की जाती आत्मग्लानि का नाश कर तथा प्राणियों को अभय प्रदान करने के लिए केवल प्रभु ही सक्षम हैं– और कोई नहीं। जगत का मंगलमय सामंजस्य तथा सृष्टि का सुखद समन्वय वही प्रभु अपनी दिव्य, अमोघ करुणा द्वारा बनाए रखता है। इसीलिए वह ईश्वर जगद्रियन्ता है, विधि तथा यम का अधिष्ठाता है। अयोध्या के विशाल राजप्रासाद में जिस दिन श्री राम अपने अभिन्न भाइयों के साथ अवतरित हुए, हमने जान लिया था कि राक्षसों और अत्याचारियों के दिन गिने हुए हैं। पृथ्वी का दुर्भाग्य शीघ्र ही समाप्त होगा। यह हमने तभी जान लिया था, इसीलिए धूर्जटी शिव श्री राम का दर्शन करने ब्राह्मण के वेश में अयोध्या गये थे– हाँ रूद्र साथ था– रूद्र हनुमान।"

"हनुमान?" ध्वनि ने पूछा।

"श्री राम–भक्त हनुमान।" महर्षि ने कहा– "हनुमान को अब प्रकट होना ही है और श्री राम को अब अपने अवतार का ध्येय पूरा करना ही होगा।"

शत्रुघ्न– "महर्षे!"

"पृथ्वी अन्याय, अत्याचार, पाप तथा धर्म की ग्लानी से भर गई है, शत्रुघ्न! महात्मा भरत ने श्री राम–पादुका का राज्य इस अंधकार को दूर कर पुनीत तथा अभय से पूर्ण जगत-वातावरण उत्पन्न करने के लिए ही आरम्भ किया है। श्री राम, लक्ष्मण और जानकी पृथ्वी–मंगल के लिए विधाता के पात्र हैं। शान्त हो जाओ, निश्चिन्त हो जाओ। श्री राम को अपना कार्य करने दो।"

शत्रुघ्न– "किन्तु महर्षे!"

महर्षि अगस्त्य– "यह कातरता त्यागो, शत्रुघ्न!"

"कातरता........?" शत्रुघ्न ने हल्की चीत्कार सी की।

महर्षि अगस्त्य ने सस्मित गम्भीर, शान्त स्वर में कहा– "सब कुछ श्री राम की इच्छा पर छोड़ दो। हम श्री राम की क्या सहायता कर पाएंगे? क्या आर्य्य क्षत्रियों की सेनाएं श्री राम को घेर कर चलेंगी? चल सकती हैं? श्री राम अपने मनुजावतार के परम् लक्ष्य की सिद्धि के लिए मानो दण्डकारण्य से चल दिये हैं। शत्रुघ्न, वत्स! श्री राम को राक्षसों का नाश कर पुनः पृथ्वी के सौभाग्य को प्राप्त करना है। हमें अभय चाहिये, प्रकाश चाहिये। मानव को सरलता-सौजन्य चाहिये। हमें यावत् जीवन का सौन्दर्य, सहकार तथा सहयोग चाहिये। यह हमें श्री राम-राज्य की स्थापना से ही सम्भव होगा। किन्तु श्री राम- राज्य के आविर्भाव के लिए प्रत्येक आर्य्य मानव को त्याग करना है, कष्ट उठाना है तथा बलिदान भी देना है। श्री राम यही तप कर रहे हैं। धैर्य रखो और श्री राम की प्रतीक्षा करो, वत्स!"

"जैसी महर्षि की आज्ञा" शत्रुघ्न ने प्रणामपूर्वक कहा।

* * * * *

कैकई ने शान्त-गम्भीर स्वर में पुकारा– "भरत!"

श्री राम पादुका को प्रणाम करते हुए भरत कुछ चमके। उठ बैठते हुए बोले– "कौन........ महारानी कैकई! आप? श्रीमती? यहाँ; एक कुटिया में?"

कैकई ने अपलक सी होते हुए कहा– "मैं श्री राम पादुका की राजधानी की पर्णकुटिया के द्वार पर हूँ और जानना चाहती हूँ, श्री राम कहाँ हैं? जानकी कैसी हैं? और लक्ष्मण, वह वीर नर कुशलपूर्वक तो है।"

भरत ने सव्यंग हँसते हुए कहा– "यह आप पूछ रही हैं?..... आप? श्री राम– जानकी, लक्ष्मण के कुशल–मंगल से आपका क्या वास्ता है, राजमाते!"

कैकई ने कहा– "मैंने श्री राम के लिए वनवास माँगा था– अकुशल नहीं– अमंगल नहीं। फिर भरत! सोचो; मैंने अपने लिये माँगा ही क्या था? राज्य........? वह तुम्हारे लिए। अवश्य राजमातुश्री के पद की प्रतिष्ठा चाहती थी...."

भरत ने बीच में ही कहा– "चाहती हूँ।"

"हाँ..... हाँ चाहती हूँ" कैकई ने बमकते हुए कहा– "कौशलाधीश सम्राट दशरथ की प्रत्येक राझी राजमाता ही होती है। मैं तो केवल सर्वोच्च राजमाता का आदर चाहती थी।"

"मुझको अपनी इच्छा का प्रहरी बनाकर कौशल साम्राज्य पर राज्य ही करना चाहती थी, आप!" भरत ने तीव्र स्वर में अमर्षपूर्वक कहा– "आर्यावर्त का अधिकांश अपने पीहर के राज्य से जोड़कर एक चक्रवर्ती महाराज्य की अधिष्ठाता बनना चाहती थी, जिसकी महामात्या मन्थरा होती। माताजी! मेरी रगों में आपका रक्त तो भरा है किन्तु पिता का तेजस्वी ओजस भी मेरे रोम–रोम में भरा है। हम रघुवंशी माता को प्रणाम करते हैं, किन्तु आज्ञा सोच–समझकर ही मानते हैं। कौशल के महाराज्य को आपने शताब्दियों के सुयश के पश्चात् निष्प्रभ कर दिया। श्री राम को हमारे भरोसे छोड़ दीजिये, समझे आप?"

कैकई ने नयन नमाते हुए कहा– "समझी! कायर कहीं के!"

भरत को जैसे थप्पड़ पड़ा– "कायर.........? कौन? .... मैं?"

कैकई रोम–रोम में जाग्रत होते हुए बोली– "हाँ, तुम। शत्रुघ्न और आर्यावर्त के सभी क्षत्रिय नरेश, पंगव, कायर, कापुरुष भी। राक्षसों की उग्र भीड़ का सामना अकेला राम कर रहा है और तुम राजप्रासादों में बैठे–बैठे माला जप रहे हो। जगत को छल सकते हो, अन्तरात्मा को नहीं। श्री राम–विरह का यह नाटक त्रिभुवन को छल सकता है, मुझे नहीं। मैं तुमको अपने रक्त से जानती हूँ। मैं पूछती हूँ राम की रक्षा के लिए क्या उपाय किया है, तुम सब ने?"

"पूछने वाली आप?....... कौन?" भरत ने पूछा।

"राजमाता महारानी कैकई"– कैकई ने दृढ़तापूर्वक कहा– "तुमको मैं राज्य का सर्वोच्च सेवक ही मानने लगी हूँ– भरत नहीं। मेरा भरत–वह अन्तर्ध्यान हो चुका है। वह मेरे लिए मर चुका है। सुना? भरत मेरे लिए मर चुका है।"

भरत ने सहसा अट्टहास्य हँसते हुए कहा– "जीवित हूँ मैं भरत।"

"मेरे नयनों का भ्रम है यह भरत।"– कैकई ने तीव्र स्वर में कहा– "मेरी इन सूनी, आँसुओं से रिक्त आँखों में अब केवल एक ही चेहरा है.........।"

"सुनूँ तो? किसका?" भरत ने कहा।

"श्री राम का............. तेरा नहीं, सुन ले निष्ठर!" कैकई ने सहसा रो पड़ते हुए कहा।

भरत ने सहसा ठहाका मारते हुए कहा– "मन्थरा ने कोई नई पट्टी पढ़ाई है क्या राजमातुश्री! पुत्र के मूढ़ मोह से दग्ध आपकी इन आँखों में श्री राम की छबि है। आश्चर्य है, भगवती! किन्तु श्री राम और हम सब पर अब दया करो, महादेवी! महारानी कैकई! द्वेष से भरपूर एक नाटक आप कर चुकी हैं। अब राग से भरा यह दूसरा नाटक आप करना चाह रही हैं। नहीं....... श्री राम को आपका यह राग भारी पड़ेगा। आप अब श्री राम का पिण्ड त्याग दें– पीछा छोड़ दें।"

कैकई ने निश्वास रखते हुए कहा– "तुम को त्याग सकती हूँ, भरत! श्री राम को नहीं। तुम मेरा रक्त हो राम मेरी अन्तरात्मा है। श्री राम को वन में भेज कर मैंने जैसे राम को ही अपने अन्तःकरण में पा लिया है। मेरा सच्चा पुत्र तो राम है, तुम नहीं। तुम मेरे कोई भी, कुछ भी नहीं हो। राम मेरा सर्वस्व है, सुना? तुम राम के समाचार मुझे देना नहीं चाहते........। क्यों?"

"इसीलिए की वन में श्री राम का अभय बनाए रखना हमारा कर्त्तव्य है, आपका नहीं।" भरत ने कहा– "श्री राम का क्या समाचार आपको दिया जाय? यही न कि राम आपके द्वारा अभिशापित वनवास को मन–वचन–कर्म से काट रहे हैं। नंगे पाँव घूम रहे हैं। नंगे पाँव घूमते हुए इनके कोमल चरण छिद जाते हैं, भिद जाते हैं। भगवती जानकी के कोमल कृत्य चरण शूल से भिद कर लहूलुहान हो जाते हैं। कन्द–मूल–फल पर ही रहते हैं। राजप्रासाद के छप्पन पकवान देखते ही नहीं। नगर–पुर में जाते नहीं। गाँव की सीमा पर वृक्ष तले श्री राम, जानकी, लक्ष्मण विश्राम कर लिया करते हैं और क्या समाचार चाहिये– आपको श्री राम के?"

"राम अकेला है।" सहसा कैकई ने कहा– "अकेला लक्ष्मण क्या कर लेगा? तुम क्यों नहीं जाते राम के पास? लक्ष्मण की भांति तुम भी जाओ, राम की रक्षा करो, सेवा करो। यहाँ बैठे क्या कर रहे हो? राज तो श्री राम–पादुका का है; नहीं? या शत्रुघ्न की आड़ में राज तुम ही कर रहे हो? मैं जानती हूँ, क्षत्रिय प्राण त्याग सकता है, राज्य नहीं।"

भरत ने कैकई को घूरते हुए कहा– "सूर्यवंशी इक्ष्वाकु कुल का क्षत्रिय ऐसा नहीं करता। सूर्यवंशी इक्ष्वाकु क्षत्रिय ने भव्य-दिव्य चक्रवर्ती राज्यों का उद्भव,

स्थापना तथा विस्तार किया है किन्तु वैदिक वर्णाश्रम धर्म के पंथ को कभी नहीं त्यागा। नहीं, महारानी कैकई! हम सूर्यवंशी सूर्य के प्रताप के वाहक मनुज हैं। हमने इतिहास को जन्म दिया है और राज्य-सिंहासन को पुनीत सी अर्पित की है। हम रणभूमि में देह-त्याग को ही नहीं, किन्तु श्री, सुकृति, राज्य, वैभव, भूति और विभूति-त्याग भी जानते हैं– हमारे वृद्ध आप्त सम्राटों ने राज्य ही तो त्यागा है। महाराज कीर्तिकाय दशरथ जी तो राज्य ही त्याग रहे थे।"

कैकई हँसी– "अपने वचन से मुकरने के लिए प्रतारणा मात्र कर रहे थे। कान के पास कुछ बाल श्वेत हो जाने पर राज्य त्यागने की प्रबल प्रेरणा जो हुई। किन्तु यह प्रेरणा मेरे विवाह के समय दिये गये वचन को व्यर्थ, निरर्थक करने वाली एक दुरभिसन्धि ही थी– तुम दोनों को इसीलिए कौशल महाराज्य के बाहर सुदूर आर्यावर्त की सीमान्त के हमारे चन्द्रवंशीय राज्य में तुम्हारे ननिहाल भेज दिया गया था।"

भरत ने तीव्र स्वर में कहा– "मैं और शत्रुघ्न स्वयं मातुलश्री के पास कुछ अवधि के लिए रहना जो चाहते थे। कुछ श्वेत बालों को दर्पण में देखकर राज्य-सिंहासन त्यागने की प्रेरणा महान दिव्य-भव्य व्यक्ति को ही हो सकती है। आप श्रीमती को तो विधवा हो जाने पर भी राजमाता होने की लालसा जो बनी हुई है– राज्य, राजा, राजमाता........! आत्म् वंचना है, श्रीमती कैकई!"

कैकई ने भरत को घूरा और सहसा झपटते हुए सिंहनी की भांति घुड़ककर पूछा– "श्रीमती कैकई! महारानी कैकई!........ निर्लज्ज! तू मुझे माँ नहीं पुकार सकता?"

"नहीं......... जी, नहीं।" भरत ने कैकई के सहसा प्रकट रूद्र रूप को देखते हुए कहा– "आदिशक्ति परात्पर परमेश्वरी जगदम्बा ही मेरी एक मात्र माँ है। अवश्य इस पापी देह की जननी आप हैं– तो इस देह को मैं पश्चात्ताप की अग्नि में भस्म कर दे रहा हूँ। सर्वस्व त्यागकर मैंने अपने-आपको श्रीराम और विधाता को सौंप दिया है।"

कैकई ने सिर धुनाया; कहा– "भरत! मैं तेरे अन्तःकरण को टटोल सकती हूँ। तूने कुछ भी नहीं त्यागा। तूने अपनी माँ को ही मन-वचन-कर्म से त्यागा है। तू मातृ-द्रोही है, भरत........ सुना?"

"सुन लिया, महारानी कैकई!" भरत ने कहा– "सभी द्रोह, सभी पाप श्री राम-पादुका को छूते ही कट जाते हैं, श्रीमती कैकई! सभी कलंक श्री राम के चरणों में

आर्त प्रार्थना से धुल जाते हैं। मेरी मानो और प्रायश्चित आरम्भ करो। मेरा भाग्य पश्चात्ताप है...... आपका प्रायश्चित!"

"प्रायश्चित?" कैकेई ने स्वयं में ही देखते हुए मानो पूछा– "प्रायश्चित?"

"हाँ, प्रायश्चित।" भरत ने कहा– "अपने पीहर जाकर तब तक करो, जब तक श्री राम– लक्ष्मण, जानकी अयोध्या वापस नहीं पधार जाते। तब तक तुलसी माला के अनवरत जाप से श्री राम से क्षमा माँगती रहो। अपने स्वर्गीय महाराज पति की पुण्य समृति की एकान्त पूजा करती रहो और........ और अयोध्या कौशल महाराज्य और हम सबको भूल जाओ। सुना?"

"सुन लिया, भरत!" कैकेई ने शान्त–गम्भीर स्वर में कहा– "किन्तु अब तो अयोध्या के राजमन्दिर के महाद्वार से मेरा शव ही बाहर निकलेगा। ठीक है– तेरी बात मान लेती हूँ– यहीं अयोध्या में, राजमन्दिर के सूने उदास कक्ष में रहकर मैं श्री राम की आहट लिया करूँगी। राम से क्षमा तो क्या माँगूँ! राम से मैं मृत्यु ही माँगूंगी"

* * * * *

माण्डवी ने कैकेई को क्षितिज के पार और परे निहारते हुए देखा और धीरे से कहा– "जी!" कैकेई ने जैसे नहीं सुना और सुना भी। घूमकर देखती हुई बोली– "तो तुम आ गई अन्ततोगत्वा, क्यों?"

"जी.........? नहीं तो।" माण्डवी सकपकाते हुए बोली– "जब भी श्रीमती श्री ने मुझको बुलाया, मैं उपस्थित होती रही हूँ।"

कैकेई हँसी– "माण्डवी! सभी वंचनाओं में आत्मवंचना अत्यन्त बुरी तथा वीभत्स है। मुझे पता है– महाराजा भरत ने सबको मेरी छाया से भी दूर रहने के सार्थक इंगित किये हैं। वह शत्रुघ्न तो मन्थरा को देखते ही खड्ग खींचने लगता है।"

माण्डवी ने पल्लव बिछाते हुए कहा– "उन्होंने ही मुझे आपकी सेवा के लिए राजप्रासाद में रहने को कहा है।"

कैकेई ने तनिक झपटते हुए कहा–"तभी तुम राजराजेश्वरी राजमाता कौशल्या के प्रासाद में अहर्निशि बनी रहती हो। तभी तुम उद्दाम सुमित्रा के चरण दबाती

रहती हो। मैंने तुमको जब भी याद किया तुमने रुग्ण होने का बहाना बना लिया। मन्थरा नहीं होती तो मेरा इस सूने राजमन्दिर में क्या होता? जल के बिना तरसती रहती। तुम सब चाहते तो मैं अपनी ही दासी बनकर इस कक्ष में तथा उन अटारियों में बसी रहूँ।"

"मैं उनकी आज्ञाकारिणी हूँ। उनकी इच्छा की चेरी हूँ।" माण्डवी ने कहा– "आप मेरी सासू हैं तो मेरी माता भी हुईं, मैं मानती हूँ।"

"तुम सब अपने–आप में ही मानते हो।" कैकई बोली– "और जब अपने–आप से विलग होते हो–राम को ही मानते हो। राम! यह राम विचित्र है, विलक्षण है, सुना? यह राम ऐन्द्रजालिक है, कोई योगी है जो.......... जो........ अब क्या कहूँ? राम मुझे भाता है, प्रिय लगता है, किन्तु मुझे समझ में नहीं आता। राम को मैं छाती से लगा सकती हूँ, किन्तु गोद में नहीं भर सकती।"

"श्री राम किसके हैं?" माण्डवी ने कहा– "सीता के ही हैं, श्री राम। राम हमारे हैं– यह हमारी धारणा भर है, श्रीमती श्री जी।"

सहसा कैकई ठठा–ठठाकर हँस पड़ी– "वाह रे! पुत्रवधू मेरी! खूब कहा। राम केवल सीता का ही है? और किसी का नहीं है? तब बता-वह राम कौन है जो घट-घट व्यापी है मुनियों के हृदय में रमा हुआ है?"

माण्डवी ने तनिक लजाते हुए उत्तर दिया– "मैं क्या जानूँ........? मुझे तो वही ज्ञात हैं– आप श्रीमती के महाराजा सपूत।"

"मेरा महाराजा सपूत" कैकई ने उदासीन स्मितपूर्वक कहा– "पुत्री! तू तो व्यंग न कर! पुत्र से निन्दा, सतत् अहर्निशि सुनते-सुनते मैं मूढ़ हो गई हूँ। समाज से मौन तिरस्कार पाकर मैं जीवन के शेष में अघा गई हूँ– किन्तु अपने कुटुम्बीजनों से व्यंग्य सुनना नहीं चाहती-सुन नहीं सकती। मैं अधिकार से इस विश्वविख्यात रघुकुल की महीयसी वधू हूँ। महाराज भरत की जननी हूँ और माण्डवी! तुम्हारी सास हूँ। या तो तुम अपने पति-परमेश्वर के पास जाओ, उसके साथ रहो अथवा मेरी सेवा में, आज्ञा में, यहाँ–मेरे निवास में रहो। तब तक रहो, जब तक राम वापस नहीं आ जायें और भरत श्री राम– वियोग का अपना यह पात्र समाप्त न कर दे। श्री राम-पादुका का राज्य रचाकर भरत ने प्रमाणित कर दिया है कि वह मेरा पूत, सपूत है। तुमने ठीक ही कहा माण्डवी, वत्सले!"

माण्डवी ने आँचल बिछाते हुए जैसे पुनः कहा– "आप बड़ी हैं, समर्थ हैं। मैं तो नन्दीग्राम में अहर्निशि रहकर उनकी सेवा करना चाहती हूँ, किन्तु प्रत्येक बार वे मुझे अयोध्या के राजप्रासाद में फेर देते हैं। माता कौशल्या कहती हैं कि पति की इच्छानुसार ही वर्तन करो।"

"माता कौशल्या! कौशल्या......।" कैकई सव्यंग्य स्वयं से ही हँसी– "माता सुमित्रा और मैं कैकई मैं–मैं तब माता नहीं...... हूँ? छोकरी, मैं राजेश्वर भरत की माता–राजमाता हूँ। मेरी इस प्रतिष्ठा को कोई मिटा नहीं सकता। राम जैसे राम को, सीता जैसी कोमलांगिनी बहू को तथा लक्ष्मण जैसे वीर को वन में भेजने वाली, अनेक युद्धों की विजय–पताका सी मैं कैकई माता भी हूँ। हूँ, या नहीं–बोल?"

"आप राजेश्वरी राजमाता महारानी कैकई हैं।" माण्डवी ने कहा– "आपके सुपुत्र ने सबको कह दिया है कि आपको राजमाता कहा करें। इक्ष्वाकु वंश के रघुकुल की भाग्य–विधाता भी मानें।"

"माण्डवी!" कैकई ने पुकार कर कहा– "मैं, मैं रघुवंश की भाग्य–विधाता नहीं पुत्री! नहीं! मैं रघुवंश का दुर्भाग्य हूँ– हतभाग्य हूँ। भरत से पूछ–मैं क्या हूँ?" "आप हम सबकी आदरणीया राजमाता हैं।" माण्डवी ने कहा– "वह आपकी भर्त्सना करते हैं तो मुझे अच्छा नहीं लगता।"

"पुत्र माँ की क्या भर्त्सना करेगा री!" कैकई ने सहसा ठहाका भरते हुए कहा– "वह राजा बेटा माँ के उदर में नव मास बसा है, माँ की स्वाँस से प्राणवान बना है। भरत और शत्रुघ्न मेरे इस पाप से परिपूर्ण उदर में ही तो पले हैं, नहीं? बोल? यह सत्य है। यही, यही, यही......।" कैकई हठात् चुप हो गई– उच्छवासों को थामते हुए वह जैसे अपने सुनसान निविड़ मन में ही खोने लगी। गहरे स्वाँसो के उद्वेलन से कैकई के पयोधर स्वयं ही आल्होड़ित हो उठे। पूर्णिमा में खिली, किन्तु म्लान कुमुदिनी के समान कैकई का मुख–मण्डल एक ऐसा मुखारविन्द था जिसे जगत नहीं, प्रभु ही स्वीकार करता है। कैकई सिर धुनाती रही और अनायास, किन्तु हठात् उन सरोज–नयनों से आँसुओं की धारा–सी टपकने लगी। "मैं कैसी भी हूँ– जैसी भी हूँ–जननी हूँ–जननी। भरत मुझे हाड़–मांस का पिण्ड मानने लगा है। वह मुझे एक पतित नारी मानता है।" कैकई ने सिर धुनाते हुए कहा– "भरत मुझे नीच समझता है। क्या....... क्या मैं हेय हूँ, राज क्या मैंने अपने लिए माँगा था? उसके लिए, तुम्हारे लिए ही तो। राजमाता क्या? एक संतोषप्रद प्रतिष्ठा ही तो है। राम को

वनवास मैंने भरत की सुरक्षा के लिए ही तो माँगा था। राम-लक्ष्मण- ये क्या भरत को निर्विघ्न निश्चिन्त राज्य करने देते? चौदह वर्ष की अवधि में भरत अपना राज्य जमा लेता और राम को मैं जानती हूँ; अन्तःकरण से जानती हूँ। राम को राज्य नहीं चाहिये था- यह मैं जानती हूँ। कई बार वह रघुकुल के ज्येष्ठ को राज्य देने की परम्परा का विरोध मेरे समक्ष कर चुका है। राम तो सीता को ही चाहता है- सीता को, राज्य को नहीं। वनवास! हाँ मैंने राम को वनवास भेजा-तो.... तो ऋषि- मुनियों के आश्रमों और यज्ञों को निर्विघ्न कौन करता? भरत करता? शत्रुघ्न करता? विदेह जनक करते? क्या स्वयं रघुवंश के सम्राट महाराज दशरथ करते? विश्वामित्र महर्षि के आश्रम और यज्ञ की रक्षार्थ महाराज, मेरे स्वामी राम-लक्ष्मण को सौंपना नहीं चाहते थे। नहीं....... यह सत्य है। यह तो महर्षि वशिष्ठ ने ही महाराज दशरथ को समझा-बुझा कर राजी किया था-राम ही आश्रमों को पुनः वेदमंत्रों से गुंजायमान कर सकता था- यज्ञों की पुनीत ज्वालाएं पुनः प्रज्वलित होने दे सकता था। राम ने यही किया है। चित्रकूट में भरत द्वारा प्रस्तुत राजमुकुट-राम ने मना क्यों किया? राम ऋषियों के कल्याण का कार्य ही करना चाहते हैं। श्री राम जगद्कल्याण तथा मानव-मंगल एवं प्राणियों के परित्राण के लिए जन्मा है-राज के लिए नहीं। यह....... यह जैसे मैं जानती थी- जानती हूँ और मानती हूँ। इसीलिए मैं चुप हूँ और परमेश्वरी शिवा से श्री राम के योगक्षेम के लिए प्रार्थना करती रहती हूँ। भरत माने, या न माने-यही अब मेरे जीवन का ध्येय है। राम, सीता, लक्ष्मण, भरत और शत्रुघ्न सब कुशलपूर्वक रहें, नीरोग रहें, निर्विघ्न, यशस्वी रहें। श्री सुकृति इनके चरण छूएँ! हाँ माण्डवी! भरत से कह देना- उसकी त्यक्त पतित जननी की यही शुभकामना है और इस शुभकामना को चरितार्थ करने के लिए ही महारानी कैकई जी रही है। मैं राम के लिए जी रही हूँ, मन्थरा के लिए नहीं।"

* * * * *

माण्डवी की गम्भीर तथा तनिक उद्विग्न मुख मुद्रा को देखकर भरत ने मानो-प्रथम बार पूछा- "क्या बात है?....... क्या हुआ?"

माण्डवी श्री राम-पादुका की पूजा करते हुए अपने पतिदेव के पास तनिक उपविष्ट हुई, बोली, "मैं एक आर्त प्रार्थना लेकर आई हूँ।"

भरत ने पूजा निपटाते हुए पूछा- "प्रार्थना?"

"प्रजाजन की अपने महाराज से प्रार्थना नहीं।" माण्डवी ने कहा– "यह मेरी–आपकी जीवन–संगिनी, धर्मपत्नी और जो भी आपश्री माने उसका निवेदन है।"

"अच्छा?" भरत ने पूछा– "क्या माता कौशल्या पुनः उदास हो गईं?" क्या माता सुमित्रा को लक्ष्मण की याद हो आई है? ऐसी क्या बात हो गई है, जो तुम प्रार्थना लेकर आई हो? मुझसे गुहार करना चाहती हो।

माण्डवी– "सुनो तो कहूँ.......?"

भरत ने निसास भरते हुए कहा– "सुनेगा तो राम, प्रिये! आर्य्ये! मैं क्या सुनूँ? राजा या ईश्वर सुनता है, न्याय करता है, दण्ड देता है। मैं तो राम का पतित चाकर हूँ। तुमको अपने सानिध्य में पाकर मैं जैसे कुण्ठित हो जाता हूँ।"

"क्यों, जी?" माण्डवी ने पूछा– "क्या मैं......"

"तुम........... तुम हो, माण्डवी!" भरत ने कहा– "तुम नहीं, मैं–मैं कैकई का पुत्र। कैकई? हृदयहीन निष्ठर क्रूर राजमहिषी–रानी महारानी। हाँ, प्रिये! कोटि प्रलयों और कल्पों के पापों के कारण ही मैं कैकई के उदर से जन्मा। राम माता कौशल्या के उदर से जन्मे–कल्प कल्पों के अमोघ पुण्य के परिणाम स्वरुप ही हाँ, माण्डवी?"

माण्डवी ने तीव्र स्वर में कहा– "सन्तान पुण्य का ही वरदान होती है। माँ पुण्य–मूर्ति ही है– मंगलमूर्ति माता कैकई, जननी के नाते पाप और पुण्य से परे निष्काम श्रेय की प्रतिमूर्ति हैं। आर्य्य पुत्र! ईश्वर समझ में आ सकता है किन्तु माता की ममता नहीं। माँ का वात्सल्य ही प्रभु की करुणा है।"

भरत ने माण्डवी के आभा–भरे मुख–कमल को निहारा और कहा– "माँ तो कौशल्या जी हैं, सुमित्रा जी हैं। पारस भी पैदा होता है, स्वर्ण भी, किन्तु क्या यह ईश्वर हैं? माँ ईश्वर ही होती है, जन्म देने वाली; किन्तु जननी क्रूर नहीं होती है, निर्मम, स्वार्थी और घिनौनी नहीं होती। माँ पुनीत पुण्य–ज्योति है, आर्य्ये! और महारानी कैकई यह सब नहीं है। वह–वह राजनयिक प्रपंची और राजनीति की कुशल है। वह केवल नारी है; राजमहिषी है जो सिंहासन और राजदण्ड को ही देखती है, जानती है।"

माण्डवी ने कहा– "नहीं–नहीं। माँ कैकई राम के लिए आपसे भी अधिक उद्विग्न है। आपसे घोर तिरस्कृत माँ कैकई ने राम का सहारा लिया है।"

भरत ने हँस देते हुए कहा– "इस राजमहिला के लिए आसरा तो वह मन्थरा है। मन्थरा जब तक अयोध्या के राजमन्दिर में है, तब तक मैं उसमें पाँव तक नहीं रखूँगा, प्रिये! नहीं..... मन्थरा की छाया भी जहाँ है, वह स्थान पुण्यहीन हो जाता है।"

"क्या हो गया है आपको, आर्य्य!" माण्डवी ने तनिक तीव्र स्वर में कहा– "एक तुच्छ कुटिल नीच वृत्ति की नारी–दासी आप जैसे धर्मधुरीण को इस प्रकार क्षत– विक्षत कर दे– आश्चर्य है। श्री राम–पादुका का भक्त तो प्राणीमात्र को सम दृष्टि से देखता तथा हृदय के प्रेम से परखता है। श्री राम– अनुचर चराचर जगत का सेवक है, श्रीमान् मन्थरा सदैव के लिए दया की पात्र है और माँ कैकई सदैव के लिए दिव्य उदासीन माँ की मूर्ति हैं जो आपको और पृथ्वी की सन्तति को माँ क्या है?– यह बताती– समझाती रहेगी।"

भरत ने माण्डवी को घूरा, कहा– "अब बस करो, प्रिये!"

माण्डवी ने कहा– "माँ की यह आपकी अहर्निशि भर्त्सना मुझे नहीं भाती। मैं लज्जा से नतमस्तक हो जाती हूँ। माँ के चरित्र पर मत–सम्मत करने वाली उसकी सन्तान नहीं होती। सन्तान तो जैसी भी माँ है, उसके दूध और प्रेम की ही पात्र है। सन्तान तो माँ को माँ ही मानती है– प्राण से, मन से, चित्त से, बुद्धि से, ईश्वर और माँ कभी माने गये हैं क्या? नहीं, स्वामी! मैं आपको माँ कैकई के पास ले जाने आई हूँ।"

"नहीं, आर्य्ये! नहीं।" भरत ने तीव्र अमर्ष–भरे स्वर में कहा– "मैंने माँ को त्रिकाल के लिए त्याग दिया है, अंजलि रख दी है। मैं घर–बाहर–संसार त्याग चुका हूँ। माण्डवी!"

"मुझको भी क्या?" माण्डवी ने पूछा।

"तुमको?" भरत ने स्वयं से ही पूछा। बोले– "नहीं तो।"

माण्डवी हँसी, बोली– "मुझको विदेह पिताश्री कहा करते थे– देखने के लिए अन्तरात्मा है और त्यागने के लिए देह है। जीव के पास देह ही है, जिस को वह त्यागना नहीं चाहता–त्याग सकता नहीं।"

"क्यों देवी?" भरत ने माण्डवी के शान्त–प्रशान्त, धीर और गम्भीर, किन्तु सहज ही कान्तिवान मुख–मण्डल को निहारते हुए पूछा– "देह? माटी का पिण्ड ही तो है। हाड़–मांस का बना यह देह? त्यागना ही पड़ता है।"

माण्डवी ने कहा– "प्रभु त्यागवत्ता हैं, जी। जीव कभी भी अपने देह को त्यागना नहीं चाहता। इसलिए वह देह को ही स्वयं समझता है– मानता है। देह मरता है तो कहता है, मैं मरता हूँ।"

"यही अज्ञान है, प्रिये!" भरत ने कहा– "अज्ञान ही तो। आत्मा न जन्म लेती है और न ही मरती है। यह तो देह ही जन्मता है, मुरझाता है, मरता है- मैं नहीं। मैं तो शिव हूँ। स्वयं ही इच्छाओं के नागपाशों से बंधा हूँ। कामनाओं के ये बन्धन छूटे नहीं कि मैं जीव मिट जाता हूँ– शिव हो जाता हूँ।"

माण्डवी ने पूछ लिया– "आत्मा अजर–अमर है, तब वह जीव कैसे हो जाता है? शिव ही हो तो पाश में बँधता ही क्यों है? मुक्त को बन्धन कैसा?"

"अज्ञान देवि!" भरत ने कहा– "राम को नहीं जानना ही अज्ञान है।"

माण्डवी ने तपाक् से कहा– "राम, आप, लक्ष्मण, शत्रुघ्न तथा हम सब मरणाधीन मनुष्य ही तो हैं और मनुष्य इच्छाओं का कोई अनादि चैतन्य है। अखिल-निखिल को भोगना तथा सतत् सन्तति उत्पन्न करते रहना चाहता है। विदेह पिताश्री कहते हैं- यह ब्रह्म का नाना रूप धारण करना है।"

"एकोहम बहुस्याम!" भरत ने कहा– "तो तुम वेदान्त सुन चुकी हो? तुम भाग्यशाली हो देवि!" भरत ने कहा– "जो ऐसा पिता–पितृ तुमको मिला। तुम सब निस्संदेह पूज्य विदेह राजा जनक की मानस पुत्रियाँ ही हो।"

"और आप भी धन्य हैं! जिन्हें विदेह जैसा श्वसुर मिला।" माण्डवी ने तनिक उत्साहपूर्वक कहा– "किन्तु......"

भरत चमके; पूछा– "किन्तु क्या........?"

"यही कि आप संसार त्याग देंगे तो वह मुझे आपके चरणों में फैंक नहीं देते।" माण्डवी ने कहा– "घर बाहर, राज्य सब कुछ त्याग दिया है आपने। संसार त्याग दिया है न आपने?"

भरत- "राम के बिना मैं जगत सुनसान पाता हूँ। राम के बिना मैं सृष्टि व्यर्थ पाता हूँ। संसार? राम को भूलकर देह को तृप्त करने का जीवन ही तो है। निस्संदेह राम की प्रतीक्षा में संसार का बोझ पलकों पर लाद कर नहीं रख सकता, आर्ये! समझती क्यों नहीं?"

"स्त्रियों में क्या बुद्धि होती है?" माण्डवी ने पूछा– "पुरुष के लिये स्त्री केवल सम्बोधन के लिए 'आर्या' है। कहने के लिए आर्या है, संसार को सुनाने के लिए धर्मपत्नी है, जीवन–संगिनी? मैं यदि आपकी हूँ तो मुझे भी रामजी की प्रतीक्षा तपस्विनी की भांति आप के साथ करने क्यों नहीं देते?"

"तुम्हारा श्री राम के वापस आने तक प्रथम और अन्तिम कर्त्तव्य माताओं की सेवा करना है– पति–सेवा नहीं, देवि!" भरत ने कहा– "राम लक्ष्मण, जानकी जब तक वन–वन की ठोकरें खा रहे हैं, तब तक संसार का सुख कैसा? राम जब नंगे पाँव, धनुष–बाण लेकर पृथ्वी पर विचर रहे हैं, तब गृहस्थाश्रम का सुख और दुःख कैसा?"

"राम वापस आएँगे– मेरा मन कहता है, आर्यपुत्र!" माण्डवी ने कहा– "राम को मैं तुमसे नहीं, सबसे अधिक जानता हूँ।" भरत ने स्वयं में खो जाते हुए कहा– "राम का मन जगत में नहीं है– संसार तथा राज्य में नहीं है। राम भगवती सीता में ही रमे हुए हैं और उधर योगियों के चित्त में ही रमण कर रहे हैं। एक बार जो त्याग दिया, उसे क्या राम पुनः स्वीकार करेंगे? नहीं, देवि! राम राक्षसों का संहार कर तथा पृथ्वी को अभय प्रदान कर पुनः चले जायेंगे।"

"कहाँ?" माण्डवी ने पूछ लिया।

"अपने परम् धाम, देवि!" भरत ने कहा।

15

कौशल्या ने नयन मूँदे और सहज ही उच्छ्वासपूर्वक कहा– "राम!" राम शब्द–ध्वनि कौशल्या के मुख से निसृत होकर मानो कौशल्या के कानों में ही समा गयी। कौशल्या जैसे एक उदासीन, उन्मनी, चिन्ता की ज्वाला ही हो गयी थी। "राम!" उच्छ्वासपूर्वक कभी–कभी पुकार उठतीं। वही पूजा, वही कार्य। श्री राम के पंछियों का दाणा–पाणी वह स्वयं करतीं। श्री राम के प्रिय अश्वों को वह जाकर सुल्हातीं, उनकी सेवा करतीं तथा उनसे कभी–कभी मन हल्का करने के लिए बातचीत भी करतीं। श्री राम को तुम मुझसे अधिक जानते हो–तुम्हारी पीठ पर बैठकर उछलता तो था। तुम्हें सरपट दौड़ाने को उकसाकर वह भी जैसे तुम्हारी पीठ पर उछल–उछल कर मचलता जो था। अश्व की पीठ पर श्री राम को मैंने देखा है। तुमने भी क्या अपनी पीठ पर राम को चढ़े, धनुष–बाण लिए बैठे देखा है? राम! मूक–मौन भी कौशल्या कभी–कभी मन में ही चीत्कार कर उठतीं। "राम" शब्द– ध्वनि जैसे कौशल्या के रंध्रों में स्वयं ही उकसती रहती। उन ताम्र–स्वर्ण रंगी नयनों में जैसे राम की कोई निराकार छबि–आभा भरी रहती है। राम के वन चले जाने पर कौशल्या निराश नहीं, हतप्रभ हो गयी थीं। कहाँ तो वह राजमुकुट– मण्डित श्री राम नमित मस्तक को सूँघकर सदैव के लिए कृत कृत्य हो जाना चाहती थीं और कहाँ वह शून्य उदासीन बेकली उनके भयत्रस्त शून्य नयनों में आ–भरी। कौशल्या श्री राम के वन जाने के दुर्दान्त समाचार सुनकर एक बार ही ठिठककर स्तब्ध तथा भयत्रस्त हो गई थीं। "राम! वन में–राम वन जायेंगे। कैसे?...... क्यों? नहीं, राम वन नहीं जायेगा।" कौशल्या स्वयं ही चीत्कार कर उठी थीं। "वन में जायें राम के शत्रु। राम क्यों वन जायेगा भला? क्या अपराध किया है राम ने? राम वन में जायेगा– नहीं........ मैं चली जाऊँगी। राम अयोध्या के इन राजप्रासादों में सदैव की भांति मेरे नयनों में समाये रहेगा। कौशल्या के दुखी मन में कभी–कभी व्यंग्य भभक उठता– तुमने मुझे विष दे दिया होता, अपने शब्द–बेधी बाण से भेद दिया होता–किन्तु नहीं, यह तुमने राम को वनवास दिया, उस कलमुँही के कहने से मेरे राम को वन भेज दिया–चौदह वर्षों के लिए, तुमने! किन्तु अब तुमको कहूँ तो क्या

कहूँ? कोसूँ तो क्यों? भाग्य! मेरा ही यह भाग्य है! शान्त कौशल्या! तू एक दुर्भागी, उदास, हतभाग्य मानवी मात्र है। तू राज्ञी नहीं, राजमाता नहीं-तू अब एक विधवा स्त्री है– एक दयनीय नारी। हाँ तू असहाय अबला है, एक स्त्री।" कौशल्या ने निसास रखा– "मैं अबला? असहाय? नहीं........ नहीं....... मैं श्री राम की माँ हूँ। राम–जननी कौशल्या हूँ मैं। जीवन भर तक पति का तिरस्कार सहा, सौत का व्यंग्य झेला, अपमान-पद-पद पर अपमान के अंगारों से दझी। मैं एक दग्ध, घायल मानवी तो हूँ, किन्तु कौशल्या राजमाता महाराज्ञी कौशल्या हूँ।" कौशल्या अपनी शैया पर ही जैसे जगत से अचेत होकर राम की धुन में अचेतन सी हो गई।

कौशल्या को अपने भूताकाश में अयोध्या के प्रासादों के मुख्य विशाल प्रांगण में महाराज दशरथ मूर्च्छित दिखे; फिर सुदूर धूलि के बादलों में एक स्वर्ण–रजत रथ दिखा। लोगों की भीड़ हड़कंप करती हुई धँसती दिखाई दी। श्री राम–जानकी और लक्ष्मण के रथ को घेर कर लोग बैठे हुए दिखाई दिये। ध्वनियाँ सुनाई दीं– "नहीं, नहीं, नहीं-रथ नहीं हिलेगा-राम वन नहीं जायेंगे, नहीं।" कौशल्या चिल्लाकर जाग उठीं– "नहीं......."

"श्रद्धेया? श्रीमती!" चिल्लाती हुई परिचरिका ने कक्ष में धँस आते हुए कहा– "जी, महिषी महोदये जी!"

कौशल्या ने उसको न तो देखा, न ही सुना। "राम का रथ नहीं जायेगा। नहीं।"

"श्रीमती!" परिचारिका भयभीत सी बोली– "स्वामिनी!"

कौशल्या जागीं, चिहुँकी– "राम वन नहीं जायेगा। कौन है वह जो मेरे राम को वन भेज रहा है? कौन?"

परिचारिका ने पुनः कहा– "श्रीमती! आधी रात बीत रही है और सब सो रहे हैं। राम तो वन कभी से सिधार गये, जी।"

कौशल्या रोम–रोम में जागीं– "मुझे ज्ञात है। राम पिता का वचन पालने वन चला गया, वचन! रघुकुल की रीति! तब मातृभक्त नहीं निकला; पितृभक्त ही ठहरा। पिता महाराज दशरथ ने क्या न्याय किया? मैं पूछती हूँ न्याय किया क्या?"

परिचारिका ने महाराज्ञी कौशल्या के चरण थामते हुए कहा- "यह सब विधि–विधाता का खेल है, श्रीमती जी!"

"विधाता?" कौशल्या ने अपलक दृष्टि से स्वयं में मानो निहारते हुए कहा– "तब विधाता अन्याय करता है या होने देता है। मैं कहती हूँ कि महाराज ने न्याय नहीं किया। भरत को राज्य देने के लिये किसने मना किया था भला! राज्य तुम्हारा था। भरत को देने का आपको अधिकार था– मैं जानती थी राम को तो राज्याभिषेक की मनुहार की गई थी– राज्य तो कैकई से विवाह करते समय ही भरत के लिए प्रतिश्रुत था। था, या नहीं, बोल?"

"जी! सुनती हूँ– था।" परिचारिका ने कहा।

"था, था, था।" कौशल्या उठ खड़ी हुई। अयोध्या का यह राजप्रासाद राजनीति की सन्धियाँ–दुरभिसंधियाँ, प्रतारणाओं–इन सब का गर्भ-प्रासाद भी है। राज्य? सन्धि है, दुरभिसन्धि है, प्रतारणा है, मारकाट है, युद्ध है–छल है यह राज्य। राजा सर्प है– द्विजिह्व सुना।"

"जी! जी"– परिचारिका ने कहा– "इसीलिए तो राज्य की गतिविधि को काल की गतिविधि कहा गया है।"

"तू यह सब कैसे जानती है? तू क्या ऋषि है? महर्षि है?" कौशल्या ने पूछा।

"नहीं जी।" परिचारिका बोली– "मैं तो मरणाधीन मानवी हूँ, रंक हूँ– प्रतिभा तथा प्रतिष्ठा से हीन एक नारी हूँ, किन्तु महर्षि वशिष्ठ के यहाँ रही हूँ। वहीं मैंने यह सब चुपचाप सुना है।"

"शूद्र को वेद सुनना तक मना है।"– कौशल्या बोली।

"शूद्र को ज्ञान प्राप्त करना मना नहीं है।" परिचारिका बोली– "मानव का उद्भव ही ज्ञान से हुआ है।"

"अमृत्व से।" कौशल्या ने कहा– "तू... तू साधिका है?"

"मैं तो श्रीमती की सेविका मात्र हूँ।" परिचारिका ने कहा।

कौशल्या ने परिचारिका को उठाते हुए कहा– "तूने मुझे क्षण भर के लिए ही सही, राम के वियोग की ज्वाला से तनिक दूर किया है। तू–तू मेरी सखी है, परिचारिका अब नहीं। मुझे महर्षि वशिष्ठ के उपदेश सुनाया कर। समझी?"

"राम की माता को कौन महर्षि उपदेश दे सकता है, श्रीमती! राम की माँ ही जगत तथा जीव के लिए जगदम्बा है। आप जगदम्बा हैं, श्रीमती!"

"जगदम्बा–मैं? नहीं, रे!" कौशल्या ने सिर धुनाया और कहा– "नहीं, मैं एक साहसहीन, शौर्यहीन, मरणाधीन महिला हूँ। राम को वन जाने से रोक नहीं सकी। उसको दृढतापूर्वक मना नहीं कर सकी। क्या श्री राम का पालन–पोषण मैं आज करती हूँ। आँचल में दूध पिलाने तक माता थी– माँ थी, अब नहीं। मैं.... राम की माता कब की मर चुकी हूँ– हाँ।"

परिचारिका ने कहा– "ईश्वर मिट सकता है, माँ नहीं। आप श्री रामजी की ही नहीं, हम सब की माँ हैं, रही हैं और रहेंगी। आपने अयोध्या के विशाल राजमन्दिरों की उद्भिदजों को भी जल पिलाया है, फूलों के हार बनाकर देवताओं को चढ़ाये हैं। आपने कीट–पतंग और पक्षियों को सदैव अन्न तथा जल से भरपूर रखा है। रजत तथा कनक के विशाल पात्रों में सरयू के नीर भरकर आपने पंछियों को पिलाया है और आज भी पिला रही हैं। मैंने कई बार श्रीमती के ऐसे दर्शन किये हैं। अन्न–क्षेत्र तो यह समस्त अयोध्या ही हो गयी है। माँ कौशल्या का अन्न क्षेत्र भिक्षुकों ही नहीं, छात्रों, पंडितों, अभ्यागतों, भोजनाभिलाषियों के लिए चतुर्दिक विख्यात है और आज तो श्री रामजी को वापस लौटाने के लिए एक अभिमन्त्रणा सा हो गया है। इस जगत तथा जीवन के लिए जगदम्बा जो करती है, आप भी करती रहती हैं। इसलिए आप जगदम्बा हैं।"

कौशल्या ने परिचारिका को हृदय से लगाते हुए कहा– "मैं नहीं, नहीं रे! तू–तू समझी? नारी मात्र उसी परात्पर परमेश्वर के स्वरुप हैं– मैं माँ हूँ–तो तू सेविका है। माँ ही तो सेविका है–सच्ची सेविका, इस जगत की, जगत की सृष्टियों की, जीव की। जीव को माँ तथा सेविका ही तो चाहिये। राम! क्यों री, राम वापस आएगा या नहीं?"

परिचारिका– "क्यों नहीं? अवश्य ही आयेंगे।"

कौशल्या ने परिचारिका का माथा सूँघते हुए कहा– "जीती रह पुत्री!"

* * * * *

राजमन्दिर के विशाल शिव मन्दिर में शिवरात्रि का रात्रि जागरण हो रहा था। सभी थे– ऋषि–मण्डल के ऋषिगण, मन्त्रिमण्डल के सदस्य, विशिष्ट पुरजन, परिजन एवं समूचा राजप्रासाद उपस्थित था। शिव मन्दिर के विशाल मण्डप में मानो एक बार और राजसभा ही जुटी थी। शिवलिंग के एक ओर महात्मा भरत बैठे थे, दूसरी ओर शत्रुघ्न सुशोभित थे। महर्षि वशिष्ठ अपने पुरोहित के आसन पर

विराजमान थे और शिव-पूजन का अधिष्ठान ही कर रहे थे। अयोध्या के राजप्रासाद की यह शिवरात्रि समस्त कौशल महाराज्य में प्रसिद्ध थी। इक्ष्वाकु वंश में सनातन से शिव एवं सूर्य की उपासना चली आ रही थी। सूर्य ही रूद्र थे, शिव थे– परम् ब्रह्म एवं परम् शिव थे। सूर्यनारायण ही जैसे इक्ष्वाकु वंश की अबाध क्षमता के तेज थे; पारदर्शी, सुन्दर और शिवत्व से पूर्ण प्रतिभा की शक्ति थे। सूर्य आर्य्य क्षत्रियों के नयनों की मानो दृष्टि थे– बुद्धि की मति एवं कृति की धृति थे। सूर्यवंशी रघुवंशियों का प्राण शिवमय था तो स्वाँस सूर्य में ही रमा हुआ था। अतः प्राचीन काल से इक्ष्वाकु वंश में सूर्य, शक्ति-जगदम्बा, श्री गणेश, शिव तथा विष्णु की आराधना होती ही चली आ रही थी। रघुवंशी शिशु सूर्य को प्रथम अर्घ्य देता था, जगदम्बा का प्रथम स्तनपान करता था, शिव की विभूति मस्तक पर लगाता था तथा श्री गणेश का मोदक प्रसाद रुप पाता था। विष्णु के चतुर्भुजों की वह वन्दना करता था। श्री विष्णु ही रघुवंशी के मन में श्री गणेश हो जाते थे; हृदय में शिव तथा बाहुओं में शक्ति होकर मानो छाये रहते थे। इसीलिए श्री राम जन्म से ही शिव को भजते थे, विष्णु की वन्दना करते तथा परात्पर शक्ति का आह्वान करते थे। इक्ष्वाकु वंश के महान पितृगण मानो ब्रह्मा-विष्णु, महेश की दिव्य दिव्यताओं से प्रेरित महाप्राण व्यक्ति थे और अब आज श्री राम, लक्ष्मण, भरत और शत्रुघ्न के स्वरुप में आर्य्य राष्ट्र के चारों पदार्थों की साधना के लिए सामाजिक नेतृत्व थे; सांस्कृतिक विश्वास तथा धार्मिक प्रेरणा बन गये थे। श्री राम स्वतः ही जैसे शिव का ध्यान करने लगते थे। शिव-धनुष इसीलिए श्री राम के स्पर्श मात्र से मानो शिव की गहन मुस्कराहट से ही निष्प्रभ हो गया था। श्री राम ने कहा भी था– "महर्षे! मुझे शिव कर्षित करते हैं– विष्णु मुझको प्रभावित-प्रेरित करते हैं– किन्तु शिव.....।"

"शिव-सम्भोग!" सहसा ध्वनि उठी– "मेरे राम की रक्षा कर। देवाधिदेव, हे महाकाल! तेरी जय हो....!" कौशल्या जी ने कहा– "अब....... अब सहा नहीं जाता, प्रभो!"

सुमित्रा जी बोली– "हाँ भगवन्! और हम अबला कर ही क्या सकती हैं। महारानी कैकई ही केवल सबला हैं, जगत में हम नहीं– हम? अबला!"

सहसा कैकई ने तीव्र अमर्ष भरे स्वर में कहा– "सुमित्रा जी! क्यों? ठीक तो है।" सुमित्रा जी ने कहा– "जो राम जी को वन भेज सकती है, वही तो सबला है– शेष अबला ही तो।"

कैकेई ने क्रोध से तप्त होते हुए कहा– "राम के वन जाते ही मुझे जैसे एक भूकंप ने घेर लिया है और मैंने चुप–मूक–मौन बने रहने का संकल्प कर लिया है। अयोध्या से चित्रकूट तक मैंने भरत की निर्दय भर्त्सना सही है और मूक बनी रही हूँ, पर सौत का व्यंग्य मुझसे सुना नहीं जाएगा-सहा भी नहीं जायेगा। राम जैसे तुम्हारे ही हों।"

"जी? आपका क्या लगता है राम?" सुमित्रा ने पूछा।

"श्री राम मेरा प्रारब्ध है, भाग्य है–भविष्य।" कैकई बोली- "राम मेरा अन्तरात्मा है, श्रीमती सुमित्रा जी!"

"और भरत? शत्रुघ्न?" सुमित्रा ने पूछा।

"भरत?" कैकई ने स्वयं से ही पूछा– "शत्रुघ्न? छोड़िये, सुमित्रा जी! घावों को कुरेदा नहीं जाता। आघात को तोला नहीं जा सकता। भरत? मेरे लिए अब महाराजा राजेश्वर रघुकुलमणि कौशलाधीश हैं तथा शत्रुघ्न? महामात्य महासेनापति, महाधिष्ठाता है। मैं उनकी दीन–हीन शठ प्रजा हूँ। अब! शान्त हो जाओ, सुमित्रा! विधाता के मरणासन्न आघात सहना आपके बूते की बात नहीं है।"

सुमित्रा जी ने सव्यंग्य हँसते हुए कहा– "जी, सत्य कहा श्रीमती ने। भाग्य के दुर्दान्त आघात न तो हम कर सकती हैं तथा न ही सह सकती हैं।"

कैकई सव्यंग्य हँसी– "जी, जानती हूँ। तभी तो कह रही हूँ। सहना मेरा ही सौभाग्य है, श्रीमती!"

कौशल्या जी ने कहा– "भरी सभा का विचार कीजिये, कैकई जी! हम आपको क्षमा भी कर देंगे, किन्तु क्या ईश्वर कर देगा? नहीं।"

कैकई ने सहसा जैसे कहा– "राम कर देगा। राम, हाँ, श्री राम ने मुझे अपनी माँ माना है। राम मेरा........ मेरे अन्तःकरण का सपूत है।"

कैकई ने सव्यंग्य कौशल्या जी को घूरा– "सभा का विचार–ठीक है, करूँगी। पुनः मौन ग्रहण करती हूँ। विधाता चाहे उतना दण्ड मुझे दे-स्वीकार करूँगी– आपका व्यंग्य नहीं।"

कौशल्या ने तनिक सहमते हुए कहा– "हम व्यंग्य कर रही हैं? नहीं तो........ भरत, सुना? तेरी मांताजी क्या कह रही है?"

भरत ने कैकई को तनिक घूरा, कहा– "राजमाता को सब कुछ कहने का स्वतः ही सत्व है, माँ! महारानी कैकई हम सब की पूज्या ही रही हैं। मैं तो उनसे यही प्रार्थना करूँगा कि वह या तो भगवान धूर्जटी के चरणों में मन लगावें– अथवा........."

"यहाँ से उठकर चली जाएं........" कैकई ने भरत को घूरते हुए कहा– "अब सभी सीमाएं तुम लाँघ गये हो। तुम्हारी अनवरत भर्त्सना से मैं, तुम्हारी जननी मिट नहीं जायेगी। समाज और राष्ट्र, जाति और धर्म, पुरजन, परिजन सभी जानते हैं– मैंने तुमको जन्म दिया है। ईश्वर और विधाता यह जानते हैं कि मैं तुम्हारी माँ हूँ– जननी। मैं तुम्हारी सेविका नहीं हूँ, महाराजा भरत! नन्दीग्राम में सन्त– शिरोमणि बनकर विराज तो रहे हो, किन्तु राज तो मैंने ही तुमको दिलवाया है।"

"राज।" भरत ने सहज चीत्कार पूर्वक कहा– "मैंने आपसे कभी कुछ नहीं माँगा। राज तो क्या–कुछ भी तो नहीं चाहा– मैंने, मैंने आपसे राम अवश्य चाहा था, किन्तु तुमने राम को मुझ से छीन लिया और घोर वन में धकेल दिया। मेरी अनिंद्य सती–शिरोमणि भाभी को लेकर मेरा राम पर्ण–कुटिया में बैठा है। न जाने क्या बीत रही होगी, वैदेही पर? महारानी कैकई? कभी आपने सोचा है? निर्मम हैं आप महारानी कैकई!"

"पाषाण हूँ मैं, अब बस कर भरत!" कैकई ने गुहार की– "ऋषि–मुनियों! लोगों! कह दो– क्या मैं इस भरत की माँ नहीं हूँ? राज क्या मैंने अपने लिए माँगा? राम को वनवास भी मैंने भरत के राज्य के योगक्षेम के लिए ही माँगा था। अवश्य, राजा चाहे भाई हो, पिता हो, माता हो–राज तो राजा को सदा भय से घेरे रहता है। राजा कोई किसी की कृपा नहीं, वरदान भी नहीं है। अदम्य साहस और शक्ति तथा विलक्षण बुद्धिमत्ता द्वारा ही राज प्राप्त किया जाता है, धारण किया जाता तथा पैरों तले रखा जा सकता है। मैं ऋषि–मुनियों की साक्षी से कहती हूँ– श्री राम– वियोग का यह अभिनाट्य बहुत हो चुका। राज कर! राज्य तुमको मैंने अपना रूप–यौवन, भाग्य तथा भविष्य सब–कुछ तेरे पिता को अर्पित कर, तेरे लिये वरण किया है, सुना?"

"सुना, श्रीमती कैकई!" भरत ने कहा– "निस्संदेह मैं घोर पाप, अंधकार तथा निविड़ मोह का ही परिणाम हूँ। मैं मानव कहने मात्र का हूँ। मैं जब दानव हूँ– कैकई! आपकी और मेरी यह कहानी चलती ही रहेगी। मैं–मैं तुम्हारे अन्याय द्वारा

प्राप्त राज्य को श्री राम के चरणों में त्याग चुका हूँ। अब राज तो श्री राम का ही है, था और होगा।"

कैकेई हँसी– "लोगों! राज तो अन्ततोगत्वा प्रजा का है। इस मेरे स्वनाम–धन्यपूत को समझा दो। वंशानुगत राजा प्रजा के इस राज का संरक्षक, पालक तथा नियामक ही होता है। राज्य न महामना महाराज दशरथ का था और न ही प्रतापी रघुवंश का है। न ये राम का है, न भरत का। राज्य जन–जन का है। अवश्य धरती की जनता का राज्य पितृओं के तप तथा पुरुषार्थ से ही वंशानुगत उत्तराधिकारी को मिलता है। आज मैं इस भरत की घोर भर्त्सना से धराशायी आप सभी प्रजाजनों की सभा में न्याय माँगती हूँ। मुझे बताया जाय–भरत के प्रति मैंने क्या पाप किया है? राम को लेकर मैंने क्या अन्याय किया है? और प्रजा को लेकर मैंने क्या अधर्म किया है?"

महर्षि वशिष्ठ ने शान्त–गम्भीर स्वर में कहा– "यह सभा तो श्री राम की सहायतार्थ क्या किया जाय–यह निर्णय करने के लिए आमंत्रित की गई है। भरत जानना चाहते थे कि हम राक्षसों के विरुद्ध श्री राम के अभियान में उनकी क्या सहायता करें, किन्तु महाराणी कैकेई ने इसे पुकार कर धर्म सभा में बदल दिया है। किन्तु यह रघुकुल की दिव्य परम्परा के विपरीत है। माँ अपने पूत को लेकर प्रजा से गुहार करे और वह भी राज़ी हो। नहीं महाराज भरत! नहीं! महारानी कैकेई! आप भी हठ त्याग दें और......."

कैकेई ने बीच में ही कहा– "भरत से कहिये, महर्षि जी! वह मेरे और राम के मध्य से हट जाय। सब सुन लें–महाराजा चक्रवर्ती दशरथ, मेरे पति, स्वामी, मेरे भर्ता का महाराज्य मेरा सत्व था। मेरे विवाह की यही शर्त थी। आप क्या नहीं जानते, महर्षे यह रहस्य?"

महर्षि वशिष्ठ ने सस्मित कहा– "राज्य स्वयं रहस्यमय गतिविधि है, मंत्रणा है। आपके विवाह के उस वचन से रघुकुल के महाराज्य की सनातन परम्परा अन्यथा नहीं हो जाती, महोदया!"

कैकेई ने सहसा जैसे कहा– "रघुकुल की परम्परा सदा बनी रहे- मैंने भरत के लिए राज्य माँगा, महाराज ने अपने वचन की पूर्ति चाही, वह भी रघुकुल की रीति के अंतर्गत, अनुसार ही थी, महर्षे!"

"अवश्य थी, राज्ञी!" महर्षि वशिष्ठ ने कहा– "किन्तु यह रघुकुल के राज्य सिंहासन की अक्षुण्ण मर्य्यादा का भी प्रश्न था, महादेवी!"

"तो क्या वह मर्य्यादा मैंने भंग की? महाराज ने की। मुझसे विवाह करते समय महाराजा चक्रवर्ती कौशलाधीश ने ही आश्वासन दिया था कि मेरी कोख से उत्पन्न ज्येष्ठ पुत्र ही कौशल के राज्यसिंहासन पर बैठेगा। स्वयं राम ने आपत्ति की है।"

"क्या?" शत्रुघ्न ने बीच में ही पूछा।

"यह कि ज्येष्ठ पुत्र को ही राजगद्दी क्यों?" कैकई ने अमर्षपूर्वक कहा– "योग्य, वीर–धीर, सत्यवादी, न्यायमूर्ति राजपुत्र का ही राजतिलक होना चाहिये। भरत में यही सभी गुण नहीं हैं क्या? हैं। राम और भरत रोम–रोम में समान हैं, महर्षे! और शत्रुघ्न चुप रह। तू भरत का एक अनुचर हो गया है। मुझ पर शासन नहीं करना, समझा?"

"जी!" शत्रुघ्न ने कहा– "पता चल गया, आप जननी पीछे, पहिले नारी हैं।"

"मायाविनी!" भरत ने कहा– "शत्रुघ्न! महाराणी कैकई से विवाद मत करो। इनकी सुन लो। विष के घूँट यह जो पिला रही है, मूक पिलो। जो श्री राम को वनवास दे सकती है, वह अपने पुत्र का इहलोक और परलोक भी बिगाड़ सकती है।"

"सुधार सकती है, नादान!" कैकई ने कहा– "मैं जाती हूँ, अपने सूने आवास में जाती हूँ। भरत, सुन ले–मुझे अब तुम्हारे राज्य–वैभव तथा ऐश्वर्य से कोई अर्थ नहीं है। मैं तुम्हारा दुर्भाग्य ही सही, मैं जननी की कोख का पाप ही सही, किन्तु मैं भी राजपुत्री तथा राजवधू हूँ– महारानी हूँ। राजमाता का यथोचित सम्मान करना तुम्हारा धर्म है, सुना? मुझे पता है, श्रीमती कौशल्या देवी ने तुम्हें सम्मोहित कर रखा है, किन्तु मैं श्रीमती कौशल्या देवी का मर्म जानती हूँ। राम को राज्य मैं वापस करूँगी, समझा! तू मेरा माँगा और पिता का दिया हुआ राज्य नहीं चाहता; तो वह मैं वापस लेकर राम को दे दूँगी। राम भी मेरा पुत्र है। अन्तःकरण का बेटा है। तू मेरी कोख का जाया पुत्र है, राम अन्तरात्मा का आविर्भूत वत्स है। राम! हाँ राम! भरी सभा में आज मैं तुमसे क्षमा–याचना करती हूँ। मुझे क्षमा कर दे राम! तू जानता है, वनवास मैंने जगद्कल्याण के लिए ही माँगा था, राज्य के लिए नहीं तू इस धरती पर गौ, भक्त, सन्त और सज्जन का दुःख मेटने के लिए ही आया है।

राम! मैं जानती हूँ– आदि से....... अनादि से मैं जानती हूँ, तू ऋषि–मुनियों का आराध्य, भवयोनियों का मित्र, पतित–पावन महापुरुष है। हाँ, महर्षे! राम–प्रभो का मनुजावतार है।"

सहसा भरत उत्ताल हास्य हँसे– "वाह! महारानी कैकई, वाह! क्या अभिनाट्य है! राम क्षमा भी कर दें...... मैं नहीं। भरत आपको कभी, किसी जन्म में भी क्षमा नहीं कर सकता। राज्य क्या मैंने माँगा था? राज्य क्या मुझे चाहिये था? नहीं, राज्य आपको चाहिये था। मेरे द्वारा आप सभी माताओं पर राज्य करना चाहती थीं। कौशल का यह विश्रुत महाराज्य अपने पीहर में मिला देना चाहती थीं। कौशल महाराज्य की प्रजा को अपने पितृ राज्य की दास बना देना चाहती थी। महारानी कैकई? राम से क्षमा मत माँगो– दया की भीख माँगो। तुम्हारा दिया हुआ शरीर मैं तिल–तिल सुखा दूँगा। राम वापस नहीं आए तो अग्नि में जल मरूँगा लेकिन तुम्हारे चरण नहीं छूऊँगा..... नहीं।"

कैकई ने अपने दोनों मृणाल–बाहुओं को गगन में फैलाते हुए कहा– "मत छू मेरे चरण– मैं भी नहीं चाहती कि तू मेरे चरण छूए। तेरा स्पर्श पाकर मैं क्या करूँगी अब? तू मुझे नकार चुका है, मेरा तिरस्कार कर चुका है। मैं तेरे लिए अब तेरी जननी नहीं रही। सन्तति की उत्पत्ति का एक घोर पाप हो गई हूँ। भरत! मुझे खेद है तो इतना ही कि तू कपूत नहीं है। राम का भाई, रघुवंश का मुकुट–मणि सपूत है।"

भरत ने रोम–रोम में हहर कर पुकार– "माँ!"

कैकई झूम उठी। भरत को बाहों में भरकर बोली– "भरत........!"

* * * * *

आधी रात के सुनसान अँधेरे में भरत चौंक उठे। दीपक की मन्द स्थिर लौ को देखते हुए वह उठ बैठे। माँ–भरत को वह अपनी ही चीत्कार सुनाई दी 'माँ–माँ'। भरत के भूताकाश में भावना की आँधियाँ उठ आईं और गहरे विश्वास में समा गई। माँ–हाँ, माँ–भरत मन ही मन स्वयं से ही कहने लगे– "इस देह की शरीर की माँ है– पंचभूत–पंचकृत देह की माँ है वह। हाँ, तुम महारानी कैकई! मेरे इस भव के देह की जननी हो, जनेता। किन्तु क्या मैं पंचभूत का पुतला भर हूँ? नहीं, नहीं, नहीं मैं स्वप्न और स्मृतियों का तेजस भी हूँ। मैं मुह्यमान अज्ञात गूढ़तम कारण की

मूर्ति भी हूँ। मैं........ मैं कारण के परे और पार तुरीय भी हूँ। मैं उस सच्चिदानन्द घन राम के चरणों में पड़ा एक ज्योतिर्मय प्रसून ही हूँ मैं अपने त्रिपुर के परे और पार हूँ– अनादि हूँ, सनातन तथा शाश्वत अस्तित्व भी हूँ। तुमने स्थूल देह दिया– आभारी हूँ। किन्तु सीता राम के श्री चरणों का एकान्त अनुरागी मैं भरत इस स्थूल देह को निस्संदेह त्याग दूँगा। राम! तुमको....... तुमको अयोध्या वापस लौटना ही होगा। वचन दिया है तुमने, मेरे राम! चौदह वर्षों की अन्तिम रात के व्यतीत होते ही मैं नव-प्रभात में अयोध्या में आपके दर्शन करूँगा। सरयू के विस्तृत तट पर मैं आपका-माताओं, ऋषि-मुनियों, पुरजनों, परिजनों के साथ स्वागत करूँगा तथा मेरे अश्रु जल से तुम्हारे थके, श्रमसीदित चरणों का प्रक्षालन करूँगा। हाँ राम! यह मेरा प्रायश्चित है। कैकई तुम पश्चात्ताप की शीत आग्नि में जलती रहोगी– हाँ, मातेश्वरी जननी श्री! प्रभु से विमुख जीव को शान्ति कहाँ? तुम राम से विमुख हो गई– राज्य के रत्न-जटित स्वर्ण सिंहासन के खिलौने के लिए? श्री राम-चरण रत्न-जटित नहीं हैं। ये धूलि-धूसरित श्री चरण हैं, दिव्य चरणारविन्द हैं– दिव्य चरणारविन्द श्री राम के। भरत के विशाल नयन स्वतः ही मुंद गये। वे बडरे सरोज-नयन श्री राम के चरणों की दिव्य नख-छवि की सुन्दर आभा से ही भरकर शिथिला गये। भरत कुटिया और उसका दीप-शिखा का मंथर अंधकार भूल गये। अपने भूताकाश के पार चित्ताकाश में जाकर श्री राम की कुटिया के शान्त गगन में जा लहरे। तभी भरत को अपने चिदाकाश में ज्योति का अपरम्पार लहराता हुआ दिखा। उस घनश्याम दिव्य-भव्य ज्योतिर्मय आलोकमय श्री राम-चरणों के दिव्य कमल प्रगट होकर विहर उठे। श्री-श्री राम- चरणारविन्द! भरत मन ही मन चिहुँक उठे– "राम! मेरे राम!" भरत अपने शान्त, घनीभूत, किन्तु असीम से चिदाकाश की दिव्य आभा में श्री राम के दिव्य चरण कमलों को उभरते, लहरते, विहरते हुए देखते रहे। भरत रोम-रोम में स्वयं ही रम गये, रग-रग में लीन हो गये तथा उनके कल्प-कल्पों के भव- स्वप्न एकाकार होकर श्री राम के चरण कमलों में समा गये।"

"राम!" ध्वनि-प्रतिध्वनि-प्रतिध्वनि-ध्वनि! भरत के मन में सभी गगन, सभी व्योम, सभी आकाश गूँजकर मानो अगाध सजीव मौन में मूक हो गये। "राम!" भरत का अन्तःकरण स्वतः ही पुरावाक् में बोल उठा– "राम!" आधी रात के गहन सुनसान में भरत को लगा उनके अन्तःकरण का शब्द- श्री राम! ग्रहों से टकरा, नक्षत्रों को स्पर्श कर, स्वयं ही गूँजने लगा तथा निहारिकाओं में झूमता हुआ प्रत्येक

तारे में झीम उठा। 'राम'–भरत मूक–मौन, मूढ़, बधिर के समान इन मौन भरे अनहदनाद को सुनते रहे। इन्द्रियों के सन्निकर्ष से परे, प्राणों के पार, मन से उपरत तथा बुद्धि से दूर, चित्त के अगाध में आल्होड़ित यह शाश्वत जीव के अणु और विराट् अहम् की मानो मूक–मौन चीत्कार थी: "राम! राम मेरे!" भरत ने सिर धुनाया तथा अँधेरे सतार गगन को पुकार कर कहा– "अयोध्या वापस आना है, राम! आपको–तुमको अपना राज सम्भालना है। मैं तो अब भवों से अघा गया हूँ; भव–बन्धनों से बन्धकर सर्वथा जीर्ण हो गया हूँ। अनन्त कोटि ब्रह्माण्डों की भव–यात्राएं कर अब सदैव के लिए थक गया हूँ– विराम चाहता हूँ अब। अब भव लेना नहीं चाहता, मेरे राम!"

अँधेरी रात की उस सतार आभा में भरत के कमल–लोचनों से अश्रुधारा बह उठी– "राम! मेरे इस पाप स्वरुप जन्म का कल्मष तुम्हारे नाम से ही मिट सकता है। प्रायश्चित की यह आग तुम्हारी दया से ही बुझ सकती है। क्षमा करो, राम! कैकई पर दया करो और हमें क्षमा करो, राम! हम वास्तव में हीन हैं, अनाथ हैं, जड़ हैं, मति–मूढ़ हैं तथा पतित जीव हैं। पतित-पावन! दया करो।" भरत की पुकार जैसे गगन के गगन मथ कर, व्योम के व्योम उड़ेल कर पुनः उनके ही अन्तरात्मा के शान्त दिव्य चिद् में लीन हो गई। भरत को लगा; वे काल के अन्तिम छोर पर खड़े किसी अविनाशी को ही पुकार रहे हैं। वह जैसे किसी अविनाशी ध्वनि की अनिवार्य्य प्रतिध्वनि है। 'भरत' जैसे राम के शब्द ब्रह्म की ध्वनि हो– प्रतिध्वनि हो। 'भरत' शब्द अपने सभी स्वर और व्यंजन के साथ, अपनी वैखरी परा और पश्यन्ती पूर्वक 'राम' के अनहद शब्द के अपार गूँजन में लीन हो गया।

भरत के आँसू थम गये; वेदना जैसे सुगन्ध होकर स्वयं ही गन्धहीन सुगन्ध में रम गयी। सभी स्पर्श अस्पर्श होकर एक शान्त दिव्य चेतना में लीन हो गये। सभी रूप जैसे किसी घनश्याम आभा में डूब गये। सभी अग्नियाँ, सभी रस जैसे एक ही नाम में समा गये– "राम"। भरत को लगा, उनके चिदाकाश में दण्डकारण्य की पंचवटी उद्भासित होने लगी है। वह सीधी–साधी पंचवटी–सघन–सजल, शस्य श्यामल पंचवटी–पल्लवित कुसुमित वह पंचवटी और वह राम, वह जानकी और वह भाई लक्ष्मण–हाँ, वही तो–वह तपस्वी लक्ष्मण। भरत जैसे गगन–मण्डल में लक्ष्मण की आलोक भरी छबि को देखने लगे–देखते रहे। उस सघन वटवृक्ष के नीचे श्री राम स्वमग्न बैठे हैं और श्रीमती सीता जानकी पुष्प चयन कर रही हैं–राम

ध्यान–मग्न हैं। किसका ध्यान श्री राम कर रहे हैं? भरत के चिदाकाश में एक अनन्त लहर सी उठी और काल के किनारों को ढहाती हुई अवकाश के अगाध में लीन हो उठी। किसका ध्यान राम करते हैं– स्वयं का? परमात्मा का? जगत का? भवों का?– किसका? भरत मूक से श्री राम को अपने अन्तःकरण में ध्यानस्थ धारित करते बैठे रहे। राम, तुम निश्चित् ही प्रभु के ध्यान में मगन हो। तुम मनुज जो बने हो। जगद्कल्याण के लिए। हे प्रभो! तुम मानव योनि में प्रकट हुए हो। हे कालातीत! तुम कालचक्र में जो बँधे हो। भरत जैसे मन ही मन पुकार उठे– "परम् परिपूर्ण सच्चिदानन्द काल की घोर सीमा में बँधे–बन्ध जाय तो..... तो क्या वह सच्चिदानन्द भाव से बिछल जाता है। यह घनीभूत पीड़ामयी विस्मृति ही तब क्या जीव भावना है?"

भरत को लगा; अनन्त के दिशाहीन अपार से अंधकार की तरंगें सहसा उमड़ने लगीं। सघन घन तिमिर छाने लगा और श्री राम की दिव्यतम धारणा लुप्त होने लगी। कोई विराट् वैश्वानर की घनी तमिस्र आकृति उस काल समुद्र के क्षितिज पर उभरने लगी। भरत मन ही मन भयभीत चीत्कार कर उठे– "महाकाल! हे शिव! हे प्रभो! हे राम! और वह मूर्च्छित से ढल गये– हे राम! चीत्कार–चीत्कार कर उठे और सेवक तत्काल द्वार पर प्रकट हुआ– "प्रभो।"

"हूँ.... कौन?" भरत ने अर्धमूर्च्छित ही कहा– "कौन? राम? राम तुम आ गये क्या?" भरत रोम–रोम में, जागृति में उतर आते हुए बोले– "श्री राम आ गये क्या?"

"जी! अभय श्रीमान्!" सेवक ने विनीत स्वर में कहा– "श्री राम के वनवास के अभी तो कुछ वर्ष शेष हैं।"

"शेष हैं?" भरत ने पुकार कर कहा– "कितने? प्रत्येक दिन प्रत्येक रात्रि की गिनती हो रही है या नहीं? हम राम–वनवास के दिवस गिन नहीं सकते। यह वनवास अनन्त है, भृत्य!..... अनन्त! श्री राम–वनवास की अवधि पूरी होने पर निश्चित् ही अपने परमधाम की ओर विमान से सिधार जाएंगे। अयोध्या नहीं आयेंगे। राम नहीं आये तो.... तो मैं कैसे जीऊँगा? कौशल महाराज्य की विशाल प्रजा कैसे दिन काटेगी? जगत के कल्याण की सिद्धि कैसे टिकी रहेगी? प्राणियों का क्या होगा?"

"जी प्रभो! राम आयेंगे–निश्चित् ही।" सेवक ने कहा।

"तू कैसे कहता है?" भरत ने पूछा।

"आपकी पुकार राम को अयोध्या ले आएगी।" सेवक ने कहा– "आपकी इस वेदनामयी भक्ति से खिंचा आएगा राम, प्रभो।"

भरत ने सिर धुनाया; अपूर्व अमर्षपूर्वक कहा– "नहीं.... नहीं मैं श्री राम को जानता हूँ– राम मेरे रोम–रोम में बसे हुए हैं। सुना तूने? राम को राज्य नहीं चाहिये जगत और जगत के ऐश्वर्य नहीं चाहिए– विवाह होते ही जो वीतराग हो जाय–उस राम को समझना ही होगा। राम को तो आत्माराम ही चाहिये। राक्षसों का समूल नाश कर राम अपने ही परम् में डूब जायेंगे। राम प्रभु का मनुजावतार हैं, तो उद्देश्य की सम्पूर्ति होते ही वे सच्चिदानन्द अपने ही परमधाम में स्वतः लौट जायेगा– अयोध्या क्यों आयेगा? इसीलिए श्री राम से मैंने वचन लिया है कि वे अयोध्या वापस लौटेंगे।"

सेवक ने कहा– "राम अपना वचन निभाएंगे। हाँ प्रभो!"

भरत ने सेवक को निहारते हुए पूछा– "सच? ले, यह ले–तूने मेरे मन की बात कही है।" और भरत ने स्वर्ण मुद्रा की छोटी सी थैली फेंकते हुए मानो पुनः कहा "मानता तो मैं भी हूँ कि राम वचन पालेंगे, किन्तु कभी–कभी मैं आशंकित हो उठता हूँ और तब चीत्कार कर उठता हूँ। मैं अब जीना नहीं चाहता, सेवक! राम को वनवास भेजने वाली और बलात् राम का राज्य छीनने वाली जननी के उदर से जन्म लेकर कौन जीना चाहेंगे भला? मुझे तो कल्पान्त तक नरक में ही वास करना होगा। हाँ, यह मैं जानता हूँ; तभी यहाँ अलख जगाये हुए हूँ। राज्य, स्त्री, पुत्र-कलत्र, रत्नाभरण भूषण– न जाने लोग क्यों चाहते हैं? मुझे तो श्री राम के चरणारविन्द ही चाहिये......."

16

माण्डवी ने शान्त-गम्भीर स्वर में कहा– "श्री राम जी ने आपको वचन दिया है तो अवश्य ही अवधि-समाप्ति पर अयोध्या पधारेंगे– क्यों नहीं?"

भरत ने कुटिया के दर्भासन पर बैठते हुए कहा– "यह तो तुम अपनी यशस्विनी सासूजी से पूछो। विमाता ने वनवास दिया, हाँ। महारानी कैकई ने माता कौशल्या को तो जीवित ही मृत कर दिया। तब श्री राम क्यों अयोध्या लौटेंगे? अयोध्या में श्री राम का रखा ही क्या है? पिता था–चिता की राख हो गया– शिव की प्रिय भस्म हो गया। वह विवश कातर मोहान्ध महाराजा चक्रवर्ती सम्राट दशरथ! कल्पना करो, प्रिये! रूपवती भार्य्या के समक्ष कितना निर्बल, निस्सहाय– कितना! मुझे आज भी रह–रह कर आश्चर्य होता है। ऐसा तो क्या मोह है रूप– यौवन का–क्या?"

माण्डवी हँसी– "मुझसे क्यों पूछते हैं, आर्य्य!"

"तब किससे पूछूँ?" भरत ने कहा।

"अपनी स्त्री से, रूपवती चिर यौवना अपनी कामिनी से।" माण्डवी ने कहा– "मैं....... मैं तो त्याज्य दासी हूँ। आपकी कामिनी हूँ क्या? नहीं। आपकी स्त्री भी नहीं हूँ। श्री राम–पादुका के राज्य में प्रजाजन हूँ। .... नहीं?"

"नहीं।" भरत ने जलद-गम्भीर स्वर में कहा– "तुम मेरी पत्नी हो, भार्य्या, धर्मपत्नी हो। मेरे इस भव का यह ध्रुव सत्य है। मैंने कब तुमको अन्यथा माना? कहा? व्यर्थ ही मुझ पर तुम व्यंग्य कसती जा रही हो। तुम माण्डवी! मेरी भार्य्या धर्मपत्नी हो।"

"ठीक है। तब मैं आपकी अर्द्धांगिनी, जीवन–संगिनी नहीं हूँ। यही न?" माण्डवी ने कहा– "ठीक है। मैं तो आर्य्य! आपको अपना अर्द्धांग और जीवन संगी ही अनुभव करती हूँ। आप महामना भरत! मेरे प्राण हो– प्राणेश्वर हो, स्वामी सभी हो। परन्तु क्या मैं यह हूँ आपके लिए? कहिये?"

भरत ने म्लान, किन्तु आभा भरी माण्डवी को घूरा और कहा– "यह मेरा प्रथम एवं अन्तिम भव– बन्धन है, माण्डवी! मैं नर होकर नारी से बँधे रहना नहीं चाहता। मैं शाश्वत मृत्यु की नींद में सो जाना चाहता हूँ। मैं अमरता भी नहीं चाहता। अमर तो पुण्य मूर्ति जीव होते हैं– मैं नहीं; मैं तो पाप की प्रतिमूर्ति हूँ– पापिनी का पाप–पुत्र हूँ।"

"भाई के वनवास के दुःख को लेकर आप अपनी माँ को पापिनी मानते हैं और स्वयं को पाप–पूत–यह अनुचित है, अनैतिक है। यह मान्यता ही पाप है, स्वामिन्!" माण्डवी ने कहा– "राम अन्ततोगत्वा आपके ज्येष्ठ भ्राता ही तो हैं।"

"नहीं।" भरत गर्जे– "राम मेरे जन्म–जन्मों के स्वामी हैं, मृत्युओं के त्राता हैं; मेरे भवों के कर्ता–भर्ता–विधाता हैं। तुम रामजी को जानती नहीं हो–समझती नहीं हो। क्या राम एक राजपुत्र मानव ही हैं? माण्डवी! मन के नयन खोलकर सीता–राम को देखो।"

"सो तो देख रही हूँ।" माण्डवी ने कहा– "रामजी से कहने वाली हूँ कि उन्होंने मुझसे पति, मेरा भर्ता छीन लिया।"

"माण्डवी!" भरत ने सिर धुनाकर कहा– "मुझे क्षमा करो, आर्ये! मैं अपने आप में नहीं हूँ। मैं श्री राम के दिव्य चरणों की आहट ही सुनता रहता हूँ। राम– माण्डवी! सीता–राम।"

"सीता–राम!" माण्डवी ने घूमते हुए कहा– "तब ठीक है।"

"क्या?" भरत ने व्यग्रतापूर्वक पूछा।

"सीता–राम!" माण्डवी ने कहा– "आप इस कुटिया में सीता–राम की माला फेरते रहो– श्री रामजी की प्रतीक्षा करते रहो। मैं भी आपके नाम की माला फेरती रहूँगी और आपको अपने हृदय– मन्दिर में पधारने की आहट सुनती रहूँगी। आप श्री रामजी की प्रतीक्षा कर रहे हैं– मैं आपकी प्रतीक्षा करती रहूँगी।"

भरत ने पुकारा– "माण्डवी! यह तुम्हारी हठ है– स्त्रीहठ। मैंने त्रिकाल को सम्बोधित कर प्रतिज्ञा की है कि श्री राम के वनवास की अवधि समाप्त होने पर, अयोध्या वापस होने पर और राज्य सिंहासन पर सुशोभित होने पर ही मेरा यह प्रायश्चित पूर्ण होगा। समझती क्यों नहीं, आर्ये। वह मेरी व्याकुल प्रतिज्ञा मेरे सभी

जन्मों का प्रायश्चित और सभी मरणों का त्यौहार है। तुम-तुम भी तो आर्य्य महिला हो, अपने पति-धर्म को जानती हो। राम के वन में रहते हुए हम अयोध्या के राजमन्दिर का ऐश्वर्य देख तक नहीं सकते-छू तक नहीं सकते। श्री रामजी का तो तापसी वेश है, वन भ्रमण तथा कुटिया-वास है। किन्तु मेरा? मेरा तो मेरी जननी के घोर पाप का, मेरे सभी भवों का यह प्रायश्चित है। कोटि बार मर कर और अनन्त कोटि बार जन्म कर भी मैं यह प्रायश्चित करूँ, तब भी यह पूरा नहीं हो सकता। महारानी कैकई ने जो कुछ किया है- वह विधाता भी नहीं कर सकता-यम सह नहीं सकता, धर्म झेल नहीं सकता, न्याय पचा नहीं सकता।"

"राज्य के लिए क्या ऐसा होता नहीं आया है?" माण्डवी ने कहा- "माँ कैकई ने श्री रामजी को वनवास देकर निस्संदेह अच्छा, न्यायपूर्ण और उचित कार्य नहीं किया है, किन्तु महाराणी कैकई माँ ने तो अपना सत्व माँगा था। महाराजा दशरथ जी ने विवाह के समय ऐसा आश्वासन क्यों दिया था?"

"क्या आश्वासन माण्डवी!" भरत ने साश्चर्य्य पूछा- "तुम भी मेरे विमुख?"

"नहीं, स्वामिन्।" माण्डवी ने कहा- "अपने पुत्र के लिए वचनानुसार राज्य माँग कर माँ कैकई ने कोई अधर्म नहीं किया; पाप नहीं किया।"

सहसा भरत बोले- "अन्याय क्या। अन्याय पाप और अधर्म से भी बुरा है, आर्य्ये।"

माण्डवी- "श्री रामजी ने भी पिता महाराज द्वारा प्रदत्त राज्यतिलक स्वीकार किया था।"

"तो........." भरत ने कहा- "तुम कहना क्या चाहती हो?"

"यही कि माँ को इस प्रकार कोसना बन्द कीजिये- महामना, महात्मा मेरे स्वामिन्!" माण्डवी ने कहा- "माँ-माँ है। माँ कभी मेटी नहीं जा सकती, मना नहीं की जा सकती। ईश्वर को अस्वीकार किया जा सकता है, किन्तु माँ को नहीं। माँ और सन्तति का रक्त का ही सम्बन्ध है और उसके लिए भाषा में कोई विशेषण नहीं है। ईश्वर यदि अप्रमाण्य है तो माँ भी अप्रमाण्य है। माँ और सन्तति का अभिभाज्य तादात्म्य है, प्रभो!"

"यही तो मैं भी कह रहा हूँ।" भरत चिहुँके- "श्रीमती! अन्याय ही सभी पापों का मूल है। परपीड़न अधर्म का मूल है तथा शोषण ही पाप है। महारानी कैकई ने

अपने सत्व की प्राप्ति अन्याय, अधर्म तथा पाप द्वारा की है। पुत्र के लिए राज्य धर्म द्वारा, न्याय द्वारा, सत्व प्रणीत व्यवहार द्वारा ही प्राप्त किया जा सकता था और फिर भू-मण्डल का राज्यसिंहासन तो राम हैं, जगत का राज्य तो श्री राम का है–सृष्टि का वैभव तो सीता–राम का है। अपनी तो भक्ति है, समर्पण है। सब कुछ सीता–राम को अर्पण करना अपना जीवन–धर्म, सुख है, प्रिये!"

माण्डवी ने शान्त स्वर में कहा– "जैसी आपकी इच्छा–आज्ञा मेरे प्राण! मेरे परमेश्वर!"

भरत ने माण्डवी को बाहुओं पर झेला, बोले– "नहीं आर्ये! तुम मेरी दासी नहीं हो। तुम मेरी वैराग्य की शक्ति हो। जिस प्रकार सीता जी रामजी के लिए हैं, उससे भी कई अधिक तुम मेरा विश्वास हो। मैं एक क्षुब्ध मानव हूँ। पुण्य की अभिलाषा से रहित मैं एक निराश मनुष्य हूँ और तुम उसी मनुष्य की शक्ति हो। तुम्हारे सहारे ही मैं श्री राम की अनन्त प्रतीक्षा कर रहा हूँ। मुझे शक्ति दो, माण्डवी! प्रिये, मुझे श्री राम के चरणों में अपने भवों के समर्पण का आत्मविश्वास दो। मैं जीना चाहता हूँ। श्री राम को अयोध्या वापस लाना चाहता हूँ। मेरी जननी पश्चाताप की आग में भले ही भस्म हो जाये, मैं प्रायश्चित के अश्रुजल से श्री राम के चरण पखारते रहना चाहता हूँ।"

माण्डवी ने भरत के चरण थामे– "तथास्तु स्वामी मेरे।"

* * * * *

श्रुतकीर्ति ने शत्रुघ्न से विहँसते हुए कहा– "मुझे पीहर भेज तो रहे हो, किन्तु मैं अपनी इच्छा से ही ससुराल आऊँगी। सुना?"

शत्रुघ्न ने कहा– "तुम तो पीहर जाना नहीं चाहती थी।"

"तुम तो भेजना चाहते हो।" श्रुतकीर्ति ने बिब्बोकपूर्वक कहा– "न जाने तुम क्यों मुझे पीहर भेजना चाहते हो? क्या किसी से......."

शत्रुघ्न ने चमकते हुए कहा– "श्रुते! बस करो। मैं इस परिहास को पसन्द नहीं करता।"

"क्यों?" श्रुतकीर्ति ने हँसते हुए कहा– "क्यों जी, एक और विवाह करने को तुम्हारा मन हो जाए तो क्या नहीं करोगे?"

"दूसरा विवाह! क्यों?" शत्रुघ्न ने पूछा– "क्यों करूँगा भला?"

"रघुकुल की रीति जो ठहरी। श्वसुर जी ने कितने विवाह जो किये थे।" श्रुतकीर्ति ने भोली बनते हुए कहा– "रघुकुल-रीति चली आई......"

"रघुकुल-रीति वचन की रीति है, न्याय का संकल्प है, धर्म की अनिवार्य धारणा है। बहुपत्नियाँ बसाना नहीं है। पिताजी ने बहु-विवाह किये तो क्या मैं भी करूँ?" शत्रुघ्न ने पूछा।

"वह राजा ही क्या, जो बहु-रानियों से घिरा न हो?" श्रुतकीर्ति ने कहा– "राजा के लिए पट्ट महादेवी, महादेवी, महाराणी, राणी-सब चाहिये। मेरी मानो तो पट्ट महादेवी लाओ।"

"तुम हो न-पट्ट महादेवी" शत्रुघ्न ने कहा– "क्या हो गया है तुमको?"

"कुछ भी तो नहीं।" श्रुतकीर्ति ने कहा– "मैं पीहर और तुम पीछे से पट्ट महादेवी ले आओगे। जैसे......... जैसे श्री रामजी का राज-रातों रात जेठ जी को मिला-वैसे ही।"

"श्रुतकीर्ति!" शत्रुघ्न ने तीव्र रोषपूर्वक कहा– "बौरा गई हो क्या? श्री रामजी ने कभी राज्य नहीं चाहा। रघुकुल के इस राज्य में वे हम तीनों का भी समान भाग मानते थे– कहते थे कि ज्येष्ठ को ही राजा बनना अब अनुचित परम्परा का पालन है। एक राजा पिता के सभी पुत्र राज्य के सत्वाधिकारी हैं।"

"राज सब ही का है– सभी राजपुत्रों का-यही न?" श्रुतकीर्ति ने कहा– "तो?"

"तो यही कि रामजी ने बहु-पत्नियों के स्थान पर एक-पत्नी व्रत को ही सत्युत् किया है।" शत्रुघ्न ने कहा।

"तो तुम एक-पत्नी व्रती हो?" श्रुतकीर्ति ने पूछा।

"निस्संदेह।" शत्रुघ्न ने कहा।

"मैं मर जाऊँ, तब भी दूसरा विवाह नहीं करोगे?" श्रुतकीर्ति ने पूछा।

शत्रुघ्न ने झपटकर श्रुतकीर्ति को बाहुओं में भर लिया– "तुम क्यों मरोगी? नहीं........ तुम हो, मेरे बाद भी रहोगी– इसीलिए अन्य विवाह का प्रश्न उठता ही नहीं और तुम न होगी तो......... तो मैं सन्यासी हो जाऊँगा। गृहस्थ के प्रपंच से

मुक्त, साधु होकर महर्षि वशिष्ठ से 'योग वशिष्ठ' सुना करूँगा, पूजा–प्रार्थना में दिवस बिता दूँगा।"

श्रुतकीर्ति ने सहसा पूछा– "मुझे इतना प्रेम करते हो?"

शत्रुघ्न ने श्रुतकीर्ति को आलिंगन करते हुए कहा– "प्रेम? करता हूँ– इतना। परन्तु राजा एक पवित्र गृहस्थ है; प्रेमी नहीं। राजा किसी से प्रेम करता है, भला? मैं–मैं तुम पर मुग्ध हूँ। तुम्हारे बिना जी नहीं सकता।"

"श्री राम भी यही कहते हैं, सीता जी के बिना जी नहीं सकते।" श्रुतकीर्ति बोली– "किन्तु पल में वन जाने को तैयार हो गये–सीताजी को छोड़कर। वह लक्ष्मण जी गये ना? उर्मिला दीदी की ओर आँख उठाकर भी नहीं देखा, उस निर्मम ने।"

शत्रुघ्न ने तनिक खीज कर कहा– "लक्ष्मण देव हैं, महान सेवक हैं! निर्मम पाषाण नहीं हैं, श्रीमती जी! पत्नी से दूर रहने पर क्या पत्नी का प्रेम मिट जाता है? स्त्री–पुरुष, देह–सुख और संसार– धर्म निभाने के लिए ही तो विवाह–बन्धन में बँधते हैं। लक्ष्मण देव गृहस्थ हैं। सद्गृहस्थ हैं– आदर्श सेवक हैं। श्री राम जानकी क्या अब अकेले ही वन की ठोकरें खाते रहते?"

"तब ज्येष्ठ भरत क्यों नहीं गये? आप क्यों नहीं गये?" श्रुतकीर्ति ने पूछा– "लक्ष्मण देव ही गये। उंह!"

"हम यहाँ थे ही नहीं" शत्रुघ्न ने कहा– "होते तो यह दुखद घटना घटने देते ही नहीं। राज्य श्री रामजी को ही मिलता–माँ कैकई के वरदान पूरे हों या नहीं; इसकी चिन्ता महात्मा भरत करते ही नहीं।"

"महात्मा ज्येष्ठ श्री भरत देव को सिवाय श्री राम–जानकी के और किसी की चिन्ता है?"

"तुम महात्मा भरत को समझोगी ही नहीं, श्रुते! श्री राम ही भरत को जानते हैं– अनुभव करते हैं। सच!" शत्रुघ्न ने कहा– "भरत साक्षात् धर्म मूर्ति हैं! न्याय नन्दन हैं– शाश्वत जीवन–चैतन्य के प्रभामृत से भरे पूर्ण देव हैं आर्ये!"

"भरत जी यह सब तो हैं, किन्तु क्या राजपुत्र रामजी के भाई नहीं हैं? रघुकुल की मणियों में एक चूड़ामणि नहीं? क्षत्रियों को दुष्टें का संहार तथा समाज के धर्म–

धारण तथा पालन के लिए राज्य अनिवार्यतः चाहिये। विदेह महाराजा जनक– हमारे पिता इसके उदाहरण हैं।" श्रुतकीर्ति ने कहा– "तभी भरत नन्दीग्राम में तापस होकर भी श्री राम–पादुका के मिस से कौशल के महाराज्य का मार्गदर्शन कर रहे हैं– राज्याधिकरण आपको सौंप दिया है।"

"तो तुमको क्या आपत्ति है शुभे?" शत्रुघ्न ने पूछा।

"बहाने से राज्य क्यों करना चाहिये?" श्रुतकीर्ति ने पूछा– "श्री रामजी भी महात्मा भरत को 'राजा' देखना चाहते थे, तो राज्य–दण्ड उनको स्वीकार होना चाहिये था।"

"श्रुतकीर्ति!" शत्रुघ्न ने तनिक पुकारा– "यह तुम क्या कह रही हो? महात्मा भरत ही वैदिक वर्णाश्रम धर्म का सत्य और उस अमोघ अटल सत्य का मर्म जानते हैं। स्वयं श्री रामजी ने भरत जी को धर्म–स्वरुप माना है– वन्दना की है।"

"होगा....... मुझे क्या?" श्रुतकीर्ति ने कहा– "मैं तो तुमको देखती हूँ– तुमको जानती हूँ। उधर श्री लक्ष्मण जी, इधर तुम।"

शत्रुघ्न ने तनिक कातर स्वर में कहा– "तुमको आज कल क्या हो गया है? उल्टी-सीधी बातें ही करती रहती हो। लक्ष्मण जी अपनी माता की अटल आज्ञापूर्वक ही श्री राम–जानकी की सेवा के लिए वन गये। रामजी को कोई तो सहारा चाहिये था– वह भी लक्ष्मण जी ही हो सकते थे। महात्मा भरत को उद्घोषित 'राजा' मनोनीत थे। अतः उनका श्री रामजी के साथ वन जाना– दूरारूढ़ धारण भी नहीं हो सकती थी और मैं? मैं तो लघुतम अनुज हूँ। माताओं तथा महात्मा भरत तथा तुम सब देवियों की देख– भाल तथा सेवा के लिए मेरे सिवाय और कौन शेष था? कौन?"

श्रुतकीर्ति ने शत्रुघ्न को तनिक घूरा; कहा– "सब अपने प्रारब्ध लेकर आये हैं। माताएं तथा हम महाराज दशरथ की बधुटियाँ तथा अन्य आश्रित जन आप श्रीमान् की देखभाल के बिना अपना योगक्षेम नहीं साध सकते थे?"

"नहीं, माँ कैकई और वह दुष्टात्मा मन्थरा जो थी– है।" शत्रुघ्न ने कहा– "यह तो महात्मा भरत ने सिंहासन नहीं स्वीकार किया और श्री राम–पादुका का राज्य स्थापित किया, इसीलिए माँ कैकई अब चुप हैं– किन्तु वह शान्त नहीं हैं। आज भी वह अपने माँगे गये वरदानों को उचित एवं न्यायपूर्ण मानती हैं। वह मन्थरा तो मुझे

देख कर यों कतरा जाती है, किन्तु उसकी धुँधली आँखों से गर्व की चिनगारियाँ जाग उठती हैं। मैं..... शत कोटि शत्रुओं के वार सह सकता हूँ– इस दुष्टा मन्थरा की छाया भी मैं देख नहीं सकता। मेरा वश चलता तो......।"

"क्या करते मन्थरा को?" श्रुतकीर्ति ने हँसते हुए पूछ लिया।

"टुकड़े–टुकड़े कर सातवें पाताल में गाड़ देता।" शत्रुघ्न ने दाँत पीसते हुए कहा– "इस दुष्टा ने रघुवंश का समस्त सुख ही लील लिया। इस मन्थरा ने सभी का सौभाग्य हर लिया। असमय ही माताएं विधवा हो गईं। देवताओं द्वारा सम्माननीय महाराज दशरथ, हमारे पूज्य श्रीमान् पिता को प्राण देने पड़े। राम के बिना वह जी नहीं सकते थे। राम के बिना कौन जी सकता है, भला? श्री राम अयोध्या वापस पधारेंगे– इसी आशा पर अपन सभी जी रहे हैं, श्रुते! महात्मा भरत को रह–रह कर विश्वास नहीं होता कि राम अयोध्या आएँगे।"

श्रुतकीर्ति ने सहसा कहा– "राम वापस होंगे। श्री सुकृति, यश और राज्य विभूति किसे अच्छी नहीं लगी? श्री राम भी अन्ततोगत्वा मानव हैं।"

"श्रुतकीर्ति!" शत्रुघ्न ने चिल्लाकर कहा– "तुम्हारी बुद्धि भ्रष्ट तो नहीं हो गई है? आर्यावर्त के महान ऋषि–मुनि तथा समूची आर्य्य प्रजा जिसको महापुरुष, श्री विष्णु का अवतार मानने लगी है, भरत की पीड़ित धरती जिसके चरण चिन्हों की पूजा करती हो, जो कालजयी पुरुषार्थी है और जिसने पिता के वचन–पालन के लिए घोर वनवास स्वीकार किया है, तापसी, तपस्वी उस राम को भी श्री, सुकृति, राज्य–वैभव और यश की इच्छा है? होगी? नहीं.......... स्त्री, तू ईश्वर को नहीं जानती–राम ईश्वरावतार हैं।"

"और आप सब उसके अंश हैं, यही न!" श्रुतकीर्ति ने पूछा।

"हम सब श्री राम के सेवक हैं, अनुचर हैं।" शत्रुघ्न ने कहा– "श्री राम वैराग्य घन दिव्यतम मानवशील हैं, शक्ति हैं, सौन्दर्य हैं। राम–राम हैं जो मुनियों के ध्यान में झबक उठते हैं, जो योगियों का विश्वास तथा ज्ञानियों का परमधाम हैं।"

श्रुतकीर्ति– "आर्यपुत्र! तब आप भी ईश्वर के अंश हुए?"

"मैं?" शत्रुघ्न बोले– "मैं तो भाई भरत का सेवक हूँ, अनुचर हूँ, जैसे श्री लक्ष्मण राम– जानकी के हैं।"

श्रुतकीर्ति ने नयन नचाये, कहा– "केवल आप श्री राम–जानकी के सेवक ही हो– महात्मा भरत श्री के महामात्य ही हो–या और कुछ भी हो।"

"और? तुम्हारा पति हूँ; माँ का पुत्र हूँ– भाइयों का भाई हूँ, परिजनों का सगा हूँ– पुरजनों का सम्बन्धी हूँ।" शत्रुघ्न ने कहा– "अब सो जाओ। कल से मुझे पुनः चित्रकूट से दण्डकारण्य की यात्रा करनी है।"

"क्यों?" श्रुतकीर्ति ने पूछा– "इसीलिए क्या तुम मुझे पीहर भेज रहे हो कल.......?"

"अवश्य–क्यों?" शत्रुघ्न ने कहा– "मेरा रथ चित्रकूट की ओर और तुम्हारा जनकपुरी की ओर। अयोध्या में तुम रहती हो तो मेरा आधा मन यहाँ तुम में चिपका रहता है।"

"रहने भी दो.......।" श्रुतकीर्ति ने कहा– "पुरुष का मन तो भ्रमर है। ना–ना पुष्पों पर गुनगुनाता रहता है।"

शत्रुघ्न हँसे और श्रुतकीर्ति को बाहुओं में भर कर लेट गये।

* * * * *

शत्रुघ्न ने चौंक कर पूछा– "क्या? पंचवटी में घटना? किसी राक्षसी का अपमान?.......... रामजी ने किया? क्या?"

चर ने नमन पूर्वक कहा– "जी प्रभो! श्री रामजी ने कहते हैं राक्षसी शूर्पणखा के नाक– कान कटवा दिये। श्रीमान् लक्ष्मण जी को आज्ञा दी।"

"श्री रामजी ने यह किया?" शत्रुघ्न ने पूछा– "विस्तार से कह मूर्ख! श्री राम ऐसा करवा नहीं सकते, कर नहीं सकते। स्त्री का आदर करना ही श्री रामजी जानते हैं। श्रीमती अहिल्या का श्री रामजी ने उद्धार ही किया था। अवश्य भयंकर राक्षस– नायिकाओं का वध तो श्री रामजी ने किया है– ताड़का, जैसे किन्तु आततायी शत्रु स्त्री या पुरुष ही वध का पात्र है। आक्रमण दुष्ट तथा पापी का वध करना आर्य्य क्षत्रिय का धर्म है, चर।"

"जी प्रभो! है।" चर ने कहा– "सोमदेव लोकगायक को साथ लाया हूँ। वह श्रीमान् को गाकर बताएँगे।"

"उपस्थित करो।" शत्रुघ्न ने कहा।

चर ने पुकारा– "सोमदेव!"

सोमदेव लोकगायक त्वरापूर्वक आते हुए बोला– "श्री राम की जय हो!"

शत्रुघ्न ने त्वरापूर्वक पूछा– "क्या श्री रामजी ने......."

लोकगायक सोमदेव ने गगन में हाथ नचाते हुए कहा– "जय हो! श्री रामजी ने राक्षसी– लंकानरेश महामति रावण की भगिनी का नाक–कान तब कटवाया जब उस दुष्टा भयंकरी ने जानकी जी का अपमान किया और प्रणय का प्रस्ताव किया। श्री रामजी से वह प्रलयंकरी–भयंकरी राक्षस–महिषी विवाह करना चाहती थी– श्री रामजी को काम मोहित करना चाहती थी। तब परम् आर्य्य श्री रामजी ने अनुज लक्ष्मण देव से कहा–इंगित किया कि इस अहमन्य दुष्ट और भयंकर राक्षसी के कान काट लो– नाक काट लो और इसको विदा कर दो। जानकी जी का अपमान त्रिलोक का अपमान करना था। प्रभो! राक्षस चित्रकूट से दण्डकारण्य तक श्री रामजी के क्रोध को जान गये हैं, उनके कालजयी बल से भयभीत हैं– भाग गये हैं यह राक्षसगण और इसीलिए उसकी अधिष्ठात्री शूर्पणखा ने उनको छलने का घोर पाप किया था।"

शत्रुघ्न ने मानो सहसा कहा– "धन्य तब। श्री रामजी की जय हो।"

सोमदेव ने नाचते हुए कहा– "धन्य! प्रभु रामजी धन्य!! शूर्पणखा तब चिल्लाती– चीखती हुई भागी..... लड़खड़ाती तथा धुआँधार रोती हुई भागी–भागी तब श्री लंका की ओर। भाग गई वह भयंकरी–प्रलयंकरी दुष्टा पतिता और सुना है– उसने अपने भाई रावण की सभा में पुकार की– "राम से मुझे बचाओ। उस राम ने मुझे अपमानित किया है, भाईश्री रावण! तुम तो त्रैलोक्य विजयी महाराज हो। तुमको क्या कहना है।"

शत्रुघ्न ने पूछा– "फिर?"

"फिर क्या?" सोमदेव ने कहा– "रावण स्तम्भित–चकित, दिग्मूढ़सा अपनी भगिनी के कटे नाक को देखता रहा।"

शत्रुघ्न स्तम्भित से सोमदेव के नृत्य को देखते रहे। श्री राम–लक्ष्मण, जानकी की यह रोमांचकारी और तनिक जुगुप्सा भरी कहानी सुनते रहे। शत्रुघ्न को लगा,

एक स्त्री की नाक-कान हीन मुख-मण्डल भयानक विवर की भांति गगन में प्रतिभासित होने लगा है। उस घिनौनी राक्षसी की विवर्ण, घिनौने मुख-मुद्रा मानो नरक का पठार हो। शत्रुघ्न सीद उठे। सोमदेव ने गायाः "चित्रकूट के पूर्व महर्षि के यज्ञों की रक्षार्थ राक्षसी तथा राक्षसों का पल में श्री राम-लक्ष्मण ने वध कर आर्य प्रजा को भयमुक्त करना आरम्भ किया। ताड़का-वध राक्षस-कुल के नाश का प्रथम प्रारम्भ था और भारत की आर्त प्रजा को जगाकर विश्वस्त करने का आयोजन था– श्री राम महाराज का। फिर जनस्थान का विध्वंस कर श्री रामजी ने खर दूषण सहित शत-सहस्र भयंकर राक्षसों को धराशायी कर राक्षस-शक्ति को लुंज-पुंज कर दिया। लंकेश रावण को चौंका दिया और वह रामबाण को गगन में लहराते हुए देखने लगा।

महर्षि विश्वामित्र द्वारा आविष्कृत नाराच बाण राक्षसों के वक्षस्थल भेदकर अभय देने वाला बाण– रामबाण बनने लगा। दण्डकारण्य तक आते-आते श्री राम-लक्ष्मण और जानकी के चरण-चिन्हों से भारत-मेदिनी धैर्य-सम्पन्न हुई। भारती प्रजाएँ पुनः जैसे आशावान हुईं। आर्य क्षत्रिय नींद से मानो उठे और रणक्षेत्र को अपने अन्तःकरण में देखने लगे। भगवान परशुराम द्वारा त्रस्त और भयभीत क्षत्रिय नरेश उदासीनता त्यागकर पुनः धनुष बाण धारण करने लगे।"

शत्रुघ्न ने सिर हिलाया– "वाह! गायक वाह! धन्य राम-लक्ष्मण-धन्य जानकी!"

सोमदेव ने पुनः गाया– "राम-वनवास पृथ्वी को अभयदान देने, चतुर्वर्णों को आश्वस्त करने, धर्म की ग्लानी को मिटाने तथा न्याय और समानता, धर्म और नैतिकता का कल्याण और पुण्यों का राज्य स्थापित करने के लिए तपस्या है जो रघुवंशमणि श्री राम अपनी पत्नी तथा अनुज के साथ कर रहे हैं। प्रणाम! रघुवीर! नमस्कार! धन्य राम! धन्य लक्ष्मण! धन्य सती सीताजी!"

शत्रुघ्न गर्ज उठे– "सीता-राम!"

"सीता-राम!" शब्द-ध्वनि मानो अयोध्या के गगन को मथकर नन्दीग्राम के व्योम में घुलने लगी। भरत मन ही मन सिहरे और तपाक से जाग उठे– "सीता-राम! कौन?...... कौन पुकार रहा है सीता-राम को? अवश्य शत्रुघ्न ही तो-तो वह? शत्रुघ्न आ रहा है क्या?..... इस समय?" भरत जागे और अपने चारों ओर देखा।.... यह-यह तो मैं ही सीता-राम का ध्यान करते हुए झपक गिया था– मैं भरत। राम! अब यह विकलता सही नहीं जाती। यह वियोग का अपरम्पार तैरा नहीं जाता।

क्या तट नहीं है, राम! है– तुम्हारी अयोध्या वापसी। आओ, राम! अयोध्या चले आओ! भाभी श्री जानकी का कष्ट क्या कल्पित किया जा सकता है?" भरत मूक हो गये–मूढ़ से। पुनः शयनरत होने लगे। यह सहसा चौंकना कैसा?...... क्यों? राम।....... कोई विपदा तो नहीं आई? दण्डकारण्य राक्षसों से भरा माया–प्रदेश है। राक्षसों ने इस सघन विस्तृत अरण्य में अपना विशाल शिविर स्थापित कर रखा है। महर्षि अगस्त्य ने ही यह सूचना कृपया प्रदान की थी। वह श्री राम–लक्ष्मण और जानकी की रक्षार्थ नित्य यज्ञ में आहुतियाँ देते हैं– हाँ महर्षि अगस्त्य ही तो। भरत शून्य–से, दिग्मूढ़ में लेट गये। तारों की विकिर्ण जगमगाहटों से भरा गगन ओझल होकर दण्डकारण्य की धुँधली धारणा–सा हो गया। पंचवटी? चित्रकूट की पर्णकुटी तो देखी है। राम का राज्यसिंहासन लेकर गया था– चक्रवर्ती कौशल महाराज का शताब्दियों से सेवित ध्वज लेकर गया था– रघुवंशीय सम्राटों का विशाल रथ लेकर गया था। चतुरंगिणी सैन्य को साथ लेकर गया था– सबके साथ गया था। महानगरी अयोध्या के गणों के विशाल समूह को साथ लेकर गया था और ऋषि–मुनियों के मध्य विराजमान श्री राम को निहारा था किन्तु दण्डकारण्य नहीं गया। कैसे जाता? अब तो भरत श्री राम–पादुका का सेवक है। श्री राम के चरणारविन्दों का एकाकी, एकान्त तपस्वी पुजारी है। "हाँ, राम!" भरत बोल उठे– "आप तो आर्यावर्त के अरण्यों और उनके कान्तरों के लोकगायक हैं। आप ऋषि–मुनियों के त्राता क्षत्रिय हैं। आप भूमि माता के सपूत हैं तथा पृथ्वी के अधिपति हैं। यह महानगरियों की राजधानियों का राज्य? राजमन्दिरों का ठाठ भर है। हाँ, राम!" भरत पुनः उठ–बैठे– "हाँ राम मेरे! राज्य तो आपश्री के चरणों का।" सहसा भरत को आहट सुनाई पड़ी– "कौन?"

शत्रुघ्न द्वार पर दिखे– "यह तो मैं–शत्रुघ्न।"

"इस समय? क्यों? कोई विपदा? संकट?" भरत विचलित से बोले।

शत्रुघ्न ने भरत के चरण छूए; कहा– "दण्डकारण्य में अघटन घटना हो गई महाराज भरत!"

"शत्रुघ्न!" भरत चिल्लाए– "मैं महाराजा नहीं हूँ.... सुना?"

"सुना–भाईश्री भरत।" शत्रुघ्न ने कहा– "तब फिर अयोध्या के कौशल महाराज्य का महाराज कौन है? श्री रामजी ने चरण–पादुकाएं आपको पूजने के लिए दी थीं। राजसिंहासन पर वह आपकी ही साक्षी बनकर सुशोभित हैं।"

"तुम हो महाराज, शत्रुघ्न!" भरत ने अमर्षपूर्वक कहा– "इसीलिए मैंने तुमको राज्याधिकार सौंप रखा है।"

शत्रुघ्न हँसे– "आप श्री रामजी के चरण चंचरीक और मैं श्री राम–पादुका का अनुचर। भाई भरत! मेरे महात्मा तपस्वी! किन्तु श्री रामजी ने लंकेश की भगिनी शूर्पणखा के नाक–कान कटवा डाले हैं– लंका में आँधी आ गयी है। रावण का क्रोध भड़क उठा है।"

"क्या कहा? श्री राम ने महिला के नाक–कान......" भरत बोलते–बोलते चुप हो गये।

शत्रुघ्न ने कहा– "राक्षसी शूर्पणखा रामजी से विवाह जो करना चाहती थी। भाभी श्री का खुला अपमान जो किया था उसने। निस्संदेह वह घोर मायाविनी वध्य है– थी। श्री राम ने तो उसका नाक ही कटवा दिया– कान ही कटवा दिये। भाई लक्ष्मण ने तपाक से यह सौकार्य किया।"

भरत विजड़ित से बैठे रहे। फिर बोले– "राम–वनवास की यह घोर घटनाओं का क्रूर प्रारम्भ कहाँ ले जायेगा?"

शत्रुघ्न– "राक्षसों के विनाश की ओर।"

"अवश्य! अवश्यमेव!" भरत ने कहा– "विधाता यही चाहता है– ईश्वर स्वयं प्राणियों का परित्राण करना चाहता है। तभी यह रामावतार धारण किये हुए हैं। रामावतार–भाई मेरे! हम तुम सब सौभाग्यशाली हैं कि श्री राम हमारे भाई हैं– रक्त के सम्बन्धी हैं। कौशल राज्य की प्रजा श्री राम को पाकर अपने कल्प–कल्पों का दिव्य अक्षय वरदान पा गई है। अवश्य, शत्रुघ्न श्री राम पृथ्वी का आश्वासन अन्तरिक्ष का अभय तथा द्युलोक की आशा है।"

शत्रुघ्न बोले– "मैं दण्डकारण्य जाना चाहता हूँ– आज्ञा चाहता हूँ।"

भरत ने शत्रुघ्न के दोनों कन्धों पर हाथ रखकर कहा– "तुम नहीं–मैं ही जाना चाहूँगा। किन्तु श्री राम के अयोध्या वापस होने तक मैं नन्दीग्राम की सीमा त्याग नहीं सकता। नहीं, शत्रुघ्न! नन्दीग्राम श्री राम की प्रतीक्षा का ग्राम है। श्री राम हम सब की आशा–अभिलाषा–प्राण हो गये हैं। लंकेश रावण? यह कौन है........।"

"महर्षि पुलस्त्य का पुत्र या पौत्र या दोहित्र...... न जाने कौन है? ब्राह्मण है। ऋषि–कुल में जन्मा है, परन्तु दुर्घर्ष है–दुर्दान्त है। त्रिविष्टप के आशुतोष, औढ़र दानी धूर्जटी शिव का तपस्वी भक्त है। कहते हैं तंत्र–मंत्र और अस्त्र–शस्त्र शक्ति का बेधड़क अधिष्ठाता भी है। विचक्षण सामरिक और महारथी सेनापति है।"

"हूँ!" भरत चिहुँके– "किन्तु श्री रामजी आर्य्य क्षत्रिय हैं। ऋषियों और महर्षियों से अभिनन्दित अस्त्र–शस्त्र, सम्पूर्ण धनुर्वेद के ज्ञाता–महारथी सर्वगुण निधान श्री राम समर भूमि में अजेय–अपराजेय हैं। फिर साथ में महाबाहु तेजस्वी, प्रखर लक्ष्मण जो हैं। लक्ष्मण के बाण लक्ष्मण की इच्छा पर चलते हैं, अचूक चलते हैं, सुना?"

"जी!" शत्रुघ्न ने कहा– "भाई श्री लक्ष्मण धनुर्धर हैं। श्री रामजी का स्नेह पाकर निश्चिन्त तथा परम् साहसी आर्य्य क्षत्रिय हैं। भगवान परशुराम का दर्प लक्ष्मण ने ही समाप्त किया था। परशुराम!........ भगवान परशुराम।"

"आततायी, मदान्ध, भोगी क्षत्रियों का काल!" भरत ने कहा– "मनुष्य जन्म से आर्य्य और अनार्य्य उत्पन्न हुआ क्या? नहीं? कर्म से! कर्म से ही आर्य्य और अनार्य्य होता है। जो आर्य्य है– वह ज्ञान–पिपासु, अमृत का सतत् अभिलाषी, न्याय का उन्नायक, पतित–पावन निर्बलों का बल है। वसुंधरा आर्य्य से ही सौभाग्यशालिनी, सफल और धन्य होती है– अनार्य्य से नहीं। अनार्य्य–भोगी, मदान्ध, कामुक, शक्ति–उन्मत्त, अन्यायी, शोषक–अधर्मी। यह लंकेश रावण मुझे अनार्य्य ही प्रतीत होता है।"

"राक्षस।" शत्रुघ्न ने कहा– "जो अरण्यों और उसके आश्रमों में पवित्र यज्ञों का ध्वंस करे, जो सरल–सौजन्यवती प्रजाओं को पीड़ित करे, जो शक्ति बल से पृथ्वी का दुहन कर अबाध भोग भोगता रहे, जो धर्म की हानि तो करे ही, किन्तु अपने आचरण द्वारा धर्म की ग्लानी भी करे–वही राक्षस है। राक्षस गौ का नाश करता है, सज्जन को भयत्रस्त तथा सन्त को पीड़ा पहुँचाता है। राक्षस सभ्य नहीं, सुसंस्कृत भी नहीं–वह असभ्य, बर्बर है।"

"हाँ, है।" भरत ने कहा– "तभी धरा पर आज भी राम हैं।"

* * * * *

राजा जनक ने सुना और अपने प्रधानामात्य की गम्भीर मुख-मुद्रा देखने लगे। बिना बोले ही जैसे विदेह ने फिर से पूछा- "राक्षसी का नाक-कान? श्री राम ने कटवाया-लक्ष्मण से! तब तो निश्चित् ही कोई अत्यन्त गम्भीर कारण उत्पन्न हुआ है। हाँ, श्री राम उपयुक्त कारण को लेकर ही कोई उपयुक्त कार्य करते अथवा करवाते हैं। श्री राम कुशल कर्म के अद्वितीय पुरुषार्थी हैं। श्री राम ने राक्षस महिषी-स्त्री को न देख कर भी यह घोर कर्म श्री लक्ष्मण से करवाया। निस्संदेह अघटन घटना कारण है- होनी ही चाहिये।"

आमात्य ने कहा- "भगवती जानकी का राक्षसी ने अपमान किया- श्री रामजी के समक्ष। काम-मोहित वह राक्षसी महिला श्री रामजी से विवाह का प्रस्ताव लेकर गई थी। जी, हाँ, श्रद्धेय।"

"यह राक्षस महिलाएं? विलक्षण हैं यह! यों स्त्री मात्र-मनुष्य तो क्या देवताओं को भी समझ में नहीं आती। इसीलिए शास्त्रों ने स्त्री को पूजनीय मात्र कहा है- जहाँ स्त्री प्रसन्न बसती है, वहाँ देवता स्वतः ही रमा करते हैं। तब राक्षसी शूर्पणखा ने पंचवटी का शान्त सुख ही लील लिया। सीता-अपनी इकलौती लाड़ली सीता! प्रारब्ध! और क्या?"

"क्यों? स्वामिन्!" आमात्य ने पूछ लिया।

"प्रारब्ध ही तो।" विदेह ने कहा- "विवाह के तुरन्त बाद भगवान परशुराम का सामना, फिर श्री राम का वैराग्य, राज्याभिषेक की आशा किन्तु वनवास की घोर तपस्या। राजमन्दिर और उसके सुख त्यागकर वल्कल पहन सीता पति की छाया सी उनके साथ है- तब यह राक्षसी! श्री राम से विवाह- वाह! वाह!! क्या कहने? सीते! वत्सले! तुम्हारा भाग्य! हाँ, आमात्य इस जगत की सृष्टि में प्रारब्ध ही जीव का-प्राणीमात्र का भाग्य है..... प्रारब्ध...... संचित, क्रियमाण...... कर्म है। विधाता हैं किन्तु यह रहस्यमय-अगम विधाता। यह रहस्यमय दिव्य भव्य जीव, यह मूक-मूढ़ प्राणी, उद्भिज, कीट-पतंग, पशु-पक्षी, मानव-यह यातुधान, दानव, राक्षस, वानर-सुर-असुर यह सब परम् ब्रह्म का चिद्विलास- हैं तो, किन्तु मानव बुद्धि के लिए अगम और मानव प्रतिभा के लिए अगाध हैं श्री राम-सीता मानो त्रिकाल की जीवन-जिजीविषा के प्रतीक हैं- हैं तो।"

आमात्य ने विनयपूर्वक कहा- "आज्ञा हो तो दण्डकारण्य जाकर स्थिति का पता लगाऊँ। निस्संदेह लंकेश रावण प्रतिकार करेगा- प्रतिशोध लेगा, प्रभो!"

"लंकेश रावण-महर्षि विश्ववान का पुत्र, महर्षि पुलस्त्य का पौत्र रावण, विभीषण-कुबेर भी?" राजा जनक ध्यानस्थ से बोले– "राम प्रकाश, रावण? तिमिर। रावण को लेकर आज आर्यावर्त ही नहीं त्रैलोक्य में चर्चा हो रही है। उसकी प्रतिभा, तपस्या और उसका अप्रतिहत बल का सभी लोहा मानते हैं। किन्तु महर्षि पुलस्त्य का यह शक्तिशाली, विद्वान तपस्वी तथा तन्त्राधिपति पौत्र इतना अधर्मी कैसे हो गया–निकल गया? कैसे? विडम्बना ही तो है।" राजा जनक चुपचाप दिग्दिशा में ताकने लगे– "विडम्बना! यह इदम्–यह मायावी इदम्! विडम्बना? नहीं तो। है–यह जगत है, आमात्य! नहीं है–ऐसा नहीं है। यह जगत है भी और नहीं भी। महर्षि वाल्मीकि ठीक ही कहते हैं– यह माया है, क्षणिक है। यह मायावी नाम-रूप अनन्त नहीं है, काल बाधित और परिवर्तन शील है, अतः अज्ञान है। अज्ञान ही तो है। अन्ततोगत्वा ब्रह्म ही है। ब्रह्म।"

"जी! ब्रह्म सत्यम जगत्मिथ्या।" आमात्य ने कहा– "जी।"

"मिथ्या" विदेह जनक चिहुँके– "क्षणिक आमात्य-क्षणिक स्थित और क्षणिक परिवर्तनीय अर्थात–मिथ्या है भी नहीं भी। मैं शरीरवत् अभी हूँ– शरीर जायेगा तब मैं देह-स्वरुप नहीं रहूँगा किन्तु क्या मैं सच्चिदानन्द स्वरुप, शिव-स्वरुप नहीं रहूँगा। मैं रहूँगा किसी भी लोक में, किसी भी योनि में, किसी भी नाम रूप में–मैं रहूँगा।"

"जी, आप श्री तो ज्ञान-मूर्ति हैं– विदेह!" आमात्य ने कहा– "चिदानन्द सोऽहम्।"

"दण्डकारण्य की परिस्थिति के वास्तविक समाचार हमें चाहिये, आमात्य।" जनक बोले।

"जी। जैसी विदेह की इच्छा।" आमात्य ने कहा।

"इच्छा? हमारी?" विदेह ने सस्मित कहा– "देह में हूँ, तब तक इच्छा प्रतीत होती है। कामना सताती है- चित्त यह मानव-अन्तःकरण ही जगत के सन्त्रिकर्षो तथा भव संसार के संवेदनों से पूर्ण है, भरा हुआ तलछट है। अहम स्वरुप होकर मैं अज्ञान ओढ़कर कालरात्रि में सोया हुआ सच्चिदानन्द आत्मा भोगता हूँ, कहता हूँ, सोचता-विचारता हूँ– अनुभव करता हूँ। प्राण शरीर की सर्वव्यापी शक्ति मन द्वारा उद्वेलित होती है। बुद्धि द्वारा मन स्थित होता है तथा जगत में अपने अभीष्ट नाम-रूप को प्राप्त करता है। अहम् स्वरुप आत्मा चित्त द्वारा भोगता है- मैं

आत्मा नहीं। अतः इच्छा है; और वह–यह कि मैं श्री राम सीता का योगक्षेम चाहता हूँ। राम मेरे इस भव में जामातृ ही नहीं, गुरु भी हैं।"

"गुरु–आपश्री के?" आमात्य ने साश्चर्य पूछा।

"श्री राम के भुवनमोही सौन्दर्य से मुझे क्षणिक, किन्तु इस सनातन निरन्तर जगत के अनन्त कोटि रूपों की रूपाभा दिखी। श्री राम के कालजयी शौर्य से मुझे परमात्मा–सच्चिदानन्द परम् ब्रह्म की व्यवहारिक सत्ता का भान हुआ। श्री राम की धर्म-परायणता, शास्त्र-निष्ठा, वेदों की हृदय-गम्यता तथा उपनिषदों के गान की रूचि, श्री राम का व्यष्टि एवं समष्टि–मुझे ऐसा लगा कि यह सगुण ब्रह्म का ही स्वरुप है। वेदान्त के निराकार परम् ब्रह्म में श्री सीता राम सच्चिदानन्द मनुज स्वरुप ब्रह्म ही हैं– सर्वम् खलु इदम् ब्रह्म–वेदान्त का यह कथन–सीता-राम के दर्शन से साकार हो गया मेरे मित्र!"

"जी!" आमात्य ने हतबुद्धि होते हुए कहा– "वेदान्त? सुनना–समझना चाहता हूँ।"

"अच्छा?" विदेह प्रसन्न होते हुए बोले– "क्यों? क्या वैराग्य हो गया है?"

आमात्य ने विदेह को नमन करते हुए कहा– "वैराग्य? मुझे? जी नहीं। मैं संसार से कभी-कभी ऊब उठता हूँ। अपने चारों ओर देखता हूँ तो चकित हो जाता हूँ। चलते-चलते रूक जाता हूँ। रूपवान वस्तुओं को देखता ही रहता हूँ। कीट-पतंग, पक्षी-पशु, उद्भिज इन सबको निहारता रहता हूँ। क्या है– यह सब? सोचता रहता और अकुलाता रहता हूँ। अभय, प्रभो! प्रारब्ध ने ऐसी स्त्री दी है जो मेरी पूजा करती और मुझे ही परमेश्वर कहती है।"

"अच्छा! भाग्यशाली हो तब तुम।" विदेह मुस्कुराते हुए बोले– "प्रकृति के लिए पुरुष परमेश्वर ही है। सांख्य सुना! पुरुष ही देखता है; प्रकृति नहीं। अन्धी है, माया-अज्ञान। यही आत्मा का जीव भावोत्पादक संज्ञान है– अन्ध-तमस-तिमिर। पुरुष स्वयं प्रकाशवान प्रकाश है– स्वयं ज्योति है– आनन्द ज्योति है– सच्चिदानन्द, ज्ञानमूर्ति है और प्रकृति? माया, योगमाया, सती कालरात्रि। पुरुष को रिझाने उसके अज्ञान को हटाने–मोक्ष के लिए ही प्रकृति–मूल प्रकृति सृजन करती है– स्थित रखती है– संहार करती है। भाग्यशाली पुरुष हो– अरे हाँ, जीव तो नर-नारी स्वरूप शक्ति की माया है। पुरुष तो सच्चिदानन्द ब्रह्म की ज्योतिषाम् ज्योति है। श्री राम पुरुष हैं, आमात्य!"

आमात्य ने नमनपूर्वक कहा– "जी, श्री राम ही पुरुष हैं।"

"सगुण ब्रह्म! कालपुरुष!" विदेह ने कहा।

* * * * *

शत्रुघ्न ने राजा जनक को प्रणाम कर कहा– "आप श्रीमद् के अयोध्या–आगमन से हम सब कृतार्थ हो गये, किन्तु हम जनकपुर आ ही सकते थे।"

विदेह जनक ने सस्मित कहा– "देवी कौशल्या जी के दर्शन जो करने थे। राम न सही, राम की दिव्य मातुश्री ही सही। स्वनाम धन्य, गंगा–स्वरुप, जगदम्बा स्वरूप देवी कौशल्या, राम की जननी राम और राम की जननी–पृथ्वी सौभाग्यवती हो गई, आकाश धन्य हो गया। जगत पावन हो गया, भव–संसार निर्मल हो गया। मैं जो राज्य चाहता था– उस दिव्य, भव्य, शान्त, मंगलमय राज्य की अब मुझे आशा हो चली है– 'राम–राज्य', वत्स!"

"राम–राज्य!" शत्रुघ्न चिहुँके– "किन्तु श्री राम अयोध्या लौटें, तब न।"

भरत ने सिर धुनाया; कहा– "लौटेंगे क्यों नहीं? राम को अयोध्या वापस आना ही होगा; अन्यथा मैं प्राण त्याग दूँगा।"

विदेह ने कहा– "नहीं, प्रियवर भरत! यों कातर होने से काम नहीं चलेगा। राम को अयोध्या वापस लाने के लिए मैं आवश्यकता हुई तो आप सब के साथ पैदल चलूँगा। राम मानव जाति का भाग्य तथा जगत का दिव्य भविष्य हैं।"

शत्रुघ्न– "किन्तु इस समय श्री राम, लक्ष्मण, जानकी हैं कहाँ?"

भरत ने निसास रखते हुए कहा– "दण्डकारण्य की पंचवटी में और कहाँ? राक्षसी शूर्पणखा अब क्या करती है– कौन जाने? मेरे मन के गहन में चिन्ता सुलग उठी है, पूज्य!"

विदेह ने कहा– "लंका का नरेश रावण अपनी भगिनी के अपमान का प्रतिशोध तो लेगा। रावण महर्षि पुलस्त्य का यह दुर्धर्ष पौत्र–यह लंकेश रावण– सहसा जैसे पृथ्वी के गगन में धूमकेतु–सा उग आया है। राक्षस–अन्ततोगत्वा राक्षस भी मनुष्य ही होता है। स्वभाव से ही मनुष्यों में दानव, दनुज, राक्षस, वानर, आर्य्य, अनार्य्य हैं। प्रकृति से तो मानव ही हैं, यह सब। मानव योनि में ही परब्रह्म

परमात्मा अपने सम्पूर्ण प्रकाश और अपने समग्र तमस को लेकर व्यक्त, प्रगट होता ही रहता है। सुर–असुर, देव–दानव, आर्य्य–अनार्य्य यह प्रभु की अन्तरात्मा का सनातन, शाश्वत द्वन्द्व है।"

शत्रुघ्न ने भरत की ओर निहारते हुए कहा– "जी! तब रावण लंकेश प्रतिशोध लेगा ही।"

विदेह ने हँसते हुए कहा– "ब्राह्मण प्रतिष्ठा ही चाहता है। अपमान वह सह नहीं सकता। क्षत्रिय यश चाहता है, निन्दा वह सह नहीं सकता। वैश्य कीर्ति चाहता है– पुण्य कर्म द्वारा। हाँ और शूद्र? वह केवल सन्तोष चाहता है, तृप्ति। महर्षि विश्ववान का यह आततायी और अत्यन्त अहमन्य पुत्र अपनी सगी भगिनी का अपमान कैसे सहेगा? प्रतिशोध! परन्तु क्या? – प्रश्न तो यह है। रावण क्या प्रतिशोध लेगा? लक्ष्मण देव के पीछे पड़ेगा? राम के? या सीता को अपमानित, दूषित करने के लिए हेय प्रयास करेगा?"

शत्रुघ्न ने सहसा चिन्तित हो उठते हुए कहा– "तब तो हमें दण्डकारण्य, पंचवटी, ससैन्य जाना ही होगा।"

भरत ने निःसास रखा–पूछा– "क्या करें, पूज्यपाद?"

विदेह ने शान्त गम्भीर स्वर में कहा– "आर्य्य क्षत्रिय और कौशल महाराज्य के अधिष्ठाता, अधीश की भांति अपना धर्म निभाओ। पंचवटी को हमारे सैन्य घेर लें और राम–जानकी की रक्षा करें।"

17

दण्डकारण्य, पंचवटी तक आने में शत्रुघ्न को अनेक आश्रमों में रूक कर श्री राम, लक्ष्मण, जानकी की टोह लेने का अवसर मिला। सभी आश्रमों में और उसके आस–पास गम्भीर जन चर्चाएँ चल रही थीं– लहर रही थीं, झूम रही थीं, झीम रही थीं। एक चर्चा थी–शूर्पणखा श्री राम पर रीझ गई थी और वास्तव में उन पर मुग्ध–मूढ़ हो गयी थी। वह विवाह करना चाहती थी और इसीलिए वह मनोहर स्वरुप धारण कर निस्संकोच पंचवटी पहुँची थी। राक्षस–रमणियाँ स्वाधीन और स्वच्छन्द महिलाएं होती हैं, फिर शूर्पणखा तो दण्डकारण्य की राजमहिषी थी– महापराक्रमी देवजयी, तंत्र–सम्राट दिग्विजयी लंकेश की भगिनी। वह अपना मनोरथ छल, बल, कल–किसी भी प्रकार पूर्ण करेगी ही। श्री राम ने ठीक किया कि उसका वध नहीं किया, केवल नाक–कान काट कर ही उसे क्षमा कर दिया। उससे मायाविनी, क्रूर, दम्भी और कुलटा का यह दुस्साहस कि वह दिव्य–प्रभा सीता जी का अपमान करे– रामजी से कहे कि इस दुबली–पतली, उदास खिन्न मनसा मानवी को त्याग दो और मुझे मायाविनी रूपायिनी मनस्वी मनोहर तन्वंगी को अपना लो। यह केवल छल वाक्य था। राक्षसी तो देह–सुख ही चाहती है, आत्म विनोद नहीं। मानव नारी ही चाहे तो देह–सुख से उपरत होकर आत्मानन्द के लिए अपने एकान्त नर को पूर्ण रूपेण समर्पित हो सकती है। नर? नर तो अन्ततोगत्वा पुरुष ही है। जगत का नटराज और सृष्टि का कामेश्वर श्री राम परम् ब्रह्म का मनुजावतार हैं– निश्चय ही। महर्षि अगस्त्य के भव्य विशाल आश्रम में– जय श्री राम! की गगन–भेदी ध्वनि उठी।

महर्षि अगस्त्य ने कहा– "महाराज शत्रुघ्न! श्री राम, लक्ष्मण, जानकी अभी कुछ दिन हुए पंचवटी में ही देखे गये थे। सोने का मृग–विचित्र किंवदन्ती है। क्या हेम–मृग चलता है? नहीं, किन्तु कहते हैं, पंचवटी के पास अद्त स्वर्ण मृग देखा गया–हाँ, पंचवटी के पड़ोसी अरण्यवासी कहते हैं– स्वर्ण मृग। यों मृगों से दण्डकारण्य हुमुसित होता रहता है, किन्तु-स्वर्ण मृग! न सुना और न ही देखा।"

"फिर, महर्षे!" शत्रुघ्न ने पूछा– "स्वर्ण मृग देखा गया, जी।"

महर्षि ने कहा– "कहते हैं स्वर्ण मृग को मारकर अपनी भार्य्या सीता को अर्पण करने के लिए श्री रामजी स्वर्ण मृग के पीछे भागे। विधि की विडम्बना! और क्या......?"

शत्रुघ्न ने चिन्तापूर्ण स्वर में पूछा– "यह, यह विचित्र संवाद है।"

"सत्य कभी–कभी विचित्र तथा विलक्षण और अलौकिक भी होता है। आपकी भाभी श्री सीताजी स्वर्ण मृग पर मुग्ध हो गई– हाँ, हो गई–ऐसा मुनिगण परस्पर कहते हैं।" महर्षि अगस्त्य बोले– "जनश्रुति तो यह भी है कि सीताजी ही उस कथित स्वर्ण मृग को देखकर लुब्ध हो गई थीं। हठ पकड़ ली– स्वर्ण मृग लाओ, उसका चर्म पहनूँगी। श्री राम ने समझाया कि वह मृग–वैसा कुछ भी नहीं है। राक्षसों की माया हो सकती है किन्तु सीता ने अपनी हठ नहीं त्यागी। अन्ततोगत्वा श्री राम को स्वर्ण मृग के पीछे जाना ही पड़ा।"

शत्रुघ्न ने पूछा– "लक्ष्मण साथ नहीं गये, जी?"

महर्षि ने कहा– "लक्ष्मण को सीताजी की रक्षा के लिए श्री राम पंचवटी में ही छोड़ गये। श्री राम की आज्ञा थी कि कुछ भी हो जाय लक्ष्मण पंचवटी में ही बने रहें– सन्नद्ध, जाग्रत। किन्तु विधि–विडम्बना, महाराज शत्रुघ्न! विधाता को कौन, क्या कहता है? विधि लिखित ललाटे प्रोज्ज्वितम् कह समर्थ?"

शत्रुघ्न अनायास चिन्तित होते हुए बोले– "तब? जी? पूज्य?" महर्षि अगस्त्य ने कहा– "इसके बाद क्या हुआ अभी कोई समाचार नहीं आये हैं। हमने मुनिकुमारों का एक दल भेज रखा है– देखें, क्या समाचार लाता है।"

शत्रुघ्न ने चिन्तित होते हुए कहा– "सहसा मैं उद्विग्न हो उठा हूँ, महर्षे! जानकी जी की रक्षा को लेकर मैं जैसे उदास हो गया। क्या श्री लक्ष्मण ने सीताजी की रक्षा की होगी?"

महर्षि अगस्त्य ने कहा– "लक्ष्मण अद्वितीय योद्धा तथा प्रबल पराक्रमी महारथी हैं। श्री राम से कुछ ही कम हैं। हाँ, लक्ष्मण निस्संदेह शेषनाग के अवतार हैं। श्री नारायण हरि जब अवतार धारण करते हैं तो उसके संग उसकी शक्ति तथा दिव्यतम अंश भी अवतरित होते हैं– सहज ही आप तीनों भाई श्री

राम के अनुज ही नहीं हो, आत्मीय भी हो। फिर श्रीमती जानकी तपस्विनी सती हैं– राम वल्लभा हैं।"

शत्रुघ्न– "किन्तु न जाने क्यों मेरा मन विकल हो उठा है। मैं स्वयं पंचवटी जाऊँगा। यहाँ तक आया हूँ तो श्री राम, लक्ष्मण और पूज्य-वन्दनीय भाभी जानकी के दर्शन करूँगा ही।"

"तथास्तु ....!" महर्षि ने आशीर्वाद दिया।

शत्रुघ्न– "श्री राम की जय हो! आज्ञा, प्रभो!"

"तुम्हारा पंथ सुखपूर्वक हो!" महर्षि ने कहा।

शत्रुघ्न ने आश्रमवासियों से साथ महर्षि के समक्ष उपविष्ट होकर फलाहार प्राप्त किया और तनिक विश्राम के पश्चात् दण्डकारण्य की ओर प्रस्थान करने के लिए पुनः महर्षि से अनुमति माँगी। महर्षि अगस्त्य ने हँसोही आँखों से शत्रुघ्न को निहारा और कहा– "जाओ-यदि जाना ही चाहते हो तो- किन्तु पंचवटी का प्रान्तर राक्षसों के सशस्त्र गुल्मों से ठठा हुआ है- यही अन्तिम समाचार है। राक्षसों के गुल्म कब हम पर आक्रमण कर दें कुछ कहा नहीं जा सकता।"

शत्रुघ्न तनिक स्तम्भित से यह सुनते रहे। महर्षि अगस्त्य ने पुनः गम्भीर स्वर में कहा– "मैं समुद्रों की अमर्यादाएँ भंग कर धरती और सागर के मध्य मर्यादा स्थापित कर सकता हूँ, किन्तु इन क्रूर और घोर राक्षसों की नहीं। समुद्र पी गया, किन्तु राक्षसों का यह कीच छू भी नहीं सका। क्यों? असुरों को समाप्त शक्ति परात्परा महादेवी करती हैं- दुर्गा भवानी! सुरों का संरक्षण भी वही करती हैं, किन्तु- पृथ्वी तल पर दानवों और राक्षसों का संहार आर्य्य क्षत्रिय ही करता है। मानव-नरेश राक्षसों का सामना कैसे करेगा? न्याय, सत्य और धर्म से हीन यह कामुक घोर त्रासदायी राक्षस तमोगुण का अपरम्पार है। रजोगुण की तरंगों से आकुल व्याकुल राक्षसों को छप्पन पकवान तथा सुरा और सुन्दरी ही क्षणिक तुष्टि देता है। हाँ, देखो ना राक्षसी शूर्पणखा रूपवान सुर-सुन्दरी बनकर राम के सम्मुख हुई! आश्चर्य!"

शत्रुघ्न ने कहा– "मेरा दण्डकारण्य पंचवटी जाना निरर्थक है- होगा?"

महर्षि अगस्त्य ने कहा– "मैं क्या कर सकता हूँ...... जहाँ तक राम-लक्ष्मण की सुरक्षा का प्रश्न है- वह स्वयं सक्षम हैं।"

"सीताजी?" शत्रुघ्न ने पूछ लिया।

"वह तो श्री रामजी की माया है– ऐश्वर्य शक्ति है।" महर्षि बोले– "परम् ब्रह्म परम् शिव की परात्परा परमेश्वरी शक्ति के तीन स्वरुप हैं– ऐश्वर्य, चिति और प्रेम– प्रीति। सीता शिव ब्रह्म-वल्लभा, आनन्दिमा! ठहरो–स्वर कह रहा है कि मुनिकुमार दण्डकारण्य से लौटने में ही हैं– मैं जैसे देख रहा हूँ, वे आश्रम के कान्तार में प्रविष्ट हो चुके हैं। यहाँ बैठा यह मैं अगस्त्य श्री रामजी की सम्भाल करता हूँ– करूँगा। श्री रामराज्य के लिए नहीं, धर्म की ग्लानी मिटाने अवतरे हैं– आविर्भूत हुए हैं। मैं कहता हूँ सूर्य की साक्षी, चन्द्र की अनुमति, सागरों के सानिध्य से, मैं कहता हूँ श्री राम–श्री हरि विष्णु-विष्णु महाविष्णु के मनुजावतार हैं– पुरुषोत्तम-मर्य्यादा पुरुषोत्तम हैं। समझे?"

"जी, श्रीमद्!" शत्रुघ्न ने नमनपूर्वक कहा– "किन्तु फिर भी महात्मा भरत, मुझे तथा माताओं को, सभी प्रजाजनों को श्री राम, लक्ष्मण और जानकी की चिन्ता लगी रहती है।"

"अपने प्रियजनों के लिए चिन्ता होना स्वाभाविक मानव–धर्म है, वत्स! किन्तु मुझे जैसे लग रहा है, राम पंचवटी में नहीं हैं।"

"महर्षे!" शत्रुघ्न चिहुँके– "कोई आगम भय?"

महर्षि ने तनिक ध्यानस्थ होते हुए कहा– "पंचवटी का गगन शून्य है। पंचवटी और उसके कान्तार की छबियाँ तो लास कर रही हैं, किन्तु पंचवटी सूनी है। सूनी– राम लक्ष्मण वहाँ नहीं हैं– हाँ।"

"राम पंचवटी में नहीं हैं?" शत्रुघ्न ने पूछा– सहसा पूछा।

"समय आ रहा है–आ गया है, वत्स!" महर्षि अगस्त्य ने कहा– "राम को पंचवटी त्याग कर श्रीलंका-समुद्र की ओर जाना ही होगा। राम–वनवास की फल– श्रुति समीपस्थ है। इन दुर्दान्त प्रचण्ड प्रबल राक्षसों का संहार तो आरम्भ किया है राम ने, किन्तु आवश्यकता तो राक्षस–महाराजाधिराज और उसके वंश के नाश की है। महर्षि विश्ववान का पुत्र तथा महर्षि पुलस्त्य का पौत्र यह रावण ब्राह्मण होते हुए भी इतना लोमहर्षक हो गया है। अत्याचारी, आततायी, व्यभिचारी, पीड़क– शोषक। इतना अहमन्य और हेय–हीन मानस हो गया है। इस राक्षसराज ने आर्यावर्त की यज्ञ भूमियों को ध्वस्त कर आर्य्य की आत्मचेतना को ही ललकारा

है। आर्य्य-चैतन्य प्रभु की चिति है, आत्मा की सच्चिदानन्द चेतना है, वत्स! आर्य्य अमृत पुत्र है। अमृत का शाश्वत अनादि अभिलाषी, ज्योतिषाम् ज्योति आर्य्य है। आर्य्य प्रकाश है, अनार्य्य अंधकार है।"

"तब महर्षे! हम सब श्री राम के नेतृत्व में अंधकार से ही लड़ रहे हैं।" शत्रुघ्न सोत्साह बोले– "अंधकार!"

"अधर्म, वत्स!" महर्षि ने कहा– "हमारी आश्रम तथा यज्ञ संस्कृति मानव–जीवन के दिव्य उत्कर्ष की आध्यात्मिक संस्कृति है। महानगरों और पुरों की विलासिनी संस्कृति नहीं है। चित्त की निर्मलता, बुद्धि की ऋतुंभरा, इन्द्रियों की संचयित शक्ति तथा महाप्राण का याम-यही......... यही परमात्मा की ओर अंधकार ग्रसित जीव को धकेलता है। मानव चिरन्तन निरन्तर प्रकाश के लिए यात्रिक है। मानव अमृत तथा विष का भेद नहीं जानता। विष को वैराग्य से निष्प्रभ कर मृत्यु को तर जाता है।"

* * * * *

भरत ने शत्रुघ्न को देखा, निहारा, पेखा; कहा– "तब श्री राम, लक्ष्मण, जानकी जी दण्डकारण्य की पंचवटी त्याग गये? किन्तु गये कहाँ? दिवसों से आगम चिन्ता से मेरा मन उद्विग्न है। भय है– मैं भीत हूँ– भयत्रस्त हूँ, भैया! वह सुकोमल पारिजात के फूल सी कोमल जानकी जी–उस घोर राक्षसों से भरे अरण्य में न जाने कहाँ हैं? तुम पंचवटी तक गये क्यों नहीं?"

"महर्षि अगस्त्य के शिष्य समाचार ले आए तब, जब मैं पंचवटी के लिए प्रस्थान करने ही वाला था।" शत्रुघ्न ने कहा– "राक्षस-राज ने दण्डकारण्य में सभी उत्पात स्थगित कर दिये हैं। वे 'कल' से ही श्री राम का पराभव करना चाहते हैं। अपनी भगिनी के अपमान का बदला वह बल से नहीं, कल से–माया से लेना चाहते हैं। तभी कदाचित् रावण की इस चाल से बचने लिए लिए श्री राम ने पंचवटी त्यागी है।"

"किन्तु गये कहाँ हैं?" भरत ने तनिक उत्तेजित स्वर में पूछा।

"महर्षि के शिष्य कह रहे थे श्री राम, लक्ष्मण वानर – राज्य की ओर कदाचित् गये हैं।" शत्रुघ्न ने कहा– "टोह ले रहे हैं महर्षि श्री राम की।"

"तुमको जाना नहीं चाहिये था?" भरत ने पूछा– "अवश्य उस विपन्न त्रिमूर्ति को पृष्ठ– बल तो प्राप्त होता।"

शत्रुघ्न ने आर्त स्वर में कहा– "महर्षि अगस्त्य ने मुझे रोका, भैया!"

"महर्षि ने रोका।" भरत उद्विग्न स्वर में चिहुँके– "किन्तु हम महर्षि तो क्या...... उनके शिष्य भी नहीं हैं। हम आर्य्य क्षत्रिय तथा रघुवंश के राजपुत्र हैं। इस समय तो श्री राम–पादुका राज्य के कारभारी भी हम हैं। श्री राम तो नहीं कहेंगे; महर्षिगण श्री राम को भगवान मानने लगे हैं– मैं भी–हम सब अब श्री राम को भगवान मानकर निश्चिन्त हो गये हैं। भगवान होते हुए भी श्री राम मानव हैं, अकेले हैं। केवल श्री लक्ष्मण के सहारे वनवास काट रहे हैं। ऊपर से रूपवती, गुणवती, शील मूर्ति भार्य्या के कारण रोम–रोम में सावधान हैं। निस्संदेह भाभी श्री जानकी को लेकर राक्षसराज कोई न कोई उत्पात करेगा। यह माया मृग की वार्ता– विलक्षण वार्ता है। माया मृग–स्वर्ण मृग! क्या? निस्संदेह राक्षसाधिपति लंकेश की कोई बिब्बोक भरी प्रतारणा हैं। आज दिवसों से मेरा बाँया अंग फड़क नहीं रहा है– दाँया फड़कता है। प्रतिदिन मैं श्री राम के योगक्षेम के लिए अपने प्राणों से पूछता रहता हूँ, अंगों से पूछता रहता हूँ। आज मेरे अन्तःकरण में विषाद से भरी जलन ही जलन है, शत्रुघ्न! मैं स्वयं–स्वयं जाऊँगा-राम, लक्ष्मण, जानकी को जब तक सकुशल देख न लूँ-मुझे शान्ति नहीं होगी।"

शत्रुघ्न ने तब दबे हुए स्वर में कहा– "मैं ही तब पुनः जाता हूँ। आप नहीं.......। आप इस तापस वेश में पैदल यात्रा करेंगे तो दण्डकारण्य तक पहुँचने में वर्ष लग जायेगा। मैं अत्यन्त शीघ्रगामी रथ पर आरूढ़ होकर, धनुष–बाण धारण करके जाता हूँ। राक्षसों ने उत्पात किया तो उनका निर्मम संहार करता चलूँगा।"

"थमो, शत्रुघ्न।" भरत बोले– "राक्षसों का संहार राम–लक्ष्मण के हाथों ही होगा। हम– तुम तो श्री राम–राज्य के स्वस्तिवाचक हैं। हम राजा नहीं हैं। राजपुत्र श्री राम–राज्य के सेवक हैं। महर्षि अगस्त्य भी....... अब मैं क्या कहूँ?" सहसा द्वारपाल दौड़ा आया– "प्रभो!"

शत्रुघ्न बमके– "क्या है?"

"महर्षि........" सेवक बोला।

"महर्षि विश्वामित्र क्या?" भरत बोले– "हम चलते हैं।"

"जो भी महर्षि हो– उनका वन्दन हम करते आए हैं....... करेंगे।"

शत्रुघ्न बोले– "महर्षि-मण्डल ही प्रतीत होता है।"

भरत के पीछे-पीछे शत्रुघ्न लपके। नन्दीग्राम की राजकुटिया का वह पुष्प विहँसिक विशाल प्रांगण मुनियों से भरा हुआ था। मानो धरती मुनियों के स्वरुप में आविर्भूत होकर आई थी। आकाश के प्रमुख दिव्य तारे मानो मुनियों का स्वरुप धर पधारे थे। भरत ने दौड़ कर महर्षि अगस्त्य, महर्षि वाल्मीकि तथा महर्षि अत्री को प्रणिपात किया, चिहुँके– "महर्षे! श्री राम! श्री राम की रक्षा, महर्षे!"

महर्षि अगस्त्य मुस्कुराए; भरत श्री को आशीर्वाद देते हुए बोले– "हम सब चल कर इसीलिए नन्दीग्राम की तीर्थयात्रा के लिए आये हैं, श्रीमन्! शत्रुघ्न श्री को सुनने पर लगा आप सब श्री राम, लक्ष्मण, सती-श्रेष्ठ सीताजी की रक्षा तथा योगक्षेम के लिए व्याकुल हो गये हैं।"

"जी महर्षे!" भरत चिहुँके– "यथार्थ है। आज दिवसों से एक भय बना रहता है। रात्रि को आकाश के तारे गिन कर बिताता हूँ। तमचुर की पुकार के साथ ही उठ– बैठता हूँ, किन्तु संजीवनी वायु का स्पर्श भी मुझे शान्त नहीं करता। श्री राम-जैसे निरीह बालक हों और प्रचण्ड राक्षसों से घिरे हों और माता कौशल्या जी को पुकार रहे हों। सीताजी विवर्ण हों– लक्ष्मण जैसे क्षितिज के पार खो गये हों– हाँ, महर्षे! क्या होगा? क्या होने जा रहा है?"

महर्षि अगस्त्य ने महर्षि वाल्मीकि की ओर देखा। महर्षि वाल्मीकि ने कहा– "मंगल ही होगा, महात्मा भरत! तुम्हारी यह दिव्य मूक तपस्या श्री राम, लक्ष्मण, जानकी का कवच है। राक्षस श्री राम का बाल भी बाँका नहीं कर सकेंगे। विधि श्री राम की जय चाहती है।"

भरत ने उत्साहपूर्वक कहा– "यह जगत श्री राम की जय ही चाहता है। प्राणीमात्र श्री राम की रक्षा के लिए प्रार्थना करता है। श्री राम! हाँ महर्षे अवश्यमेव। किन्तु हमें यह भी नहीं भूलना है; प्रभु मनुज योनि में प्रकट हुए हैं। प्रत्येक भव-योनि की अपनी विशिष्टता, विलक्षणता तथा गुण-धर्म होते हैं। मानव हृदय का उदारचेता, बुद्धि का सत्य तथा मन का निर्मल प्राणी है। मानव धर्म– धारण और धर्म-पालन के लिए ही पृथ्वी पर आविर्भूत होता है। राम केवल राक्षसों के संहार के लिए ही नहीं, अधर्म के समूचे नाश के लिए भी प्रगट हुए हैं, किन्तु मनुष्यावतार हैं।"

"मानव ही परमधाम एवं स्वर्ग प्राप्त कर सकता है।" महर्षि अत्री ने कहा– "श्री राम परमधाम को सच्चिदानन्द आत्मा कैसे पुनः प्राप्त करता है– यही सिखाने को अवतरे हैं, भरत!"

"जी।" भरत ने कहा– "तब हम अब क्या करें?"

महर्षि अगस्त्य– "मैं देख रहा हूँ– राम-रावण युद्ध होगा। राक्षसों के समूचे कुल के संहार का समय आ गया है, महाराज भरत! इस मायावी, धूर्त, अन्यायी, अत्याचारी तथा आर्य्य-संस्कृति के जन्मजात बैरियों को हम नष्ट कर सकते थे, किन्तु समाज और उसके राष्ट्र के कल्याण का उत्तरदायित्व राज्य का ही है– निस्संदेह क्षत्रियों का ही है–रहा है। पृथ्वी के सौभाग्य को बनाए रखना तथा प्राणियों के योगक्षेम तथा मानव-जाति में धर्म-धारण और न्याय की अटल स्थिति बनाए रखना क्षत्रियों का राजधर्म है– रहा है और रहेगा।"

भरत ने कहा– "हम क्षत्रिय ही निस्तेज, भीरू और कातर होते गये हैं; अन्यथा राक्षसों का यह साहस होता ही कैसे कि वे यज्ञ वेदियों पर रक्त-माँस की वर्षा करें, मुनिजनों का वध करें तथा अरण्यवासियों को त्रास दें। आज आर्य्यावर्त के अरण्य राक्षसों के मदोन्मत्त विहार के प्रान्तर हो गये हैं। इन राक्षसों का यह दुस्साहस कि वह श्री राम के पास अपनी काम पीड़ित महिला को भेजें–विवाह का प्रस्ताव रखें। श्री राम ने ठीक ही किया, उचित किया उस मायाविनी के नाक-कान काट कर। लंकेश की भगिनी हुई तो क्या?"

महर्षि वाल्मीकि ने कहा– "रावण प्रतिशोध करेगा ही | कहीं वह हमारी दिव्य सीता को ही कष्ट न दे!"

"श्री राम जो हैं......।" शत्रुघ्न ने कहा।

"किन्तु सीता-राम की विधाता........" महर्षि वाल्मीकि ने कहा– "मैंने श्री राम-गाथा लिखना आरम्भ कर दिया है। श्री राम-कथा आर्य्य जाति के गृहस्थ समाज तथा राष्ट्र का मंगलमय गायन है। हाँ, जी! महात्मा भरत! राम-कथा में अत्यन्त दुरुह श्री राम-सीता का प्रारब्ध है। वह दिव्य तथा भव्य प्रारब्ध पूर्णिमाओं और अमावस्याओं से भरा हुआ है। अँधेरों तथा उजालों का वह मानो वृत्तचित्र है। श्री राम-कथा में त्रैलोक्य के आगमों को मैं जैसे देख लेता हूँ, किन्तु श्री राम-जानकी

के प्रारब्ध का दूसरा क्षण मैं जैसे जान नहीं सकता– रहस्यमय, विचित्र विदग्ध वह भविष्य है– श्री राम– जानकी का।"

भरत ने अपने गहन में चिन्तित होते हुए पूछा– "महर्षि! सर्वगुणनिधान, सर्वशास्त्र विद्, धीमान मनीषी भगवान-स्वरुप श्री राम हैं– उनका भविष्य.... रहस्यमय....?"

महर्षि वाल्मीकि ने कहा– "श्री राम-जानकी शिव-शक्ति स्वरुप हैं, किन्तु मनुजावतारी हैं। सृष्टि की प्रत्येक भव-योनि में नर-नारी, शिव-शक्ति स्वरुप हैं, यह जगत परमात्मा के अमोघ दिव्यतम अनन्य ज्ञान-विज्ञान की अविराम सनातन अभिव्यक्ति है किन्तु वह स्वयं अव्यक्त पुरुष हैं, जैसे वह स्वयं नहीं जान पाता कि काल की आने वाली क्षण क्या है? कैसी है? अभी आज राज्यतिलक और कल वनवास। है न विधि का अनन्य रहस्यमय विधान। क्या महर्षि वशिष्ठ इसे जानते थे? क्या स्वयं महाराज दशरथ भी इसे जान पाये थे? नहीं। यह सृष्टि उस परम् सुन्दर पूर्ण-परिपूर्ण रसमय आनन्दघन की स्वयंलीन, स्वयंविस्मृत उत्पत्ति-सृष्टि है। वनवास की इस शेष अवधि में हमें अनेक विस्मयजनक समाचार मिलेंगे।"

"कब.......?" शत्रुघ्न ने पूछ लिया।

महर्षि वाल्मीकि ने महर्षि अगस्त्य की ओर देखा और सस्मित कहा– "श्रद्धेय! वदामि, कृपया।"

महर्षि अगस्त्य ने चारों ओर देखा, समुपस्थित मेदिनी को निहारा और कहा– "मेरे शिष्य समाचार लाए हैं कि श्रीमती वत्सला जानकी का अपहरण हो गया है। माया मृग मर चुका है और श्री राम-लक्ष्मण ने पंचवटी त्याग दी है। इस दुर्विपाक घटना से समस्त दण्डकारण्य क्षुब्ध हो उठा है। आरण्यकों ने धनुष-तीर उठाकर अपने-अपने क्षेत्रों की रक्षार्थ गुल्म बना लिये हैं। हाँ, महात्मा भरत! निस्संदेह समाचार अत्यन्त चिन्तनीय तथा गम्भीर हैं और इसीलिए हम नन्दीग्राम आये हैं। शान्तिपूर्वक आप इस समाचार को सुनें और धैर्यपूर्वक अघटन घटना परीयसी भविष्य की प्रतीक्षा करें। हम प्रतिज्ञा पूर्वक यही कहते हैं– श्री राम की जय होगी।"

"सीते!" कौशल्या की चीत्कार सुनाई दी।

"धैर्य, माँ! धैर्य।" भरत ने अर्धमूर्च्छित कौशल्या को धीरज बँधाते हुए कहा।

"अब क्या होगा। अपहरण...... रघुवंश की अनन्य सुन्दर, दिव्य-भव्य कुलवधू का अपहरण!" सुमित्रा ने गर्जना की।

"विधि! महर्षि सुमित्रे! विधि!!" महर्षि अत्री ने कहा।

सहसा कैकई ने कहा– "सीता का अपहरण! विधाते! तुझे क्या हो गया है?"

भरत ने कहा– "क्या हो गया है? महारानी कैकई विधाता– बौरा गई है– हाँ सुनो, शत्रुघ्न! हमारा रथ सजाओ। हम श्रीमती सीता की खोज में जायेंगे।"

महर्षि अगस्त्य– "श्री राम, लक्ष्मण, सीता की खोज में निकल चुके हैं परन्तु सीता किस दिशा में ले जाई गई है– कोई नहीं जानता। स्वयं श्री राम-लक्ष्मण भी नहीं जानते– कौन, कहाँ ले गया है श्रीमती सीताजी को? अवश्य, यह कहा जा रहा है कि रावण ही सीताजी को ले जा सकता है।"

"तब वह स्वर्ण मृग! उसी हेय नीच की करतूत थी।" शत्रुघ्न बिलबिलाये– "किन्तु श्री राम माया मृग के पीछे गये ही क्यों थे?"

"स्त्री-हठ" महर्षि वाल्मीकि ने कहा– "स्त्री जो धार लेती है– वही करती है चाहे फिर वह देवांगना ही हो–सुर-सुन्दरी या महान मानवी ही क्यों न हो।"

"श्री राम!" भरत ने दीर्घ विश्वास रखते हुए कहा– "शत्रुघ्न! सभी पड़ोसी राज्यों को सूचित करो, उनसे सम्पर्क बनाओ। भगवती सीता की खोज करनी ही होगी।"

"श्री राम ही करेंगे यह।" महर्षि वाल्मीकि ने कहा– "यही विधि का विधान है, महात्मा भरत!"

* * * * *

कौशल्या ने चीत्कार सा किया– "सीता? क्या? सीता का अपहरण? मेरी वत्सला वधू का अपहरण? राम के होते हुए? नहीं, शत्रुघ्न! मैं यह क्या सुन रही हूँ?"

महर्षि वाल्मीकि ने सिर धुनाया– "यह सत्य है, देवी कौशल्या। रघुवंश के प्रति क्या विधि वाम हो गई है? पहिले अकस्मात वनवास और फिर यह अनायास अपहरण किन्तु यह-यह सब प्रारब्धवशात् है– हो रहा है। धैर्य, श्रीमती!"

"प्रारब्ध! भाग्य!" श्रीमती कौशल्या चिहुँकी- "मेरे एकाकी पुत्र और पुत्रवधू का यही भाग्य है? तब श्री, सुकृति और निरन्तर पुण्य का प्रारब्ध का कोई प्रभाव नहीं होता, महर्षे? प्रारब्ध में लिखा- यह सब; क्या कहूँ?"

महर्षि वाल्मीकि ने शान्त-गम्भीर स्वर में कहा- "परम् ब्रह्म के चैतन्य अपरम्पार में कब कौनसी तरंग उठेगी, काल की कब कौनसी गति होगी, विधि होगी- यह जीव की समझ के बाहर है, राजमाते! जीव अपना प्रारब्ध भी, जब वह भोगता है तभी जानता है। श्री राम महापुरुष हैं, अपराजित पुरुषार्थ के धनी हैं, वीतरागी, तितिक्षित वृत्ति के वैराग्य घन दिव्य व्यक्तित्व हैं, किन्तु फिर भी मानव हैं। पृथ्वी-पुत्री सीता दिव्य सौन्दर्य की छबि, शील की मूर्ति तथा वेदनामय जीवन-साधना की गंगा है, किन्तु फिर भी मानवी है। महापुरुष और महान महिला को सम्पूर्ण मानव संचित के आश्चर्य देखने होते हैं, प्रहार झेलने होते हैं। अंधकार की काली तरंगों के द्वन्द्व से भी कहीं अधिक प्रकाश की दिव्य जीवन- तरंगों का द्वन्द्व गहन गम्भीर हैं, श्रीमती और यही प्रारब्ध, मानव प्रारब्ध का भुवन बीज है। भगवती सीता को सृष्टि की जगदम्बा के लिए तपस्या करनी ही होगी। सीता का यह अपहरण यों तो घोर अमंगल प्रतीत होता है, किन्तु इसी अमंगल से पृथ्वी का शान्त सौभाग्य और मानव जाति का दिव्य भव्य श्रेय आविर्भूत होगा।"

"महर्षि मैं मानती हूँ- माँ हूँ।"- कौशल्या ने चीत्कारपूर्वक कहा- "मैं दर्शन के इन उद्गारों को सुनकर भी, कुछ भी अनुभव नहीं करती। माँ का रक्त और दूध, महर्षे! सभी दर्शनों का सार तत्व है। सीते! राम मेरे।"

कौशल्या मूर्च्छित सी पीठिका पर ही ढल पड़ीं। शत्रुघ्न तथा सुमित्रा ने मूर्च्छित सी कौशल्या को ढाब लिया। कौशल्या हिली और सहसा जाग्रत होकर बोली- "कैकई! तेरी ही विजय हुई। हम सब हार गये, तू जीती। तूने राम-सीता को आगम के अंधकार में धकेल दिया। परन्तु देख, भरत ने तेरा माँगा राज्य नहीं लिया-राम के चरणों में अर्पित कर वह स्वयं तापसी-वानप्रस्थी बन गया। राज्य- राज्य चाहती थी तुम-अपने सपूत के लिए, किन्तु मैंने तो अपने पुत्र राम के लिए स्वप्न में भी राज्य नहीं चाहा। राम-राम, मेरा पुत्र है, उसने भी राज्य नहीं चाहा। आँख उठाकर भी उसने राज्यसिंहासन तथा राज्यछत्र की ओर नहीं देखा। नंगे पैर, वल्कल धारण कर वन की ओर निकल गया। देखा? नहीं देखा तो अब अपनी फूटी आँखों

से देख। सीते! तू धैर्य रख। तू जहाँ कहीं भी हो, अपने राम, मेरे पुत्र में विश्वास रख। राम तुझे खोज निकालेगा। त्रैलोक्य को भी जीतकर तुझे प्राप्त करेगा, पुत्री मेरी! जनक विदेह, अब मैं आपको क्या मुँह दिखाऊँगी।"

महर्षि वाल्मीकि ने कहा– "विदेह जानते हैं, श्रीमती!"

"विदेह जानते हैं?" कौशल्या ने चित्कार सी की– "और जनकपुर के राजमन्दिर में शान्त बैठे हैं– दृष्टाभर हैं? यह अच्छा वेदान्त है, महर्षे! राज तो करना, पर संसार के दायित्व से मुकरना। विदेह! मैं प्रार्थना करती हूँ– सीता की खोज में राम की सहायता करो– हाथ जोड़कर प्रार्थना करती हूँ।"

महर्षि वाल्मीकि– "श्रीमती! धैर्य! श्री राम ने सीता की खोज आरम्भ कर दी है। धनुष पर बाण संधान कर लक्ष्मण श्री राम के आगे–आगे चल रहे हैं। दण्डकारण्य छोड़कर श्री राम ऋष्यमूक पर्वत की ओर निकल गये हैं। राम सर्वत्र सीता की खोज कर रहे हैं। सीता के लिए श्री राम का विलाप दिग् दिशाएं सुन नहीं सकतीं। नदी, नद, सरोवर, सरिता, कुंज–निकुंज, प्रान्तर तथा मृगों को श्री राम सीता के लिए विकल आतुर पूछते फिर रहे हैं। श्री राम का यह विरह जैसे मेरे उदासीन चित्त में करुणा के गान सा गूँज रहा है, राजमाते!"

"राजमाता? मैं नहीं..... वह....... वह कैकेई राजमाता। महर्षे! मैं स्वयं सीता की खोज में राम के साथ जाऊँगी। तुम सब अयोध्या के राजमन्दिर में बैठे रहो। चरों और अनुचरों से श्री राम के समाचार सुनकर सिर धुनते रहो–मैं नहीं। मैं श्री राम की माँ हूँ– माँ हूँ महर्षे!"

"आप साक्षात् जगदम्बा हैं, साक्षात् शिवा हैं, श्रीमती!" वाल्मीकि ने कहा– "धैर्य! शान्ति!!"

कौशल्या ने डबडबाई आँखों से महर्षि वाल्मीकि को देखा– निहारा–घूरा और सहसा मुस्करा उठी। महर्षि वाल्मीकि भी तनिक विहँसे– "क्या श्रीमती, राजमाते! क्या?" कौशल्या ने घूरते हुए कहा– "राम जब वयोवृद्ध हो जायेगा तब आपसा– ऐसा ही लगेगा। हाँ....... महर्षे! राम अयोध्या नहीं आएगा। सब कुछ तो चला गया राम का। घर गया, बाहर गया, राज गया, इष्ट मित्र गये, संगी–साथी सब तो गये; और अब स्त्री भी लुट गई। रघुवंशमणि राम यह है तेरा भाग्य। आप मुनिगण, ऋषि भी बड़े अच्छे हो– ऐसे भाग्य के व्यक्ति को श्री नारायण हरि का मनुजावतार

मानते हो। आश्चर्य है, मुझे। मैं कहती हूँ– राम मानव है, महामानव ही सही, परमात्मा का पृथ्वी पर अवतार नहीं है– नहीं है, महर्षे! मैं कहती हूँ।"

महर्षि वाल्मीकि ने शान्त-गम्भीर स्थितियुक्त स्वर में कहा– "हम अरण्यवासी, आश्रमों के अन्तेवासी रघुवंश के प्रशंसक रहे हैं, किन्तु इक्ष्वाकु वंश के नरेशों की हम काननचारियों ने चाटुकारिता नहीं की। हमने सूर्य और चन्द्र के क्षत्रिय-वंशों को मार्ग दिशा दिखाई है और उनके अटल कर्त्तव्य के प्रति सजग किया है, सन्नद्ध किया है। महर्षि विश्वामित्र ने राम–लक्ष्मण को अपने यक्ष की रक्षा के लिए क्या राजराजेश्वर महाराज दशरथ को प्रसन्न करने के लिए माँगा था? ऋषियों के काज के लिए माँगा था, श्रीमती! परन्तु क्या आर्यावर्त में पौगण्ड क्षत्रिय कुमारों की कमी थी, जो महर्षि विश्वामित्र ने राम–लक्ष्मण को ही माँगने महाराज दशरथ के सिंह–द्वार पर आये? नहीं थी। क्षत्रिय थे; क्षत्रिय राजे– महाराजे थे, भव्य भूषित क्षत्रिय कुमार भी थे– किन्तु वे राम-लक्ष्मण नहीं थे, राजमाते! तुम्हारा सपूत राम जन्मजात ही दिव्य है, भव्य है, शिव है-सुन्दर है जब कभी श्री राम को देखता अथवा उनकी धारणा करता हूँ– मेरा हृदय-कमल खिल जाता है। मैं तन्मय, स्वयं ही ध्यानस्थ हो जाता हूँ– और मुझे श्री राम, लक्ष्मण, जानकी दिखाई देने लगते हैं। मैं जैसे पार्थिव शरीर से ब्राह्य होकर, सूक्ष्म देह द्वारा ही श्री राम के साथ हो जाता हूँ। तब पता लगता है कि श्री राम महापुरुष हैं, महामानव हैं-ईश्वर का अवतार हैं। वही गूढ़, शान्त, गम्भीर दृष्टि, वही उदासीन किन्तु प्रसन्न मुस्कान, वही अभय प्रदान करने वाले आजानुभुज, वही श्री चरण-चरणारविन्द, माँ कौशल्ये! मुनियों को मोहने वाले श्री चरण। 'राम!' यह नाम ध्वनि जैसे श्री राम के अनन्य सौन्दर्य की आभा में गूँजते हुए लीन हो जाती है। 'राम!' यह पुकार मेघों की गर्जन सी क्षितिजों के पार गाजने लगती है। राम दिव्यातिदिव्य, हृदय-कमल मध्य स्वयं प्रकाशित ज्योतिर्मय, सुन्दरातिसुन्दर आनन्दघन छबि है......."

"राम!" कौशल्या ने चिहुँक कर कहा– "राम! मेरे राम!!"

महर्षि वाल्मीकि ने गम्भीर गर्जना सी की– "सीता-राम!"

* * * * *

भरत ने शत्रुघ्न को निहारते हुए कहा– "लंकेश हर ले गया है, भाभी जानकी को। कैसे?......... कैसे हुआ यह? आश्चर्य है मुझे। दुःख है कि श्री रामजी और लक्ष्मण के

होते हुए यह काण्ड हो गया। रघुवंशमणि, अजय पराक्रमांक श्री रामजी की भाय्र्या सीता देवी सीता का अपहरण! पृथ्वी की मानव जाति का इतिहास सदैव के लिए कलंकित हो गया– हाँ, हो ही गया।"

शत्रुघ्न ने विनीत स्वर में कहा– "लोक वार्ता विलक्षण है, श्रीमद्! स्वर्ण मृग को पकड़ लाओ– यह भाभी श्री का आग्रह था; श्री राम ने माना। स्वर्ण मृग स्वयं राक्षसी माया था– मारीच, भैया! श्री राम ने जिसको एक बाण में भेदकर सौ योजन दूर फेंक दिया था। उसी ने मृग रूप–सोने का मृग बनकर श्री राम को छला था। यह लंकाधिपति रावण की अद्वितीय प्रतारणा थी– "न भूतो न भविष्यति।"

"किन्तु क्या स्वर्ण मृग होते भी हैं?" भरत ने हल्की सी चीत्कार की– "भाभी को, श्री रामजी को सोचना तो चाहिये था।"

"स्त्री हठ, श्रीमद्।" शत्रुघ्न ने कहा।

"स्त्री हठ? नहीं भाभी श्रीमती सीता जी से यह हठ सम्भव नहीं।" भरत ने निश्वास भरते हुए कहा– "नहीं, शत्रुघ्न नहीं।"

शत्रुघ्न ने सिर धुनाया और कहा– "नहीं........आपश्री कहते हैं तो नहीं। किन्तु श्री राम जानते ही होंगे, दण्डकारण्य राक्षसों की मनोहर माया से अभिमंत्रित है। स्वयं शूर्पणखा सुर–सुन्दरी बनकर ही राम के पास गयी। स्वर्ण मृग–नाम से ही स्वयं सिद्ध है– वह विचित्र विलक्षण मृग है– मृग योनि का चंचल बड़री आँखों वाला मृग नहीं, कस्तुरी मृग भी नहीं। श्री राम ने भाभी श्री को समझाया होगा और वह नहीं मानी होगी। यही भैया जी! यही। अयोध्या से चित्रकूट और चित्रकूट से सहस्त्रों योजन दूर दण्डकारण्य– श्री रामजी ने लक्ष्मण जी और सीताजी को एक पल के लिए भी नयनों से दूर नहीं किया, तब यह अनहोना काण्ड होना था, हो गया।"

"तर्क-सम्मत तुम्हारा कथन है, शत्रुघ्न।" भरत बोले– "किन्तु बुद्धि नहीं मानती, मन नहीं मानता। स्त्री हठ, राजहठ और बालहठ– शास्त्रों ने इन हठों को माना है– कहा है– परन्तु क्या स्त्री हठ का अनुभव हुआ है? अपनी स्त्रियाँ, माताएं, भगिनियां सब हैं, किन्तु क्या हठ करती हैं? सुनती हैं, समझती हैं– समझती हैं, समझाती हैं। मैंने माताओं को सती नहीं होने दिया और वह मान गयीं। तो अयोध्या में पुनः लौटने पर श्री रामजी का स्वागत क्या मैं करता? तुम करते? हमारी श्रद्धेय,

वन्दनीय माताओं को ही श्री रामजी का स्वागत करना है– करना होगा। महारानी कैकेई को भी करना होगा। समझे, शत्रुघ्न!"

"माँ कैकई? करेगी?"– शत्रुघ्न ने पूछा।

"यही महारानी कैकई का प्रायश्चित होगा।" भरत ने कहा।

"मेरे राज्य की सुरक्षा के लिए श्री रामजी को चौदह वर्ष का घोर वनवास दिया गया है– मेरे राज्य की रक्षार्थ। मैं अयोध्या के राज्यसिंहासन पर जम जाऊँ–अन्तरंग तथा बाह्य शत्रुओं से अभय प्राप्त करूँ, प्रतारणा और षड्यन्त्र को निरस्त कर सकूँ और मेरे राजपाट के कारण श्री राम अयोध्या आ ही न सकें– आना ही न चाहे। श्री राम, लक्ष्मण और जानकी जी को शेष जीवन भर के लिए अरण्यवास! महाराज राजराजेश्वर श्री राम मुनिराम बनकर अरण्यवास करें– यही अपनी जननी कैकई की मूढ़ अभिलाषा थी– थी, शत्रुघ्न! और इसीलिए मैंने माताओं को सती नहीं होने दिया। सती! क्यों? विधवा माँ का कर्त्तव्य सन्तति की उछेर करने का है, सन्तान को कुल के संस्कार और वंश की कीर्ति बताने का है तथा उनको संसार के प्रति अपना कर्त्तव्य निभा सकने की क्षमता देने का है। माँ सन्तति को दूध से तथा अपने ममत्व के अमृत से सींचती है, भैया मेरे!"

शत्रुघ्न ने सिर हिलाते हुए कहा– "माँ! हाँ, ठीक कहा, किन्तु माँ तो माँ ही है। पापिनी है, तब भी है– कुलटा है, तब भी जननी है, माँ है, पुण्यात्मा तथा महान है– तो वह माँ मिट नहीं जाती। माँ शाश्वत ममत्व है। पाप से परे, पुण्य से ऊपर, माँ तो माँ ही है।"

भरत ने सिर धुनाते हुए कहा– "महारानी कैकई, तुम्हारी यह शाश्वत ममत्व-मूर्ति कहाँ है? वह श्रीमती राज्य-स्वार्थ की चरम आकांक्षा है। राजमाता के पूर्ण तुष्टि कराने वाले सम्बोधन को अपना जीवन-लक्ष्य मानने वाली तथा घोर अन्याय कर अपने पूत के लिए राज्य झपटने वाली क्षत्रिय नारी प्राकृतिक दृष्टि से जननी है– आत्मा की दृष्टि से नहीं, शत्रुघ्न! माँ तो गंगा स्वरुप अपवित्रों को पवित्र करने वाली, कल्याण शोभना कौशल्या देवता हैं। हाँ, वही माँ हैं। सुमित्रा देवी; वह महिमामयी माँ श्रीमती तो लक्ष्मण देव की माँ है। अपने पूत को सर्वस्व छोड़कर अपने बड़े भाई की निस्वार्थ सेवार्थ अर्पित करने वाली,

धन्य को भी धन्य करने वाली क्षत्राणी हैं। भगवती सीता भी ऐसी ही जननी होंगी– निश्चय ही।"

शत्रुघ्न– "परन्तु न जाने कब?"

भरत ने निसास रखते हुए कहा– "जब श्री राम अयोध्या लौटेंगे, राज्यसिंहासन को सुशोभित कर चुके होंगे तथा श्री राम–राज्य का प्रभाकर जगमगाने लगा होगा, तब। भाभी सीताजी श्री राम–राज्य की मानो सूत्रात्मा ही होंगी। श्री राम राजा राम होंगे, किन्तु श्रीमती सीता वैदेही तो रामराज्य की एक चिर स्मरणीय प्रजाजन ही होंगी हाँ, तुम देखना, शत्रुघ्न!"

शत्रुघ्न– "तब मैं क्या करूँ?"

भरत– "कुशल, सावधान तथा प्रतिभाशाली चरों को श्री राम–लक्ष्मण की खोज में भेजो। श्री राम हैं कहाँ? श्री राम–लक्ष्मण का पता....... पता लगाओ, जिससे हम शीघ्र ही श्री राम तक पहुँच सकें अयोध्या की चतुरंगिणी को श्री राम से दूर किन्तु अत्यन्त निकट बने रहना होगा। विदेह महाराजा जनक तो श्री राम को सगुण ब्रह्म का को अजय मानकर मानव स्वरूप मान कर निश्चिन्त हो गये हैं। ऋषि– मुनि सब श्री राम बाण निर्भय हो गये हैं, किन्तु हम इस प्रकार निश्चिन्त, निर्भय, उदासीन, तटस्थ श्रोता मात्र कैसे बने रह सकते हैं।"

"जी, नहीं रह सकते।" शत्रुघ्न ने कहा– "किन्तु यह जम्बूद्वीप अत्यन्त विशाल है, विस्तृत है– उसका यह भारतवर्ष भी विशाल–विस्तृत देश है। हिमालय से सागर तक–सागर से हिमालय तक यह पर्वतों, महानदियों, सघन शस्य श्यामल अरण्यों, पुरों तथा महानगरों का स्वयं ही विस्तारित देश है। इस देश की दिशाएं हैं, किन्तु गगन में खो जाती हैं। भारतवर्ष के दिक् हैं, किन्तु किसी आलोकमय अनजान तटों की ओर उन्मुख हैं। भारतवर्ष गगन–मण्डलों का ध्वनिपूर्ण व्योम है। मलयज वायु से हुमुसित तथा ब्राह्म मुहूर्तों से अरूण यह प्रभाकर तथा दिवाकर का भारतवर्ष श्री राम के भांति ही दिव्य तथा भव्य है। समझ में आते हुए भी समझ में नहीं आता यह अपना भारत। भारत मानव–जाति की कर्म भूमि, धर्म भूमि, मोक्ष मार्गों से ठठी आध्यात्मिक उत्कर्ष की साधना भूमि, प्रभो!"

भरत ने प्रसन्न होकर कहा– "मेरे अन्तःकरण की भूमि, श्री रामजी के चरण चिन्हों की भूमां–भूमि, भारतवर्ष। हिमालय के ललाट पर मानो अरुण तिलक

हो। यह अपना मानव मात्र का, प्राणियों के शाश्वत योगक्षेम का यह भारत। निस्संदेह, शत्रुघ्न! यह अपना देश ज्योतिर्मय है। प्रभु जहाँ अवतार धारण कर, भव-योनियों में जीकर जीव को मुक्ति का मार्ग बताते हैं, धर्म की ग्लानि मेटकर पुनः धर्म की स्थापना के लिए परमात्मा जहाँ प्रेरित होकर मनुज-रूप में व्यक्त होता हो–जिस भूमि पर श्री राम आते हों, गौ की पुकार सुनकर, सन्तों और भक्तों की पीड़ा हरने तथा सज्जनों और साधुओं का परित्राण करने- पतितों को पावन करने तथा जीव को उसके आत्यंतिक मोक्ष में विश्वास बँधाने जहाँ प्रभु स्वयं पधारते हों–शत्रुघ्न! उस भारतवर्ष में जन्म लेना ही कोटि जन्मों के कोटि पुण्यों का फल है। भारत में जन्मना देवताओं का वरदान तथा प्रभु की करुणा का प्रसाद है।"

"और भारतवर्ष के कौशल प्रदेश में इक्ष्वाकु वंशीय राजकुल में जन्म लेना सौभाग्यों का सौभाग्य है।" शत्रुघ्न बोले– "तब श्री राम वनवास तथा सीताहरण जैसी विडम्बना पूर्ण घटनाएं क्यों घटीं, श्रीमद्?"

भरत ने शत्रुघ्न को प्रेमपूर्ण दृष्टि से निहारते हुए कहा– "यह तो कोई त्रिकालदर्शी ऋषि ही बता सकता है– महर्षि विश्वामित्र ही तो। मैं तो इतना ही जानता हूँ कि वनवास का घोर कष्ट श्री रामजी को तनिक भी नहीं है। अरण्य में विचरना श्री रामजी का स्वभाव है। आश्रमों में जाना, यज्ञ वेदियों के वेदमंत्रों को दत्तचित्त होकर सुनना तथा यज्ञ-वह्नियों को श्रद्धा सहित, विश्वासपूर्वक प्रणाम करना श्री रामजी का शील है। क्षत्रिय राजपुत्र होते हुए भी श्री रामजी में सभी वर्ण चैतन्य अपने श्रेष्ठतम रूप में जलहलित होते हैं। श्री राम ब्राह्मणों में उत्तमोत्तम ब्राह्मण हैं, क्षत्रियों में उत्तम क्षत्रिय हैं। वैश्यों में धीर-गम्भीर दूरदर्शी अर्थी हैं और शूद्रों में ऋषि मुनियों के सेवक तथा देवताओं के श्री चरण पखारने वाले विभूति मानव हैं। श्री राम-राम हैं। मेरे रोम-रोम में बसे हुए हैं।"

शत्रुघ्न ने कहा– "राम! रामजी कहाँ हो! लक्ष्मण भाई मेरे!"

सहसा भरत ने सहमते हुए कहा- "भाई मेरे! श्री राम-लक्ष्मण को घोर वन में कोई राक्षस अकस्मात निगल न जाय! न जाने राम-लक्ष्मण, सीता की खोज में कहाँ, किधर गये हैं? दक्ष चरों को भी इसका अनुमान नहीं है। तब मैं जाऊँ भी तो कहाँ जाऊँ? तुम और कौशल महाराज्य की चतुरंगिणी जाये तो किधर जाये? विडम्बना, शत्रुघ्न! यही..... यही हमारा दण्ड है; सहो और सहते रहो। मूक-मौन,

मूढ़ होकर श्री राम का यह विलक्षण वनवास सुनते रहो। ईश्वर, विधाता और यम क्या इतने समीप पहिले कभी हुए भी हैं? नहीं, शत्रुघ्न! तब तो केवल श्री राम–बाण की ही मनौती है। श्री राम–बाण ही हमारी, भारतवर्ष की मानव जाति और प्राणी मात्र की आशा है– एक मात्र आशा है।"

"श्री राम–बाण।" शत्रुघ्न ने कहा– "जिसको लगे, वही जाने राम–बाण को।"

18

उर्मिला ने शान्त अपलक सी दृष्टि से श्रुतकीर्ति को देखा और मुस्करा दी। श्रुतकीर्ति ने प्रसन्न चित्त सोत्साह कहा– "जनकपुरी अब वह नहीं रही जब हम सब उसके उद्यानों में विहार करने जाया करती थीं। जनकपुरी के मन्दिर अब भी गूँजते हैं; किन्तु रात्रि जागरण में हम सब का अभाव पूरी की कन्याओं को खटकता है। हम विदेह महाराज जनक की कन्याएं थीं। जनकपुरी की प्रसन्न मनोज्ञ कन्याएं हम से प्रेरणा पाती थीं। नहीं?"

उर्मिला ने चुपचाप सिर हिलाया- 'हाँ।'

श्रुतकीर्ति ने पुनः उत्साहपूर्वक कहा– "राजमन्दिर उदास हो जैसे। माँ भी मौन ही रहती हैं। जब से सीता अपहरण की सुनी है, तब से जनकपुर वैदेही के योगक्षेम के लिए विकल हो गया है। छिः रघुवंशमणि श्रीमती जनकनन्दिनी सीताजी का अपहरण! आश्चर्य!! जिस किसी ने यह कुकर्म किया हो, उस पर गाज गिरे! मैं कहती हूँ।"

उर्मिला ने कहा– "ऐसा कह कर मन को विकृत क्यों करती हो? सखी! श्रीमती वन्दनीया सीता अपना योगक्षेम स्वयं कर लेंगी। वह शक्ति की अवतार हैं। शिव की शक्ति स्वरुप श्रीमती सीता रामजी के लिए भी विश्वास हैं, शक्ति हैं।"

"यह हुआ उस स्वर्ण मृग के पीछे।" श्रुतकीर्ति ने हताश होते हुए कहा– "हेम-मृग! असम्भव।"

"इस विलक्षण तथा विचित्र दिव्य-भव्य जगत में असम्भव कुछ भी नहीं है, सखी!" उर्मिला ने कहा– "यह जगत अगाध रहस्य से भरा एक रमणीय आश्चर्य है। दिव्य-भव्य यह आश्चर्य प्रारब्धों की गूढ़ प्रवृतियों की तरंगों से भरपूर है। हम तो आकृतियों का आभास मात्र हैं– छबि, जो प्रतिलव बिला रही है। छबि से छबि, आकृति से आकृति-काल गति, सखी!"

श्रुतकीर्ति ने अपने सरोज-नयन विस्फारित करते हुए कहा– "यह तुम कह रही हो? तुम......? तुम ऋषि हो गई हो?"

उर्मिला ने 'ना' में सिर हिलाते हुए कहा– "उनके श्री चरणों की धूलि हो गई हूँ। चाहती हूँ– उनके नख की आभा हो जाऊँ। 'उर्मिला?' एक नाम, एक छबि, एक आकृति, एक रहस्यमय प्रारब्ध! हाँ, यही–और क्या, श्रुति? परमात्मा समझ में आ जाये–काल नहीं–कालगति नहीं–कर्म-गति नहीं।"

"काल! समय........?" श्रुतकीर्ति ने पूछ लिया।

उर्मिला ने सिर 'ना' में तनिक धुनाया, कहा– "समय? पलों की मान्यता सखी! काल तो योनि की जाति, आयु और भोग है। जीव का प्रारब्ध भी यही लगता है। प्रत्येक पल प्रतीक्षा करते हुए मुझे लगा, पल से नहीं, स्वांस से प्रिय की प्रतीक्षा की जानी चाहिये।"

श्रुतकीर्ति ने शान्त स्वर में पूछा– "बहुत याद आती है?"

उर्मिला ने कहा– "मैं ही उनकी याद हो गई हूँ। एका तो मन से, तादात्म्य हृदय से, प्रतीक्षा चित्त से! कोई जैसे मुझे पढ़ा रहा है– बता रहा है, जँचा रहा है। उसकी प्रतीक्षा अब जैसे साक्षात् सत् की प्रतीक्षा हो गई है। यह चित्त रहा ही नहीं– आनन्द? इस वियोग में सुख है कहाँ? सुन नहीं सकती, कह नहीं सकती–बोल नहीं सकती, सखी! तू है, मेरी भगिनी........ तो कभी-कभी बोल पडती हूँ।"

"निर्मम है– निर्दय और क्या?" श्रुतकीर्ति ने कहा– "लक्ष्मण वीरवर" लक्ष्मण माँ के आज्ञाकारी सपूत हैं। सीता राम के अनन्य एकनिष्ठ सेवक हैं– तो हैं, किन्तु अपनी पत्नी के लिए निष्ठर हैं– निर्मम हैं। श्री रामजी ने पहिले तो सीताजी को साथ ले जाने से मना किया था, किन्तु अन्त में मान गये। क्यों? सीताजी के प्रति वह अत्यन्त सहृदय हैं।"

"सीता-राम तो एक हैं, अभिन्न हैं, श्रुति!" उर्मिला ने कहा– "विलग तो हम हैं– मैं और वह। वह सीता-राम के सेवक पहिले हैं, बाद में पुत्र हैं; पति हैं, जीवन-साथी हैं। उनका जीवन सीता-राम की अनन्य-एकान्त सेवा करना ही है और मेरी? उनकी एक झलक देखने के लिए प्रतिपल तरसते रहना है। अब यह आग सही नहीं जाती। क्षितिज के परे और पार देखते हुए अब इस दुखियारे नयनों से जगत मिट गया है– सृष्टि ओझल हो गई है।"

उर्मिला सहसा फफक-फफक कर रो उठी– "हाँ, श्रुति मैं उनको देखे बिना अन्धी हो गई हूँ।"

श्रुतकीर्ति ने उर्मिला को हृदय से लगाते हुए कहा– "मैं आज माँ सुमित्रा जी से लड़ पड़ूँगी। तुम्हारी अनुमति के बिना उनको क्या सत्व प्राप्त था कि वे वीर लक्ष्मण को सीता-राम के साथ सेवक की भांति वन जाने की आज्ञा करतीं।"

उर्मिला ने कहा– "वह माँ सुमित्रा के हाथों में कमल का फूल हैं; श्री राम के चरणों में चढ़ा दिया। मैं........... मैं कहने को पत्नी हूँ...... किन्तु हूँ तो उनकी चरण रज। होगा–सखी! प्रारब्ध का यह खेल अब शेष ही कितना है?"

"उर्मि!" श्रुतकीर्ति ने पुकारा– "शान्त....... बहिन! वनवास का यह घोर समय बीतता जा रहा है। अब शेष एक उंगली पर गिनने के बराबर है। सीताजी के अपहरण की दुखद एवं आश्चर्यमयी घटना में ही मुझे वनवास के अन्त का प्रारम्भ दिखता है। रामजी निर्विवाद, निस्संदेह सीताजी को खोज निकालेंगे और उस आततायी को ठार कर देंगे। कहते हैं दक्षिण दिशा की ओर सीताजी का कुररी विलाप कुछ वानरों को सुनाई पड़ा था...... फिर अभी–अभी पता चला है, जटायू श्री!"

"हाँ–हाँ, जटायू?" उर्मिला ने पूछा।

"शान्त हो गये।" श्रुतकीर्ति ने कहा– "किसी से लड़ते हुए घायल हो गये। उनके पर ही काट डाले थे किसी ने। सुना है–श्री रामजी ने उनका दाह संस्कार किया तथा पिण्डदान दिया था।"

"धन्य श्री राम, धन्य!" उर्मिला ने कहा– "तुमने ऐसे दयालु, करुणानिधान, दीनबन्धु श्री राम की वनवास में सेवा करने का व्रत धारण कर मेरे जैसी सौभाग्यवती को पवित्र पुनीत कर दिया है– जानकी को धन्य कर दिया है। धरणी तुमसे गर्वित है– आकाश तुमसे हुमुसित है।"

श्रुतकीर्ति ने कहा– "निश्चय ही वीरवर लक्ष्मण अगाध दिव्य रहस्य की मूर्ति हैं। उदात्त क्रोध उनकी गहन–गम्भीर भवों में मानो लिपटा रहता है।"

"और नयनों में काल की अग्नि मानो सीदती रहती है।" उर्मिला ने कहा– "यहाँ थे, तब भी वह वैकुण्ठ धाम की सोचते रहते थे। क्षीर सागर के आख्यान को सुनते रहते थे– विष्णु-विष्णु महाविष्णु का जाप करते रहते थे। मुझे तो तनिक स्पर्श से ही तन्मय के वह मानो सृष्टि के अतल में डूब जाते थे।"

"सच?" श्रुतकीर्ति ने कहा– "तब वह निश्चय ही देवाधिदेव विष्णु श्री हरि के अंशावतार ही हैं।"

उर्मिला ने म्लान हँसी हँसते हुए कहा– "इन चारों के लिए यह लोक चर्चा है कि यह ईश्वर के अंशावतार हैं– अवश्य ही श्री रामजी को श्री विष्णु हरि के मर्यादा पुरुषोत्तम अवतार ऋषि-मुनि कहने लगे हैं। घर, समाज, राष्ट्र और राज्य की वैदिक वर्णाश्रम धर्म धारण और पालन की मर्यादाएं शास्त्र स्थापित एवं लोकमत से पोषित आर्य जीवन की दिव्य मर्यादाएं श्री सीता राम! हाँ सखी! सीता राम इस दृष्टि से मानव जाति के आदर्श होते जा रहे हैं। इसीलिए तो वह....... छोड़ो भी। पुरुष सहृदय कब हुए हैं?"

श्रुतकीर्ति ने उर्मिला के उदास म्लान मुख को घूरा और कहा– "घायल हो गई हो ना?"

उर्मिला की बड़री आँखें गहरी हुईं, अन्दर ही अन्दर विस्फारित होकर पुनः संकुचित हो गईं। "नहीं तो। मैं इक्ष्वाकु कुल के रघुवंश की वधू तथा विदेह की पुत्री हूँ। आर्यावर्त के दो महान वंशों की हम पुत्री-पुत्रवधू हैं। यों घायल हो जाने से काम कैसे चलेगा? श्री रामजी को वनवास में राजप्रासाद तथा अरण्य दोनों का दुःख है, कष्ट है, तप है, चिन्ता है, सखी! हमें पूज्या कौशल्या जी तथा श्रद्धेया सुमित्रा जी की ओर देख कर ही अपना उद्धार व्यक्त करना होगा। हाँ, अवश्य उनके संग के बिना मैं जैसे मूढ़-मूढमति हो गई हूँ। कुछ अच्छा नहीं लगता। उनकी एक छबि हृदय में गढ़ी हुई है। मन के नयनों से उसको निहारती रहती हूँ और मन ही मन मूक मैं संसार को देखती रहती हूँ।"

"क्या है?" श्रुतकीर्ति ने पूछ लिया।

"मिथ्या मोह! कौन किसका हुआ है, इस जगत में?" उर्मिला ने कहा– "सृष्टि के भव तो ऋणानुबंध हैं। इच्छा के ऋणों का अनिवार्य लेन-देन। भव जीवों का ऋणानुबंधन है।"

"ऐसा है क्या?" श्रुतकीर्ति ने कहा– "मुझे तो जीवन प्रेम का प्रसन्न निश्चिन्त निर्भय व्यापार ही लगता है। प्रेम करो और प्रेम पाओ।"

"शत्रुघ्न जी आँखों में और आँखों के सामने जो रहते हैं।" उर्मिला ने कहा– "यदि वह एक पल के लिए भी ओझल हो जाये तो?"

"तो क्या?" श्रुतकीर्ति ने हँसते हुए कहा– "पलकों से पकड़ लाऊँगी।"

उर्मिला सहसा हँस पड़ी– "मैं तो उनको हाथ से भी पकड़ नहीं पाई और तुम प्रिय सखी! अपने पतिदेव को पलकों से पकड़ लाओगी। वाह! बड़ी भाग्यवती हो तुम श्रुति!"

श्रुतकीर्ति ने स्वयं ही तुष्ट होते हुए कहा– "वह मेरा मन रखते हैं। राज–काज में व्यस्त रहते हुए भी जैसे वह मुझे टेरते रहते हैं। सभी माताएं भी उनको जोहती रहती हैं। भरतजी तो नन्दीग्राम में राम–नाम की माला ही फेरते और प्रजाजनों को दर्शन देते तथा श्री राम–पादुका के दर्शन करवाते रहते हैं। यह विशाल चतुर्दिक कौशल महाराज्य तो वही चलाते हैं। किसको राज्य मिलना था और मिला किसको, परन्तु भोग कौन रहा है।"

"परन्तु राजा तो भरत जी हैं– तेरे शत्रुघ्न जी महाराज तो कारभारी हैं, प्रधाना महामात्य तथा महा सेनापति हैं। भरत जी श्री राम पादुका की दुहाई देकर शत्रुघ्न जी को मार्गदर्शन देते तथा नियमन करते हैं। उर्मिला ने कहा– "राज करना एक बात है तथा राजा होना दूसरी बात है। राजा तो राजा ही है। अपने महाराज विदेह जनक जी जो हैं। राज नहीं भोगते हुए भी चक्रवर्तियों के राजा हैं। महाराज जनक से ब्रह्म ज्ञान प्राप्त करने के लिए ऋषि, मुनि, साधक, योगी–सभी आते हैं। रत्नजटित जग–मग राज्यसिंहासन पर सुशोभित महाराजा जनक मौन ही जैसे उन्हें ब्रह्म ज्ञान देते हैं।"

"ब्रह्म? बचपन से ब्रह्म ज्ञान सुनती आ रही हूँ।" श्रुतकीर्ति सहसा चिहुँकी– "किन्तु ब्रह्म क्या हैं? कौन हैं– जानने की कभी इच्छा नहीं हुई। महाराज जनक के उपनिषद् मंत्रों पर कभी–कभी प्रवचन भी मैंने सुने; परन्तु इस कान से सुनकर उस कान से बाहर...| ब्रह्म?..... क्या मैं योगिनी हूँ? नहीं, उर्मि! नहीं। मैं तो एक आशा से भरपूर उत्साही, संस्कृत महिला हूँ। राजपुत्री और राजवधू हूँ। मैं तो समर्थ पति, सक्षम भर्ता, रसिक प्रियतम तथा समादृत विशिष्ट पुरुष ही चाहती हूँ।"

उर्मिला– "भाग्यशालिनी है तू श्रुति! यहाँ न भाग्य है और न ही दुर्भाग्य है। यहाँ शाश्वत सौभाग्य ही है। हाँ, और क्या?"

* * * * *

माण्डवी ने कैकई के चरणों में वन्दन किया और सहज शान्त स्वर में कहा– "श्रीमती राजमाता जी ने मुझे– याद किया? आज्ञा, राजमाते!"

कैकई ने माण्डवी को पैर से सिर तक तथा सिर से पैर तक घूरा। कहा–
"बुलाने पर ही आप पधारती हैं, अन्यथा नहीं। क्यों? तुम मेरी पुत्रवधू हो। क्या
तुम्हारा धर्म नहीं कि कभी-कभी सासू की भी चिन्ता किया करो? सुना है श्रीमती
राजराजेश्वरी कौशल्या श्रीमती के यहाँ तो प्रतिदिन जाती हो।"

माण्डवी ने अपने कंज नयन त्रस्त होते हुए तनिक विस्फारित किये, कहा–
"उनकी आज्ञा है श्रीमती श्री।"

"हूँ....." कैकई ने गुर्राकर कहा– "कितनी ही मैं संसार से त्यक्त और लोक से
ठुकराई हुई हूँ, किन्तु भरत-राजेश्वर महाराज भरत की जननी और तुम्हारी सासू
हूँ। मेरी सम्भाल करना तुम्हारा सर्वोपरि कर्त्तव्य है। क्या तुम्हारे पीहर में सास-
श्वसुर की सेवा करने की कोई सीख तुम्हें नहीं दी? राजा भरत है, तुम नहीं, अथवा
क्या तुम स्वयं को महादेवी मानती हो? राज को लेकर मेरे और भरत के मध्य
केवल विधाता है। समझीं तुम? नहीं? माण्डवी? नाम तो तुम्हारा कर्ण प्रिय और
संज्ञक है। कौशल्या के आशीर्वाद ने नहीं मेरे ही आशीर्वाद से तुम सौ वसन्त और
सौ शरद फूलोगी फलोगी।"

"जी!" माण्डवी ने कहा– "क्षमा चाहती हूँ श्रीमती श्री! अब श्री चरणों में नित्य
प्रणाम किया करूँगी।"

"प्रणाम किया करेगी!" कैकई गुर्राई– "अपने भर्ता पति-परमेश्वर को समझा
कि वह मुझे एकान्त प्रासाद में शान्ति से रहने दे। प्रतिपल मुझे क्षुद्रक घेरे रहते हैं,
चर मेरे प्रासाद के आस-पास चक्कर लगाते रहते हैं। क्यों? राम के वनवास के
बाद आज मैंने प्रथम बार मुँह खोला है। अपमान, अवमान्यता तथा तिरस्कार बहुत
हो चुका, माण्डवी! भरत से कह जाकर–अब यह व्यवहार मेरी सहन शक्ति के
बाहर होता जा रहा है। मन्थरा भी मुझसे मिलने से अब डरती है– कतराती है।
बोल! कर न्याय।"

माण्डवी ने सकपकाते हुए कहा– "प्रार्थना ही कर सकती हूँ मैं– और तो क्या
कर सकती हूँ। आपकी सेवा में बनी रहूँगी जी!"

कैकई ने तीव्र अमर्षपूर्वक कहा– "मेरी सेवा में बनी रहेंगी आप? जनकपुरी
की राजकुमारी महाराजाधिराज भरत की अनिंद्य धर्मपत्नी एक त्यक्त बहिष्कृत
राजविधवा की सेवा में बनी रहेगी? मेरा अहोभाग्य! किन्तु पहिले भरत से पूछ ले–
वह मानेगा क्या? जो मन्थरा को भी मुझसे विलग करना चाहता है........"

माण्डवी ने बीच ही में कहा– "महाराज भरत! वह नहीं। वह दयालु हैं, कृपालु हैं। मैं सच कहती हूँ श्रीमती श्री वह तो श्री रामजी के अनन्य-अनिंद्य भक्त हैं, पुजारी हैं। उनको किसी से भी राग-द्वेष नहीं है– अजातशत्रु हैं वह।"

"वह भरत तो सन्त-शिरोमणि है, भक्त है, भागवत् है– केवल भगवान ही नहीं है।" कैकई ने मुँह बिचकाकर कहा– "भरत से कह जाकर कि वह मन्थरा को मेरे पास बने रहने दे। मैं उससे मन्थरा को माँगती हूँ और कुछ नहीं। श्री राम जैसे राम को वन में धकेल कर जो राज्य मैंने माँगा–वह भरत के लिए ही माँगा था– अपने लिए नहीं, सुना?"

जी माण्डवी सहमकर बोली– "आश्चर्य है! पुत्र अपनी माता के लिए इतना कठोर भी हो सकता है।"

कैकई ठहाका मारकर हँस उठी, बोली– "अभी तुम सद्य युवती हो–जगत युवाओं का नहीं है। संसार वयस्कों, अधेड़ों तथा वृद्धों की सतत् चिन्ता है, माण्डवी पुत्री! संसार के यह सम्बन्ध निस्संदेह रक्त के सम्बन्ध हैं, किन्तु रक्त रक्त है। हृदय की अगाध प्रीति नहीं। रक्त कभी-कभी हृदय के कटोरे में जम भी जाता है। भरत की न माँ है, न पिता हैं, सिवाय श्री राम के भरत के लिए कोई नहीं है। जगत को वह श्री राम के ललाट का तिलक मानता है, संसार को श्री राम के चरणों की धूलि समझता है।"

माण्डवी ने निरीह दृष्टि से कैकई को निहारा, कहा– "किन्तु वह पुत्र हैं, पति हैं, नागरिक हैं, राजपुत्र तथा अब राजा हैं। गृहस्थ भी जो हैं........।"

सहसा कैकई ने पूछा– "तुम नन्दीग्राम की राज-पर्णकुटीर में क्यों नहीं रहती?"

माण्डवी ने शान्त स्वर में कहा– "मुझे आज्ञा है कि मैं अयोध्या के राजप्रासाद में आप सब माताओं की सेवार्थ रहूँ। उनको स्वयं यह सेवा करनी थी, किन्तु श्री राम-पादुका की पूजा और राम की वापसी-यही उनकी एकमात्र तपस्या रह गयी है। कभी-कभी मुझे लगता है, वह मन से संसार त्याग चुके हैं।"

"तात्पर्य्य......?" कैकई ने पूछा।

"श्री राम-पादुका की पूजा दिन-रात चलती रहती है।" माण्डवी ने कहा– "प्रजाजनों से मिलना तथा उनके कथन शत्रुघ्न जी तक पहुँचाना एवं यथायोग्य

व्यवस्था के लिए निर्देश देना ही उनका एकमात्र सांसारिक कार्य रह गया है। क्षितिज के पार दण्डकारण्य की ओर वह कदाचित् देखते रहते हैं, श्री राम के पाँवों की आहट सुनते रहते हैं– प्रतिज्ञा जो की है। श्री राम को वापस अयोध्या लौटा कर श्री राम–राज्य की स्थापना करने की प्रतिज्ञा जो की है उन्होंने-आपके सपूत ने, जी!"

"राम-राज्य" कैकई ने चिहुँक कर कहा– "दूरस्थ मनोरथ मात्र है। सुना है– सीता का अपहरण हो गया है। श्री राम–लक्ष्मण चारों ओर राक्षसों की माया से घिर गये हैं। सीता! वह अनिंद्य, निष्पाप सीता! मिले तब तो राम प्रसन्न होकर अयोध्या लौट सकता है, कितना चाहती हूँ, कि राम अयोध्या लौट आये और मैं उससे क्षमा याचना कर सकूँ।"

"आप श्रीमती…… श्री राम से क्षमा माँगेगी?…. आप?" माण्डवी ने पूछा।

"तुम्हारा भर्ता भरत मुझे क्षमा नहीं कर सकता।" कैकई ने कहा– "तो न करे। पूत माँ को क्या क्षमा करेगा? फिर भरत को मैं जानती हूँ। निर्दय राजवी है भरत, माण्डवी! राजा कभी सहृदय हुआ? स्वार्थी और पर–शोषक अर्थात् राजा। अवश्य महाराज भरत को मैंने महाराज दशरथ से भी उत्तम राजा मानकर ही उसके लिए राज माँगा था। तुम उसको समझाओ, माण्डवी! तुम पत्नी हो और वाक्य नहीं, तुम्हारा कान्ता वाक्य प्रभाव कर सकता है। मैंने घर–बाहर, धर्म, सत्य और न्याय को तिलांजलि देकर उसके लिए राम का सत्वाधिकारी राज्य छीन लिया है और यह वह तुम्हारा हमारा भरत उसको ठुकरा कर बैठा है– राम-नाम की माला जप रहा है। वनवास की अवधि तक ही सही–राज्य भोगता न!"

"उसके प्रारब्ध में भक्ति ही लिखी है, श्रीमती श्री!" माण्डवी ने कहा– "राजयोग तो है भाग्य में, किन्तु राज्यसिंहासन नहीं है। तभी तो वह श्री राम–पादुका का राज्य देख रहे हैं। कहते हैं कि रामजी नहीं, मैं ही वनवास में हूँ।"

कैकई ने तीव्र अमर्षपूर्वक कहा– "उसको समझा, वत्सले! इस पृथ्वी पर दो ही पदार्थ हैं– राज्य तथा राम! राम अर्थात् परमात्मा परमेश्वर। ऋषि-मुनियों ने सदा से परमेश्वर सच्चिदानन्द को ही राम कहा है और भरत को दशरथनंदन। राम की बाद में, पहिले सृष्टि के रचयिता, जगन्नाथ राम की ही आवश्यकता है– प्रत्येक जीव को है।"

"तब आप श्रीमती ने राज्य ही चाहा?" माण्डवी ने पूछ लिया।

"जन्म–मरण शाश्वत है, अनादि है– सनातन है, माण्डवी! मैं ईश्वर नहीं हूँ, परमेश्वर भी नहीं हूँ– अनादि जीव हूँ। जीव को पृथ्वी पर राज्य ही चाहिये– राज्य। पृथ्वी का ऐश्वर्य सत्ता–शक्ति का चमत्कार, राज्य। तुमको क्या चाहिये, माण्डवी!"

माण्डवी ने कहा, शान्तिपूर्वक– "उनके चरणों की धूलि।"

"चरण–धूलि" कैकई ने मानो स्वयं से ही कहा– "मैं यदि अपने वयोवृद्ध पति की चरण धूलि ही चाहती तो भरत के लिए राज्य नहीं प्राप्त कर सकती थी। राम जैसे शीलवान, गुणवान, शान्त तथा मुमुक्ष वत्सल को बिना सोचे–समझे वन में धकेल नहीं सकती थी। पत्नी पति की दासी नहीं है। वह पति की जीवन–संगिनी है, अर्द्धांगिनी है। चरण–धूलि चाहने वाली पत्नी पति की अनुचरी है, दासी सेविका और निरी भोग्या है। पति राजा है तो पत्नी राज्यसिंहासन पर वाम ही सही, किन्तु बैठेगी अवश्य। राजसिंहासन, घर–बाहर तथा समाज पति–पत्नी का समान स्थल है। भरत की चरण–धूलि ही चाहती रहीं तो राजलक्ष्मी कभी प्राप्त नहीं होगी। क्या केवल नर को, पुरुष को ही राज्याधिकार चाहिये, समाज चाहिये, राष्ट्र चाहिये? क्या नारी–स्त्री को नहीं?"

"जी!" माण्डवी चिहुँकी।

"जी क्या?" कैकई ने तीव्र अमर्षपूर्वक कहा– "नारी को अपने नर के साथ–साथ राज्य चाहिये, घर चाहिये, सन्तान और गृहस्थी चाहिये और समाज के समस्त व्यवहार और विनिमय चाहिये। यह सृष्टि नारी की है, नर की नहीं, सुना तुमने? मैं विदेह नहीं हूँ, वेदान्ती तथा सन्यासिनी नहीं हूँ। मैं राजपुत्री और राजवधू हूँ और अब भरत माने या न माने राजमाता राजमहिषी भी हूँ। हूँ...... न? बोलो ....।"

"जी? हैं.... हैं, आप हैं।" माण्डवी सहमते हुए बोली।

"क्या? आप हैं......... हैं....... किन्तु क्या?" कैकई ने बमकते हुए पूछा।

"राजमाता–राजमहिषी।" माण्डवी ने कहा और आँचल पसार कर अभिवादन किया।

* * * * *

कौशल्या ने भरत से पूछा– आतुर प्रश्न किया– "पता चला राम कहाँ है?" तुम्हारे ये क्षुद्रक और दुर्मुख किसी बिसात के नहीं हैं क्या? पता लगा नहीं सकते? समय हो गया, समाचार लेकर नहीं आये।"

भरत ने श्री राम-पादुका को प्रणाम करते हुए कहा– "संसार के अगणित मार्गों पर श्री राम के चरण चिन्ह कहाँ खोजें? कहाँ? अगणित चरण–चिन्हों में श्री राम का एक चरण चिन्ह भी मिल जाता। चरों ने समाचार दिये हैं कि श्री राम-लक्ष्मण पंचवटी त्यागकर पम्पा सरोवर की ओर सीताजी की खोज में निकले हैं। मार्ग में पितृवर्य्य जटायू को लहू-लुहान, घायल तथा मरणोंमुखी पाया–उनको सद् गति दी–श्रेष्ठ अग्नि संस्कार तथा श्राद्ध श्री राम ने किया। पितृदेव जटायू ने कहा... रावण लंकेश भाभी जी सीता का बलात् अपहरण कर गया है– अनजान दिशा की ओर गया है। पितृवर्य्य जटायू ने अपनी बलि देकर भी सीताजी का परित्राण करने का प्रयास किया। अतिरथी क्रूर तथा अन्यायी लंकेश ने पितृदेव जटायू के प्राण ही हर लिये। जटायू श्री राम के चरणों की आहट सुनते हुए मृत्यु की मुर्छा में पड़े रहे। श्री राम आये और लहू–लुहान जटायू देव को गोद में भर लिया। श्री रामजी के कंज नयनों से आँसुओं की धार बह उठी, माँ!"

कौशल्या श्रीमती ने सिर धुनाया; कहा– "धन्य, जटायू जी! तुम सदैव उनके– महाराज दशरथ के भाई से भी बढ़कर रहे। तुम्हारा पक्षीराज कुल रघुवंशी का मित्र, साथी तथा सुह्दय कुल है। सीता के परित्राण के लिए अपनी बलि चढ़ाकर हे! पितातुल्य जटायू, अपने इक्ष्वाकु वंश को ही तार दिया है। इसे अपने पवित्र रक्त से पुनीत कर दिया है। आपका आभार पितृदेव! हम रघुवंश, राम–लक्ष्मण, भरत और शत्रुघ्न सहित तुम्हारा यह ऋण कभी नहीं उतार सकेंगे– कभी नहीं।"

महात्मा भरत ने सिर धुनाकर रोती हुई माँ कौशल्या को अपनी आजानुबाहुओं में भर लिया– "माँ! माँ हमारी! मैया अब शान्त। रामजी समर्थ हैं। वह निश्चय ही भाभी सीताजी की खोज कर लेंगे। मेदिनी छान मारेंगे श्री राम और चारों दिशाओं में उनके–रामजी का काज करने वाले दौड़ेंगे। सागर ही नहीं, सागरों का उत्क्रमण कर सीताजी को खोज लेंगे। मेरा अन्तःकरण यही कह रहा है।"

कौशल्या ने ढाढस बाँधते हुए कहा– "तुम सब यहाँ अयोध्या में क्या कर रहे हो? राम– लक्ष्मण राक्षसों के घोर माया जाल में फँस गये हैं। सुना है घोर मायावी राक्षस कबंध राम के मार्ग में व्यूह बना कर सन्नद्ध है। अयोध्या की सेना क्या कर

रही है? तुम्हारे रथी, अतिरथी और महारथी क्या कर रहे हैं? आर्यावर्त के क्षत्रिय कर क्या रहे हैं? देख रहे हैं– दृष्टा बने हुए हैं, नहीं श्रोता?"

भरत ने विवर्ण मुख से कहा– "श्री राम–वनवास की यह अटल मर्यादा स्थापित की गई है– महारानी कैकई तथा स्वयं श्री रामजी ने यह मर्यादा स्थापित की है कि वनवास की अवधि में श्री राम स्वयं अपनी रक्षा करेंगे, योगक्षेम साधेंगे। राक्षसों तथा समाज कंटकों एवं दुष्टों से स्वयं निपटेंगे। पृथ्वी के यह विलक्षण वनवासी ग्रामपुर, बस्ती, नगरों–महापुरों में नहीं जायेंगे। कन्द–मूल–फल ही खायेंगे। यह वरदान दिया है मेरी जननी ने रघुवंश को–यह भेंट दी है। क्रूर, निर्दय, स्वार्थी, स्वकेन्द्रित मेरी यह जननी, महारानी कैकई! क्या कहूँ? क्या कहूँ? श्री राम– पादुका से अपना सिर पीट–पीट कर अब प्राण दे दूँ......... तो है।"

कौशल्या बोली- "नहीं...... तुम को–हम सब को अब श्री राम के लिए जीना है। राम को मैं जानती हूँ। आत्मसम्मानी राम आत्म गौरव की मूर्ति भी है। सब कुछ त्यागकर अब वह अयोध्या भला क्यों लौटेगा? वन में ही रहेगा–एक दिव्य–भव्य गृहस्थ सन्यासी की भांति वन में ही रहेगा। अरण्यवासियों के उन्नयन तथा उत्थान का कार्य करेगा तथा ऋषि–मुनियों एवं उनके आश्रमों, यज्ञों की रक्षा करेगा। युवा होने के पूर्व से ही मेरे राम ने यही किया है– यही, भरत मेरे पुत्र!"

भरत ने निसास रखते हुए कहा– "अपने राम मुमुक्ष हैं, वीतराग हैं, सर्वगुण निधान हैं, सर्वशक्ति सम्पन्न महामानव हैं–महापुरुष हैं। महर्षि वाल्मीकि यही कह रहे थे। महर्षि रामायण लिखते जा रहे हैं। श्री राम निस्संदेह श्री हरि विष्णु के मनुजावतार हैं, अन्यथा किशोरावस्था में ही भयंकर राक्षसों का संहार चित्रकूट के सघन कान्तारों की राक्षसों से मुक्ति, मन्दाकिनी की निर्मल धारा को निर्मल करना और दण्डकारण्य को भी राक्षसों से सुरक्षित करना-यह मानव–क्षत्रिय का साहस नहीं हो सकता था। एकमात्र भगवान परशुराम जी के परशु से काँप कर पीले पड़ जाने वाले क्षत्रिय क्या यह अपूर्व साहस कर सकते थे?"

कौशल्या ने गद्गद होते हुए कहा– "हाँ, भैया भरत! राम श्रीहरिविष्णु की कृपा का वरदान है। तुम तीनों भी हो। तुम भरत–तुम क्या नहीं हो? मुझे ऋषि-मुनि कहते हैं, लक्ष्मण शेष का अवतार है, तुम साक्षात् धर्म–मूर्ति हो और शत्रुघ्न राज्य–सेवक की साक्षात् प्रतिमूर्ति है। शत्रुघ्न तो मानो अर्थ है, लक्ष्मण काम, तुम धर्म और राम? न जाने राम क्या हैं?"

जैसे भरत ने सहसा कहा– "मोक्ष हैं श्री राम। श्री राम! जय–जय राम!!"

कौशल्या ने कहा– "किन्तु मनुष्य स्वरुप हैं। मानव के सर्वांगीण चारों पुरुषार्थों के वाहक तुम मेरे पूतों। कौशल महाराज्य नहीं, समस्त आर्यावर्त तथा अरण्यवासियों का भविष्य हो-भाग्य, हाँ, भरत! तुम सब यहीं श्री राम का गुण गान करते बैठे रहना चाहते हो तो मैं, सुमित्रा राम-लक्ष्मण की खोज में जायेंगी– हाँ भरत!"

भरत को जैसे थप्पड़ लगा हो-आघात खाकर बोले– "राम-लक्ष्मण की खोज के लिए सेना लेकर जाना-श्री राम के वनवास के तप को भंग करना है। श्री राम की अटल आज्ञा है कि वनवास की अवधि में उनको अयोध्या मानो बिसार दे, भुला दे। महारानी कैकई ने श्री राम को वनवास की जो मर्य्यादायें बंधाई है, उनमें यह भी-गर्भित है। मुझे अयोध्या के राजसिंहासन पर सुरक्षित करने के लिए श्री राम को यह घोर एकान्त वनवास दिया गया। नादान है-महारानी कैकई। श्री लक्ष्मण चाहते तो श्री राम को अयोध्या छोड़ने नहीं देते और अपने धनुष की प्रत्यंचा बजाकर श्री राम को अयोध्या के सूने सिंहासन पर बिठा देते। किन्तु......... श्री राम ने वीर लक्ष्मण को रोका। पिता के वचन को पालने की अपनी उत्कट इच्छा से श्री राम ने तन से, मन से और धन से राज्य त्याग दिया है माँ! और आजीवन वनवास स्वीकार कर लिया है। हाँ, माँ! मैं कहता हूँ– मेरा अन्तःकरण कहता है। मेरी समस्त जिजीविषा ही कहती है, राम ने राज्य त्याग दिया है-राज्य, विशाल यह कौशल महाराज्य श्री राम के लिए मानो पादुका भर है। तो मैंने भी राज्य को त्यागकर केवल श्री राम के चरणों की धूलि ही मस्तक पर लगाई है। श्री राम गृहस्थ संन्यासी हैं तो मैं तपस्वी वनवासी, जगत दुखियारा हूँ, माँ मेरी!"

और श्री भरत ने कौशल्या के चरण थाम कर रोना आरम्भ कर दिया– "माँ! मुझ पापी, कुटिल, लोभी को क्षमा कर दो, मेरी माँ!" भरत ने सिर धुनाते हुए पुकार की– "क्षमा! दया-जननी मेरी! जगदम्बे! दया। इहलोक में मुँह दिखा नहीं सकता, परलोक में प्रवेश कर नहीं सकता। मैं ऐसा पतितों का पतित मैं-कैकई का भरत, पूत कैकई का मैं, माँ, क्या कहूँ? कहाँ जाऊँ? किसी भी लोक में-नरक में भी मेरे लिए स्थान नहीं रहा, हाँ, माँ!"

कौशल्या ने भरत को हृदय में भर लिया– "नहीं-नहीं! भरत! नहीं, मेरे पूत, मेरे वत्स- नहीं। ऐसा विलाप नहीं करते। तुम-तुम ऐसा विलाप करोगे? नहीं-भरत!

तुम्हें देखकर हम तुम्हारी माताएं कृत-कृत्य हो जाती हैं। राम तो त्रैलोक्य का यायावर है, वह काल यात्रिक है, किन्तु तुम पृथ्वी पुत्र हो-सत्य, न्याय और धर्म की साक्षात् मूर्ति हो, बेटे! शान्त!! यदि मैं अन्तःकरण की साक्षी तथा अन्तरात्मा से तुम और राम में तनिक भी भेद नहीं समझती और तुम दोनों मेरे मन में एक दिव्य वत्सल छबि हो, तो तुम शान्त हो जाओगे- शान्त पूत मेरे!"

भरत ने कौशल्या के कल्पवृक्ष के फल के समान पयोधरों की सन्धि में अपना मुँह भरते हुए कुछ कहा- और जैसे कुछ भी नहीं कहा- क्रमशः अनायास धीरे-धीरे भरत का स्वाँस प्रश्वास बसन्ती मलयज की मन्द-मन्द ध्वनि सा चलने लगा और उनके कंजलोचनों में शान्त आभा भर गई। एक प्रशान्त दिव्य अगाध में उनके लोचन डूब गये। विश्व बिला गया और स्वप्नों का लोक स्वयं ही अपने तेजस में रम गया। स्वप्न? चित्रकूट...... दण्डकारण्य...... राम! स्मृति? राम की, लक्ष्मण की, सीता की। स्मृति कौशल्या जी की। भरत का मन एक पल में त्रैलोक्य में श्री राम को खोजकर चारों दिशाओं की दिग् दिशाओं में आतुर व्याकुल लपका। राम, तुम-तुम कहाँ हो? राम, राम, राम मेरे-राम हमारे-हम सबके, राम! तुम कहाँ हो? अनहदनाद की ध्वनि अपनी प्रतिध्वनियों के साथ गूँजी- राम, जय राम, जय-जय राम!! भरत के स्वाँस प्रस्वाँस से श्री राम-नाम का अजापा जाप मानो होने लगा। भरत का रोम-रोम शिथिल होकर स्वयं ही मानो ध्यानस्थ हो गया। उनकी समस्त और सर्वांगीण जाग्रति अथाह स्वप्न में लीन होकर राम की ध्वनि में डूबी हुई स्मृति हो गई और भरत का समूचा अज्ञान कँपा कर ज्ञान की आभा में स्वयं ही डूबने लगा। भरत का समस्त व्यष्टि राम-नाम की असीम-अनादि झंकृति में थरथराने लगा और काल का कालकूट से भरा हुआ अंधकार स्वयं ही राम-नाम की अग्नि में जल उठा। राम! श्री राम। जय राम। जय-जय राम!! की ध्वनि रोम-रोम से उभरकर अन्तःकरण में भर गई और भरत के अनादि अहम् को कम्पित कर उनके आभामय सत् में डूब गई, उनके चित् की चिति में लीन होकर स्मृति हीन विस्मृति में डूब गई। भरत मानो श्री राम-नाम में स्वयं ही अन्तर्ध्यान होने लगे। राम! मेरे राम! भरत ने जागते हुए चीत्कार की- "अयोध्या वापस आओ, अपना राज्य सम्भालो, राम। अन्तरात्मा से यह बोझ उतार दो, राम मेरे!"

बोझ! भरत को उस अतिन्द्रिय रिक्तता में लगा, मानो पृथ्वी के सभी पर्वत-पहाड़ एक होकर एक असह्य बोझ हो गये हैं। सभी प्रपातों, सरियों, नदियों आदि का जल उनके शीतल निश्वास से जमकर उनकी रगों में बोझ बन गया है। राम,

यह भव–भार उतार दो, मेरे राम! भरत का मन अपने ही खोयेपन के सुनसान में चीत्कार कर उठा– "हाँ, माँ!" भरत पुनः–पुनः सिर धुनाते हुए बोले– "संसार मेरे मन के बोझ को नहीं जानता। मेरी गहन, अगाध वेदना की यह मोहान्ध मूढ़, अतिमन्द संसार कल्पना तक क्या कर सकता है? मेरा यह मन अब भव–भव के कल्प–कल्पों के बोझ के नीचे दबकर चूर–चूर हो गया है। यह बुद्धि बहरी, गूँगी, अन्धी हो गई है। यह मेरा चित्त कालकूट के तीव्र विष से जल गया है और मैं? एक अकेला त्यक्त पतितों का पतित जीव क्षितिज के पार श्री रामजी के धन्य चरणारविन्दों की आहट सुनते हुए खड़ा हूँ। काल के सहस्त्रों दिशाओं के चौक में खड़ा मैं सभी पापों का जैसे रक्षक हूँ– पोषक हूँ। महारानी कैकई नहीं जानती, उन्होंने श्री राम को वन भेज कर क्या किया है। पृथ्वी को चूर कर दिया है, आकाश को चीर दिया है, सभी पुष्पों को मसलकर फेंक दिया है। गंगा को कालकूट से विषाक्त कर दिया है– यमुना को गन्दला दिया है, हिमालय के मुँह पर थूंका है महारानी कैकई ने, भद्रे मेरी माँ! मुझे– मुझे क्षमा करो – क्षमा करो माँ।"

कौशल्या ने भरत को पुनः हृदय में भरा कहा- "क्षमा ही तुमसे क्षमा माँगेगी, मेरे शिव शंकर।"

19

आधी रात के सुनसान में ध्यानस्थ भरत मानो अपने चिदाकाश में श्री राम की टोह करने लगे। भूताकाश में तो श्री राम, लक्ष्मण और सीताजी की चित्रकूट की छबियाँ ही तैर कर बिला गई थीं और अयोध्या के राजमन्दिर की स्मृतियाँ चित्ताकाश में भभक-भभक कर स्वयं ही बुझ गई थीं। भरत के अन्तःकरण को जैसे कालाग्नि ने ही भस्म कर दिया था। इस त्रिकाल की भस्म को अपने चिद् में लपेटे महात्मा भरत अनायास ही श्री राम की प्रतीक्षा में ध्यानस्थ थे। चित्रकूट के सघन विस्तृत विशाल बरगद की छाया में ऋषि-मुनियों से घिरे श्यामल राम भरत के ध्यानबद्ध चिदाकाश में मानो तरवरने लगे। राम! राम! भरत का रोम-रोम सिहर उठा। राम ही तो-हाँ। वह चित्रकूट मायाविनी-वह वटवृक्ष-ऋषि-मुनि। वह....... वह श्री राम! श्री राम! भरत को लगा जैसे वह कोई अदृश्य पक्षी-पंछी और जो चित्रकूट के व्योम में स्थित, श्री राम कुटिया के गगन में अपलक निहार रहा है। भरत जैसे अपने विराट् ही अनन्त असीम् अगाध सत् चित् आनन्द की चिद्घन मूर्ति को ही निहार रहे हैं- तो श्री राम यह हैं। यह दिव्य, अगाध, यह स्वयं प्रकाशित प्रकाश? ज्ञान है? चित् है? आनन्द है? आनन्द? भरत के रक्त के सप्त सिन्धु मानो उल्लोलित हो उठे, मानो पुकार उठे; राम! भरत का चिदाकाश दिव्य नाद के अगाध असीम अतल से भर उठा और वे उसी में वाक् से अवाक् होते हुए डूब गये। 'राम' भरत के परावाक् ने मानो अनहद नाद से कहा राम! जो तू-वही, वही मैं। वही-वही राम! मैं। भरत मन ही मन, प्राणों में शान्त बहते हुए अपनी ऋतुंभरा को समेटते हुए चित्त में पुकार उठा; श्री राम, जय राम, जय-जय राम! ध्वनि-प्रतिध्वनि, गूँज-गुंजन राम, राम, ओम राम! भरत अपने ध्यान में और सिकुड़े, केन्द्रित हुए। राम नाम का नाद मानो उन्हीं के अन्तःकरण द्वारा किसी परात्पर बिन्द में समाने लग, राम!

"राम-राम-राम!" ध्वनि में भरत की समस्त जाग्रति भरने लगी। भरत के प्राण राम होकर मन की एकाग्रता में लीन होते गये और मन श्री राम के श्री चरणों से हटते हुए श्री राम के विशाल अगाध कंजलोचनों में अन्तर्ध्यान होने लगा। भरत

अपने सूने और उदास अन्तःकरण में और सहज–सिकुड़े तथा ध्यानलीन हो गये। श्री भरत की बुद्धि अपने विभ्रम स्वयं ही त्याग गई और भ्रमहीन विश्वास का मन्द–मन्द आलोक उनके चित्ताकाश में छा गया। "भरत! भरत!" कोई अदृश्य, अस्पृश्य, कोई जन्म–मरणातीत अजन्मा शाश्वत स्वर मौन ही मौन बोला— "भरत" भरत अन्तःकरण के अणु से ऊपर उठ कर अपने ही विराट् में विरह उठे। "भरत" वह शान्त अडिग अमंद स्वर में बोला– "युग-युग से–कल्प– कल्पों से मैं और तू भरत! एक हैं–अभिन्न हैं– हम एक प्राण समान हैं– घुले मिले। हमारा अभयपूर्ण तादात्म्य है। हाँ, भरत!" भरत बुद्धि की अथक तर्कना से झुंझला कर बुद्धि की चरमोत्कर्ष की सीमा में आ खड़े हुए। जगत को बताने तथा उसके रूपों तथा धर्मों का निश्चय करने वाली उनकी शाश्वती बुद्धि मानो स्वयं ही हार गई थी और उनको पुकार रही थी; भरत! यह, यह सब वही है, जो तू है। हाँ, भरत यह सब राम हैं– राम मय हैं। ब्रह्म! तू वही है– सच्चिदानन्द घन राम है। योगियों के ध्यानस्थ लोचनों का एकमात्र दर्शनीय राम! हाँ, वही, जिसको ब्रह्मा, विष्णु और महेश दिव्य स्तवनों से भजते हैं। रूद्र सिर धुन–धुन के जिसे बताता है, जिसे वेद, उपनिषद्, श्रुतियाँ, स्मृतियाँ–समस्त वांग्मय अपने छंदों द्वारा गाते हैं और हाँ जिस को केवल योगी ही ध्यानस्थ होकर देख सकते हैं– वही राम, सच्चिदानन्द राम वेदान्त का महामानव होकर तेरे साथ, तुझ सहित तुझ द्वारा धराधाम पर अवतरित हुए हैं– राक्षसों का सर्वान्त में नाश करने-धरती को भय रहित करने अन्तरिक्ष को अभय देने तथा द्लोक को मंगल सम्पूरित करने वही विष्णु श्री हरि गौ की पुकार सुनकर तथा भक्तों की गुहार पाकर अपने वैकुण्ठ परमधाम से अयोध्या में श्रीमती देवी कौशल्या के उदर में आप पौढ़े थे और कुक्षी से अवतरित होकर उन्हीं ने भव–माता को अपना चतुर्भुज मनोहर मनमोहक स्वरुप दिखाया था। तू श्री राम के चरणारविन्दों की दिव्य रज है– शत्रुघ्न तेरे अवलम्ब है; आधार। भरत को लगा उसकी बुद्धि विचार मात्र त्याग कर मेधा की निस्सीम शान्ति हो गई है और प्रतिलव जीवन और जगत के सत्य को झेलने के लिए विकल हो उठी है। भरत शून्य हो गये, रीते हो गये। भरत उदासी से परे, प्रसन्नता और अप्रसन्नता से ऊपर, राग तथा द्वेष से उपरत हो गये। भरत अपने ही अन्तरात्मा के अडिग आत्मविश्वास की मानव मूर्ति बनकर श्री राम के ध्यान में अचल हो गये। आधी रात के मगन मनमोजी अंधकार में दीपक की लौ प्रसन्न-प्रसन्न उबकती-उझकती रही। कुटिया के उस पादुका कक्ष में मानो समस्त अंधकार सिमट कर उस स्वर्णदीप की बाती

में समा गया और समस्त तिमिर को पचाकर दीप-ज्योति मानो मन ही मन गुनगुना उठी। भरत त्रैलोक्य के परे और पार स्वप्न लोक से भी ऊपर परमेष्ठी के परम् लोक में श्री राम की प्रतीक्षा में स्थित हो गये।

तभी माण्डवी की छबि कुटिया के पार्श्व द्वार में खूबी-चमकी। एक अत्यन्त शान्त स्वर में बोला– "आर्य पुत्र। स्वामिन्!! प्रभो!!!"

भरत स्थिर, अगाध, अटल.......।

माण्डवी ने तनिक उच्च स्वर में पुकारा– "प्राणनाथ!......... प्रभो!!"

भरत को लगा सप्त सिन्धुओं के पार से, त्रैलोक्य के सर्वलोक से कोई उनको पुकार रहा है। भरत की दिव्यतम सूक्ष्म ज्योति स्वयं ही संक्रान्त होकर सिहरी और भरत के ही चिद्घन से तैर कर चिदाकाश में लहरी, फिर उछली और चित्ताकाश के भव-संसार में सिहर उठी। कौन? कौन?– अन्तर्ध्वनि उठी, गूँजी– "कौन"? भरत ने रोम-रोम में जागते हुए पूछा– "तुम.......!"

माण्डवी ने आँचल बिछाकर भरत के चरण पकड़ लिए, कहा– "हाँ! राजप्रासाद के निविड़ सुनसान में सो नहीं सकी। आप आप याद आये। सभी सो गये थे–सो रहे थे, राजप्रासाद शान्त-शब्द शून्य सा तारों की आभा में चित्रित था और मैं भागी हुई आपको, तुमको, नाथ! पुकारती हुई आ पहुँची। आपके पहरुए भी सोये हुए थे। केवल तुम, मेरे स्वामी! जागे हुए हो।"

भरत ने माण्डवी को उठाते हुए कहा– "यह.... यह तुम्हारा दुस्साहस है आर्ये! मेरे तप को भंग करने की तुम्हारी यह चेष्टा?"

"मेरा अश्व मुझे ले आया यहाँ, आपके द्वार पर!" माण्डवी ने काँपते हुए स्वर में कहा– "आधी रात को पालकी कहाँ से लाती। फिर मुझे तो चलकर ही श्री चरणों में आना चाहिये था, किन्तु अपने प्रिय अश्व की हिनहिनाहट सुनकर मैं रुकी और वही जैसे मुझे बुला गया। शीघ्रातिशीघ्र मुझे आना ही था। अश्व की पीठ पर भी मैं आपके ध्यान में ही रही– हाँ, नाथ मेरे!"

"मेरे ध्यान में?" भरत ने पूर्ण जाग्रत होते हुए पूछा– "क्यों?"

"क्योंकि पति स्वामी हैं, नाथ हैं, रक्षक हैं, पतिव्रता स्त्री के लिए परमेश्वर हैं।" माण्डवी एक ही साँस में बोल गई– "हाँ, मुझे ज्ञात है कि आप मेरा यहाँ आना नहीं

चाहते, किन्तु आप क्या अद्धार्ंग को काटकर अलग रख सकेंगे? मैं इसी भव में नहीं आदि के अनादि से आपके श्री चरणों की चेरी हूँ। मैं यहाँ एक कुटिया में रहूँगी और आपकी सेवा में, चुपचाप-बिना कुछ बोले एक पाँव पर खड़ी रहूँगी।"

"मुझे सेवा की क्या आवश्यकता है, आर्ये!" भरत ने कहा– "यहाँ तो हम स्वावलम्बी हैं। अपने सब काम हाथों से ही करते हैं। श्री रामजी को यह आँखें तकती रहती हैं और यह हाथ संसार के अनिवार्य कर्म में लगे रहते हैं। यही 'राम-रटन' है, आर्ये!"

माण्डवी ने अपलक-सी पलकों से भरत को देखा तथा निहारते हुए कहा– "आप.... आप क्या संन्यासी हैं? क्या तपस्वी गृहस्थ नहीं होते? क्या गृहस्थों ने तपस्याकाल में अपनी स्त्रियों से सेवा नहीं ली? विदेह कहा करते थे– अनेक ऋषि-मुनि तपस्या की निर्विघ्न सफलता के लिए 'सेविका' अपनाते थे। स्वयं महर्षि विश्वामित्र ने अप्सरा तिलोत्तमा को अपनाया था।"

"मैं ऋषि-मुनि नहीं हूँ।" भरत ने अमर्षपूर्वक कहा– "मैं एक पतित तुच्छ मानव हूँ, ईश्वर का प्रज्ञापराधी हूँ। मैंने पृथ्वी के प्रति पाप किया है। आकाश का प्रज्ञापराध और सृष्टि को मानो अभिशाप दिया है। आर्ये! पुण्य की अभिलाषा ही पाप है। मैं अपनी माँ का पूत मिट नहीं सकता। चाहे कितना मैं महारानी कैकई कहूँ–कैकई जननी हैं और सदैव जननी बनी रहेंगी। किन्तु क्या जननी को पुत्र के शाश्वत धर्म में हस्तक्षेप करना चाहिये? क्या न्याय का गला घोंट देना चाहिये? धर्म-भीरु और राजाओं में श्रेष्ठ महारथी न्यायी महाराज दशरथ की दुर्बल कामना का लाभ उठाकर उनको मृत्यु के मुख में ढकेल देना चाहिये था? महारानी कैकई का पाप कल्प-कल्पों के पापों का सारभूत कालकूट है, आर्ये! उसको मैं श्री राम के चरणों में मूर्च्छित पड़े रहकर ही पचा सकता हूँ। तुम्हारी पत्नीव्रतीय प्रियता को मैं जानता हूँ। मेरे प्रति तुम्हारी सहानुभूति और सम्वेदना भी मैं समझता हूँ, किन्तु मुझे श्री राम के अयोध्या वापस होने तक यम-दण्ड के प्रहार की आवश्यकता है। तुम वापस जाओ और जब तक मैं न बुलाऊँ नन्दीग्राम मत आओ, समझी?"

माण्डवी ने कहा– "मुझे माताजी ने भेजा है।"

"महारानी कैकई ने?" भरत बमके– "क्या आदेश है?"

"मन्थरा को उनके साथ रहने दिया जाय।" माण्डवी ने कहा– "महाराज शत्रुघ्न ने मन्थरा को उसकी स्वामिनी और सखी से विलग जो कर दिया है। माताजी

अकेली एकान्त हो गई हैं– निविड़ में ही पड़ी रहती हैं। माँ की यह घोर अथाह उदासी मुझसे देखी नहीं जाती। चित्रकूट में श्री रामजी माताजी कैकई के चरणों में वन्दन कर सकते हैं– आप उनको सहानुभूतिपूर्वक बुला भी नहीं सकते? दयालु, स्नेहपूर्वक देख भी नहीं सकते? स्वामिन्! माँ के उदर के रक्त का स्वाद भुलाए–भुलाया नहीं जा सकता। माँ का दूध ही जगत तथा जीवन की घट्ट अथाह ममता से भरपूर है। एक बार माँ का चरण– स्पर्श करो, तुम आर्य्य-पुत्र!"

भरत ने शान्त स्वर में कहा– "मैंने श्री राम के चरण थाम लिए हैं, माण्डवी! अब और किसी के चरण-स्पर्श का प्रसंग आता ही नहीं। महारानी कैकई मानव-सहानुभूति और सम्वेदना को जानती तक नहीं–वे क्रूर हैं, निर्मम हैं, निर्दय हैं।"

सहसा माण्डवी ने आधी रात के अँधेरे को उद्वेलित करते हुए कहा– "माँ निर्दय-निर्मम नहीं होती। माँ नहीं, पुत्र ही निर्मम, निर्दय हो सकता है। माता कुमाता नहीं हो सकती–पुत्र कुपुत्र हो सकता है।"

"तब मैं निर्दय...... निर्मम.... कुपुत्र हूँ? यही न" भरत बमके।

"श्री राम चरणों की साक्षी से अपने अन्तःकरण से पूछिए।" माण्डवी ने कहा– "अन्तःकरण में रामजी विराजमान हैं। आपको यह संसार कुछ भी नहीं कह सकता। यह जगत आपको क्या उपदेश दे? आपको तो राम ही सत्य बता सकता है; समझा सकता है।"

"माण्डवी!" भरत ने सिर धुनाया।

माण्डवी ने लपककर भरत के चरण पुनः थामे– "शान्त-स्वामिन्! श्री राम का अनन्य पुजारी, भक्त, सर्वहारा भक्त क्या निर्दय, निर्मम और कुपात्र हो सकता है? नहीं... नहीं मेरे देवता!"

* * * * *

श्री राम पादुका की कुटिया के द्वार पर स्थित प्रहरियों ने आश्चर्य चकित होकर महारानी कैकई को अपनी विशाल पीठिका से उतरते हुए देखा। 'राजमाता'– एक फुसफुसाया। दूसरा चुपचाप सिर हिलाकर बोला– "राजमाता? अहँ....... कैकई। राझी कैकई–इसको कहते हैं–हैं–स्त्री, नारी", तीसरा बोला– "क्यों? क्या घर वाली आपकी ऐसी ही है?" "चुपचाप...." दूसरा बोला– "वह इधर ही आ रही है। साथ में श्रीमती महादेवी माण्डवी भी हैं।"

"देवी श्रुतकीर्ति भी" चौथा चमक कर बोला– "आज कोई न कोई अघटन घटना अवश्य ही होकर रहेगी।"

कैकई अबाध गति से पर्ण कुटिया के द्वार के पास आई और शान्त दर्प के साथ बोली - "भरत से कहो–उनकी जननी आई है। श्री राम–पादुका के दर्शन करना चाहती है। सुना......?"

"जी...... जी मातेश्री। जी...... स्वामिनी।" प्रहरी बोला– "किन्तु अभय, श्रीमती श्री! आज्ञा नहीं है।"

"आज्ञा नहीं है?" कैकई ने तनिक तीव्र स्वर में कहा– "क्या यह राजाज्ञा? – है क्या?"

"जी.....!" प्रहरी एक साथ बोले।

कैकई ने तनते हुए कहा– "हुँ.... और मुझे कहते नहीं थकता यह भरत कि उसने राज्य स्वीकार नहीं किया है, यह मैं जानती थी।"

भरत कुटिया के द्वार पर दिखे– "क्या जानती थी आप?"

"...... कि राम–पादुका के मिस से राज्य कर रहे हो।" कैकई ने कहा– "ठीक ही तो है। इस समाधान में सोना और सुगन्ध रह गया। चारों पदार्थ तुमको मिल गये। तुम भी एक और अनन्य विदेह हो। हाँ...... और क्या?"

भरत ने शान्त-गम्भीर किन्तु तटस्थ स्वर में पूछा– "महारानी कैकई का इस कुटिया के द्वार पर पहुँचने का तात्पर्य?"

"अपने पुत्र को देखने– उसकी मंगल कामना करने।" कैकई ने कहा– "और श्री राम की पादुका के दर्शन करने। क्यों........? क्या हम नहीं आ सकतीं?"

"आ सकती हैं– श्री राम–पादुका के, मस्तक नवाँकर दर्शन कर सकती हैं।" भरत ने कहा– "रही पुत्र की बात.... सो वह देह की छाया मात्र रह गयां है, महारानी कैकई।"

"आर्य पुत्र!" माण्डवी ने चिहुँकते हुए कहा– "माँ का स्वागत कीजिये, देव।"

"और न करूँ तो?" भरत ने पूछा।

"तो मैं और श्रुतकीर्ति माँ को कुटिया में ले जाएंगी।" माण्डवी ने कहा– "फिर आपके प्रहरी हमें भले ही पीटें।"

भरत ने कहा– "सासू–बहु की यह स्नेह सगाई देखकर मैं पसीज गया हूँ, आर्य्ये! मैं अपनी कुटिया में चलता हूँ– तुम महारानी कैकेई को श्री राम–पादुका के दर्शनार्थ ले जा सकती हो, किन्तु दर्शन मात्र, समझीं?"

कैकेई ने कहा– "यह क्या समझेगी? मैं समझती जो हूँ।"

भरत ने व्यंग्य किया– "जी! इस संसार को आप श्रीमती जितना समझती हैं, उतना कोई और नहीं समझ सकता। आप कुशल–सावधान–अपने हितों के प्रति सन्नद्ध राजमहिषी हैं, किन्तु मैंने संसार मन से त्याग दिया है। अतः मुझे किसी से भी समझने की अब आवश्यकता नहीं है! श्री राम– पादुका के दर्शनों के लिए आपकी इच्छा को शिरोधार्य्य करता हूँ।"

"कृतज्ञ हूँ महाराज महात्मा भरत! रामानुज भरत तुम्हारी यह मातृ–इच्छा–पूर्ति इतिहास की वार्ता होगी। तुम चाहो या नहीं चाहो, हम श्री राम–पादुका के दर्शन अवश्य करेंगी। तुम सब क्षत्रियों से भारतभूमि का सार्वभौम राज्य नहीं चल सकता। तुम सब निर्वीर्य हो गये। भगवान परशुराम के परशु के घिनौने स्वप्नों से तुम सब चकित और त्रस्त हो गये। प्रजा वर्णाश्रम धर्म को लेकर रेंगती रही और अरण्यों के आर्य्य संसाधन ध्वस्त होते गये। ढेर लग गये मुनियों की हड्डियों के– अरण्यों में। यज्ञ–वेदियाँ ध्वस्त, उनकी ज्वालाएं लुप्त और आर्य्य जीवन के दिव्य वेद–मंत्रों की अनहद वाक् ही अन्तर्धान हो गई। आर्य्यावर्त अंधकार में डूबकर अन्तरात्मा का कष्ट अनुभव करने लगा। तुम्हारे पुरखे सुरों की सहायतार्थ असुरों से तो लड़ने गये, किन्तु राक्षसों के सामने खड़े होने का साहस नहीं आया और नहीं रहा। क्या मुझे पता नहीं, महाराज राजराजेश्वर दशरथ रघुवंश–सम्राट जनकपुरी की सीमा पर भगवान परशुराम की छाया देखते ही अर्धमूच्छिर्त हो गये थे। भूल गये महाराजा भरत!"

भरत सन्नाटे में सुनते रहे। कैकेई ने सव्यंग्य मुँह बिचकाया– "और देवासुर संग्राम में मैं महारानी कैकेई नहीं होती तो तुम्हारे पिताश्री रणभूमि में हुतात्मा हो जाते।"

"आपके पीहर ने अनेक युद्ध लड़े दिखते हैं।" भरत ने कहा– "किन्तु हम रघुवंशी युद्ध के संक्रामक आदि नहीं रहे और नहीं हैं। आप श्रीमती के रण– कौशल की वार्ता हमने लोकगायकों से बचपन में सुनी है– कुछ तो आपने ही हमें सुनाई थीं।"

"अवश्य" कैकई ने कहा– "उसी रण कौशल ने हमें दो वरदान–इच्छित अभीप्सित वरदान दिलवाए थे, किन्तु मैं यह भूल सी गई थी, किन्तु......."

"किन्तु......?" भरत ने पूछा।

"किन्तु जब राजराजेश्वर रघुवंशमणि महाराज दशरथ, मंत्री–मण्डल तथा ऋषि–मण्डल मिलकर तुम्हारे और शत्रुघ्न के विपरीत राज्य–प्रतारणा करने लगे, मैं जागने लगी और अन्त में सखी मन्थरा ने मुझे अंधकार में प्रतारणा का भूत दिखाया। तुम्हारे पिता ने विवाह को लेकर तुमको राज्य देने का मुझे तथा मेरे पीहर को वचन दिया था। महाराज भूल गये थे, किन्तु मन्थरा नहीं भूली। समझे......?"

"जी, समझ गया।" भरत ने कहा– "आप राजमहिषी हैं, मैं नहीं।"

"तब तुम क्या हो, भरत?" कैकई ने पूछा।

"मैं श्री राम–चरणों का तुच्छ किंकर हूँ।" भरत ने कहा।

कैकई सहसा ठहाका मारकर बोली– "वत्सले माण्डवी! सुना?"

माण्डवी ने सिर झुका लिया और सकपकाकर भरत को निहारा; बोली– "मैं क्या कहूँ, माता जी! यह तो माँ–बेटे के बीच की बात है। आपकी पुत्रवधू के नाते आपकी वत्सला हूँ; और आर्यपुत्र की दासी हूँ। रघुवंश की पुत्रवधुएँ राजकीय विवादों में कब पड़ती हैं? दीदी सीताजी ने पिताश्री से नहीं पूछा कि श्री रामजी को वनवास क्यों दिया जा रहा है और उनके पति श्री राम का सत्वाधिकारी राज्य क्यों ले लिया गया है? हम तो आप माताओं की आज्ञांकित पुत्रवधुएँ हैं। पिताश्री ने वचन दिया था तो मर कर भी पूरा किया। अब उसे लेकर माँ–बेटे में यह दुखद विवाद हो ही क्यों?"

"यह केवल कोरा विवाद ही नहीं है, आर्ये!" भरत ने शान्त–गम्भीर स्वर में कहा– "यह मानव जाति के इतिहास की एक ऐसी घटना है जिसको विधाता भी मिटा नहीं सकता। इस एकमात्र घटना में मानव हृदय के रोगों के मोह मात्र तथा द्वेषों की अग्नि आकर समा गई है। महारानी कैकई! आपने मुझे रसातल में धकेल दिया है– मैं... मैं अब उबर नहीं सकता– नहीं। अपने ही अन्तःकरण के घने विषाद का कालकूट पीकर मैं अब श्री राम की शरण में साष्टांग लेट गया हूँ। अब वही

दीनबन्धु, पतित-पावन मेरा उद्धार करें तो करें। पिताजी द्वारा दिया गया वचन पालने का मेरा दायित्व न था और न ही है। श्री रामजी ने इसे अपना धर्म समझा है तो पाल रहे हैं।"

कैकई ने मानो अन्तिम बार कहा– "वचन पालना ही पड़ता है। मानव-धर्म की अखण्ड स्फटिक मणि-शिला वचन ही है। तुम्हारा इक्ष्वाकु वंश का यह रघुकुल अपने वचन तथा रीति के लिए त्रैलोक्य में ख्यात है। वचन ठुकराया नहीं जा सकता, भरत!"

भरत ने कहा– "मैंने राज्य ठुकराया है, वचन नहीं।"

कैकई ने भर्त्सना पूर्वक कहा– "तुमने अपनी जननी की आज्ञा ठुकराई है।"

भरत ने सकपकाकर कहा– "तो?.... जननी जन्म देने वाली मानवी है। किन्तु वचन तो धर्म की वाणी है–जिव्हा है, श्रीमती! फिर राज्य मैंने धरोहर में सम्भाल रखा है। श्री रामजी की पादुका का राज्य है। मेरा राज्य तो आपका माँगा हुआ– बलात् माँगा हुआ राज था– ठुकरा दिया।"

"बलात् माँगा हुआ?" कैकई ने तीव्र अमर्षपूर्वक कहा– "धर्म के वचन पूर्वक माँगा हुआ राज्य था, महाराज भरत! राजा ने मुझे वचन दिया था– हमें दिया था कि मेरा ज्येष्ठ पुत्र, अर्थात् तुम ही कौशल के राज्य के उत्तराधिकारी होंगे। हमारा विवाह केवल सम्मोह नहीं था, राज्य की नग्न कूटनीति भी थी। राजपुत्रियाँ राज्यों की शान्ति तथा परस्पर अभय के लिए विवाह की बलिवेदी पर चढ़ा दी जाती हैं, मैं भी चढ़ा दी गयी।"

भरत ने माँ को घूरते हुए कहा– "और आपने समूचे कौशल राज्य, रघुवंश तथा प्रजा की ही बलि दे दी। श्री राम प्रजा-वत्सल ही नहीं, दीनबन्धु तथा पतित– पावन महामानव हैं– पिताश्री से भी बढ़कर वर वीर हैं। ऐसा राजा पाना प्रजा के करोड़ों जन्म के पुण्यों का फल है। श्री राम-राज्य का कल्प वृक्ष ही आपने काट दिया– जड़ से काट दिया, महारानी कैकई।"

"माँ, तेरी माँ भरत! महारानी नहीं।" कैकई ताड़ुकी– "सावधान जो मुझे अब महारानी कहा। महारानी तो कौशल्या देवी हैं, उप-महारानी सुमित्रा देवी हैं और राझियाँ तुम सब की बहुएं हैं। मैं तो अब केवल कैकई रह गई हूँ– नाम मात्र, सुना?"

"कैकई" भरत चिहुँके– "नाम मात्र हो तो। किन्तु यह नाम सदैव लिया जाता रहेगा। जब-जब राज्य की छीना झपटी होगी– कैकई, याद की जाती रहेगी। अनाधिकार राज्य प्राप्ति का ऐसा छलनामय उदाहरण कब मिलेगा? कैकई, अर्थात राज्य प्राप्ति की ईप्सा मात्र।"

कैकई ने नयन नमाते हुए कहा– "कटु है, किन्तु सत्य भी है। मैं भी चाहती हूँ कि राम वापस अयोध्या लौट आए...... मैं भी यही चाहती हूँ।"

"इसीलिए न कि मैंने राज्यसिंहासन पर बैठकर भटकना स्वीकार नहीं किया" भरत ने पूछा– "राम का राज्य कोई भी चक्रवर्ती, राजराजेश्वर महाराजा–सम्राट कोई भी छीन नहीं सकता। श्रीमती! राम–राज्य शाश्वत है, इस जगत का राज्य है। मैं इस मर्म को जानता था–जानता हूँ। आप अपने गर्व की तुष्टि के लिए मुझे राजा देखना चाहती थीं– राजमाते! किन्तु मुझे ज्ञात था, मेरा हित इस राज्य में, संसार में, ऐश्वर्य तथा वैभव में नहीं है।"

"तब किस में है?" कैकई ने पूछा।

"सीता–राम के श्री चरणों की सेवा में, जननी मेरी!" भरत ने कहा।

* * * * *

"मन्थरा!" कैकई स्वतः ही बड़बड़ाई– "शत्रुघ्न ने मुझे अब तक मुक्त नहीं किया। करेगा- भरत ने कहा है। अवश्य करेगा........। भरत सहृदय है........ और यह शत्रुघ्न आतपी है– राज्य करण का दर्प उसकी रग–रग में भरा है। श्रुति तुम जाओ....... शत्रुघ्न को मेरा यह सन्देश दो कि भरत ने कहा है– मन्थरा को मेरे पास रहने दो। तुम सब तो हो, किन्तु क्या तुम सब मेरी हो? हूँ, मैं तुम्हारी? नहीं–संसार में कोई किसी का हुआ है? मन्थरा...... हाँ मन्थरा दासी ही सही, वह-वह मेरे लिए प्राण दे सकती है– कष्ट उठा रही है। तिरस्कृत है, प्रताड़ित है किन्तु वह चुपचाप यह दण्ड भोग रही है। मुझे महाराज दशरथ के दिये दो वरदानों की याद दिलाना क्या अपराध है? बोल श्रुति.... अपराध था क्या?"

श्रुतकीर्ति ने धीमे स्वर में धीरे से कहा– "जी नहीं।"

"तब फिर यह शत्रुघ्न मन्थरा को देखते नहीं छोड़ता; उसकी आँखों में रक्त उभर आता है। उसका बस चले तो मन्थरा को पृथ्वी में गाड़ दे।"

श्रुतकीर्ति ने कहा– "श्री रामजी! श्री राम इन भाइयों के हृदय– मन्दिरों में बसे हुए हैं। यह सब रामजी के हैं–राम के लिए हैं। आप और हम सब भ्रम में हैं कि यह हमारे हैं। हम सब तो इनके लिए संसार हैं, किन्तु सीता–राम इनके अन्तःकरण के देव हैं। होगा...... मैं तो अपना कर्त्तव्य करती हूँ। मैं हूँ– आपकी, उनकी, सबकी।"

"तो मन्थरा को यहाँ ले आओ, वत्सले!" कैकई ने कहा– "महाराज दशरथ वयस्क थे, तनिक वृद्ध–किन्तु उनके हृदय में मेरे लिए प्रेम ही प्रेम था। मुझे देखते ही वे सब भूल जाते थे। मैं उनकी आँखों में समायी रहती थी। मैं..... मैं उनकी देवता सी थी। मन्थरा का वह कितना आदर करते थे। उसको मेरी भगिनी सी मानते थे।"

श्रुतकीर्ति– "महाराज दशरथ तो महाराज दशरथ ही थे। मैं अब जाती हूँ; उनको विवश करती हूँ कि वह स्वयं मन्थरा को लेकर आपके पास आएं। अवश्य उनको यह करना ही होगा।"

"क्या?" द्वार पर चित्र–मण्डित शत्रुघ्न ने कहा– "क्या करना होगा मुझे?"

श्रुतकीर्ति तनिक त्रस्त सी घूमी– "आप?"

"हाँ मैं।" शत्रुघ्न ने कहा– "महाराज महात्मा भरत की आज्ञा है कि मैं मन्थरा को श्रीमती कैकई के पास ले आऊँ–छोड़ दूँ। मेरी जननी कैकई अपनी हेय दासी के सिवाय जी नहीं सकती। आश्चर्य है! कुबड़ी, कुरूप, घिनौनी यह मन्थरा कुटिल...... और क्या?"

"चुप कर, शत्रुघ्न!" कैकई ने ललकारा– "मन्थरा मेरी सखी है– बहिन है; मेरा विराम और विश्वास है। कहाँ है वह? तुमने उसे अँधेरे भूगर्भ में रखा था, क्यों?"

"जी नहीं, मैंने उसे एकान्त प्रासाद के एक विजन कक्ष में ही रखा था। प्रहरी उसको लेकर आते ही होंगे।"

"प्रहरी?" कैकई ने पूछा।

"हाँ, श्रीमती जननी!" शत्रुघ्न ने कहा– "प्रहरी! आपके प्रासाद की सुरक्षा जो करनी है।"

"मेरे प्रासाद की सुरक्षा?" कैकई ने पूछा।

"प्रतारणा और षड्यन्त्र की सूत्रात्मा यह मन्थरा जो आपके पास रहेगी। कोई न कोई विवाद फिर उठायेगी। कहेगी-स्वप्न में पिताजी ने कहा है, श्री राम-पादुका को फेंक दो। राज्य भरत को दिया गया था- राम-पादुका को नहीं।"

"शत्रुघ्न! भूल क्यों जाते हो..... मन्थरा एक दीन-हीन स्त्री है।"

"राक्षसी है।" शत्रुघ्न ने कहा।

"मन्थरा राक्षसी है तो फिर मैं क्या हूँ?" कैकई ने क्रोध से काँपते हुए कहा- "बचपन से मन्थरा ने मुझे माँ का प्रेम दिया है, बड़ा किया है। सब थे-हैं; किन्तु वह सब मन्थरा नहीं हो सकते। रघुवंश के इस राजप्रासाद में कोई यदि मेरा सच्चा हितैषी है तो वह मन्थरा है, तुम नहीं, महाराज शत्रुघ्न! तुम और भरत दोनों ही मेरे विरोधी हो। मैं तुम लोगों को नहीं जँचती, नहीं रुचती। तुम्हारी माँ होते हुए भी मैं आज निपूती हो गई हूँ। सिवाय मन्थरा के इस समय, इस संसार में मेरा कौन है? बोल!"

"प्रारब्ध! जननी मेरी!" शत्रुघ्न ने कहा- "प्रत्येक जीव का प्रारब्ध ही उसका अपना होता है। यह जीवन मनुहार करने तथा उपहार बाँटने का जीवन नहीं है- ऋणानुबंध है और सन्तान होने से प्रारब्ध योग बदलते नहीं हैं। श्री राम ने आपका क्या बिगाड़ा था जो आपने हठ पूर्वक उनको वनवास दिया, कहिये?"

"महाराज दशरथ राजेश्वर के पश्चात् कौशल राज्य के सिंहासन पर मेरे पूत भरत का ही वचनबद्ध सत्व था।" कैकई ने कहा- "मैंने अपना वह सत्व ही प्राप्त किया था। राम को वनवास क्यों भेजा? भेजा-जा, जो करना हो वह कर ले। श्री राम-पादुका के मिस से क्या भरत राज्य नहीं कर रहा है?"

"नहीं।" शत्रुघ्न ने कहा- "भरत धर्म-मूर्ति हैं, महात्मा हैं, सन्त हैं-भक्त हैं वह राजा थे नहीं, हो सकते नहीं। राज्य करण का सारा दायित्व उन्होंने श्री राम-पादुका की साक्षी में मुझे सम्भला दिया है। कौशल महाराज्य की प्रजा के योगक्षेम तथा कल्याण का अधिकरण मैं श्री राम पादुका के लिए संचालित करता हूँ।"

"सीधे-साधे शब्दों में क्यों नहीं कहता कि राजा तू है; शत्रुघ्न!" कैकई ने कहा- "आत्मवंचना अच्छी नहीं है। आत्मा से धोखा करना सबसे बड़ा महा पाप है। मैंने आत्मवंचना नहीं की है। भरत के लिए राज्य मांगकर मैंने कोई पाप नहीं किया।

राम को वन भेज कर मैंने परोक्षतः ऋषि-मुनियों और अरण्यवासियों को अभय ही प्रदान किया।"

शत्रुघ्न ने हँसकर कहा– "तर्क करना कोई आप से सीखे। यह लीजिये....... आपकी सखी मन्थरा आ गयी है। आपके इस प्रकोष्ठ के बाहर इसने पाँव रखा नहीं कि सन्नद्ध सैनिक इसे आ घेरेंगे। मन्थरा! सुना तूने?"

मन्थरा ने कैकई को देखा, घूरा और शत्रुघ्न की ओर निहार कर कहा– "महारानी राजमाता कैकई की जय हो! महाराज शत्रुघ्न! अब मेरी स्वर्ग जाने की भी इच्छा नहीं है। श्रीमती कैकई के चरणों में मेरा त्रैलोक्य बसा है। जाओ जी! राज करो। कौशल का राज्य आपको अपने पुरुषार्थ से नहीं, महारानी कैकई के त्याग से मिला है, सुना?"

शत्रुघ्न ने ठिठक कर कहा– "सुन लिया, पतिते! सुन लिया।"

मन्थरा ने नयन नचाते और मुँह बिचकाते हुए कहा– "पतिता..... मैं? नहीं–नहीं महाराज शत्रुघ्न जी! पतित मैं नहीं हूँ–हो नहीं सकती। इस संसार में पतित तो वह है जो अपनी माँ का तिरस्कार करे, अपमान करे, भर्त्सना करे। मातृ देवोभव! भरत तो इसे बालपन से सुनते आ रहे हैं। मातृ देवोभव-पितृ देवोभव और अतिथि देवोभव!"

"अतिथि?" शत्रुघ्न ने मन्थरा को सरोष घूरते हुए पूछा।

"मैं।" मन्थरा ने कहा– "आप श्रीमानेश्वर की जननी मातुश्री की सखी, बचपन की सहेली। आपकी मातुश्री के पीहर से ससुराल साथ भेजी गयी हूँ। हुई न मैं अतिथि? अतिथि को भी शास्त्र ने देव माना है। तो आप श्रीमान मुझे भले ही देव नहीं माने, पतित तो नहीं माने–मानव........ मानव तो माने।"

शत्रुघ्न ने तनिक झपटते हुए कहा– "कुलक्षिणी! चुप कर.......।"

मन्थरा ने कहा– "आपकी राजाज्ञाएं चुप हो सकती हैं; मेरी वाचा नहीं। सत्य कब मीठा मधुर लगा है, लोगों को, फिर भले ही वह राजपुत्र हो–राजा को तो सत्य कटु ही लगता है, यह हम जानती हैं।"

शत्रुघ्न ने दहाड़ते हुए कहा– "अपनी इस चहेती को चुप रहने के लिए कहिये–माताजी!"

कैकई ने तनिक मुस्कराते हुए कहा– "मन्थरा! चुप कर। शत्रुघ्न रघुवंश का सबसे छोटा राजपुत्र है। अभी महाराज भरत ने इसे राज करण सम्भला रखा है। वह कुछ भी कहे–हमें राज्याधिकारी का आदर करना ही चाहिये। यह मत भूल तू सखी! कि हम दोनों अब प्रजाजन हैं।"

"नहीं........" मन्थरा गर्जी– "तुम मेरी कैकई राजमाता हो–राजराजेश्वरी राजमहिषी हो। मेरी.......... हमारी स्वामिनी हो। महाराज शत्रुघ्न! मैं जीवन का सत्य उच्चारती हूँ– चुप हो नहीं सकती..... रह नहीं सकती। क्षमा कीजिये।"

शत्रुघ्न ने कैकई को सरोष घूरते हुए कहा– "सुन लिया? अब, अब यह दासी रघुकुल के महाराज......... राजपुत्र से भी धृष्टता पूर्वक बात करने लगी है। यह सब आपकी......."

"हाँ, मेरी....." कैकई ने कहा– "मेरी सहानुभूति से ही इस तथाकथित दासी में सत्य कहने तथा अत्याचार के विरुद्ध खड़े होने का साहस जागा है। तुम सब, संसार तथा विश्व का कटु वाक्य तो मुझे ही सुनना है, शत्रुघ्न! मन्थरा को नहीं। हाँ, तो मन्थरा दासी ही सही, किन्तु दासी अपनी स्वामिनी की इच्छा को भाँप कर ही कहती– सुनती है। मन्थरा मेरी दासी है, तुम्हारी नहीं। तुम सबसे मन्थरा का सीधा सम्बन्ध ही क्या है? क्या था? मन्थरा हमारे वंश के सेवकों और सेविकाओं में मुकुट– मणि है। शिक्षित तथा दीक्षित मन्थरा एक विदुषी राजनायिका भी है। मेरे पीहर में राजनैतिक वर्तुल मन्थरा के इंगित पर ही घूमा करते थे।"

शत्रुघ्न सहसा हँसे– "और ससुराल में भी वही हो रहा है। किन्तु कान खोल कर सुन लीजिये, मातुश्री! श्री राम अयोध्या लौटेंगे और कौशल महाराज्य का श्री राम–राज्य आरम्भ करेंगे। भगवती भाभी सीताजी के पुत्र इस कौशल महाराज्य के वारिस होंगे। हमारी सन्तान सदैव की भांति उनकी आज्ञांकित सेवक होंगी। आप, यह आपकी विदुषी निपुण, दासी, मैं, महात्मा भरत और वीरवर लक्ष्मण–सब श्री राम–राज्य के श्रद्धालु, विनीत प्रजाजन हैं और होंगे।"

कैकई ठठाकर हँसी– "मैं ईश्वर नहीं हूँ और तुम शत्रुघ्न! विधाता नहीं हो।"

20

प्रजाजनों, सैनिकों, नागरिकों, मंत्री परिषद–सदस्यों और समस्त ऋषि मण्डल को जलद–गम्भीर स्वर में भरत ने कहा– ”विश्वस्त और अचूक समाचार है; श्री राम–लक्ष्मण ने कबन्ध क्षेत्र को जीतकर ऋष्यमूक पर्वत पर वानराधीश महाराज सुग्रीव से मैत्री–सन्धि की है। भगवती श्रीमती सीता जी की खोज में हमारे अत्यन्त आत्मीय और आदरणीय राम–लक्ष्मण–श्री रामजी और लक्ष्मण जी को दैव ऋष्यमूक पर्वत की ओर ले गया। भयंकर तथा मायावी कबन्ध क्षेत्र को श्री रामजी ने क्षण भर में ही पराभूत कर दिया। अपने खड्ग से ही कबन्ध क्षेत्र की दुर्गम भुजाओं के कोर वर्तुल को भंग कर सीधा– सपाट मार्ग बना दिया। पम्पा सरोवर की ओर से अत्यन्त शस्य श्यामल कान्तार अब सभी के लिए खुल गया है। पम्पा सरोवर को घेर कर स्थित ऋषि–मुनियों के तप–स्थल अब निर्विघ्न हो गये हैं। महर्षि मतंग के अत्यन्त विशाल और रमणीय आश्रम के कुंज और निकुंज मानो अब प्राणियों के रव से चहक सकेंगे।... शान्ति... अभय। हाँ, श्री रामजी ने दण्डकारण्य के पश्चात् कबन्ध क्षेत्र का उद्धार किया है। पम्पा सरोवर से लगाकर ऋष्यमूक पर्वत के प्रान्तरों को भी विजयशील किया है। श्री राम ने चित्रकूट से ऋष्यमूक पर्वत तक राक्षस विहीन मही को कर दिया है।“

”धन्य! धन्य!!“ ध्वनि उठी।

भरत ने लोगों को घूरा और निहारा–पुनः–पुनः निहारा। भरत को लगा सुदूर क्षितिज के पार किसी पराजित धनुष की प्रत्यंचा भीम नाद में बज रही है और ऋष्यमूक पर्वत का छितरा किन्तु सघन शिखर धनुषाकार दूर–दूर मंडरा रहा है। दीर्घ साँस भरकर भरत ने कहा– ”वानर महाराज्य की राजधानी किष्किन्धा में पुनः राज्य क्रान्ति हो गई है। इस बार यह क्रान्ति श्री रामजी ने की है। वानर राज्य राक्षसों का मित्र महाबली बालि–वह आर्य्य वानर मैत्री नहीं चाहता था। लंकेश रावण का बाल साथी महान दुर्घर्ष वह वानरराज बालि आर्यावर्त और श्रीलंका के दुर्दान्त महाराज्य के बीच मानो सेतु था– सेतु। श्री राम ने ऋष्यमूक पर्वत के उस सघन–सजल शिखर पर दिव्य एवं पवित्र अग्नि की साक्षी में बालि के लघु भ्राता

सुग्रीव को मित्र बनाया। आर्य्य वानर मैत्री का यों श्री राम ही ने मंगलजन्य आरम्भ किया है।"

"सीताजी?" प्रश्न गूँजा— "भगवती सीता, प्रभो!"

शत्रुघ्न ने भरत की मूक आज्ञा से कहना आरम्भ किया— "श्रीमती भगवती सीताजी ही तो इस आर्य्य–वानर मैत्री के अमोघ सम्बन्ध की ग्रन्थि हैं। अब कोटि–कोटि वानर पृथ्वी की सभी दिशाओं में भगवती सीताजी की खोज के लिए निकल रहे हैं। किष्किन्धा का राजसिंहासन महाराज सुग्रीव सुशोभित कर रहे हैं और वह आर्य्य वानर मित्रता की ऐतिहासिक भूमिका ही है। शताब्दियों से अरण्यवासियों तथा वानरों, पक्षियों, रिच्छों, नागों, सर्पों, किन्नरों तथा गन्धर्वों को आर्य्य सभ्यता का प्रकाश प्राप्त नहीं हुआ। वह अनार्य्य ही रह गये। सभ्यता की श्री से वंचित, दरिद्र तथा संस्कृति के वैभव से रहित यह वनवासी–प्रजाएँ शताब्दियों से मानो वेद–मंत्र सुनना चाहती थीं। श्रुतियों के अमृत दुग्ध का पान करना चाहती थीं। आर्य्य संस्कृति के आश्रमों तथा उनके यज्ञों का दर्शन मात्र करती आ रही यह कोटिक अरण्य प्रजाएँ अपना भगवान चाहती थीं। वह भगवान राम–श्री राम उनको अब मिल गया है।"

"राम! राम!! ध्वनियाँ— "सीताजी? मिल गई? कौन पापी ले गया था, कौन? अधिकाधिक ध्वनियाँ।"

शत्रुघ्न ने पुनः मेदिनी को घूरा; कहा— "भगवती सीताजी की खोज वानर महाराज्य के अधीश महाराज सुग्रीव करने जा रहे हैं। उनका सन्देश अयोध्या के नन्दीग्राम में, महात्मा भरत को मिल गया है। श्री रामजी, ऋष्यमूक पर्वत के भव्य शिखर पर निवास कर रहे हैं और वीरवर लक्ष्मण उनकी सेवा में सन्नद्ध हैं।"

महर्षि वशिष्ठ ने अभय मुद्रा में हस्तलाघव करते हुए कहा— "शान्त! श्रीमती अखण्ड सौभाग्यवती चिरंजीवी सीता को श्री राम–लक्ष्मण वानरों की निष्ठावान सहायता से अवश्य ही खोज निकालेंगे। विधाता ने ही जैसे यह कुसंयोग योजित किया हो। स्वर्णमृग, सीता का उसको प्राप्त करने का हठ, श्री राम को असम्भव स्वर्णमृग मानते और जानते हुए भी उसके पीछे जाना और अपहरण– भगवान की यही लीला है। किन्तु विधाता का पल्ला इस बार शक्ति स्वरूपा श्रीमती सीताजी तथा श्री हरि के नर–रूप श्री राम से ही पड़ा है। लोगों! यह काल नाट्य है। राक्षसों

ने इस पृथ्वी पर न जाने कब से अत्याचार मचा रखा है। ऋषि-मुनियों के रक्त से धरा भीग गई है और आर्यों के आश्रमों तथा उनके यज्ञों का ध्वंस योजनापूर्वक किया जा रहा है। ऐसी घोर स्थिति में आर्यों की शक्ति स्वरूपा सीता का अपहरण कर राक्षसों ने अपनी मौत को ही आमंत्रित किया है।"

'अवश्य-अवश्य' ध्वनि उठी।

'अवश्यमेव' शत्रुघ्न ने गर्जना की– "शताब्दियों से पृथ्वी पर राक्षसों के अत्याचार धुआंधार होते रहे हैं। 'राक्षस' शब्द दस्युओं और शोषकों तथा अत्याचारियों का संज्ञावाचक शब्द हो गया है। श्रीलंका राक्षस शक्तियों का केन्द्रीय स्थल है- महाधिष्ठान है। भगवती सीता का अपहरण राक्षस ने ही किया है और यों पृथ्वी-पुत्री को अपमानित और लांछित करने का घोर पाप किया है। अवश्य ही। यह समय अब राक्षसों के लिए मृत्यु-घंट बजाने का ही समय है।"

एक प्रबुद्ध ने पूछा– "अब तक हम आर्य नागरिक क्या करते रहे? पड़ोस में आश्रम ध्वस्त किये गये, यज्ञ वेदियाँ अपवित्र की गयीं, मुनियों का संहार किया गया– अरण्य प्रजा को त्रस्त किया गया। हम क्या करते रहे?"

दूसरे प्रबुद्ध ने कहा– "विदेह राजा जनक से वेदान्त का उपदेश सुनते रहे। क्या आर्य क्षत्रियों का यह अटल दायित्व नहीं था, नहीं है कि आश्रम यज्ञ और प्रजा की रक्षा करें?"

महर्षि वशिष्ठ ने शान्त-गम्भीर स्वर में कहा– "था, किन्तु स्पष्ट ही क्षत्रिय नरेश अपनी- अपनी राज्य सीमाओं में ही अटके रहे। भगवान परशुराम के परशु का भय आर्य-क्षत्रियों में घर कर गया। राग-रंग में पड़ गये हमारे योद्धा क्षत्रिय। ब्राह्मण परम्परागत यज्ञ तथा कर्मकाण्ड करते-करवाते रहे। प्रजा को भगवान-भरोसे छोड़ दिया गया। तभी तो राक्षस आर्यावर्त को घेर सके। पाताल को अणूठ कर दिया गया; अरण्य राज्य अपनी रक्षा की चिन्ता में ही पड़े रहे। किन्तु राक्षसों ने मुनियों का पवित्र निष्कलंक रक्त बहा कर धर्म की हानि की और तभी श्री हरि मनुष्यरूप धारण कर अयोध्या के राजमन्दिर में प्रगट हुए। महारानी राजराजेश्वरी माता कौशल्या की कुक्षी को धन्य कर प्रभु ने मर्यादा पुरुषोत्तम का अवतार धारण किया। अतः चित्रकूट से राक्षस महाराज्य की सीमा के गगन मण्डलों में रामबाण अब चलने ही लगा है। राक्षस जाति का संचित, क्रियमाण तथा आगम

भाग्य ही अब समाप्त होने वाला है। श्री राम का प्रादुर्भव ही इसी महान जगत-कल्याण, सृष्टि-मंगल और अभय के लिए हुआ है।"

"गौ माता ने पुकारा–तब हुआ है।" किसी ने कहा।

"अवश्य ही प्रभु को गौ ने पुकारा है" महर्षि वशिष्ठ ने कहा– "प्रभु गौ की पुकार, सन्तों की पीड़ा और भक्तों का अपमान होने पर ही अवतार धारण करते हैं।" शत्रुघ्न ने कहा– "प्रभो! अवश्य ही प्रभु दीनबन्धु ही हैं।"

सहसा भरत ने कहा– "शत्रुघ्न! परमात्मा दीनबन्धु तो हैं ही, करुणानिधान भी हैं– पतित-पावन भी हैं। देखते नहीं.... मुझ जैसे पतित को श्री राम हृदय से लगाए हुए हैं। श्री राम, सीता– राम को ही मैं देखता हूँ। अहर्निशि यह राम-रटन ही मेरी जीवन-चेतना है। मैं कह सकता हूँ–परमात्मा क्या हैं? कैसे हैं? निस्संदेह श्री रामजी ही चतुर्भुज श्री हरि विष्णु के मनुजावतार हैं। राक्षसों से वे स्वयं ही अपनी रक्षा करेंगे। निपट लेंगे राम राक्षसों से। भगवती सीता-पृथ्वी-पुत्री सीता? लोगों! वह तो परात्पर परमात्मा शक्ति हैं। श्री राम ही सीता-रूप शक्तिवान हैं। सीताजी को राक्षस कब तक रख सकते हैं? जब तक राक्षसों का आयुष शेष है–तब तक ही तो!"

महर्षि वशिष्ठ– "महात्मा भरत! राक्षस जाति अपने समस्त वंशों और कुलों के साथ अब शीघ्र ही नष्ट प्रायः होगी। उनका महाकाल श्री राम की धनुष प्रत्यंचा रूप गाज रहा है। पृथ्वी की सीदने वाली, आकाश को रुलाने वाली, अधर्मी अत्याचारी तथा अन्यायी, बलात् भोग भोगने वाली जाति अपने ही मद में नष्ट हो जाती है। श्रीमती भगवती सीता का समाचार मिलकर रहेगा। हम इस विषय में महर्षि अगस्त्य से सम्पर्क करेंगे– सत्वर.... शीघ्र।"

सहसा कौशल्या जी ने कहा– "यह सब तो ठीक है; किन्तु राम अवतार हैं, तब भी मनुज -रुपी हैं। वीर लक्ष्मण के सहारे केवल धनुष बाण लेकर भीमकाय दुर्दान्त राक्षसों के विरुद्ध संघर्ष क्या राम..... अब क्या कहूँ? कब तक करता रहेगा? हमने भी चरों से सुना है, राक्षसों की आसुरी-शक्ति विस्तृत, सघन तथा अभेद्य सी है। तभी तो हमारे विश्रुत विख्यात शूर-वीर, धीर अतिरथी और महारथी चित्रकूट में राक्षसों का क्रमशः पगपसारा देखते रहे। मन्दाकिनी के जल में मुनियों के रक्त को घुलते हम आर्य्य क्षत्रिय, नर-पुंगव तथा सभी शक्तिवान,

धिमान, बुद्धिमान देखते रहे। हमें जैसे राक्षसों के इस भीषण और भयंकर अत्याचार का पता ही नहीं– हम जैसे राक्षसों को जानते ही नहीं। राम को भगवान का अवतार मान कर उसको अपने रामबाण के भरोसे छोड़ देना हम उचित नहीं मानतीं। आर्यावर्त का सम्पूर्ण क्षात्र–बल अब श्री राम के धनुष की प्रत्यंचा को सुनकर जाग उठे, संगठित होकर श्री राम की पृष्ठ सहायतार्थ कूच करें–सत्वर–यह हम चाहती हैं।"

सुमित्रा जी ने तनिक रुष्ट स्वर में कहा– "हम आर्यों की यह बान हो गई है कि भगवान भरोसे जिये तथा उपकार, योगक्षेम तथा परित्राण का क्षात्र कर्म भगवान के अवतार पर ही छोड़ दें। युगों में, मन्वन्तरों में हमने किया ही क्या है? अपने राज्यों की सीमाएं विस्तृत करने के लिए अवश्य हमने युद्ध किये हैं। अपने राज्यों की रक्षार्थ गढ़ बनाये हैं, किन्तु क्या कोटिशः अरण्य प्रजाओं के उद्धार का सोच हमने किया है? कौल, किरात, पक्षी, वानर, रिच्छ–सब ज्यों के त्यों हैं उनकी दीनता को हम शील कहने लगे हैं, उनके दारिद्रय को हम उनकी प्रभु–भक्ति कहते आए हैं। गंगा–यमुना और सरयू की अनादि अक्षय धाराएं साक्षी हैं– आर्य्य क्षत्रियों ने प्रजाओं की रक्षा, परित्राण, उद्धार तथा कल्याण के लिए मौन साध रखा है। सब कुछ जानते और अनुभव करते हुए भी हमारे आर्य्य क्षत्रिय तथा उनके नरेश, नृपति, राजा, महाराजा राजेश्वर चक्रवर्ती भूमि–पूजन व देवाराधना तो करते रहें, किन्तु प्रजाओं की चिन्ता उनको जैसे हुई ही नहीं। राम–लक्ष्मण ने जैसे प्रथम बार भारत भूमि को घूरा है, निहारा है तथा उसकी अरण्यवासिनी प्रजाओं के भाग्य को देखा है। यह पृथ्वी अरण्यों में बसने वाली दीप–दरिद्र प्रजाओं की है– हम राजसी नागरिकों की नहीं। श्री राम–लक्ष्मण को क्या आप सब राक्षसों की दुर्घर्ष चतुरंगिणियों पर छोड़ देंगे। राम नंगे पाँव धरती पर खड़े हैं– यह मत भूलिये श्रीमानों, श्रीमन्तों!"

महर्षि वशिष्ठ अनायास ही चिहुँके– "राज़ी सुमित्रे!"

"जी! महर्षे! मैं राज़ी, राजमाता सुमित्रा मैं! मैं यह कहती हूँ। मुझे ज्ञात था वन में श्री राम का साथ कोई भी नहीं देगा। विलाप करती हुई प्रजा कब तक राम लक्ष्मण के साथ–साथ घूमती? राम ने उन्हें भ्रमित कर पुनः अयोध्या भेज दिया। अयोध्या वापस होने के लिए वह दीन किन्तु श्री राम–निष्ठ प्रजा विवश हुई। किन्तु क्या विशिष्ट नागरिकों, शूरवीरों– इन्होंने श्री राम का पीछा पकड़ा? क्या हमको

यह ज्ञात नहीं था कि श्री राम को नंगे पाँव ग्रामों की सीमा के वट वृक्षों के नीचे, दिन रात व्यतीत करने हैं, कन्द–मूल–फल ही खाने हैं– राम–लक्ष्मण और सीता को चौदह वर्ष खाने हैं। घोर वनों में तथा बीहड़ नदियों को पार कर चलते ही रहना है– चर्वेति। मैं यह जैसे जानती थी, तभी मैंने वत्सला उर्मिला की वेदना को अनदेखा कर लक्ष्मण को तत्काल और तुरन्त श्री राम के साथ उनके मूक सेवक की भांति जाने का आदेश दिया था। चाहती तो कह सकती थी कि महारानी कैकई और उनके साथियों से अकेले ही निपट ले; किन्तु मुझे भारतवर्ष के अरण्यों और उनके आश्रमों, यज्ञ–वेदियों, वेद–मंत्रों तथा समूची प्रजाओं का अभ्युदय साधने वाली आर्य्य संस्कृति के भाग्य की चिन्ता थी। श्री राम वनवास के इस घोर व्रत के गर्भ में मुझे आर्यावर्त के अरण्यों का अभय, आश्रमों का अक्षय मंगल तथा वेदों के प्रकाश का निश्चिन्त प्रसार ही दिखा था।"

"धन्य!......... धन्य!!" मुनियों ने कहा; और कहा।

"धन्य......? क्या?..... क्यों?" देवी सुमित्रा जी गर्जीं– "रघुवंश की क्षत्राणी माताओं का यह सहज कर्त्तव्य है कि वह अपनी सन्तति को प्रजा–कल्याण के यज्ञ में आवश्यकता हो तो आहुति दें– देती रहें। लक्ष्मण जैसे वीर पुत्र के होते हुए मैं श्री राम और सीता को निरीह वन में जाते हुए कैसे देखती? और क्या यह उद्दण्ड लक्ष्मण अयोध्या के राजमन्दिरों के उद्यानों की सैर किया करता! भरत को जब हमारे भर्ता और स्वामी चक्रवर्ती महाराज दशरथ ने राज्य प्रदान किया, तब लक्ष्मण इसको सह नहीं सका था। महाराज दशरथ के इस वरदान को लक्ष्मण ने उचित तथा न्याय नहीं माना। अतः भरत को निश्चिन्त करने के लिए भी लक्ष्मण का राम के साथ जाना और रहना अनिवार्य था। लक्ष्मण मेरे अन्तःकरण की शेष शायी शक्ति है और वत्सला उर्मिला? उर्मिला सती–साध्वी, मौन ही मौन अपने स्वामी के चरणों में समर्पित क्षात्र वधू है– धीमान्, धैर्य तथा शान्ति की प्रतिमा है। मैं नहीं.... उर्मिला ही धन्य है।"

"धन्य....!" भरत ने दोनों हाथ गगन में उठाते हुए कहा– "धन्य......। आज जैसे धरती सफल हो गई– आकाश धन्य हो गया– कालगति की वक्रता मिट गई। पृथ्वी का यह अंधकार और यातनाओं का प्रज्वलित कीच श्री राम–लक्ष्मण और सती सीता के चरण–चिन्हों से पवित्रतम हो गया– सुगन्धित स्वर्ण में बदल गया।"

कौशल्या ने कहा– "भरत! यह तुम्हारी राम भक्ति है। किन्तु राम–लक्ष्मण, सीता कष्ट में हैं।सीता को तो कोई ले गया– हर ले गया और राम उसकी खोज में

वन–वन भटक कर अब वानर महाराज्य की सीमा में पहुँच गया है। लक्ष्मण साहस सिखा रहा है, धैर्य बंधा रहा है किन्तु इस पृथ्वी की किस दिशा में सीता को राक्षस ले गया है- किसी को पता नहीं है। राजर्षि जटायू का कथन ही हमारा एक मात्र साक्षी है और राजर्षि पक्षीराज जटायू ने सीता की रक्षा के लिए अपने प्राणों की आहुति दे दी है। राम का तो पितातुल्य विश्वास और सहारा चला गया। धीर–गम्भीर कमल लोचन राम ने अश्रुधाराओं से राजर्षि पक्षीराज के शव को स्नान कराया, यथोक्त, अग्नि संस्कार किया और श्राद्ध भी। किन्तु.... सीता? हे सूर्यनारायण! मेरी सती सीता की रक्षा करो, प्रभो! दया करो।"

शत्रुघ्न ने कहा– "माँ भाभी सीता की खोज करने के लिए वानरराज सुग्रीव ने कोटिशः वानर किष्किन्धा बुला लिए हैं। चरों ने विश्वस्त समाचार दिये हैं कि श्री रामजी ने वानर सुग्रीव को किष्किन्धा के राज्य सिंहासन पर उसके अधर्मी बड़े भाई, लंकेश रावण के साथी और मित्र बालि को मारकर बिठा दिया है। वानर–आर्य्य मैत्री पवित्र अग्नि की साक्षी से हो गयी है और अब सीता की खोज आरम्भ होने जा रही है। अतः हमें निश्चिन्त होकर घटनाक्रम सावधानीपूर्वक देखते रहना है।"

महर्षि वशिष्ठ– "इसके अलावा हम कर भी क्या सकते हैं? बलिष्ठ राक्षस सैन्य का सामना कोटिशः वानर ही कर सकते हैं।"

"फिर युद्ध का निर्णय तो श्री रामबाण ही करेगा।" भरत ने कहा।

शत्रुघ्न ने खड़े होकर तनिक आगे आते हुए कहा– "अवश्यमेव श्री रामबाण ही वानर– राक्षस युद्ध का अन्तिम निर्णय करेगा। श्री राम का नाम अमोघ फल दाता कहा जाता है– श्री राम का बाण भी वैसा ही अमोध है। मारीच को सौ योजन दूर फेंक कर पुनः तुणीर में आ विरमने वाला नाराच रामबाण अद्वितीय है; विशिष्टतम शस्त्र है, दिव्यतम अस्त्र है। हमारी चतुरंगिणियाँ वानर–राक्षस युद्ध में रामजी की पृष्ठ सहायता तक नहीं कर सकतीं। श्रीलंका तथा आर्यावर्त की भूमि के मध्य सौ योजन का गहन समुद्र व्याप्त है।"

भरत ने सहसा कहा– "तब श्री राम अपना विशाल कोटिक वानर–सैन्य का संचालन कैसे करेंगे। निस्संदेह श्रीलंका का अधीश विश्व–विख्यात रावण तथा कथित दशानन के दूत ही भाभी जी का अपहरण कर ले गये हैं। अपनी भगिनी शूर्पणखा के अपमान का प्रतिशोध ही है यह। हाँ, साथ ही आर्य्य जाति को राक्षस जाति का यह अन्तिम रण–निमन्त्रण भी है। एक दिन यह होना ही था, महर्षे!"

महर्षि वशिष्ठ ने विशाल मानव मेदिनी को निहारा तथा समावृत मुनियों को पलकों से नमन करते हुए कहा– "आर्यों और अनार्यों का यह संस्कृति-संघर्ष मानवता तथा दानवता का सनातन आदि संघर्ष ही है। अमृताभिलाषी, मोक्षकामी सत्यज्ञान का जिज्ञासु आर्य्य ही धरती-पुत्र है। जो सृष्टि के भव-बन्धनों से छूट कर कालजयी प्रकाश की कामना नहीं करता– जो आत्मा-परमात्मा में नहीं मानकर देह और इन्द्रिय सुख को ही जीवन का अन्तिम ध्येय मानता है, वह शास्त्रों के अभिनिश्चित् मत के अनुसार अनार्य्य है। आर्य्य अमृतस्य पुत्र। आर्य्य प्रकाश का यायावर यात्रिक! आर्य्य सत्य का सतत् शोधक और ज्ञान का निगड़ अभिलाषी! ऐसे आर्य्य-मुकुट मणि तापसी श्री रामचन्द्र, दशरथनंदन, राघवेन्द्र श्री राम से अनार्यों का शीर्ष दशानन रावण, उसे अभिजात राक्षस वंश तथा समस्त आसुरी शक्तियों का साबका पड़ा है। पृथ्वी के इतिहास में पुनः अक्षय अक्षर क्षण उद्द्विवित हो रही है, जब स्वयं सच्चिदानन्द मनुज रूप धर कर अन्त में आततायी, अत्याचारी, अन्यायी और अधर्मी शक्तियों को परास्त करेंगे। मानव-जीवन के चारों पदार्थ तो सत्य और ज्ञान के विवेक पर ही सफल होते हैं। यह जगत परमात्मा की मंगल कामना की सतत्-अनवरत-निरन्तर दिव्यतम तपस्या है। यह सृष्टि प्रभु की अनन्य गहन गहनातीत लीलावृत्ति का सच्चिदानन्द चिद्विलास है। मानव वेद का ऋषि, उपनिषद् का नागरिक और शास्त्रों का शिष्य है। आर्य्य शिरोमणि श्री रामचन्द्र की अवश्य विजय होगी। हम यहाँ श्री राम को-अक्षय यश मिले, जय मिले-इसके लिए महायज्ञों की पुनीत वह्नि-ज्वालाएं प्रज्वलित करेंगे। मेरा सभी आश्रमों से निवेदन है कि भगवती सीता के योगक्षेम तथा मंगल के लिए अन्त में श्री राम की जय के लिए यज्ञों का मंगलारंभ करें। प्रत्येक क्षमावृत ऋषिवर्य्य से प्रार्थना है यह रघुवंश की।"

महर्षि विश्वामित्र ने जंलद-गम्भीर स्वर में कहा– "सत्युत है– सर्वथा समीचीन प्रस्ताव है। श्री राम-लक्ष्मण जानकी वनवास के अन्तिम घोर काल को व्यतीत कर रहे हैं। भगवती सीता को श्री राम की अन्तःकरण की मति तथा चिद्घन श्री राम की परम्परा प्रेयसी शक्ति है, जगदम्बा! किन्तु परमात्मा को श्री अवतार धारण करने पर मानव-जाति के ऋषि-मुनियों, सन्तों, भक्तों, साधू-सज्जनों एवं तपस्वियों के आशीर्वाद की अनिवार्य आवश्यकता है। श्री राम ने ही मेरे अर्से से बुझे-बुझा दिये गये यज्ञ-अग्नि को पुनः अभय पूर्वक प्रज्वलित करने का अवसर प्रदान किया है। पौगण्ड राम ने अपने अचूक बाणों से भयंकर तथा भीषण राक्षसों को गगन में

ही पराभूत कर दिया। यह मैं जानता था; तभी मैंने महाराज दशरथ से अपने यज्ञ की रक्षार्थ राम-लक्ष्मण को माँगा था। महर्षि वशिष्ठ तथा हम सब यह जानते हैं कि रघुवंशमणि दशरथनंदन राम मर्य्यादा पुरुषोत्तम के मनुजावतार हैं- मोक्ष हैं, भरत धर्म, लक्ष्मण काम तथा शत्रुघ्न अर्थ हैं। अर्थ, धर्म, काम और मोक्ष-यही है रघुवंश के नर-रत्नों का वास्तविक परिचय। इसलिये समस्त आर्य्यावर्त में यज्ञ प्रज्वलित किये जाएं तथा आर्य्य जाति तथा अरण्यवासियों की रक्षा एवं परित्राण तथा उद्धार के लिए 'इष्ट यज्ञ' किया जाय, तब तक-जब तक राक्षसों का श्री राम अपनी प्रतिज्ञानुसार वंश तथा कुल सहित समूल नाश नहीं कर देते और अयोध्या वापस लौट नहीं आते। शुभम्! स्वस्ति!!"

महर्षि वाल्मीकि ने मन्द-मन्द मुस्कराते हुए कहा- "हम सब मुनिगण यही चाहते हैं। मैंने श्री नारायण हरि को देवताओं की सभा में उपस्थित देखा है। हाँ, समाधिस्थ मैंने प्रभु को देवताओं की करुणापूर्ण दृष्टि से देखते हुए देखा है। देवों और सुरों के आकुल-व्याकुल मानस को भी श्री हरि भाप ही तो गये। पृथ्वी पर जब तक पुण्य कर्म की धाराएं बहती रहती हैं, श्रेय कर्मों से जब जगत के गगन गूँजने लगते हैं, तब प्रभु अपने परमधाम में ही सबसे अलग और ओझल रहते हैं। किन्तु पृथ्वी के आश्रमों के यज्ञ-मण्डप जब सुनसान हो जाते हैं, यज्ञ-वेदियाँ विधुरा की भांति विवर्ण हो जाती हैं, तब सन्त त्रस्त, सज्जन भयभीत तथा ऋषि-मुनि स्तब्ध हो जाते हैं, तब परमात्मा अपने परमधाम में ही जैसे जगत में, सृष्टि में जाग उठता है। तो मर्य्यादा पुरुषोत्तम का मनुजावतार धारण कर प्रभु अयोध्या के राजमन्दिर में अवतरित हुए। सरयू गंगा से भी अधिक पवित्र पुनीत तथा धन्य हो गयी और अयोध्या? जगन्नाथ प्रभु के अवतार का त्रिकाल-ख्यात स्थल हो गया। हाँ मैं ठीक कहता हूँ- राम अवतार का ध्येय अब पूरा होने में ही है। इसीलिए यज्ञ की वेदियाँ पुनः जगाने की आज और अभी आवश्यकता है। ब्रह्मर्षि राजर्षि विश्वामित्र ने भी राम को हृदयाकाश में देख लिया, जान लिया तथा राक्षसों द्वारा यज्ञ के परित्राण का रक्त- रंजित संघर्ष आरम्भ किया। श्री राम का बाण आर्य्यावर्त के अरण्यों को निर्भय कर चुका है तथा लंका की ओर गाजता हुआ चलने में ही है। निस्संदेह भगवती सीता को लंकेश रावण ही उठा ले गया है- स्वर्णमृग की माया रचकर। श्री राम पम्पा सरोवर से ऋष्यमूक पर्वत तथा उससे आगे दक्षिण दिशा में लंका की ओर अब जाने ही वाले हैं। मैं........ मैं जैसे कोटिक वानरों को रणभूमि की ओर जाते देख रहा हूँ। हाँ... देख रहा हूँ। श्री राम! पृथ्वी को भयमुक्त कीजिये, आकाश

को अभय तथा जगत को कल्याण प्रदान कीजिये। सभा में घनीभूत शान्ति छा गयी और सबके नयन स्वतः ही मूँद गये। सबको पलभर के लिए अनुभव हुआ कि श्री राम–लक्ष्मण विशाल तरंगित समुद्र के तट पर एक भैखड़ पर बैठे हुए हैं और वानरों से घिरे हुए हैं।"

* * * * *

अपनी सुनसान कुटिया में भरत क्षितिज के पार अपलक देखते हुए बैठे थे। कुटिया की दिशाएं स्वयं ही शून्य होकर भरत के राजीव लोचनों में झाँक रही थीं। भरत उदास थे, उदासीन थे, उनमने थे। क्षितिज के पार वह श्री राम–लक्ष्मण और जानकी को साकार चित्रोपम देखना चाहते थे। 'राम!' एक अजपा जाप भरत के चिदाकाश में निरीह हो रहा था। 'राम!' भरत के श्वास-प्रश्वास के साथ सहज ही राम–शब्द ध्वनि भी प्रवाहित हो रही थी। विशाल मानव–मेदिनी के दृश्य अब बिला गये थे। भरत जैसे ऋषि-मुनियों के ध्रुवांक आश्वासनों को बिसर गये थे। राम अवतारी पुरुष हैं, सर्वसमर्थ तथा कालजयी शूरवीर शिरोमणि हैं; मनुज होते हुए भी श्री चतुर्भुज नारायण हरि का ही स्वरुप हैं। राम का बाण अजेय है– आदि आर्ष कथन भरत जैसे भूल गये। सीताजी की खोज में तल्लीन उदासी राम जैसे लक्ष्मण के कुछ आगे लड़खड़ाते हुए चल रहे हैं। पुकार रहे हैं– "सीते! तुम कहाँ हो....?" भरत को राम की यह सीता-पुकार जैसे सहसा व्योमों को भेदकर गगन में सुन पड़ी। "सीता! भगवती सती सीता, तुम पर यह संकट! यह गाज का गिरना तुम पर! और कोई नहीं, रघुवंश की पृथ्वी–पुत्री समान वरिष्ठम कुलवधू तथा ममत्व से भरपूर भाभी–सीताजी का अपहरण। किन्तु भाभी जी!" भरत मन ही मन बोल उठे – "वह स्वर्णमृग और उसमें आपकी आसक्ति–आपका हठ। वह लक्ष्मण को आपके कटु वचन। यह सब क्या था? श्री राम की सीताजी तो परस्पर परमेश्वरी समान ही है। उसको स्वर्णमृग की माया लगना, लक्ष्मण को विषाक्त बोल से दिग्मूढ़ करना–निस्संदेह यह पुनः विधाता का ही व्यूह है।" भरत का चित्ताकाश चिन्ता के बादलों के बरस जाने के बाद रिक्त हो गया। "राम! सीता–राम! लक्ष्मण! भैया मेरे!" भरत ने मन ही मन पुकार की।

भरत के नयन पुनः मूँद गये। वह जैसे अपनी स्थूल काया से बाहर निकले और श्री राम की खोज में चले, उठे, लहरे, विहरे। "राम, राम, राम! श्री राम!" मन्द ध्वनि उनके अन्तःकरण में काँपती रही। धीरे–धीरे आधी रात का अँधेरा बिलाता

गया और भरत मानो सप्तलोक और चौदह भुवन में श्री सीता राम की खोज कर निराश पुनः अपने पार्थिव देह में लौट आए–जाग उठे। ब्राह्म मुहूर्त बीत रहा था और उषा मुस्करा रही थी। भरत ने देखा–कुटिया के द्वार पर ही उषा सुर सुन्दरी– सी चित्रलिखित खड़ी थी। भरत चिहुँके– "तुम!"

"हाँ..... मैं" माण्डवी ने नुपूर रणझणाते हुए कहा– "राजमन्दिर के अपने कक्ष में मन नहीं लगा, प्रिय मेरे! तो चलते हुए यहाँ मेरी कुटिया के द्वार पर चली आई। किस चिन्ता में डूबे रहते हैं आप, आर्य्य पुत्र?"

भरत ने माण्डवी को घूरा– "सज–धज कर आई हो तुम।"

माण्डवी अपने हीरा–कणी समान दाँतों को खनखनाते हुए बोली– "अपने प्रिय पति के लिए ही सती पत्नी का श्री श्रृंगार होता है। आज स्वयं को रोक न सकी। सज–धज कर चली आई।"

"परन्तु माण्डवी........।" भरत बोल पड़े– "मैं व्रती ब्रह्मचारी एक उदार तापसी हूँ। पत्नी के श्री श्रृंगार को निहारने की फुर्सत मुझे कहाँ है? एक–एक दिन; उसकी एक–एक क्षण में श्री राम की बाट जोहते हुए बीता रहा हूँ। मेरा अन्तःकरण बार– बार कहता है– राम अयोध्या नहीं लौटेंगे– नहीं।"

"तो? कहाँ जाएंगे? जनकपुरी?" माण्डवी ने सव्यंग्य कहा।

भरत ने माण्डवी को घूरते हुए कहा– "किसने भेजा है तुम्हें आज फिर?"

"माँ कैकई ने।" माण्डवी ने कहा– "क्या पत्नी का पति को लेकर कोई सत्वाधिकार नहीं है? सप्तपदी, हाँ तो मैं आज सज–धज कर अपना सौभाग्य उजवने आई हूँ, प्रिय मेरे!"

"माण्डवी!" भरत ने साश्चर्य कहा– "आर्य्ये! यह क्या कह रही हो? रघुकुल की वरवधू नाट्य के पात्र नहीं हैं– नहीं हुए। तुम्हारा कथन तो एक रमणीय कुशल अप्सरा का ही उद्गार है। यह पाठ किसने पढ़ाया है? बोलो.....।"

माण्डवी ने सहसा खिलखिला कर हँसते हुए कहा– "तुमने। और किसने? असमय में ही जो सन्यास धारण कर बैठे, उसकी पत्नी को और क्या उद्धार सूझेगा? गृहस्थाश्रम में गृहस्थ धर्म का मन– वचन–कर्म से निर्वाह ही पति का धर्म है, पत्नी का कर्त्तव्य है। मैं आपको रामजी की भक्ति से नहीं रोकती; किन्तु

गृहस्थाश्रम का यह निर्मम तिरस्कार मुझ से अब सहन नहीं होता।" भरत– "मेरे लिए श्री राम का सर्वस्व है– गृहस्थाश्रम या अन्य सभी गौण हैं। मैंने संसार उसी दिवस त्याग दिया था, माण्डवी! जब राम ने वन में अपना श्री चरण धरा था। श्री राम जैसा ज्येष्ठ भ्राता, सीता जैसी भाविज और लक्ष्मण जैसा अनुपम भाई वन में हो और मैं राजसी भोग करूँ? किस लिए?"

माण्डवी– "सृष्टि के सृजनहार की पूजा के लिए। यह समस्त सृष्टि, उसकी प्रत्येक भवयोनि गृहस्थाश्रम ही तो है। मृत्युलोक में प्रभु की पूजा सृष्टि रचने में ही है। धरती के वंश तथा मानवों के कुल सब गृहस्थाश्रम से ही सफल होते हैं। यह तो आर्य्य पुत्र मुझ से भी अधिक जानते हैं।"

भरत ने शान्त-जलद गम्भीर स्वर में कहा– "श्री राम के अयोध्या आने के बाद-हाँ, तब आर्ये! मुझसे कहना। श्री राम जब तक अयोध्या वापस नहीं लौटते– तब तक मैं वानप्रस्थी, सन्यासी, उदासी, तापसी मात्र।"

"श्री राम भी तो तापसी हैं– वनवासी।" माण्डवी ने कहा– "किन्तु वे एक पल के लिए भी सीता को नयनों से ओझल नहीं करते और एक आप हैं जो मुझको....... अब क्या कहूँ? परन्तु मैं आपको देखे बिना अब रह नहीं सकती। जी चाहता है, आपके दूर से नित्य दर्शन करती रहूँ।"

भरत ने जैसे माण्डवी को प्रथम बार ही देखा हो-यों तपाक् से पास आकर माण्डवी के पद्मपाणि हाथों में झेलते हुए कहा– "तुम आर्ये! धन्य हो!! अच्छा-प्रभात, मध्याह्न और संध्या को तुम और मैं-दोनों ही राम पादुका की आरती उतारेंगे। श्री राम-सीता के मन ही मन दर्शन करेंगे और वीरवर लक्ष्मण को शत-शत नमस्कार करेंगे। उर्मिला भी तो है... वह तो तुम्हारी भांति उद्विग्न नहीं है। है क्या? मुझे तो तुम आकर देख भी लेती हो, किन्तु लक्ष्मण तो योजनो दूर, मानो क्षितिज के पार है। उर्मिला धन्य है जी चुपचाप लक्ष्मण का वियोग सह रही है। आर्ये! उर्मिला को पूछो कि प्रिय क्या होता है? प्रीति क्या है? और हृदय में प्रिय को कैसे बसाया जाता है? तुम सबके लिए उर्मिला दिव्यतम प्रेरणा है, ज्ञान है। उर्मिला, वत्सले! मैं तुमको नमस्कार करता हूँ।"

माण्डवी ने भरत को प्रणाम करते हुए कहा– "उर्मि तो बचपन से ही मूँगी है। बहुत कम बोलती है-चुप। हम तो उसको मौनी देवी कहते थे। वह..... वह तो जैसे जोगिनी है। मुझसे तो यों चुपचाप क्षितिज के पार देखा नहीं जाता।"

"श्री राम को क्षितिज के परे और पार देखना ही तो भक्ति है, आर्ये! पत्नी पति की भक्ति है और पति पत्नी का परम् पुरुष है।"

"माण्डवी का पति मानव है– परम् पुरुष नहीं।" माण्डवी ने कहा– "अवश्य नारी के लिए पति परमेश्वर तुल्य तो है, किन्तु वह मानव है..... मानव। श्री राम सब पुरुष नहीं होते।"

"सत्युत् आर्ये!" भरत बोले– "सब स्त्रियाँ भी सीताजी नहीं होतीं।"

"जी ठीक है। हम सीताजी को पृथ्वी–पुत्री तथा अद्वितीय श्री, सुकृति एवं सौन्दर्य की देवता आरम्भ से ही मानते आये हैं। सीता देवी है, किन्तु मैं तो स्वयं को मानवी ही मानती हूँ मानवी।"

"महामानवी।" भरत ने कहा।

* * * * *

उर्मिला माण्डवी को चुपचाप सुनती रही। बीच–बीच में प्रसंगोपात उर्मिला की तीक्ष्ण बडरी आँखें तनिक विस्तृत होकर पुनः सुस्थ होती रहीं। माण्डवी कहे जा रही थी– "मैंने उनसे स्पष्ट कह दिया कि गृहस्थाश्रम ही सभी आश्रमों का पालक पोषक आश्रम है। जगत का कल्याण और सृष्टि–मंगल भी गृहस्थाश्रम के धर्म–पालन द्वारा ही सम्भव है। पितृव्य विदेह ने हमें यह भलीभांति बताया है– समझाया है। वह स्वयं गृहस्थाश्रम में स्थित होकर वानप्रस्थ विदेह की भांति राज काज देखते हैं। गृहस्थाश्रम में सभी धर्मों का पालन करते हुए राजा जनक आज पृथ्वी पर विदेह, जीवन मुक्त होकर ख्यात हैं। हमारे ये पतिदेव ऐसा क्यों नहीं कर सकते? श्री राम ही लक्ष्मण के साथ क्या तुमको आने का आमंत्रण नहीं दे सकते थे?"

उर्मिला तनिक हँसी– "श्री रामजी तो सदेह सन्यासी होकर वन सिधारे हैं। सीताजी साथ हैं, किन्तु श्री राम तो उनका शक्ति स्वरुप देख कर आराधना सी करते हैं। फिर भी वह मुझे साथ स्वीकार नहीं करते।"

"क्यों?" माण्डवी ने तपाक से पूछा।

"सेवक–धर्म" उर्मिला ने कहा– "उनके लिए माँ की आज्ञा ही सर्वोपरि है। फिर श्री राम के प्रति उनकी अनन्य श्रद्धा है, एकान्त निष्ठा है। वह श्री राम के आज्ञाकारी सेवक हैं– अनुचर हैं तथा अनुज की भांति विश्वास भी हैं। मैं साथ जाती

भी तो विघ्न ही होकर रहती। सीताजी विघ्न हुई कि नहीं? वन में मुनि कन्या या मुनि – सेविका को ही रहना चाहिये– हम जैसी राजसी गृहस्थनों को नहीं। तुम भूलती हो, सखी! महात्मा भरत उनसे भी आगे बढ़कर श्री राम के चरणों के चंचरीक हैं। जब तक श्रीराम अयोध्या वापस नहीं लौटते, तब तक अपने प्राणेश्वरों की मंगल कामना करना हम पतिव्रताओं का एकान्त धर्म है। वे श्री रामजी की सेवा में प्रसन्न, संतुष्ट और सुखपूर्वक अपना सेवा धर्म पालन करते रहें– कर सकें–ऐसी ही मैं भगवान सूर्यनारायण से विनती करती रहती हूँ।"

"तुम भी...... उर्मि!" माण्डवी ने उर्मिला को निहारते हुए, स्नेहसिक्त दृष्टि से देखते हुए कहा– "तुम विलक्षण हो, उर्मिले! हाँ...... हो तो। क्या पति की इस घोर उपेक्षा को लेकर तुमको अमर्ष नहीं होता? मुझे तो उनके नन्दीग्राम में तपस्वी होकर रहने तथा मुझे साथ नहीं रखने से कभी–कभी लगता है– पत्नी अन्ततोगत्वा पति की अर्द्धांगिनी जीवन–संगिनी तथा धर्म–पालन में सहयोगिनी महिला है– दासी, अनुचरी नहीं। आश्चर्य तुम स्वयं को वीरवर लक्ष्मण की दासी कहती हो।"

उर्मिला ने कहा– "आप नहीं समझेंगी महादेवी माण्डवी। वह श्री राम-सीता के सेवक हैं; मैं उनकी सेविका पत्नी हूँ। मैंने उनको लेकर अपना तनिक भी आपा नहीं रखा। मैंने तो सप्तपदी में जिस दिन उनके साथ फिरी, उसी दिन मनसा वाचा कर्मणा स्वयं को उनके श्री चरणों में अर्पित–सम्पूर्ण समर्पित कर दिया। मैं अब हूँ ही नहीं, मेरे स्थान पर वे ही हैं– उनकी इच्छा तथा आज्ञा ही है।"

माण्डवी ने सिर धुनाते हुए कहा– "मुझको तो यह समझ में नहीं आता।"

"अर्पण-समर्पण........? क्या उर्मि? पत्नी भी पति की भांति स्वयं और स्वयंमेव मानवी है। उसके कर्त्तव्य हैं तो अटल सत्व भी हैं। पति को अनुकूल रखना उसे बनाये रखना तथा उसकी इच्छानुसारिणी बने रहना– यही क्या पत्नी के जीवन का आदर्श है? क्या पत्नी का अपना आपा नहीं है? मैं उनकी हूँ, किन्तु अपने–आप की भी हूँ। सभी सम्बन्ध आत्मा के प्रसन्न सुख के लिए ही तो हैं। आत्मा के सुख के लिए पति है। मेरी आत्मा के सुख के लिए वह है और उनके आत्मानन्द के लिए मैं हूँ। समान अस्तित्व..... सखी!"

उर्मिला हँसी, बोली– "मेरे लिए तो वही आत्मा हैं, परमात्मा हैं, सुख हैं, आत्मानन्द हैं, भगिनी!"

माण्डवी ने छिनकते हुए कहा– "तुम जैसे अनादिकाल की आपाहीन, व्यक्तित्व हीन मन वचन कर्म से पति की इच्छा की एक अनुचरी ही हो। बचपन से तुम जैसे पुरुष की छवि नहीं छाया रही हो। मैं तो तुम्हारी तरह मूक, दुखी, एकान्त दासी बनी नहीं रह सकती। राजमन्दिर में दासियों के बीच राजमहिषी ही रहती है।"

उर्मिला– "मैं तुम्हारी भांति राजमहिषी नहीं हूँ, माण्डवी! मैं एक नारी हूँ, मानवी हूँ तथा एक महान वीर–धीर राजपुत्र की स्त्री हूँ– सेविका।"

"किन्तु तुम राजपुत्री और राजवधू जो हो।" माण्डवी ने कहा– "मैं इतना चाहती हूँ कि पति और पत्नी के सत्व समान हों, कर्त्तव्य समान हों और रथ के पहियों की भांति दोनों धर्म के जीवन– मार्ग पर निर्विघ्न और निर्भय चलें–चलते रहें। हमारे पति–परमेश्वर क्षत्रिय हैं, उनका क्षात्र–धर्म है तथा राज–व्यवसाय है– व्यवसाय।"

"राज–व्यवसाय?" उर्मिला ने पूछा– "यह तुम कह रही हो? तुमको आज कल हो क्या गया है? श्री रामजी ने बता दिया है कि राज्य एक पूर्ण परिपूर्ण मानव जीवन का सत्य, न्याय तथा धर्माचरण की अनवरत साधना है। राज्य के सारे व्यापार, आदर्श, गृहस्थ धर्म तथा उसके मनसा वाचा कर्मणा निर्वाह पर अवलम्बित हैं। माता–पिता के आज्ञा के समक्ष राजाज्ञा गौण है– तुच्छ है। यह श्री रामजी ने जगत को बता दिया है.....।"

"और महाशय लक्ष्मण ने?" माण्डवी ने सव्यंग्य पूछा।

"राजपुत्र का एकान्त एकमात्र धर्म ज्येष्ठ राजपुत्र तथा सिंहासन के उत्तराधिकारी भाई की निष्काम सेवा करना है।" उर्मिला ने कहा– "भरत जी ने धर्म को साकार कर दिया है और उन्होंने गृहस्थाश्रम के अनुज के परम् कर्त्तव्य को सजग किया है। भरत जी जैसे पति कोटि जन्मों के पुण्यों के उदय से ही मिलता है, माण्डवी दीदी! भरत जी के प्रति व्यर्थ ही अमर्ष पालती आई हो। भरत जी राममय हैं। राम ही उनका अर्थ है, धर्म है, काम है, मोक्ष। तुम अभी जीवन–संगिनी, अर्द्धांगिनी हो तो पति की साधना को निश्चिन्त करो, निर्विघ्न करो, पति को शान्ति दो और रामजी का ध्यान करो।"

माण्डवी ने सहसा ठहाका मारते हुए कहा– "उर्मिला, वाह! तुम अब एक मूक साध्वी हो गयी हो। पति की अवज्ञा ने तुम्हें पाषाण सा बना दिया है; नहीं? तभी

ऐसी उद्देश्य की बातें करती रहती हो। मैं नहीं; मैं अपने पति की जीवित तन्मय और उमंगों भरी प्राणेश्वरी पत्नी हूँ। अवश्य उनकी श्री राम प्रतीक्षा की साधना में विघ्न नहीं करूँगी और होने भी नहीं दूँगी, किन्तु रहूँगी नन्दीग्राम की उस राजकुटिया में, समझी?"

"समझती हूँ; किन्तु भरत जी जो नहीं चाहते।" उर्मिला ने कहा– "पति के अनुकूल और अनुसार रहना ही पत्नी का धर्म है– कर्त्तव्य है। दीदी! तुम्हीं तो यह कहती थीं।...... नहीं?"

"माता–पिता जो कहते थे, सुनती थी और सच मानकर कहा करती थी।" माण्डवी ने कहा– "विवाह के पूर्व माता–पिता ही वेद तथा वेद मंत्र होते हैं– मातृ देवो भव! पितृ देवो भव-देवताओं के कथन सदैव वन्दनीय हैं। देव कथन तो शास्त्र कथन से भी ऊपर हैं, किन्तु पतिदेव हैं क्या? पति की आज्ञा है, किन्तु पत्नी का तो कान्ता वाक्य है।"

"कान्ता वाक्य।" उर्मिला ने पूछा– "यह आज ही सुना।"

माण्डवी खिलखिलाकर हँसी– "कान्ता वाक्य का रहस्य तो अन्तरंगिनी सखी ही बता सकती है, शुभे! फिर तुम तो बचपन से मूँगी देवता जो थीं। तुम तो महाराज विदेह की गोद भली या फिर निंद्रा।"

उर्मिला हँसी– "किन्तु अब मुझे नींद जैसे आती ही नहीं। अवश्य मूँगी हूँ किन्तु गूँगी नहीं हूँ। उन्होंने मुझे बिना कुछ कहे ही ज्ञान दे दिया है।"

"क्या रे......।" माण्डवी ने पूछा।

"जगत असार है, जीवन निस्सार है।" उर्मिला ने कहा– "सभी में सियाराम जानो और एकान्त वन्दना करते रहो– राम भजो....... राम...... सीता–राम भजो।"

माण्डवी ने उर्मिला के प्रशान्त गम्भीर मुख–मण्डल को घूरा; कहा– "यह मन से कह रही हो तुम? उर्मिले!"

"अवश्य ही मन से कह रही हूँ।" उर्मिला ने कहा– "मेरे पति परमेश्वर राम– सीता को ही सर्वस्व मानते हैं। सीता–राम की सेवा ही उनके जीवन का एकमात्र उद्देश्य है। मैं भी अब कह रही हूँ– सीता–राम का भजन और उनकी सेवा ही मानव मात्र के असार जीवन का एकमात्र सार है। श्री रामजी से उनके भाई तन–

मन से एक हैं, अभिन्न हैं। हम तो माया हैं-इन भाइयों के लिए। हमसे विवाह तो वर्णाश्रम धर्म के पालन-पोषण तथा निर्वाह के लिए हुआ है। वर्णाश्रम धर्म की मर्य्यादा के अभ्युदय के लिए तथा जीवन के निश्रेयस के लिए है। श्री रामजी और उनके भाई-बन्धु हैं। हम-तुम उनके जीवन से जुड़ी एकान्त वार्ताएं मात्र हैं।"

सहसा माण्डवी ने कहा- "मैं कौशल्या माँ के द्वार पर अपनी यह गुहार लेकर जाऊँगी।"

"महारानी कैकई को साथ लेकर जाना हाँ।" उर्मिला ने कहा।

* * * * *

कौशल्या ने ध्यानस्थ से भरत को पुकारा- "भरत! मैं-मैं आई हूँ...... सुन तो।" भरत जैसे चौदह भुवनों में चिहुँक कर अपनी जाग्रत अवस्था में प्रगट हुए। बोले- "कौन? माँ....... माँ कौशल्या? आप? अचानक?"

कौशल्या जी ने कहा- "अचानक नहीं, निश्चयपूर्वक आई हूँ। तुझे बुलाने का इरादा था, किन्तु राजमन्दिर में न आने की तेरी धीमती प्रतिज्ञा याद आई। राम ने ग्रामों, पुरों, नगरों आदि में न जाने की राजमहिषी कैकई की सौगन्ध पा ली है और तूने राम भक्त तापसी की भांति नन्दीग्राम को ही दिव्य राजमन्दिर बना दिया है। भरत! तापसी वेश धारण कर और मुनि की भांति रहने से क्या क्षत्रिय की वर्ण-वृत्ति बदल जाती है? महर्षि विश्वामित्र और महर्षि वशिष्ठ का अनवरत संघर्ष यही था। कर्म से वर्ण कूंते जाने चाहिये। महर्षि विश्वामित्र ब्रह्मर्षि होना चाहते थे, किन्तु क्या हुआ? जब तक क्षात्र वृत्ति ही समूची ब्राह्मणी वृत्ति में नहीं बदली, तब तक गुरुदेव वशिष्ठ ने उन्हें ब्रह्मर्षि नहीं कहा।"

"तात्पर्य, माँ!" भरत ने रोम-रोम में सजग होते हुए कहा- "मुझे अचूक अनुभव है कि मैं क्षत्रिय राजकुमार हूँ और श्री राम को दिया गया वनवास भोगने की यह तापसी साधना कर रहा हूँ। मनसा-वाचा कर्मणा श्री रामजी का राज्य मैं अपना नहीं सकता। मनुजावतार भगवान राम का ही तो अखिल निखिल सृष्टि में राज्य है। मेरी अन्तरात्मा मुझे पुकार-पुकार कर कह रही है कि समस्त जगत का साम्राज्य श्री राम-राज्य है। राम-राज्य में ही प्राणियों का पूर्णोल्लास तथा समग्र योगक्षेम सध सकता है। वेद-वेदांग, शास्त्र तथा स्मृति तथा शस्त्र के ज्ञान-विज्ञान का धीमान सत्य शिव का सुन्दर अभ्युदय हो सकता है। घर, पड़ोस, समाज और राष्ट्र के गगन

मण्डल दिव्य ऊर्जा से भरपूर, पवित्र और पुनीत रह सकते हैं– तो रामजी के राज्य में। मनुष्य ही नहीं प्राणीमात्र मुक्ति का मार्ग राम-राज्य में ही पा सकता है– निस्संदेह। मोक्ष? चारों पदार्थों का मोक्षदायक यम-नियम राम-राज्य की मर्यादाओं के पालन से ही सम्भव, सार्थक और सफल है, माँ! और मुझे यह भी ज्ञात है, मैं राम नहीं हूँ–उनका अनुज हूँ, सेवक–एक पतित मनुष्य भर हूँ। मैं भगवान नहीं हूँ। इसीलिए श्री राम-पादुका का प्रहरी होकर राम की प्रतीक्षा कर रहा हूँ, माँ मेरी!"

कौशल्या– "मैं यह जानती हूँ, वत्स मेरे! किन्तु तेरी यह तपस्या अधूरी है– अधूरी ही रहेगी, यदि........"

भरत ने चमककर पूछा– "यदि......?"

"यदि तूने माँ कैकई के चरण थामकर पश्चात्ताप नहीं किया तो। पुत्र जननी की निन्दा करे, भर्त्सना करे, ऋषि मुनियों के समक्ष ताड़ना करे और सदैव के लिए तिरस्कृत करे–यह माता-पिता और सन्तान के लिए आत्महत्या करने के समान है। माता-पिता केवल देह ही नहीं देते, भरत! वह आत्मा को भी जगाते हैं।"

"तो........?" भरत ने पूछा।

"मुझे माँ मानता है और मैं यदि राम और तुझ में मन-वचन-कर्म से भेद नहीं करती तो तू मेरा यह अन्तिम निवेदन स्वीकार कर लेगा–"

भरत– "माँ....... माँ........?"

कौशल्या– "चल मेरे साथ। मैं तुझे महारानी कैकई के यहाँ लिवा ले जाने आई हूँ। माण्डवी, उर्मिला और श्रुतकीर्ति अपनी प्रतीक्षा कर रही हैं। हाँ, भरत! मेरे महात्मा!! मेरे अणनम तपस्वी! हाँ, चलो, बेटा! अपनी जननी के चरण स्पर्श कर क्षमा माँगो, सुना? माँ ही पापों से उद्धार कर सकती है। माँ ही पुनीत कर सकती है। माँ ही माया-मोह के बन्धन काट सकती है। राम आयेगा तो कैकई को याद करके आयेगा। मेरी याद करके नहीं। सुना?"

भरत– "सुना। किन्तु माँ।"

कौशल्या– "किन्तु परन्तु नहीं। अभी...... इसी समय...... अनिवार्य है। मैं नहीं चाहती तेरी यह अद्वितीय जीवन साधना अकारथ जाय। जब तक तेरी माँ प्रसन्न

और संतुष्ट नहीं होती, तब तक सन्तान की श्री–सुकृति और सफलता फलती–फूलती नहीं। भरत मेरे!"

भरत मंत्र–मुग्ध की भांति महादेवी कौशल्या जी के साथ हो लिए। माण्डवी ने सस्मित अपने भर्ता के प्रति निहारा और भरत के साथ हो ली। उर्मिला ने भरत को नमित पलकों से अभिवादन किया और कौशल्या जी के सोड़ में हो ली। कैकई के आवास के द्वार पर सुमित्रा जी चित्रलिखित मूर्ति सी खड़ी मिली; बोली– "धन्य भरत! धन्य पूत मेरे!! आज राम–लक्ष्मण और सीता का वन–गमन सफल होगा। सखी और भगिनी कैकई–महारानी कैकई हैं– हम सबके लिए यह राजमाता हैं, किन्तु भरत मेरे! माँ तो माँ ही है।"

भरत ने सुमित्रा के पाँव छू कर कहा– "मेरा परित्राण करो, माँ! तुम सब माँ मिलकर अपने एक कपूत का उद्धार करो। मैं सूर्यनारायण की साक्षी से कहता हूँ, मैं अयोध्या के राज्य–प्रासाद की गुह्य प्रतारणा में मनसा–वाचा–कर्मणा नहीं था, शत्रुघ्न भी नहीं। फिर राम का राज्य तो सभी का है। सभी अभ्युदयों का वह राज्य है, माँ!"

कौशल्या– "राम–राज्य!"

कैकई हड़बड़ाकर अपनी पीठिका से उठ खड़ी हुई; चमकी, चौंकी और चिहुँकी– "तुम दीदी कौशल्या जी, सुमित्रा और...... यह क्या भरत? माण्डवी, उर्मिला, श्रुति–तुम सब मेरे यहाँ। क्या आज मेरे दुष्ट ग्रह विदा हो गये हैं? क्या आज मेरे घोर पाप का प्रायश्चित हो सकेगा?"

कौशल्या ने कैकई की बाँह थामते हुए कहा– "हाँ, महर्षि वशिष्ठ गुरुदेव ने कहा है कि तुमने मन्थरा के कहने से नहीं, विधाता की गुह्य प्रेरणा से ही वह दो वरदान माँगे थे..."

कैकई ने सहसा खीज कर कहा– "मेरी मति ही भ्रष्ट हो गयी थी। निस्संदेह मैंने अपने पुत्रों के स्वार्थवश देवतातुल्य महाराज को धर्म–संकट में डाल दिया। धर्म–संकट ही तो था। कुछ भी कहूँ आज, वह मेरा घोर पाप कर्म था। भरत ने मेरी मन की आँखें खोल दी हैं। हाँ, भरत! तुमने श्री राम– पादुका का अधिष्ठान स्थापित कर सिद्ध कर दिया कि राज्य प्रजा का है, धर्म का है, सत्य और न्याय का संगठन ही राज्य है। तुम........ भरत, तुम मेरे पूत ही नहीं हो राम के भाई, धर्मावतार राजपुरूष भी हो। हाँ, मैं सच कहती हूँ।"

भरत चुपचाप कैकई के चरणों में झुके तथा साष्टांग प्रणिपात में लेट कर चिल्लाये– "माँ! क्षमा!– क्षमा माँ! प्रसीद प्रसीद अम्बे! तू नहीं, मैं–मैं पतित हूँ– पापी हूँ। मूढमती मैं, जननी का न्यायाधीश बन गया। अवश्य ही श्री रामजी का वनवास मुझसे देखा नहीं गया, सहा नहीं गया और आज भी श्री राम–लक्ष्मण और जानकी को वन–वन की ठोकरें खाते हुए कल्पित कर मैं दिग्मूढ़ आत्म वेदना में जलता रहता हूँ। माँ, कैकई! मुझे क्षमा कर दे। आपका मुझे क्षमा दान ही मेरे सभी अटल पापों को जला देगा। श्री राम को पुनः अयोध्या ला देगा। मुझमें तो सामर्थ्य नहीं है कि मैं श्री राम को पुनः अयोध्या ले आऊँ। जो राज्यसिंहासन को त्यागकर धर्मपूर्ण जीवन ही धारण करता है, जो राग और विराग, हानि और लाभ की चेतना से विहीन है, जो सर्वगुण निधान है, करुणा–सिन्धु तथा पतित पावन है– राम–माँ तू ही उन्हें वापस अयोध्या ला सकती है– तू ही मेरी माँ!"

कौशल्या ने देखा– कैकई ने रोते हुए, सिसकते हुए भरत को हृदय से लगा लिया। भरत की पीठ सहलाते हुए कैकई ने कहा– "हाँ–हाँ, भरत राम! राम–लक्ष्मण, सीता, हाँ, पूत मेरे! सीता–राम!"

कौशल्या और सुमित्रा ने भरत तथा कैकई को अपने प्रलम्ब बाहुओं में बाँध लिया।

-इति श्री-

दि.: 15-4-1988

इस उपन्यास में राम के वन गमन के पश्चात् भरत एवं शत्रुघ्न को अलौकिक भातृत्व प्रेम की प्रतिमूर्ति के रूप में ही प्रतिष्ठित किया गया है।

भरत राम को चित्रकूट मनाने जाते हैं। राम मानते नहीं। अन्त में राम की चरण पादुकाएं राज्य सिंहासन पर रख कर उसकी पूजा करते हैं - एक तपस्वी का जीवन जीते है और शत्रुघ्न परिवार, प्रजा एवं भरत के मध्य कड़ी बन कर राज भी सम्भालते हैं और परिवार भी। रामायण के प्रमुख पात्रों को लेकर लिखा गया यह (राम-राज्य) उपन्यास लेखक के शाब्दिक सामर्थ्य का साक्षात् प्रमाण है। साथ ही ऐसे आध्यात्मिक कथानक में भी राष्ट्रभक्तलेखक भारत की भक्तिनहीं छोड़ते... भरत कहते हैं - शत्रुघ्न! भारत वर्ष में जन्म लेना ही कोटि जन्मों के कोटि पुण्यों का फल है।

सार यह है कि प्रस्तुत उपन्यास भारतीय संस्कृति, आर्य परम्पराओं एवं राष्ट्र प्रेम का विषद आख्यान है।

पं. जनार्दन राय नागर का जन्म उदयपुर में 16 जून, 1911 ई. को हुआ। बहुआयामी प्रतिभा के धनी पं. नागर ने शिक्षा, साहित्य, पत्रकारिता, राजनीति व समाज सेवा आदि क्षेत्रों में अपनी अमिट कीर्ति स्थापित की। गाँधीवादी संस्कारों से दीक्षित व कथा सम्राट प्रेमचन्द्र के आशीष पात्र रहे जनार्दन राय नागर ने मेवाड़ में शिक्षा के प्रसार के उद्देश्य से 1937 में हिन्दी विद्यापीठ की स्थापना रात्रिकालीन संस्थान के रूप में की। पं. नागर की सतत् तपस्या के परिणाम स्वरूप इस संस्था की उत्तरोत्तर प्रगति हुई। वर्तमान में जनार्दन राय नागर राजस्थान विद्यापीठ विश्वविद्यालय, उदयपुर रूपी वटवृक्ष के रूप में स्थापित है।

शिक्षा की लोक साधना में लीन जनार्दनराय नागर की ऐकान्तिक साधना साहित्य-सृजन के रूप में निरन्तर गतिमान रही। उन्होंने उपन्यास, कहानी, गद्य-गीत, जीवन चरित्र व काव्य विधाओं में लेखन किया। उनके द्वारा रचित 'जगद्गुरू शंकराचार्य' जो कि 5,500 पृष्ठों में समाहित दस उपन्यासों की श्रृंखला है, हिन्दी साहित्य की अमूल्य धरोहर है। उनके 'राम-राज्य' के पांच उपन्यास प्रकाशित हो चुके हैं। चार गद्य-गीत संग्रह, नागर की कहानियां शीर्षक से दो कथा संग्रह प्रकाशित हुए हैं। उनके नाटक 'आचार्य चाणक्य', पतित का स्वर्ग', 'ऊदा हत्यारा', 'जीवन का सत्य', अत्यन्त चर्चित रहे तथा मंचित भी हुए।

पत्रकारिता के क्षेत्र में पं. नागर ने अनेक पत्र-पत्रिकाओं की स्थापना, संपादन व संचालन में योगक्षेम निर्वहन किया। 'मुधमती', 'स्वर मंगला', 'नखलिस्तान', 'बालहित', 'कल्कि', समाज शिक्षण', 'शोध पत्रिका', 'वसुन्धरा', 'जन मंगल', 'जन सन्देश' व 'अरावली' आदि पत्रिकाएं उनकी कीर्ति पताकाएं हैं।

राजस्थान साहित्य अकादमी के संस्थापक अध्यक्ष के रूप में उन्होंने राज्य में साहित्यिक उन्नयन व मार्गदर्शन में महत्वपूर्ण भूमिका निर्वाह की। वे केन्द्रीय साहित्य अकादमी, हिन्दी सलाहकार समिति (रेल्वे), केन्द्रीय प्रौढ़ शिक्षा सलाहकार समिति आदि के मनोनीत सदस्य रहे। विधानसभा में मावली क्षेत्र से विधायक रहे। उन्हें 'नेहरू साक्षरता पुरस्कार' व 'महाराणा मेवाड़ फाउण्डेशन पुरस्कार' सहित अनेक सम्मान प्राप्त हुए। इस यशस्वी व्यक्तित्व का 15 अगस्त, 1997 को उदयपुर में निधन हुआ।